# 汉语修辞学

（第三版）

王希杰 著

**图书在版编目(CIP)数据**

汉语修辞学/王希杰著. —3版. —北京:商务印书馆,2014(2021.2重印)

ISBN 978-7-100-10109-7

Ⅰ. ①汉… Ⅱ. ①王… Ⅲ. ①汉语—修辞学—研究 Ⅳ. ①H15

中国版本图书馆CIP数据核字(2013)第145381号



**汉语修辞学**

(第三版)

王希杰 著

商务印书馆出版

(北京王府井大街36号 邮政编码100710)

商务印书馆发行

北京中科印刷有限公司印刷

ISBN 978-7-100-10109-7

2014年8月第1版　　开本 880×1230 1/32

2021年2月北京第5次印刷　　印张 15⅜

定价:49.00元

# 第三版前言

2009年6月，在北京，商务印书馆副总编辑周洪波博士告诉我，《汉语修辞学》(修订本)七年已经印刷八次了。他建议我与时俱进，做小修改，换些例子。回到南京，我就考虑修改的事情了。因合同尚未期满，故并不急。2011年年初，在日记中写着："三月底修改完毕交出。"可结果是，今天已是2012年元月一日，我还没有完成修订任务。当初真的没有想到，原以为一两个月就可以轻松做了的事，竟然跨了三个年头，从虎年开始，整整一个兔儿年，此刻已经龙年啦！

兔年的最尾巴，陈章太先生来电话。谈起吕叔湘先生，章太说吕先生推动了中国修辞学会的成立。吕先生说，中国修辞学自有传统，很发达，不同于西方。《文心雕龙》的传统要继承发展。我说，《修辞概要》的作者张志公的毕业论文写的是《文心雕龙》，指导教师是吕先生。这是张先生对我说的。我很感谢章太对中国修辞学会的支持，我说："中国修辞学会批文上的七个中央部委的公章是你章太办的，作为发起人之一的我至今也不知道这些机构的大门朝何处开呢！"章太说："是吕先生支持成立中国修辞学会的。吕先生说，要搞好修辞学。"章太还说："吕先生说：王希杰爱动脑子，脑子活，有新东西。"在本命年到来前夕，我深深地怀念吕先生。我对章太说，对吕先生，对方先生，对我们的老师们，年轻时理解不多不深，老了，才了解他们比较多一点了。

我从不保存来往书信，两个月之前，偶然间发现张志公先生的一封信和一张留言便条。一个月前，无意之间居然在一些废纸中发现小学毕业证书(扬州苏北育才小学1953年)。兔年年底，竟然又发现了吕叔湘先生1983年9月27日的信。吕先生说："我对于修辞只有一个消极的意见，就是不能局限于修辞格。"谈到学会，他指出："关于各种学会，我的印象是:会很多,做出来的事情很少,产生无数'理事',供人往简历上填写。这也是学风问题。"

修改《汉语修辞学》期间,多次想到吕叔湘先生。我感谢吕先生主编的《中国语文》1960 年发表了我的两篇修辞学习作,促使我走上这条路。感谢吕先生支持我们创办中国修辞学会。

这次修改,在尽量保持原书的格局和篇幅的前提下,章节方面做了一些调整,适当增加了一些新的想法,去掉了一些现在认为不很妥当的说法。"觉今是而昨非",然而不敢断言,今日之所是就一定是是而不是新非,当我想到今日之所是者明日也许就是非,何况自以为是者他人可能就认定为非的。转而又想,世上哪有全是而无非的?倒也不必过分追求。

王希杰

二〇一二年元旦上午九时

# 序 言

希杰同志的《汉语修辞学》就要出版了，远道来信，要我写几句话作为序言。希杰同志的书我是看过初稿的，但现在只记得个大概，无从把本书的优点充分介绍给读者。我记得翻开这本书就有一个好印象，是因为它不像另外一些讲修辞的书那样，在近于敷衍似的稍微讲讲修辞原理之后，就把几十个修辞格一字摆开，作为读者学习的对象。不，本书不是为讲修辞格而讲修辞格，而是让修辞所要达到的各种目的出来统率修辞格：或者是为了结构的均衡，或者是为了声音的优美，或者是为了语言的变化，或者是为了语意的侧重，或者是为了出语的新鲜，或者是为了措辞的得体。这样就防止了在读者心中产生盲目的修辞格崇拜。

希杰同志这本书讲文章风格也讲得很好。虽然把风格分为藻丽与平实、明快与含蓄、繁丰与简洁这么六体三组也是有所继承，但举例多而切当都胜过前人。我觉得稍微有点不足的是作者忘了说明有一个原则贯穿于一切风格之中，也可以说是凌驾于一切风格之上。这个原则可以叫作“适度”，只有适度才能不让藻丽变成花哨，平实变成呆板，明快变成草率，含蓄变成晦涩，繁丰变成冗杂，简洁变成干枯。这个原则又可以叫作“恰当”，那就是该藻丽的地方藻丽，该平实的地方平实……不让一篇文章执著于一种风格。综合这两个方面用一个字眼来概括，就是“自然”，就是一切都恰到好处。借用苏东坡的话来说，就是“大略如行云流水，初无定质，但常行于所当行，止于所不可不止，文理自然，姿态横生”。也许有人要说，你提倡自然，岂不是要取消修辞？不，文章要自然不等于写文章可以随便。苏东坡在“文理自然”之后接着说“姿态横生”，这岂是信笔所至所能做到？文理自然而又姿态横生，这个境界不是随随便便就能达到的，是要经过长时间的锻炼才能接近的。所以不是取消修辞，而是要用加倍的力气去修辞。因为希杰同志没有在他的书里发挥这个意思，我就借写序的机会做点补充。

吕叔湘

1982 年 9 月 24 日

# 修订本前言

## 一

《汉语修辞学》的修订工作基本结束了，我想起了吕叔湘先生。

重读吕先生的序言，我深深地体会到：前辈学者对年轻学人的关爱和支持是学术进步和繁荣的重要条件之一。

二十年后的今天，年过花甲的我，决心向前辈学者学习，经常关心和尽量支持年轻学人。

## 二

我走进修辞学，应归功于杨咏祁先生。

1974 年春天，副系主任杨咏祁先生找我，说："工农兵学员不愿意学习基础理论，他们要求开设实用性的课程，提出开修辞学。你去上修辞学！"

我问："教材呢？"

"你编写。"

"时间呢？"

"现在就去华西大队，回来后给你一个月时间。"

于是，用了一个月的时间，我编写了一本教材《修辞常识》。

1976 年秋天，"四人帮"垮台了。杨副主任找我，说："教材用完了，形势变化了，你得修改一下你的教材。"

"时间呢？"

“给你一个月时间。”

修订后题为《现代汉语修辞》。1977年,南京工学院(现称东南大学)马列室请我去上课,我又压缩为《修辞讲话》。

1978年夏天,我到昆明参加全国现代汉语会议,把讲义送给了主办单位昆明师范学院,他们在我修改加工之后,作为函授教材,铅印了两万册。

本书的出版,关键人物是中国社会科学院语言研究所的林书武先生。1980年,林书武先生偶然看到了这个铅印本,主动推荐给北京出版社,那时他不认识我,我也不认识林先生,后来知道他的专业是英语,翻译过乔姆斯基的《句法结构》等。因为林先生的推荐,北京出版社才来信提出出版这本书。

## 三

在本书开始写作三十年后,在本书出版二十年后,修订本将同读者见面,而且是由商务印书馆出版,这是我非常高兴的事情。

但愿,曾经喜欢过《汉语修辞学》的人,也能够喜欢《汉语修辞学》(修订本)。但愿没有越改越坏,只要修订本比初版好些,我也就满意了。

王希杰

2003年3月8日

# 目 录

# 第一章　修辞活动和修辞学

纸上得来终觉浅，绝知此事要躬行。（陆游《冬夜读书示子书》）

所有的理论都是灰色的，生命的金树常青。（歌德《浮士德》）

## 一　古老而年轻的修辞学

### 1.1.1 古老的修辞学

修辞学是一门古老而又年轻的学科。

说它古老，是因为修辞学的研究很早就开始了。《周易》中说，"修辞立其诚"，"君子以言有物而行有恒"，"言有序"，"辞也者各指其所之"。《尚书》中说："政贵有恒，辞尚体要，不惟好异。"

先秦的学者和社会活动家，都很重视语言和语言的表达问题。老聃说："信言不美，美言不信。"孔子主张"正名"，提倡"辞达"，反对"质胜文"和"文胜质"，认为"文质彬彬，然后君子"。孔子善于根据不同的语境、不同的交际对象选择不同的表达方式。庄周很重视"寓言"、"重言"等修辞方式。所谓"寓言"，就是征引神话式的幻想故事（也包括一些通常说的寓言）来阐明事理。所谓"重言"，就是引证一些历史故事和古人的话（其中有许多是作者的假托），以增强语言的说服力。惠施曾经研究过比喻，他强调比喻用法的重要性，并下了一个很好的定义："譬"（即比喻），是"以其所知喻其所不知"。《墨子》中说："通意后对。"先通晓他人的意思，然后答对。讲的是切题原则。"言无务为多而务为智，无务为文而务为察。"讲的是信息原则。《礼记》中说："言语之美穆穆皇皇。""情欲信，辞欲巧。"《左传》中说："言以知物。"韩非非常重视寓言、笑话、民间故事的修辞作用。在《说难》篇中,他还强调看清交际对象的重要性。他说:“凡说之难,在知所说之心,可以吾说当之。”

两汉学者热烈地讨论过《诗经》最基本的修辞手法比、兴、赋。所谓比,就是比喻和比拟;所谓兴,就是“先言他物,以引起所咏之词”,有时兼有比喻,有时起象征作用,有时只是为了押韵;所谓赋,则是平实地铺叙事实。魏晋之后,出现了许多有关修辞学、风格学、文章学的专论和专著。有代表性的著作是:南朝刘勰的《文心雕龙》、任彦昇的《文章缘起》,唐司空图的《二十四诗品》,宋陈骙的《文则》,元王构的《修辞鉴衡》、陈绎曾的《文说》,明高琦的《文章一贯》、归有光的《文章体则》,清章学诚的《文史通义》、俞樾的《古书疑义举例》、唐彪的《读书作文谱》、魏际瑞的《伯子论文》、魏禧的《日录论文》、梁章钜的《退庵论文》、刘熙载的《艺概·文概》,等等。这些著作虽然并不是专讲修辞的,但是比较系统地接触到了大量的修辞问题。历代的诗话、词话、文论中,也有不少修辞方面的论述。新加坡学者郑子瑜第一次全面总结中国修辞学的《中国修辞学史稿》(上海教育出版社 1984 年)充分证明了中国修辞学是古老的学科。

古代希腊人很重视修辞的研究。古代希腊的修辞学(或叫修辞术),指的是演说的艺术,包括立论和词句的修饰。伊索克拉底(前436—前 338)曾著有《修辞术》,但更为著名、对后代人产生巨大影响的修辞著作,是著名哲学家亚里士多德(前 384—前 322)的《修辞学》(罗念生译,生活·读书·新知三联书店 1991 年),其中许多精辟的论述至今还闪烁着光彩。中世纪的欧洲,修辞学是“七艺”之首,它和语法学、逻辑学合称为“三艺”,是文化人所必修的。从莱庭、徐鲁亚编著的《西方修辞学》(上海外语教育出版社 2007 年)叙述了古老而年轻的西方修辞学。

### 1.1.2 年轻的修辞学

说修辞学是年轻的学科,是因为现代修辞学有了突飞猛进的发展,出现了同传统修辞学截然不同的新格局新面貌。20世纪初，瑞士人巴意(Ch.Bally 1865—1947)出版了《法语修辞学》(*Tralité de stylisique française*)，开创了现代修辞学。他提出建立以表现手段为研究对象的风格学，大大开拓了修辞学的疆界。70年代比利时列日大学列日小组推出了"新修辞学"。现代语言学中新出现的社会语言学、话语语言学、模糊语言学等新的分支学科，也大大促进了修辞学的发展。

中国修辞学也是年轻的。"五四"以后，一批新的修辞学著作相继出版。如：马叙伦的《修辞九论》、黎锦熙的《修辞学比兴篇》、唐钺的《修辞格》、王易的《修辞学》和《修辞学通诠》、宋文翰的《国语文修辞法》、徐梗生的《修辞学教程》、薛祥绥的《修辞学》、董鲁安的《修辞学》、陈介白的《新著修辞学》、金兆梓的《实用国文修辞学》、郑业建的《修辞学》、郭步陶的《实用修辞学》、章衣萍的《修辞学讲话》等。这一时期的修辞学有两种倾向：一种是引进国外修辞学，尚未摆脱模仿痕迹；一种是以辑录古人的说法为主。前者中多的是引进、模仿日本修辞学。后者以郑奠为代表。郑奠的《中国修辞学研究法》辑录了大量的古代资料。这期间的修辞学专著，有专门以古代汉语为研究对象的，如杨树达的《中国修辞学》(后改题为《汉文文言修辞学》)；有专门以现代汉语为研究对象的，如汪震的《国语修辞学》。但较多的著作是古今融为一体。这时的修辞学已从文学批评的范围解脱出来，逐步形成了一门独立的学科。1923年商务印书馆出版的唐钺的《修辞格》，是传统修辞学向现代修辞学转向的一部关键性著作。1932年出版的陈望道的《修辞学发凡》，则建立起一个比较合理、有一定实用价值的修辞学体系，被认为是现代修辞学的奠基之作。

20世纪后50年前期，有：吕叔湘、朱德熙的《语法修辞讲话》(1950年连载于《人民日报》，中国青年出版社1951年)、张瓌一(张志公)的《修辞概要》(中国青年出版社1953年)、张弓的《现代汉语修辞学》(天津人民出版社1963年)。《语法修辞讲话》开创了语法修辞融为一体的新风，重视联系实际，解决实际问题，产生了极大的影响。它的目标不是建立修辞学的理论系统，或讲授修辞学知识，而是以解决实际问题为目的,力求用生动、活泼的语言讲解读者感兴趣的有实用价值的东西。这是它吸引读者的重要原因。《修辞概要》,生动活泼,重点突出,详略得当,通俗简明,比较实用。《现代汉语修辞学》自成体系,在理论上做了一些探索,是很值得注意的。

1961年吕叔湘在《汉语研究工作者的当前任务》中指出:"修辞学,或风格学,或辞章学——这是语言研究的另一个部分,目前在我国还是一个比较薄弱的部门。过去我们在这个方面做的工作,主要在修辞格的研究和改正词句错误方面(后者有一部分属于语法范围),这未免太狭隘。必须突破这两个框框,对这门学问的目的、研究对象、研究方法好好讨论一下,并且确定它的名称。"[①]作为中国科学院语言研究所所长、《中国语文》主编的吕叔湘在《中国语文》开辟了"修辞新例"专栏。1960年前后,《中国语文》甚至连续发表了大专生朱泳燚、王希杰、庄关通、蒋义海的修辞学论文。在吕叔湘的推动下,50年代末、60年代初,学界开展了修辞学性质对象与范围的学术讨论,其中影响较大的是张志公的《词章学? 修辞学? 风格学?》(《中国语文》1961年第8期)。

"文化大革命"结束后不久,陆续出版了郭绍虞的《汉语语法修辞新探》(商务印书馆1987年)、倪宝元的《修辞》(浙江人民出版社1980年)等写作于"文革"期间的修辞学著作。20世纪六七十年代,我国台湾地区陆续出版了傅隶朴的《修辞学》(中正书局1969年)、徐芹廷的《修辞学发微》(台湾中华书局1971年)、黄永武的《字句锻炼法》(台湾商务印书馆1963年)、黄庆萱的《修辞学》(三民书局股份有限公司1975年)等修辞学著作。

20世纪最后20年间,海峡两岸汉语修辞学界的交流逐步增多,共同创造了汉语修辞学研究的空前繁荣局面。比较重要的著作有:王希杰的《汉语修辞学》(北京出版社1983年)、李维琦的《修辞学》(湖南人民出版社1986年)、宗廷虎等的《修辞新论》(上海教育出版社1988

① 吕叔湘:《吕叔湘语文论集》23页,商务印书馆1983年。

年)、李维琦等的《古汉语同义修辞》(湖南师范大学出版社 1989 年)、倪宝元的《汉语修辞新篇章——从名家改笔中学习修辞》(商务印书馆 1992 年)、董季棠的《修辞析论》(台湾文史哲出版社 1992 年)、王希杰的《修辞学新论》(北京语言学院出版社 1993 年)、沈谦的《修辞学》(台湾空中大学 1995 年)、王希杰的《修辞学通论》(南京大学出版社 1996 年)、王希杰的《修辞学导论》(浙江教育出版社 2000 年)、何伟棠主编《王希杰修辞学论集》(广东高等教育出版社 2000 年),等等。

外国学者的汉语修辞学研究著作,有苏联郭列洛夫的《现代汉语修辞学》(江苏教育出版社 1987 年)、新加坡郑子瑜的《中国修辞学史稿》(上海教育出版社 1984 年)、新加坡林万菁的《论鲁迅修辞:从技巧到规律》(新加坡万里书局 1986 年),等等。

袁晖的《二十世纪汉语修辞学》(书海出版社 2000 年)比较全面地总结了 20 世纪的汉语修辞学研究。

## 二　修辞和修辞学

### 1.2.1“修辞”和“修辞学”

《周易》说:“九三曰:‘君子终日乾乾,夕惕若。厉,无咎。’何谓也?子曰:‘君子进德修业,忠信所以进德也,修辞立其诚,所以居业也。’”(乾卦一)①这个“修辞”是一个动宾结构的短语,就是“修饰文辞”的意思。“修辞立其诚”本是一个政治概念,“辞”的本来意思是“文教”。孔颖达说:“‘修辞立其诚,所以居业者’,‘辞’谓文教,‘诚’谓诚实……内外相成,则有功业可居,故云‘居业’也。”

近现代汉语中的“修辞”,还保持着动词用法。明末清初人顾炎武

---

① 周振甫《周易译注》:“君子提高品德,治理事业。讲忠信所以提高品德,修饰言辞确立在诚实上,所以处理事业。”(中华书局 1991 年)

说:“从语录入门者,多不善于修辞。”(《日知录》)鲁迅说:“正如作文的人,因为不能修辞,于是不能达意。”[①]《现代汉语词典》(第6版)对“修辞”的解释是:“①动修饰文字词句,运用各种表达方式,使语言表达得准确、鲜明而生动有力。②名修辞学。”“语法”、“词汇”等是不能作为动词使用的。《现代汉语词典》中所说的名词的“修辞”等于“修辞学”。

同“语法”一样,“修辞”也有两种用法。第一种,指客观存在物。张弓说:“修辞是为了有效地表达意旨,交流思想而适应现实语境,利用民族语言各因素以美化语言。”[②]他说的是交际活动,即定义的是“修辞”。第二种,指人们对修辞现象的认识或描述,即有关修辞规律的知识、学说。王易说:“修辞学者,乃研究辞之所以成美之学也。”[③]金兆梓说:“故修辞学者,教人以极有效极经济之言说文辞,求达其所欲之思想感情想象之学科也。”[④]徐梗生说:“所谓修辞学,实即研究如何修饰文辞、使能充分地美妙地发挥作者情意的一种技术。”[⑤]高名凯说:“修辞就是使我们能够最有效地运用语言,使语言有说服力的一种艺术或规范的科学。”[⑥]定义的是“修辞学”。

科学术语要求单义性,所以应当区分“修辞”和”修辞学”。“修辞”指客观存在物;“修辞学”指关于修辞现象的知识、理论。同理,“语法”是客观存在物,“语法学”则是关于语法的学问,是语法学者的认识活动的产物。

现代汉语语言学中的“修辞学”,作为一个语言学术语,其含义与英语中的 rhetoric、德语中的 das Rhetorik、俄语中的 стили́стика 相当。

---

① 鲁迅:《鲁迅书信集》下册746页,人民文学出版社1976年。

② 张弓:《现代汉语修辞学》1页,天津人民出版社1963年。

③ 王易:《修辞学通诠》8页,神州国光社1930年。

④ 金兆梓:《实用国文修辞学》3页,中华书局1934年。

⑤ 徐梗生:《修辞学教程》6页,上海广益书局1933年。

⑥ 高名凯:《普通语言学》下册80页,科学出版社1956年。

### 1.2.2 修辞活动和修辞规律

“修辞”是多义的,可区分为:“修辞活动”和“修辞规律”。

修辞活动就是交际活动中运用语言表达思想感情的一种活动。人们运用语言,总是有意或无意地追求最佳的表达效果。为了达到预期的最佳表达效果而对语言材料进行选择的过程,就是修辞活动。

修辞活动总是具体的,复杂多变的,因人、因时、因地、因事而异,千差万别,但又是有规律的。千变万化的修辞活动中包含着种种规律规则,它是共同的、稳定的,对不同的人、不同的时间、不同的地点、不同的事件都是适用的。这些提高语言表达效果的规律规则,就是“修辞规律”。修辞规律是客观存在着的,同语法规则是一样的。

修辞活动是运用修辞规律的活动,修辞规律存在于修辞活动之中。修辞活动是动态的,修辞规律是静态的。

## 三　修辞学的定义

### 1.3.1 有代表性的定义

德国学者威克纳格说:“‘修辞学’长期以来都是一个暧昧不明意义分歧的词。”①

《辞海》(第六版)给修辞学所下的定义是:“语言学的一门学科。研究提高语言表达效果的规律,即如何依据题旨情境,运用各种语文材料、各种表现手法,来恰当地表达思想和感情。揭示修辞现象的条理、修辞观念的系统,指导人们运用和创造各种修辞方法恰当地表现所要传达的内容。”这个定义是陈望道的修辞观的阐述。陈望道在《修辞学发凡》中

---

① 歌德等:《文学风格论》7 页,上海译文出版社 1982 年。

说:“修辞以适应题旨情境为第一要义。”①这里说“指导人们运用和创造各种修辞方法”,提出“创造修辞方法”似乎要求过高了。一般说来,“创造修辞方法”并不是修辞的目的与任务,乃是修辞活动的结果。

《现代汉语词典》(第 6 版)对“修辞学”的定义是:“图语言学的一个分支,研究如何使语言表达准确、鲜明而生动有力。”“准确、鲜明、生动”这个三性原则是毛泽东提出的。李晋荃在《“准确性、鲜明性、生动性”是修辞要求吗?——兼谈修辞学的研究对象》中说:“从五十年代以来,不少修辞论著把‘准确性、鲜明性、生动性’作为修辞的要求(以下简称‘三性’说),这种提法在‘文化革命’中流传甚广,影响颇大。我们以为,这样的要求不符合修辞实际,模糊了修辞学的范围,应当实事求是地予以澄清。”②李晋荃的这篇论文是很有说服力的。既然“三性”不是修辞的原则,那么当然就不能作为修辞学定义的核心了。

从莱庭、徐鲁亚在《西方修辞学》中推荐的定义是:“修辞是最有效地运用语言,使语言能很好地表达思想感情的一种艺术。研究这种艺术的学问,就叫作修辞学(Rhetoric)。”③

### 1.3.2 修辞学的定义

定义帮助人们最方便地把握对象。定义非常重要,但是也不必、不可过分拘泥于定义。定义可以是多种多样的,可以分别从不同角度与侧面来认识对象。为了特定的研究目标,可以强调研究对象的某个方面。因此,可以这样定义:

修辞学是研究提高语言表达效果的规律的一个语言学分支学科。修辞学的目标是建立一个语言表达效果规律的系统。

修辞学是语言学中以修辞活动为其研究对象的一个独立的学科。

---

① 陈望道:《修辞学发凡》11 页,上海教育出版社 1976 年。

② 李晋荃:《“准确性、鲜明性、生动性”是修辞要求吗?——兼谈修辞学的研究对象》,《江苏师院学报》1982 年第 1 期。

③ 从莱庭、徐鲁亚:《西方修辞学》185—186 页,上海外语教育出版社 2007 年。

修辞学研究对象是语言的社会功能，即：如何有效地使用语言的问题。

修辞学是表达者的学问。修辞学是表达得体的学问。

修辞学是研究交际活动中的常规和偏离相互转化的学问。

修辞学是一门理论学科，也是应用学科，比语音学、语义学和语法学更有实用价值。

修辞学是内部的微观的结构语言学同社会之间的桥梁。修辞学是语言学面对社会的一个窗口。

李名方提出修辞学是表达学①、修辞学是言语得体学②，简单而明确，是可取的。

### 1.3.3 零度和偏离及其转化

修辞学中的重要概念是：零度和偏离及其转化。零度就是常规形式，偏离就是超常、变异。语音学、语义学、语法学关注的是常规，修辞学特别重视超常、变异。例如：

① 在京人士各挣几多 money?

（《中国青年报》1995 年 3 月 28 日）

② 你的“大哥大”姓什么？

（《中国青年报》1995 年 4 月 26 日）

③ 追求时尚从“头”开始

（《扬子晚报》2000 年 6 月 29 日）

④ 在锯齿上尝造“森林”的人

（《工人日报》1989 年 4 月 27 日）

⑤ 过山车 60 米高空“罢工”

（《扬子晚报》2011 年 1 月 26 日）

这些偏离了常规的用法比常规说法效果更好，可以叫作“正偏离”。

---

① 李名方：《修辞学：言语表达学》，《毕节学院学报》2000 年第 4 期。

② 李名方：《修辞学：言语得体学》，《修辞学习》1999 年第 1 期。

那些影响了表达效果的则是“负偏离”。例如:《两军一年僵局终被打破 中美悄悄寻找妥协空间 盖茨带来中美不稳定晴空》(《环球时报》2011年1月8日),是自相矛盾。“不稳定”还叫什么“晴空”?再如:《寻找“邓颖超”的扮演者》(《江苏广播电视报》1991年6月7日),寻找的是电影《周恩来》中邓颖超的扮演者,这个标题上的“邓颖超”不应当加上引号。加上引号的“邓颖超”就不是邓颖超,而是影视中扮演邓颖超的演员。又如:“现代语言学自索绪尔开创至今,虽然只有不足100年的时间,但它的发展却出人意料地迅猛。据有关资料统计,以汉语为例,随着社会的发展,科技的进步,以及新生事物的层出不穷,近年来,‘新词酷语’(我首见这个成语是在2003年4月《中国青年》杂志一篇题为《新生活 新词语》的文章里)正以每年1000个,甚至更大的速度在增生。”(《新词酷语的流行和汉语研究的反思》,《光明日报》2005年9月13日)把语言同语言学混为一谈了,暗中用语言的发展代替了语言学的发展。“速度”有快慢高低,不好说“更大”的。这些偏离了常规的说法损害了语言的表达效果,则是“负偏离”。

交际活动中的各种偏离现象是修辞学的重要研究对象。修辞规律规则大多是从这些偏离现象中总结抽象出来的。借用消极修辞和积极修辞的区分法,研究正偏离的是积极修辞学;研究负偏离的是消极修辞学。积极修辞学的重要内容是修辞格与平常词语艺术化。修辞学关注零度和偏离之间、正偏离和负偏离之间的相互转化的条件与效果。①

---

① 零度和偏离,可参考王希杰《修辞学通论》(南京大学出版社1996年)第五章“零度和偏离”。

# 四　修辞学的研究对象

## 1.4.1 修辞学的研究对象是语言

修辞学研究的对象存在于交际活动之中。交际活动是一种复杂的社会现象，其中包括了社会的和文化的、心理的和审美的、哲学的和逻辑的、历史的和地理的因素，以及生理的、物理的因素。从不同角度对它进行研究，便构成不同的科学门类：语法学、词汇学、语音学、逻辑学、心理学、医学、美学、社会学、伦理学等。

修辞学研究交际活动中的语言问题。人类的交际手段是多种多样的，修辞学不研究非语言的交际活动，也不研究运用语言的交际活动中的非语言手段。口语中，人们可以运用手势、面部表情、身体姿态、图画和实物，以及其他非语言的符号等。辅助语言交际的非语言手段，不是修辞学的研究对象。书面语中的行款、版式、字体、开本、装帧等，严格地说，也不是修辞学的研究对象。

## 1.4.2 修辞学的对象是语言的表达效果

再进一步说，修辞学只研究同提高表达效果有关的语言问题，而不是研究一切语言问题。修辞学同语音学、词汇学和语法学的区别在于：后者的研究对象是语言这个符号系统本身的结构规律，前者研究作为交际工具的语言的交际功能问题。打个比方说，研究语言本身规律的语音学、词汇学、语法学等，好比汽车构造学，保证制造出合格的汽车。修辞学是有效运用语言的学问，好比是汽车驾驶学，目的是提高驾驶水平，研究的是好不好的问题，即评价各种形式的表达效果，研究何种形式在此时此地能够取得最佳效果。

交际活动是一种信息交流的过程，交际双方关心的是话语的内容。"言者所以在意，得意而忘言。"(《庄子·外物》)但修辞学把自己的任务定位为:对语言的加工。假定已经有了一个完整的健康的内容,要解决的只是如何恰当得体地表达。而如何深化对世界的认识,提高自己的思想水平,这不是修辞学的任务。因为思想的改变而选择不同的语言表达形式,这不是修辞学的研究对象。因此由于思想认识的变化而对语言的加工,也不是修辞学的研究对象。只有为了提高语言的表达效果而对语言进行的加工,才是修辞学的研究对象。例如叶圣陶在编选《叶圣陶文集》时对旧作的加工[①]:

① "吓!"声音很严厉,左手的食指坚强地指着,"这是中央银行的,你们不要,可是要吃官司?" (《多收了三五斗》)

② ……伴着一副懊丧到无可奈何的嘴脸。(《多收了三五斗》)

③ 仲芳……这才蒲卢卢地吸一袋烟,两个大而斜仰的鼻孔里就喷出淡白的两条烟须来。 (《城中》)

例①,修改时把"坚强"换成了"强硬"。"坚强"是褒义词,用于米行账房先生对农民的恐吓,不够妥帖,用中性词"强硬"比较得体。例②,"嘴脸"是贬义词,用于描写被剥削的穷苦农民,不妥当。"神色"是中性词,更好些。例③,将"蒲卢卢"重复了一次,这是因为现代汉语中两个三音节词连用比用一个三音节词更流畅一些;在"吸"这个动词后又加上一个"了"字,这一来,节奏鲜明,和谐悦耳。

只有这一类为提高语言表达效果而对语言进行的加工,才是修辞学的研究对象。大多数情况下,这类加工都是同义手段的选择问题。修辞学研究的对象是为了提高语言表达效果而对语言进行的加工,其核心是同义语言手段的选择,而同义语言手段的选择又大多是在语言的各种变体之间进行的。所以说,修辞学的对象主要是各种同义手段的选择,也就是语言变体的选择。

---

① 转引自朱泳燚《叶圣陶的语言修改艺术》20页,宁夏人民出版社1982年。

### 1.4.3 表达效果和接受效果

交际效果可以分为“表达效果”和“接受效果”两种。修辞学关注的是表达效果。表达效果与接受效果不是一回事。东晋元帝司马睿得了皇子,赏赐群臣。光禄勋殷洪乔谦恭地谢恩:“皇子诞育,普天同庆,臣无勋焉,而猥颁厚赍。”晋元帝笑着说:“此事岂可使卿有勋邪?”殷洪乔主观的表达效果同司马睿的接受效果完全是两码子事。

表达效果和接受效果之间的差异是客观存在的,甚至应当是永远不可能完全消除的。因为表达效果与接受效果几乎是不可能相同的。因此俄国诗人纳德松才说:“人生最大的痛苦是语言的痛苦。”

表达效果有时会超出表达者的意料。邯郸淳《笑林》中说:“汉人有适吴,吴人设笋,问是何物,语曰:‘竹也。’归煮其床箦而不熟。”这个北方人的接受效果是南方人表达时所不能想象的。表达效果同接受效果有时甚至是对立的。在阿凡提的故事里,阿凡提取得了很好的表达效果,巴依老爷所得到的接受效果却是很糟糕的。

虽然,表达者应当对其话语的表达效果负责,但是很难完全负责。因为接受者的接受活动并不是表达者所能够决定与控制的,接受者是独立于表达者的独立自主能动的行为人,因此接受者的接受效果同表达者预期的表达效果之间必然出现一个“差”。表达效果和接受效果之间的差并非都由表达者负责,有时责任在接受者。

修辞学是表达者的学问。修辞学站在表达者的立场上来研究交际效果,关注的是表达效果。接受效果是修辞学的参考指数。接受效果是阐释学的研究对象。

# 五 修辞格

## 1.5.1 修辞格的定义

"修辞格"又叫"辞格"、"语格"、"修辞方式"、"修辞方法"、"修辞手段"等。《现代汉语词典》(第6版)对"修辞格"的释义是:"各种修辞方式,如比喻、对偶、排比等。"这个术语是唐钺在《修辞格》中首先提出来的。他说:"凡语文中因为要增大或者确定词句所有的效力,不用通常语气而用变格的语法,这种地方叫作修辞格(又叫语格)。"[①]这个定义包含两个内容,一是表达效果,二是"变格的语法"。前者被广泛地接受了,后者却常常被误解。其问题在于这里的"语法"不是现在同"语音、词汇"相提并论的那个"语法"(葛郎玛/grammar),而是语言的结构规则,还包括语言运用的常规。

我们把修辞格定义为:"为了提高语言的表达效果而有意识地偏离语言和语用常规之后,逐步形成的固定格式、特定模式。"就是说,第一,修辞格具有提高语言表达效果的作用;第二,修辞格是对语言的和语用的常规的一种偏离;第三,修辞格是一种格式,有它自己的结构模式。[②]

## 1.5.2 修辞格的功能

唐钺在《修辞格》中指出,修辞格只是修辞学的一部分,不是全面整个的修辞学,不能把修辞格同修辞学等同起来。修辞格是其中的一个

---

① 唐钺:《修辞格》1页,商务印书馆1923年。

② 王希杰在《什么是修辞格?》中给修辞格广义和狭义两个定义。"狭义的定义是:修辞格是一种语言中为了提高语言的表达效果有意识地偏离语言和语言运用常规并且逐渐形成的固定格式、特定模式。""修辞格的广义定义是:修辞格是一种语言中偏离了语言和语言运用的常规而逐渐形成的固定格式、特定模式。"(王希杰主编:《语言学百题》346、348页,上海教育出版社1991年)

组成部分，不可缺少的最重要的组成部分。但是，修辞学界内外，都往往把修辞格同修辞学等同起来。这也可以看出修辞格在修辞学中的重要地位了。修辞学家往往偏爱修辞格，20 世纪汉语修辞学中长期存在着辞格中心论。一些修辞学著作全部内容就是修辞格。不讲修辞格的几乎不能叫作修辞学。

修辞格不仅是遣词造句的技巧，也是一种表现手法。没有比喻、比拟等手法，也就没有寓言、童话这些文学体裁。没有顶针的手法，《水浒》等作品就不能将若干个短篇串连起来构成完整的长篇小说。而递进等方法，正是杂文小品随笔构思的重要方法之一。

修辞格也是接受、阐释的工具。解码时必须明确：是否是修辞格？是哪一种修辞格？2010 年 6 月，在广西民族大学的校园里，一个退休的教授对我说，某个老教师突然去世了，一个老同事打电话找他，家人回答："他走了。"这人问："到哪去了？"误会出在没想到"走了"是委婉修辞格。司马光《资治通鉴》记载："令狐绹拟李远杭州刺史，上曰：'吾闻远诗云："长日惟消一局棋"，安能理人？'绹曰：'诗人托此为高兴耳！未必实然。'上曰：'且令往试观之。'"（第二百四十九卷）"长日惟消一局棋"，是诗歌语言，用的是夸张手法。唐宪宗误解了夸张修辞格。

修辞格也是认识世界的方式，发明创造的方式。例如，人类对世界的认识，是一个从已知向未知进军的过程。在这一过程中，人们通过已知事物和未知事物对比，把握两者之间的异同相似关系和相关关系，促进了认识的飞跃。许多修辞格的核心正是相关关系和相似关系。例如，比喻的基础是相关关系，借代的基础是相关关系。"那人像小鸟一样飞了"，这是修辞学上的比喻，它建立在人和鸟的异同上。科学家也从小鸟的飞行及人同小鸟的异同中得到启示，才发明了飞机。修辞格的借代往往用典型特征来代替事物，用"裙钗"代替妇女，用"胡须"代替男人。抓住重要特征，也是人类最重要的认识方式。找不到，或不能把握住事物的重要特征，就谈不到真正地认识事物。修辞格还是文学、影视、绘画、建筑、雕塑、民俗、释梦等的重要方法。

修辞格也是人类游戏的工具。人本是一种游戏的动物。汉字汉语具有巨大的游戏潜能。说汉语的人特别喜欢语言文字游戏。

### 1.5.3 修辞格是章法手段

修辞格的衔接功能,进一步就是结构篇章的手段。反复可以把句子组成句群,把段落组成文章。例如:

① 今夜的林中,决不宜于将军夜猎——那从骑杂沓,传叫风生,会踏毁了这平整匀纤的雪地;朵朵的火燎,和生寒的铁甲,会缭乱了静冷的月光。

今夜的林中,也不宜于燃枝野餐——火光中的喧哗欢笑,杯盘狼藉,会惊起树上稳栖的禽鸟;踏月归去,数里相和的歌声,会叫破了这如怨如慕的诗的世界。

今夜的林中,也不宜于爱友话别,叮咛细语——凄意已足,语音已微;而抑郁缠绵,作茧自缚的情绪,总是太"人间的"了,对不上这晶莹的雪月,空阔的山林。

今夜的林中,也不宜于高士徘徊,美人掩映——纵使林中月下,有佳句可寻,有佳音可赏,而一片光雾凄迷之中,只容意念回旋,不容人物点缀。　　　　(冰心《往事(二)》)

每一段都以"今夜的林中"开头,这样便把五个段落串连为一个整体。再如:

② 这是多么明亮的早晨。

这是照耀着金色的太阳光的早晨。这是多么快乐的夏天的早晨。

这是多么明丽的溪流。在它两岸的草地上和山坡的树林里,在这夏天早晨,有一群又一群的小野花们走出来了;

看呵,有一群金银花的小孩子,

他们抱着一束又一束雪白的花朵;风吹起来了,他们挥着花束，风一般地跑到溪边来了；

看呵，有一群石葱花的小孩子，

他们开放的花朵，好像一盏一盏的灯。看呵，一群石葱花的小孩子们，提着一盏一盏红色的和黄色的灯，踏着溪滩上的鹅卵石，跑到溪边来了；

看呵，有一群牵牛花的小孩子，

他们有的拿着粉红的小喇叭，有的拿着雪白和紫色的小喇叭，一起跑到溪边的土阜上来了；……（郭风《鲜花的早晨》）

通过词语和句式的多种形式的反复，把句子组合成一首统一的优美的散文诗。

多种辞格的并用，可以使文本衔接更为精美。例如：

③ 雪落无声

街衢睡了而路灯醒着

泥土睡了而树根醒着

鸟雀睡了而翅膀醒着

寺庙睡了而钟声醒着

山河睡了而风景醒着

春天睡了而种子醒着

肢体睡了而血液醒着

书籍睡了而诗句醒着

历史睡了而时间醒着

时间睡了而你我醒着

雪落无声　（洛夫《湖南大雪——赠长沙李元洛》）

首尾反复“雪落无声”，把全诗构造成一个整体。排比和对照，进一步把主体的八行诗句构造成一个有机的整体。这些对照，是虚同实的对照，又是写实同比喻之间的对比。

## 六 修辞学的范围和功用

### 1.6.1 修辞学的范围

修辞学的任务,是从那些为了增加语言表达效果而对语言进行加工的现象中寻求规律性的东西,建立规律规则系统。

修辞学研究的范围是根据这个任务而确定的。在修辞学的研究范围这一问题上,存在着过宽和过狭两种倾向。

所谓过宽,就是把说和写的整个过程全部纳入修辞学,"以作文的全部过程为修辞的范围",把修辞学和文章作法等同起来。有的修辞学著作把文章的题目、材料、谋篇、裁章等都算在修辞范围之内,有的把主题等也列入了修辞学。

修辞学是站在表达者的立场上研究话语表达效果的学问,近年来有些人主张把接受效果也归入修辞学,叫作"接受修辞学",这也是对修辞学范围的一种过宽的理解。修辞学主要还是立足于表达者为了提高表达效果来考察接受者与接受效果的。

所谓过狭,就是用修辞格代替整个修辞学,或把修辞学仅仅理解为美化语言。不少修辞学著作,除了修辞格,就没有其他的内容了。

### 1.6.2 修辞学的功用

从理论上看,修辞学可以帮助我们揭示人类的语言之谜,阐明人类的认识活动,而且具有美学价值。从实用方面看,一方面可以帮助我们提高语言表达能力,即运用于说和写;另一方面可以提高理解语言的能力,即运用于听和读。而在语文教学中的运用,则是上述两者的综合。

人是社会的动物。人需要相互理解。提出"理解万岁"的口号其实是因为理解很难。理解是双方的事情。语言的误会是人生中很难避免的。促进相互理解需要从交际双方着手。修辞学是要帮助表达者提高运用语言的能力，提高话语的表达效果。如：

① 谁知道从冷盘到咖啡，没有一样东西可口，……除醋之外，面包、牛油、红酒无一不醋。（钱锺书《围城》）

② 甲：啊！你别看花钱不多，车还可以。

乙：骑得过儿。

甲：反正除了铃不响，剩下的哪儿都响。

（侯宝林《夜行记》）

这两个例子是读者一读就再也忘不了的。好的表达效果是成功地运用修辞规律规则得来的。

解码是编码的逆向同构。所以编码规律规则和必要的修辞学知识也是解码的工具，可以帮助接受者提高理解能力。从理解方面来看，缺乏修辞学的知识也是不行的。如：

③ “郑和”率百官祀妈祖

下关妈祖庙会25日开幕，当天还能看到首次亮相的妈祖巡游踩街（《现代快报》2011年4月21日）

④ 布林迪西：意大利走私者的麦加

（《参考消息》1990年10月25日）

⑤ 挪威“黄禹锡”承认三篇论文造假

（《参考消息》2006年1月25日）

⑥ “日本梅兰芳”赞誉李玉刚（《环球时报》2010年8月30日）

这些引号和修饰语的修辞功能改变了专有名词的本义。

修辞学能够提高人们生活的品位。巴尔扎克说：“欲过风雅生活，至少先学修辞学。”[①]

---

① 巴尔扎克：《社会生活病例学》，《巴尔扎克全集》第24卷35页，人民文学出版社1999年。

### 1.6.3 正确对待修辞和修辞学

值得注意的是，修辞学也用于贬义，例如《文化中的“修辞学转向”》(《文汇报》2002 年 12 月 19 日)一文中的“修辞”就等同于同事实不符。

对修辞学的攻击早见于柏拉图的著作，苏格拉底说：“修辞学歪曲真理，障蔽真理。”迪克说：“至少早在十七世纪的初期，修辞学一语的使用，便已具有贬抑的意味了。试看 1615 年理查鄙视当时的打油诗人，嘲笑他们的作品：‘了无内容，只不过是一篇漂亮而俗气的修辞文字罢了。’1642 年富勒也提到某些人‘诅咒修辞学原是谎言之母’。”①

但是也不可夸大修辞学的功用。庄周说：“狗不以善吠为良，人不以善言为贤。”(《庄子·徐无鬼》)善于修辞的老子说：“信言不美，美言不信。”

## 七　修辞学的研究方法

### 1.7.1 观察法

修辞学研究常用的方法有观察、归纳、比较、统计等方法。

我们生活在语言的海洋中，生活在修辞的大世界中，修辞学的学习与研究，最重要的是做一个修辞世界的有心人，随时随地地观察修辞现象。所以观察法是学习和研究修辞学的重要方法。

学习与研究修辞，就从我们身边的修辞现象开始。例如：

① 南京人民大会堂前晚 high 爆了

“i 唱 i 音乐”城市歌会举行，张倩林俊杰等点燃歌迷的激情

(《现代快报》2011 年 8 月 22 日)

② 哈扎雷点燃印度反腐火炬(《参考消息》2011 年 8 月 22 日)

---

① 迪克：《论修辞》72 页，台湾黎明文化事业有限公司 1985 年。

《现代汉语词典》(第6版)说:"【点燃】动使燃烧;点着:点燃火把。"例②"点燃……火炬"是常规用法,"火炬"即"火把"。但是"反腐火炬"却是一个比喻。例①"点燃……激情",不符合语法常规,是超常用法、修辞手法。在现代汉语文本中插入英语词"high",不规范,但是迎合了年轻歌迷的心态,是看对象说话写作的修辞技巧。再如广西黑芝麻糊的使用说明书:

③ 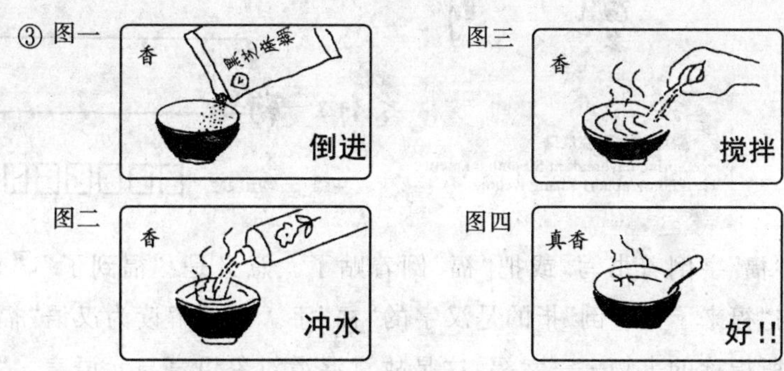


12个汉字,有多种读法:(1)倒进,冲水,搅拌,好！香,香,香,真香！(2)香,香,香,真香！倒进,冲水,搅拌,好！(3)倒进,香！冲水,香！搅拌,香！好！真香！(4)香,倒进！香,冲水！香,搅拌！真香,好!! 可以进行对比的是某种方便面的使用说明:"将面放置于碗中"(方便面只能在碗中食用吗?),"冲进沸腾的开水200ml"(什么是ml?),就值得商榷了。再如某家酒店的厕所,不叫"卫生间、洗手间",也不是"WC"(M或W),而是"水帘洞",再按性别分为"观瀑楼"和"听雨轩",很是荒谬。

2011年是兔年,媒体上出现:

④ Happy兔you　　　　(《现代快报》2011年2月2日)

⑤ 竞彩妙招"兔"you　　　　(《现代快报》2011年2月16日)

用汉语的"兔"来代替英语的"to",使人耳目一新。中英夹杂,中西合璧,别具一格。

20世纪90年代,我收到著名修辞学家倪宝元教授从杭州邮寄来的新年贺卡:

⑥
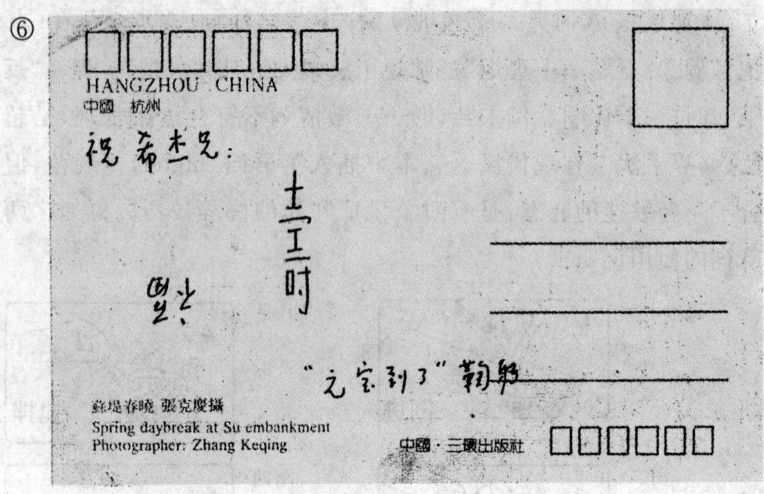


“福”字倒着书写，或把“福”倒着贴了。意义是：“福到了”，“来福了”与“福来了”。“倒”指的是汉字的“福”字。却要解读为汉语“福”这个词所指称的事物——幸福，这是故意混淆对象语言与元语言。“寿”字特长，意思是长寿。湖州师范专科学校的校长徐青教授对我说过：因为倪宝元著作多，而且字数特多，浙江人喊他“倪元宝”。在倪教授的书房里，我对倪先生说：“人家称呼你‘倪元宝’……”倪先生愣住了，没有答话。我自知失言，很不好意思。新年之前，倪宝元先生自称“元宝到了”，一来中国有“开门见财，斗大元宝滚进来”的传统；二来他坦言，你王希杰当面说我“倪元宝”，我并没有生气，你不必放在心上。“元宝”有什么不好的？世人谁不爱元宝？斗大的元宝谁不爱？

观察法，要求观察者首先确定一个零度的形式（或叫规范形式、常规形式），随时随地注意多种多样的偏离的形式。例如中央电视台有“新闻 30 分”的节目，其零度形式应当是“新闻 30 分钟”。南京某商店招牌是：“天津良乡　糖炒栗子”、“黄山野生　糖炒栗子”、“野生黄山　糖炒栗子”，事实上天津良乡出产的、黄山野生的都不是“糖炒栗子”，是南京的这些商店“糖炒”的。其零度形式本来是“糖炒天津良乡栗子”、“糖炒黄山野生栗子”、“糖炒野生黄山栗子”。但这些偏离并不是语病，可以叫作“正偏离”。但是商店招牌叫作:“塔玛地旅店”、“西门庆旅社”、“潘金莲发廊”,菜肴名称叫“二奶”、“二房”、“泡妞”,广告语“玩美女人”、“等着你来包”、“你要二房吗”,等等,都是负偏离现象。

### 1.7.2 归纳法

美国语言学家布龙菲尔德在其《语言论》中说:“对于语言,唯一有用的概括是归纳的概括。”①归纳法是修辞研究中最主要最基本的方法。对修辞的研究经常是从交际活动中的事实出发,收集大量最富有表现力的实例,把具有某些共性的事例放在一起考察,找出其中的一般规律。例如:

⑦“火”车滑行　民警开车拦截

司机及乘客及时疏散,英勇民警被撞伤

(《现代快报》2009 年 9 月 15 日)

⑧“好色之徒”盯上彩色翡翠

(《现代快报》2010 年 12 月 10 日)

⑨ 每 3 个男人中就有 1 个“精”力不足

20 年内,精子密度“标准”从 66000 万个猛降到 1500 万个

(《现代快报》2011 年 4 月 18 日)

⑩ 在台湾李敖大师风尘仆仆登“陆”的同一天,香港金庸大师则豪情万丈登“台”,带着新版的《天龙八部》,在台湾掀起又一阵武侠热潮。　(新加坡联合早报网 2005 年 9 月 20 日)

这些例子有一个共同特点,即改变了词的含义,启用该词中某词素本来的或其他的意义。例⑦,“火”车指着火的车;例⑧,“好色之徒”的“色”指“彩色”;例⑨的“精”力的“精”指“精子”;例⑩中,用“登陆、登台”指到大陆地区、到台湾地区。这多数是临时性的,需要一定的语言环境。

① 布龙菲尔德:《语言论》21 页,商务印书馆 1980 年。

### 1.7.3 比较法

比较法也是修辞研究和学习中的重要方法。在修辞研究中,比较法适用的范围是很广泛的,可以比较成功的用例和失败的用例,也可以比较一般用法和特殊用法,可以比较同一内容在不同的人、时间、地点中的不同的表达方式,也可以比较同一个人关于同一内容由于对象的不同而采取的不同的表达方式,还可以比较材料相同但体裁不同的文章的语言,等等。如《水浒传》中武松血溅鸳鸯楼一事,武松本人对张青的自述与办案人员检验之后的禀复分别是:

⑪ 一更四点进去,马院里先杀了一个养马的后槽,扒入墙内去,就厨房里杀了两个丫环,直上鸳鸯楼上。把张都监张团练蒋门神三个都杀了,又砍了两个亲随,下楼来,又把他老婆儿女养娘都戳死了。(武松自述)

先从马院里入来,就杀了养马的后槽一人。有脱下旧衣二件。次到厨房里,灶下杀死两个丫环,后门边遗下行凶缺刀一把。楼上杀死张都监一员,并亲随二人,外有请到客官张团练与蒋门神二人。白粉壁上,衣襟蘸血,大写八字道:"杀人者,打虎武松也!"楼下搠死夫人一口,在外搠死玉兰并奶娘二口,儿女三口。共计杀死男女一十五名,掳掠去金银酒器六件。(办案人员禀复)

这两处用词造句方面的差异是:前段是一般会话体,后段是公文语体——公文语体的口头形式。这里同时也可以看出说话者的身份、角度对选词造句的制约作用。

优秀作家的草稿和定稿、初刊稿和修订稿是修辞学的研究中常用的方法。鲁迅在《不应该那么写》中写道:"凡是已有定评的大作家,他的作品,全部就说明着'应该怎样写'。只是读者很不容易看出,也就不能领悟。因此在学习者一方面,是必须知道了'不应该那么写',这才会明白原来'应该这么写'的。""这确是极有益处的学习法,而我们中国却偏偏缺少这样的教材。"[①]鲁迅说中国偏偏缺少这样的教材,指的是20世纪30年代,今天这样的教材有了,也多了。朱泳燚《叶圣陶的语言修改艺术》(宁夏人民出版社1982年)、倪宝元的《名家锤炼词句》(浙江教育出版社1988年)和《汉语修辞新篇章——从名家改笔中学习修辞》(商务印书馆1992年)是这一领域的最重要的研究成果。

同一历史事件不同古籍中的不同的记载,同一古籍里的不同地方的不同记载,同一文献的不同的版本,同一古典文本的不同的现代白话文的翻译,这些都是修辞学比较的资料。

同一外语文本的多种译文也是比较的资料,例如歌德的《浮士德》中的魔鬼说的那句名言:

⑫ 梅非斯特　尊贵的朋友,所有理论都是灰色,生命的金树常青。　(绿原译。人民文学出版社)

梅菲斯托　朋友,生活的宝树青葱,而一切理论都显得朦胧。
(樊修章译。译林出版社)

靡非斯陀　灰色啊,亲爱的朋友,是一切理论,而生活的金树长青。　(董问樵译。复旦大学出版社)

梅非斯特　理论全是灰色的,朋友,生命的金树长青。
(郭沫若译。人民文学出版社)

梅菲斯特　理论全是灰色,敬爱的朋友,生命的金树才是长青。　(钱春绮译。上海译文出版社)

这是对照修辞格,对照本体:理论——生活(生命)。对照体:灰色(朦胧)——生活常青(长青、青葱)。

语料的价值经常是在比较之中取得的。我先看到《参考消息》上的一个标题:《是向中国学习的时候了》。后来看到:《是时候向中国学习了》(《环球时报》2011年9月7日),说的是澳大利亚《广告报》上的文

① 鲁迅:《鲁迅全集》第六卷311页、312页,人民文学出版社1982年。

章,原题:《是我们向中国学习的时候了》。这就出现了两种表达法:(A)是X的时候;(B)是时候X。于是注意到:

⑬ 现在也是时候让美国和西方强国深刻反省,为什么他们会如此不明智地对"9·11"事件做出那样的反应。

(《环球时报》2011年9月7日)

⑭ 日媒文章　是时候与崛起的中国合作了(《参考消息》2011年9月5日。标题。日本《外交学者》网站文章,原题:《是时候与崛起的中国合作》)

A式符合汉语的习惯。B式可能是印欧语言中定语从句的汉语直接翻译。

### 1.7.4 统计法

统计法在修辞的研究中也是很重要的。在汉语修辞学的进一步发展中,统计的方法必将发挥更大的作用。

何伟棠的《永明体到近体》自觉地运用了统计法。作者在自序中说:"本书在一系列声律问题的论证过程中都注重定量分析方法的运用。例如,作为永明声律主证材料的各种数据,就都是通过对永明体代表作家沈约、王融、谢朓全部入律的新变体五言诗(包括平韵诗223首、仄韵诗143首)的统计归纳得来;论述永明体向近体衍变的历史进程,又统计分析了自永明以迄唐之神龙年间36位诗人的全部入律五言诗2298首。揭开永明声律的千古之谜,实在也不能没有这样一番对诗歌实证材料的穷尽性的统计分析。"[①]该书中的《出现率对照总表》可以认为是修辞学研究中统计法运用的范例。再如书中对"两类律联均衡状况的比较"结果如下:

① 何伟棠:《永明体到近体》3页,广东高等教育出版社2005年。

| ⑮ | bB 联 | aA 联 | 差幅 |
|---|---|---|---|
| 永　明　体 | 7.02 | 43.38 | —36.81 |
| 前过渡体 | 20.27 | 51.19 | —30.92 |
| 后过渡体 | 33.99 | 50.94 | —16.95 |
| 近　　体 | 44.24 | 49.79 | —5.55① |

研究方法问题是修辞学进一步发展繁荣的关键。需要进一步完善方法论原则，更新研究方法，例如调查法和实验法、演绎法和移植法等，都很应该提倡，如何把信息论、控制论、系统论的方法运用于修辞研究，也值得认真思索。应当强调，方法是解决问题的手段，不能空谈方法和方法论原则，重要的是熟练地运用方法和方法论原则。

## 八　汉语修辞学中的古与今

### 1.8.1 古今兼顾

古与今的关系，在修辞学和语法学、词汇学、语音学中的情况大不一样。在语法学、词汇学、语音学中，古与今是难以熔为一炉的；而在修辞学中，古与今是难以截然分开的。语法学中，古与今是异大于同；而在修辞学中，古与今是同大于异。因此，想编写一本古与今熔为一炉的汉语语法学，是吃力不讨好的；当然分别编写为古代汉语修辞学和现代汉语修辞学，是可以的、有好处的，也是很必要的；但并不是非分别编写不可的，古今一体的汉语修辞学不但比较实用，而且有分别编写所没有的某些好处。

《汉语修辞学》处理古今关系所依据的原则是：详今略古；区别对待。详今略古，即论述和举例都以现代汉语为主。因为读者接触多的、

① 何伟棠：《永明体到近体》141页，广东高等教育出版社2005年。其中“永明体”比较的差额“—36.81”，原书即如此。

用得多的毕竟是现代汉语，这是其一；再一点是，既然是古今一致，那么掌握了今之规律，就可以举一反三，以今例古，不必古与今同等，一一举例。区别对待，指的是，对于现代汉语修辞现象，虽然是表达和理解并重，但尤重表达；而对于古代汉语的修辞现象，则重在理解而一般不多谈表达。因为现代汉语是我们每天都离不开的交际工具，而对于古代汉语则主要是一个理解的问题。

### 1.8.2 时代特色

语言运用是有时代特色的。语言是历史地变化着的，没有一成不变的语言。人们的运用也是随着时代的变化而变化的。例如，《卖地板不如炒股票》(《现代快报》2011 年 1 月 13 日)；《炒股如遛狗》(《参考消息》2009 年 11 月 18 日)；《人才如股票，不炒不值钱》(《现代快报》2009 年 11 月 7 日)；《换股如换妻　劝君细思量》(《报刊文摘》2008 年 12 月 3 日)等，是“割资本主义尾巴”的年代里绝对不会有的。《老爸节日快乐！和我一起很 high 吧》(《现代快报》2011 年 6 月 15 日)《红楼梦》时代的贾宝玉们是说不出这种话来的。

语言的时代特色，是一个时代的人运用语言所表现出来的各种共性特点的总和。它的形成，有客观和主观两个方面的因素。

每一个时代的语言，都有一些其他时代的语言所没有的特点。这些特点便是语言的时代特色得以形成的客观因素。古代汉语中单音节词占优势，现代汉语中双音节词占优势，现代汉语中的句子比古代汉语要长得多。《诗经》基本上是四个字一句，现代人写作四言诗却是一件很困难的事情，这是由古今汉语词汇、语法方面的差异所决定的。

各个时代的人，也会有一些自己时代所共有的特点，即另一个时代的人所不具备的特点。这些特点也制约着对语言材料和修辞方式的选择，这是语言的时代特色得以形成的主观因素。鲁迅在《魏晋风度及文章与药及酒之关系》一文中说过：“汉文慢慢壮大起来，是时代使然，非专靠曹操父子之功的。但华丽好看，却是曹丕提倡的功劳。”[①]讲的就是一个时代的人的特点对这个时代语言特色的影响问题。在“文革”十年中，书面语中盛行着一种引证风，大量地成段成段地引证马列主义经典著作，这同当时的社会风气显然是大有关系的。

孤立地看一个词、一句话，时代特色是很难觉察到的。而就一篇文章的整体来看，语言的时代特色就比较突出了。例如：

① 且说西京河南府又名洛阳。这西京有一县，唤做寿安县，在西京罗城外。县内有一座山，唤做寿安山，其中有万种名花异草。今日临安府官巷口花市，唤做寿安坊，便是这个故事。

（明洪楩编《清平山堂话本·洛阳三怪记》）

② 闲话少说。我现在要说的故事，又是这太行山里的故事。这事出在太行山南端。这地方有一条山沟叫作灵泉沟。为什么叫这个名字呢？因为沟的最后边有核桃粗细一段泉水从一堆乱石下面钻出来，往前流了十几步远，又从丈把高的岩石节上落下去，落到一个岩石窝窝里，聚成了二亩来大的一池清水，从前讲迷信的时候，每逢天旱，附近几十里的人们常到这里求雨，所以把这泉叫灵泉。灵泉沟的名字就是这样来的。　（赵树理《灵泉沟》）

两者都是小说体，内容也比较接近，都是用口语写成的，但在语言运用上却有显著的不同，比如说，例②的句子比例①长，运用关联词语也比例①要多，各种附加成分比例①也要多……这些不同的特点便构成了各自的时代特色。

作为现代人，我们的交际对象也是我们同时代的人，所以应当发扬我们这个时代的语言特色。我们应当学习古人语言中还有生命的东西，但是这个学习也应当坚持“古为今用”的原则。一味模仿古人，用模仿代替创新，或者半文言半白话，或者尽量简古，都是不好的。

---

① 鲁迅：《鲁迅全集》第三卷 506 页，人民文学出版社 1982 年。

## 九 怎样学习汉语修辞学

### 1.9.1 端正观念

学习汉语修辞学,首先要对修辞学有一个比较正确的认识,要去除对修辞学的种种误解。

对修辞学的误解之一,是修辞和修辞学是神秘莫测、高不可攀的,是文学家、耍笔杆子的人的事,同一般人无关。其实,修辞一点也不神秘。它从来就不单纯是文学家、耍笔杆子的人的事,而同每一个会说话的人都有关系。每个人平常讲话,就是一种修辞活动,都在自觉或不自觉地使用各种修辞手段。例如说,早上出霞,要下雨;晚上出霞,就是晴天。苏北地区的农民说:"早上烧霞,等水烧茶;晚上烧霞,干死虾蟆。"夸张和对比的修辞手法运用的是如此巧妙。"烧霞"的"烧"字比"出"字好得多。您看那火红的早霞、晚霞,岂不正像一堆火一样吗?当然,人们并不会一听到"早上烧霞,等水烧茶",就真的去烧茶,因为他们知道,这是夸张,说的是将要下雨。各种修辞手法本来是人民大众在运用语言的实践中创造出来的,当然文人也有很大的功劳。研究修辞的人,不过是做了一些分析归纳综合的工作罢了。

修辞学就在我们身边,而且它影响着我们的生活。修辞学是有效交际的学问,是准确表达的学问,准确表达是社会化的人的生活和事业的保证。不懂修辞,将产生交际短路现象。不重视修辞,表达失误,是日常生活中的误会和人际冲突产生的原因之一。例如一张单据上写着:"还欠款六千元。"借款者说他已经还清了六千元("欠款"),债权人说对方还"欠"他六千元(款)。于是上了法庭。这里有三点必须注意。第一,"还"字的词义和词性及其上下文。第二,语体要素。此例用的应属公文语体。第三,社会文化常识:借钱必须立下借据,还钱要收回字据。还钱是不需要书写字据的。因此,这张字据上的"还"只能是副词,绝不可以是动词。这是一张欠条,功能是表明欠款数目,不在于交代还钱多少。全部还清,理当销毁借条。

修辞学是重要的,绝不是可有可无的。它在社会生活的各个方面的地位和作用都是不可低估的。修辞学的普及是提高民族文化素质的一个重要方面。

修辞和修辞学既简单又复杂。一方面不需要学,不学就会;另一方面,又需要花大力气去学,学一辈子也还不能说是真正地学会了。鲁迅在《不通两种》中说:"然而做中国文其实是很不容易'通'的,高手如太史公司马迁,倘将他的文章推敲起来,无论从文字,文法,修辞的任何一种立场去看,都可以发见'不通'的处所。"[①]例如:"看来,作家无论是用古代汉语还是现代汉语、中国语言还是西方语言说话,只要他是用了汉语,就无法割断与中国古典传统的联系。"[②]"无论"是一个很平常的连词,表示条件不同但结果不变。"无论"和"只要"之后的事物是不同类别。"无论是用古代汉语还是现代汉语、中国语言还是西方语言说话",同"只要他是用了汉语",是不能搭配的。因为"用了汉语"就是"用古代汉语"、"用现代汉语"、"用中国话"说话。而且"用西方语言说话"同"用了汉语"是相互矛盾的,不能相容的。

正确阐释文本不是一件容易的事情。一些大学者有时也会出错。杜甫《古柏行》:"霜皮溜雨四十围,黛色参天二千尺。"有人说:"四十围乃是径七尺,无乃太细长乎?"[③]胡仔《苕溪渔隐丛话》前集卷八引《缃素杂记》记载,有人引古制说四十围是直径一丈三尺三寸,不是七尺,所以并不太细长。他们把夸张当作写实了。杜甫《将赴成都草堂途中有作,选寄严郑公(武)五首(之四)》:"新松恨不高千尺,恶竹应须斩万竿。"郭沫若说,"草堂里的竹林占一百亩地以上,自然有一万竿竹子可供他斫

① 鲁迅:《鲁迅全集》第五卷 19 页,人民文学出版社 1982 年。

② 王一川:《汉语形象美学引论》283 页,广东人民出版社 1999 年。

③ 沈括:《梦溪笔谈》189 页,岳麓书社 1987 年。

伐”。[①] 当作写实,不符合诗人的原意。

把修辞等同于说谎也是古今都存在的一种误解。哲学家俞吾金在题为《警惕文化生活中的“修辞学转向”》中说:“在当今国人的文化生活中,存在着一种比较普遍的倾向,那就是自我包装、自我夸耀和自我炒作的倾向。借用‘修辞学转向’来指称这种倾向,其含义是:没有事实,只要修辞。”“当一个人、一个单位或团体在大众传媒上或其他场合下陈述自己的情况时,人们经常看到或听到的是这样的词语,如‘世界一流’、‘国内领先’、‘零的突破’等等。听起来华丽动人,读起来朗朗上口,但它不过是应一场‘修辞上的“革命”而已’。”“‘修辞学转向’的要害是用大话、空话和套话来取代实际行动,用修辞学上的手法来取代现实生活中的真实。在当今的文化生活中,这种倾向是十分有害的,它不但降低了人们相互之间的信任度,也使虚假、浮夸的风气到处蔓延,从而加剧文化的泡沫化。”[②]把修辞学同说假话等同起来,这当然是对修辞学的严重误解。

### 1.9.2 摆正修辞学同语法学和逻辑学的关系

逻辑学,研究人们思维的规律,解决说话对不对的问题。语法学,研究语言的结构规律,解决通不通的问题。修辞学,研究提高语言表达效果的规律,它管的是好不好的问题。不对、不通的东西,当然谈不到好。因此,逻辑学和语法学是修辞学的基础。

但是,修辞学又不能完全等同于逻辑学,不能简单地用逻辑学来代替修辞学。同样,修辞学也不能完全等同于语法学,语法学是不能代替修辞学的。事实上,合乎逻辑和语法的东西,并一定表达效果就好,相反不合乎逻辑和语法的东西,也不一定表达效果就不好。在某种特殊场合下,不合乎逻辑和语法的东西,也可以收到很好的修辞效果,如表

---

① 郭沫若:《李白与杜甫》169 页,人民文学出版社 1972 年。

② 俞吾金:《警惕文化生活中的“修辞学转向”》,《文汇报》2002 年 12 月 19 日。

现人物的个性、身份、教养时可以收到诙谐幽默的效果。例如曹禺《日出》中的顾八奶奶说:"所以我顶悲剧,顶痛苦,顶热烈,顶没有法子办。"这个不合语法的"顶悲剧"是个性化的人物语言,很好地表现了顾八奶奶的身份和教养。

王力说:"若拿医学来做譬喻,语法好比解剖学,逻辑好比卫生学,修辞好比美容术。咱们虽不能说解剖学和卫生美容完全不生关系,然而咱们究竟不该把解剖和卫生或美容混为一谈。"[①]吕叔湘说:"从原则上讲,语法讲的是对和不对,修辞讲的是好和不好;前者研究的是有没有这种说法,后者研究的是哪一种说法比较好。从修辞角度看,没有绝对的好,倒可能有绝对的坏,例如使用生造的、谁也不懂的词语。哪种说法最合适,要看你是什么时间、什么地方、对谁说话,上一句是怎么说的,下一句打算怎么说。不同的场合有不同的要求,有时候典雅点儿好,有时候大白话最为相宜。好有一比:我们的衣服,上衣得像个上衣,裤子得像个裤子,帽子得像个帽子。上衣有两个袖子,背心没有袖子,如果只有一个袖子,那就既不是上衣,又不是背心,是个'四不像'。这可以比喻语法。修辞呢,好比穿衣服,人体有高矮肥瘦,衣服要称身;季节有春夏秋冬,衣服要当令;男女老少,衣服的材料花色不尽相同。总之是各有所宜。"[②]这段论述是非常精辟而又发人深省的。

汉语中语法和修辞的关系特别密切,修辞的作用尤其重要。启功说:"在古代汉语中尤其是诗歌、骈文中,修辞与语法往往是不可分的。修辞的作用有时比语法的作用大,甚至在某些句、段、篇中的语法即只是修辞。"[③]

---

① 王力:《中国语法纲要·导言》,《王力文集》第三卷156页,山东教育出版社1985年。

② 吕叔湘:《漫谈汉语语法研究》,《吕叔湘语文论集》129页,商务印书馆1983年。

③ 启功:《古代诗歌骈文的语法问题》,《汉语现象论丛》23页,中华书局1997年。

### 1.9.3 建立整体的观念

《吕氏春秋·别类》说:"夫草有莘有藟,独食之则杀人,合而食之则益寿。"整体不是部分之和,整体大于部分,整体制约部分,改变的部分的特性。歌德说:"要是你画一幅风景画,斤斤于细节的描绘,而不向着整体的概念破浪前进,你就会一败涂地地丧失了目标。"[①]列宁说:"如果不是从整体上、不是从联系中去把握事实,如果事实是零碎的和随意挑选出来的,那么它就只能是儿戏,或者连儿戏都不如。"[②]修辞学尤其需要建立整体观。语法学的最大单位是句子,而修辞学总是以一段完整的言语表达作为研究对象的。学习与研究修辞学最重要的就是要建立一个整体观念。修辞学的整体观念,首先指的是全面地辩证地把握交际活动中的各种因素,如交际对象的特点、交际环境的特点、交际者本人的条件、所陈述的对象的特点、语言特点,等等。如果只注意到其中的一个因素,而忽视了其他的因素,是很难收到好的表达效果的。

整体观念,要求交际者和研究者要考虑到语言表达的总的思想要求、总的思想倾向。对具体词和句的选择,应当服从这个总的要求、总的倾向。例如:

① 近十年来,声学,特别是语言声学,研究的特点之一就是越来越多地使用电子数字计算机。研制一台较大设备(如声码器、语言识别器等),周期是很长的,用大型通用电子数字计算机进行模拟试验,可以大大节约验证方案所需的时间。语音的分析、合成和信号处理都可以利用电子计算机进行。根据方框图编辑计算程序的方法大大推动了这些方面的工作。语音识别系统不但在研制中使用电子计算机,其构造也逐渐采用专用电子数字计算机的形式,充分利用计算技术的新成就。语言声学研究的进一步开展有可能

---

① 歌德等:《文学风格论》3页,上海译文出版社1982年。

② 列宁:《列宁全集》第28卷364页,人民出版社1990年。

使电子计算机接受语言号令识别讲话人并用语音回答问题，使电子计算机发展到一个新水平。

（中国科学院物理研究所《自然科学简介·物理学》）

② 我的心不禁一颤：多可爱的小生灵啊，对人无所求，给人的却是极好的东西。蜜蜂是在酿蜜，又是在酿造生活；不是为自己，而是在为人类酿造最甜的生活。蜜蜂是渺小的；蜜蜂又是多么高尚啊！

透过荔枝树林，我沉吟地望着远远的田野，那儿正有农民立在水田里，辛辛勤勤地分秧插秧。他们正用劳力建设自己的生活，实际上也是在酿造着生活的蜜。　（杨朔《荔枝蜜》）

以上两例在选择词语、句式、修辞手法方面，都有很大差异，这是由各自的语体和风格所决定的。

整体观念要求照顾上下文的协调。比如说同一词语在上下文中多次重复，就显得单调、呆板，就必须加以变化。如：

③ 上古竞于道德，中世逐于智谋，当今争于气力。

（《韩非子·五蠹》）

④ 东南山水，余杭郡为最；就郡言，灵隐寺为尤；由寺观，冷泉亭为甲。　（白居易《冷泉亭记》）

⑤（曹）操见南屏山色如画，东视柴桑之境，西观夏口之江，南望樊山，北觑乌林，四顾空阔，心中欢喜。

（罗贯中《三国演义》第四十八回）

⑥ 含鄱口左望扬子江，右瞰鄱阳湖，天下壮观，不可不看。

（丰子恺《庐山游记》）

例③中的“竞”、“逐”和“争”；例④中的“最”、“尤”和“甲”，例⑤中的“见”、“视”、“观”、“望”、“觑”与“顾”；例⑥中的“望”和“瞰”与“看”，都是为了避免单调重复而有意安排的。再如谚语：“乘东风争上游，一年胜过十八秋。”“骑毛驴看唱本——走着瞧。”“依葫芦画瓢——照样学。”“单丝不成线，独木不成林。”

句式的选择也必须考虑到上下文的协调。单个的句子虽好,如在特定的上下文中不协调,其效果也是不好的。如:“卓别林头戴礼帽手持拐杖的形象,或者希特勒在纽伦堡大发雷霆的形象,布痕瓦尔德集中营尸体堆积成山的形象,以及丘吉尔做一个V字表示胜利的手势,罗斯福披着黑斗篷,玛莉莲·梦露随风飘曳的裙子……所有这一切都成了世界形象行列中的标准内容。”(托夫勒《第三次浪潮》,朱志炎等译)孤立地看,“丘吉尔做一个V字表示胜利的手势”和“罗斯福披着黑斗篷”都是语法上完全合格的句子。但是,上文中“卓别林头戴礼帽手持拐杖的形象,或者希特勒在纽伦堡大发雷霆的形象,布痕瓦尔德集中营尸体堆积成山的形象”,下文中“玛莉莲·梦露随风飘曳的裙子”,都是偏正结构的名词性短语,放在一起就显得很别扭。孤立地看,“玛莉莲·梦露随风飘曳的裙子”也没有错,但同上文的三个“形象”并列,也给人以不和谐感。再如:“纵使尽千变万化之气力,倒不及这懦夫庸才。见多少覆云翻雨的能人,如仪、秦之舌,孙、庞之智,到头来百一成,可见成败有一定之数。”(关德栋、周中明校注《贾凫西木皮道人词校注》)孤立地看,“如仪、秦之舌,孙、庞之智”,都没有什么不妥之处,但联系上下文,“舌”和“智”并非“能人”,能人是张仪和苏秦、孙膑和庞涓。单个的句子同上下文中的其他句子组成一个统一的和谐的整体,才能有比较好的表达效果。所以,提高语言的表达效果,学习和研究修辞,都必须有一个整体观念,要善于从全局把握问题。

### 1.9.4 不可迷信修辞学论著

学习修辞学,当然需要阅读一些修辞学论著。但是切不可迷信修辞学论著。正如歌德《浮士德》中的魔鬼梅菲斯特所说:“尊贵的朋友,所有理论都是灰色,生命的金树常青。”(绿原译)卡西尔在《人论》中说:“一本诗歌教科书不可能教会我们如何写一首好诗。”[①]这对修辞学也

---

① 卡西尔:《人论》204页,上海译文出版社1985年。

是适用的。俗话说,“师傅领进门,修行在自身”。好的修辞学论著的作用只是领进门,修行还靠学习者自身。修辞学学习不能本本主义。仅仅从修辞学著作中学习修辞学,是很不够的,还应当从各种言语作品——特别是文学作品中去学习修辞学,也应当从各种各样的口语交际活动中学习修辞学。可随时注意一下报纸杂志上的标题:

⑦ 中国的土豆为什么不敌美国的马铃薯

(《文汇报》2002 年 3 月 15 日)

⑧ 我国花卉业何时进入“花季”

(《光明日报》2002 年 3 月 15 日)

⑨ 关于传统文化和文化传统的思索

(《光明日报》1999 年 10 月 27 日)

⑩ 上海“方便”究竟方便不方便(《文汇报》2002 年 3 月 20 日)

把修辞学论著上的东西同自己阅读和使用语言的实践结合起来,随时随地留心各种各样的修辞现象,多思索,常分析,归纳总结自己的体会,这样才能真正学好修辞学。

最后值得一提的是,修辞学教学中有一种倾向,就是把注意力集中到辞格的界线问题上。这在海峡两岸的修辞学教学中都是存在的。辞格是修辞学的重要内容,但不是唯一的内容。明确辞格的界线是必要的、重要的,但是不要过了头。因为辞格是不同的研究者在不同时间依据不同的标准建立的,所以辞格本身有交叉现象。例如对偶主要是从形式方面着眼的,而对照主要是从内容方面考虑的,形式上符合对偶要求的对照其实就是对偶,内容上有对比性的对偶也是对照。修辞学界为鲁迅《故乡》中的“圆规”争论了几十年,是比喻,还是借代?修辞学家长期争论而没有一致的意见,一般学习者不必在这类问题上多花力气。

列宁在《哲学笔记》中抄录黑格尔“逻辑学”中的话:“逻辑像文法的地方就在于:文法对于初学的人说来是一回事,对于通晓语言(或几种语言和语言精神)的人说来是另外一回事。"[①]并评论说:"微妙而深刻。"修辞对于初学的人来说是一回事情,对于语言艺术家则是另外一回事情。

老舍说:"为修词而修词,纵字字典雅,亦未必有力。"[②]精通修辞而忘却修辞,才算修辞的最高境界。

## 思考与练习

(1) 修辞和修辞学的区别何在?

(2) 修辞学的研究对象是什么?

如果修辞学只限于研究文学作品的语言,只限于研究名家名作名篇名句,这样的修辞学您满意吗?

有一种主张是:"一切人"的"一切话语"都是修辞学的研究对象,你认为合理吗? 你赞同吗? 这种主张有什么好处? 也可能会带来哪些麻烦?

如果是一切人的一切话语都是修辞学的研究对象,那么说谎者的谎言、造谣惑众者的谣言也是修辞学的对象了,你赞同修辞学也研究谎言和谣言吗?

(3) 从你所熟悉的成语、谚语、歇后语中考察中国人的修辞观念。例如:"一言九鼎、一言兴邦、言为心声、心口如一、由衷之言、肺腑之言、言不由衷、口是心非、言多必失……"、"真人面前不说假话"、"当着矮人不说矮话"、"见人说人话,见鬼说鬼话"、"秀才见到兵,有理说不清"、"有理走遍天下,无理寸步难行"、"打开天窗说亮话"、"胸口放磨盘——推心置腹"、"对着烟囱喊叫——说直话"、"嘴巴上戴竹筒——说直话"、"石头开口——说实话"、"小和尚念经——有口无心"、"灶王爷上天——有一句说一句"、"肚脐眼打电

① 列宁:《哲学笔记》74页,人民出版社1957年。

② 老舍:《出口成章——论文学语言及其他》29页,人民文学出版社1984年。

话——心腹之言”、“怀里揣琵琶——往心里弹(谈)”等。

(4) 从口、舌、言、耳部汉字看中国人的对语言运用的观念。

(5) 郭沫若在《李白与杜甫》(人民文学出版社 1972 年)中写道:

奉乞桃栽一百根,春前为送浣花村。

河阳县里虽无数,濯锦江边未满园。

——《萧实处觅桃栽》

桃树发育快,布局宽,一百棵桃树的栽种,估计要五亩地左右。草堂的园子可就够大的了。(168 页)

爱惜已六载,兹晨去千竿。

——《营屋》

能够一次去掉一千根的竹林,要占地一顷多,是一点也不夸大的。(169 页)

请从修辞学角度上来分析郭沫若对杜甫诗歌的解读。

(6) 英国诗人爱德华·李亚(1812—1888 年)的打油诗:有个老头他心想,大门已经半掩关,老鼠把他衣帽咬,好好先生正打鼾。

王佐良以此作为“无意识诗”(nonsense verse)的例子,并指出:“所谓‘无意识’是指诗中讲的事虽然样样清楚,合起来却看不出什么意思。”(《英国诗史》400 页,译林出版社 1993 年)请问有相反的现象(即文本中的事虽然样样不清楚,合起来却有点意思)吗?

# 第二章　交际的矛盾和修辞的原则

恒患意不称物，文不逮意，盖非知之难，能之难也。（陆机《文赋》）

事物发展的根本原因，不是在事物的外部而是在事物的内部，在于事物内部的矛盾性。任何事物内部都有这种矛盾性，因此引起了事物的运动和发展。（毛泽东《矛盾论》）

## 一　交际的矛盾

### 2.1.1 矛盾和对策

交际活动看似平常，其实是很复杂的，充满了种种矛盾。例如：有限的语言世界和无限的主客观世界之间的矛盾；说写者的编码活动和听读者的解码活动之间的矛盾；语音和语义之间、语法和语用之间的矛盾；语言的内部和外部之间的矛盾；表达者和接受者之间的矛盾；话语和语境之间的矛盾；语言和话语之间的矛盾；交际的目的、表达的手段和交际的效果之间的矛盾，等等。

为了提高语言的表达效果，就必须考虑到交际活动中的这些矛盾，处理好它们之间的关系。在此基础上，建立修辞的原则。

### 2.1.2 表达者和接受者

交际活动的多种矛盾中最重要的是表达者和接受者之间的矛盾。

交际活动在说写者和听读者之间进行，在说写者一面是表达，在听读者一面是理解。说写者和听读者是会相互转化的。表达时要考虑到接受者，理解时也要考虑到表达者。表达者自觉不自觉地要保持自我，他努力把握交际对象，然而他所把握的交际对象永远不可能等同于交际对象本身。就表达者而言，对象和自我之间的矛盾是永恒的。

从表达者和接受者的矛盾中产生成对的关系及其"差"：

表达者的语境——接受者的语境——语境差

表达效果　　——接受效果　　——效果差

表达者的心理——接受者的心理——心理差

表达者的文化——接受者的文化——文化差

表达者的前提——接受者的前提——前提差

表达者的视点——接受者的视点——视点差

这些"差"如果超出容忍的限度，就可能造成交际短路。

表达者理论上说只能有一个，可接受者可以有多个。宋人王辟之在《渑水燕谈录》中记载："（刘）贡父晚苦风疾，鬓眉皆落，鼻梁且断。一日，与（苏）子瞻数人小酌，各引古人语相戏。子瞻戏贡父曰：'大风起兮眉飞扬，安得猛士兮守鼻梁。'座中大噱，贡父恨怅不已。"接受者有"座中大噱"者，也有"恨怅不已"的刘贡父。

接受者甚至有真的与假的、显的与潜的之分，交际活动中有时有第三者——在场或不在场。《红楼梦》第八回中：

> ① 可巧黛玉的丫鬟雪雁走来给黛玉送小手炉儿，黛玉因含笑问他说："谁叫你送来的？难为他费心，那里就冷死我了呢！"雪雁道："紫鹃姐姐怕姑娘冷，使我送来的。"黛玉一面接了，抱在怀中，笑道："也亏了你倒听他的话。我平日和你说的，全当耳旁风；怎么他说了你就依，比圣旨还快呢！"

显性接受者小丫头雪雁莫名其妙，因为林黛玉其实是对贾宝玉说的。潜性对话人"宝玉听这话，知是黛玉是借此奚落他"。

### 2.1.3 语言的矛盾

交际活动的工具是语言，表达和理解的中介是语言而语言本是抽象的，列宁的《黑格尔〈哲学史讲演录〉一书摘要》①中：

> 第143—144页：很详细地讲到以下的一点："语言实质上只表达普遍的东西；但人们所想的却是特殊的东西、个别的东西。因此，人们所想的东西不能用语言表达。"("这"？是一般的字)
>
> 注意
> 在语言中只有
> 一般的东西

交际活动的目的是交流思想。人们所要表达的都是具体的。从理论上说，作为交际工具的语言既然是一般的，那么在其与所要表达的特殊的个别的东西之间，那种矛盾是根本不能彻底克服的。

交际活动的过程是：一方面用语言描述客观事物来表达说写者的思想，另一方面通过语言把握客观事物以理解说写者的思想。任何丰富发达的语言本身都是有限的，但交际双方所要交流的内容却是无限的，用有限的语言材料来交流几乎是无限的客观世界和主观世界，这是交际活动中一个很难真正完全克服的矛盾。

语言本身都是不完善的。事实上，宇宙间本没有绝对的完美无缺的事物。而且，运用语言的交际活动中，语言也是不自足的，它必须同许多非语言因素一同协作才能够实现交际职能。

## 二　语言和言语与思维和思想

### 2.2.1 语言世界

语言是人类区别于动物的标志，古代波斯诗人萨迪(1208—1294)在《果园》序诗中写道：

> 禽兽没有语言，唯有人有语言本能，

---

① 列宁：《哲学笔记》281页，人民出版社1957年。

人应沉默不语，沉默才见高明。

人若讲话，便应言之有物，

否则，胡言乱语，岂不禽兽不如。

人的言语应该体现智慧与才能，

切不可鹦鹉学舌，重复空洞。①

语言是人类最重要的交际工具，是人们用来彼此交际、交流思想，以达到互相了解的手段。语言是简单的，又是复杂的；是平常平凡的，又是神奇的；是人类最重要的财富（“一言九鼎”，“一言以兴邦，一言以丧邦”），又是一文不值的（空话废话等就是一文不值的）；语言是积极的美好的，是人的社会化的手段、人际关系的润滑油，又是人际冲突的导火索，甚至是一把杀人的刀子（谣言流言谎言就是杀人的刀子）；语言是和谐的手段，也是战争的导火线。

丹麦语言学家叶姆斯列夫（亦译作叶尔姆斯列夫）说：“语言是人类取之不尽、用途广泛的瑰宝。语言伴随着人类的所有活动，和人类密不可分，它是人类形成思想、情感、情绪、愿望、意愿和动作的手段，是人类相互影响的手段，是人类社会最深远的基础。人之所以为人，就是因为他起码具备不可缺少的语言。人用语言来消解孤独，用诗人的语言和思想家的独白来缓解心智和存在间的冲突。意识顿开之初，语言已在我们周围萦绕，随时准备围滲初嫩的思维种子，并伴随人们走完整个人生。无论是日常生活中最朴实的活动，还是最崇高或最亲密的时光，在这些经历中，我们通过语言所给了我们的所有记忆，为自己的日常生活获取热情和力量。但是，语言并非身外伴随之物，它深藏于人类心智之中，它是个人和部落继承的记忆，是提醒、告诫人们警觉良知的手段。言语是（好或坏的）个性的显性标志，是地域、民族的显性标志，是崇高人性的特殊标志。语言的发展与个性、地域、民族、人类及其生活如此难分难解，以至于我们不禁要问：语言是否仅仅反映这些因素？抑或语

① 曹顺庆主编：《东方文论选》630页，四川人民出版社1996年。

言就是这些因素本身,而不是这些因素发展中的首先萌发出来的嫩叶?”①

美国语言学家布龙菲尔德说:“语言的功能很大,使人类区别于其他动物。”②人类区别于动物的关键在于,动物只有一个现实生活世界,人类拥有两个世界:现实世界和语言世界。金克木说:“语言世界不是一个独立自在的世界,却是一个可大可小超过一个人直接感觉所得的世界。我们感觉所得的是一个零碎、平面的、系统不完全的、得不到整体的世界,但我们所创造的语言世界却是一个有组织的世界。它不如独立于球场外的世界那么大,但它总是比任何人所能感觉到的世界大。每一个人都在一个或大或小的语言世界之中。……对一般人来说,一个人既生活在一个现实世界中,又生活在一个大家共同而又各不相同的语言世界中,无论如何出不去,自己困住了自己。不可言说的世界也是不可思议的世界,是另一回事情。”③

语言是人的软件。没有软件的电脑叫作“裸机”,没有语言的人可以叫作“裸人”。

### 2.2.2 语言和言语

索绪尔提出的语言和言语的区分是现代语言学的方法论原则,也是修辞学研究的方法论原则。“现在一般的看法是:言语活动的产物,人们所说的话,所写的文句,是‘言语作品’;言语作品的内容是思想,是信息,而其形式便是‘言语’;言语尽管千差万别,但却可以充当人们的交际工具,这是因为瞬间即逝、不可重复的复杂的言语中存在着相对稳定的对社会一切成员都是共同的东西,即语言;语言是由音义结合的任意的符号所构成的价值系统;语言是从千变万化的言语中概括出来的;

---

① 路易斯·叶姆斯列夫:《叶姆斯列夫语符学文集》121页,湖南教育出版社2006年。

② 布龙菲尔德:《语言论》1页,商务印书馆1980年。

③ 金克木:《文化卮言》193页,上海文艺出版社1996年。

言语是语言的存在形式;语言和言语的关系是一般和个别的关系;语言是思维的工具,言语是思想的表达形式。”[①]

从修辞学的角度看,重要的是:(一)语言和言语与思维和思想的关系,(二)语言和言语同事物之间的关系。

语言是人类特有的音义相结合的复杂的符号系统,是抽象思维的工具。它是社会集体所共同拥有的,相对稳定的。言语是运用语言的成果,是语言的实现形式,是个人的、临时的、多变的。

思维是人类认识世界的一种活动。思维分形象思维和抽象思维等。抽象思维是以语言为工具的思维。思维活动的成果就是思想。思维与语言不同,它是全人类的。逻辑学就是研究人类思维规律规则的学问。在思维和语言的关系问题上,流行着两种观点:一种是思维必须借助语言,语言一定体现思维;另一种是思维和语言不是一一对应的,存在不借助语言的思维,语言可以不表现思维。

### 2.2.3 语言的词句和言语的词句

应当区别语言里的词和句同言语里的词和句。任何人任何时候的语言运用都不可能把一种语言的全部词和句都运用出来;交际者所运用的词和句有的却并不是语言系统中的,例如:

① 我们 man 了　你娘了　这是咋了

（《现代快报》2010 年 5 月 6 日）

② 神童? 你 out 了! 昨接受采访　丁俊晖戏言他的绰号早改了

（《现代快报》2011 年 7 月 5 日）

③ 各显神通,拉票 ing　（《现代快报》2010 年 1 月 27 日）

④ “hold”姐能红多久?　（《现代快报》2011 年 9 月 6 日）

这些英语词是言语的词,但不是现代汉语词汇系统中的词。

---

① 王希杰:《语言和言语如何区分?》,王希杰主编《语言学百题》125 页,上海教育出版社 1991 年。

曹雪芹的《红楼梦》是典范的白话文著作,但是诸如"袭人见芳官醉的很,恐闹他吐酒"(第六十三回),"告诉不得你"(第六十三回),这不是汉语语法系统中的句子,是言语中的句子,是满式汉语。

语言中的词句是抽象的一般的模式。言语中的词句是具体的,同现实发生一定的对应关系的。

### 2.2.4 话语是思想的表达形式

语言是思维的工具与交际的工具,话语是思想的表达形式。思想的形成离不开语言,思想的表达离不开言语。语言是形成思想的手段,表达思想的工具;言语是思想的表达形式,思想是言语所表达的内容。在话语中,词有词的意义,句子有句子的意义,这都是语言的意义。语言的意义同言语所表达的思想内容,不是一回事。语言的意义和语言的语音外壳一样,都是思想的表达形式。例如:"哙,亮起来了。"这句话谁都懂。每个词的意义,整个句子的意义,都懂。但是它表达了一种什么样的思想呢?在明确何人、何时、何地、何故而说之前,谁也回答不出来。如果把它放在一定的语境中,像鲁迅在《阿Q正传》中写道:

⑤ 一见面,他们便假作吃惊地说:"哙,亮起来了。"

阿Q照例的发了怒,他怒目而视了。

这是未庄的闲人们对阿Q的嘲弄。因为阿Q头上有个癞疮疤,他们便借此对阿Q进行人身攻击,这话表现了这些人以他人的痛苦来取乐的庸俗、卑劣、低下的思想境界。

语言的意义,对所有使用这种语言的人,包括不同阶级、阶层、年龄、性别、文化教养的人在内,是共同的;而用语言所表达的思想却是因人、因地、因时而异的,是千变万化、千差万别的。曹禺在《日出》中写道:

⑥ 达:(望望白露,又周围地望望)这几年,你原来住在这个地方!

露:(挑衅地)怎么,这地方不好么?

达：(慢声)嗯——(不得已地)好！好！

方达生说"这几年，你原来住在这个地方"，表达了他对陈白露这几年的生活方式的不满和指责，这一点陈白露是明白的，方达生连连说"好！好！"这也绝不意味着他对陈白露的生活环境和生活方式的肯定。方达生所说的话，字面上的意思和他心里想说的是很不一致的。所以，我们在学习和使用语言的时候，应当把语言和思想区别开来，把语言的意义和语言的语音形式一同当作思想的表达形式。

说写者所要表达的意义同用来表达的话语本身的意义不是一回事。苏叔阳《故土》中写道："只要别人带着夸张的口吻说'哎呀，你真年轻'，那就意味着被夸赞的人实际上已经不年轻，或者甚至很老了。"在交际活动中，同一个语言形式，可以表达不同的思想；同样的思想，可以用不同的语言形式来表达。在生活中，谁都有这样的体会：同样一句话，出于不同人之口，出现在不同的场合，所表达的思想是不一样的，产生的效果也是不一样的。俗语说："好话重(重复)不是。"在生活中，重复别人刚说过的话，有时会招来反感、遭到抗议的。同样的思想，不同的人，在不同的时间、地点，往往也要运用不同的语言形式来表达。

同样一个语言形式，运用于不同的交际环境，与不同的具体对象发生了关系，便会表达完全不同的思想，导致完全不同的后果。如：一个革命者与一个反对派同时说："好！前进！"当然是完全相反的结果。辛弃疾的《采桑子》："少年不识愁滋味，爱上层楼。爱上层楼，为赋新词强说愁。　而今识尽愁滋味，欲说还休。欲说还休，却道：'天凉好个秋！'"辛弃疾少年时代的诗词中的"愁"字，只是无病呻吟而并非真愁；在他的晚年，一句"天凉好个秋"，却道出了内心深处的真正的深沉的愁。列宁在《哲学笔记》中写道："正像同一句格言，从年轻人(即使他对这句格言理解得完全正确)的口中说出来时，总是没有那种在饱经风霜的成年人的智慧中所具有的意义和广袤度，后者能够表达出这句格言的内容的全部力量。”[①]事实上,没有两个人说出同一句格言所表达的思想是完全相同的。

交际活动中,交际的双方所关心的都是思想,而不是语言。所以庄子说:“荃者,所以在鱼,得鱼而忘荃;蹄者,所以在兔,得兔而忘蹄;言者,所以在意,得意而忘言。”(《庄子·外物》)宋代范正敏《遯斋闲览》记载:“李廷彦献百韵诗于一上官,其间有句云:‘舍弟江南殁,家兄塞北亡。’上官恻然哀之曰:‘不意君家凶祸重并如此!’廷彦遽起自解曰:‘实无此事,但图对属亲切耳!’”[②]重形式而轻内容,不惜以辞害义,这其实不是真正的修辞,而是反修辞。

语言和思想之间的关系不是简单一一对应的。可能出现四种情况:

思想内容好 ＋ 语言形式好

思想内容好 ＋ 语言形式不好

思想内容不好 ＋ 语言形式好

思想内容不好 ＋ 语言形式不好[③]

修辞学追求的是好的语言形式和好的思想内容统一和谐。思想内容不好而只是语言形式好,这不是真正的美的语言。希腊修辞学家郎加纳斯在《论崇高》一文中说:“一个琐屑的问题用富丽堂皇的言语打扮起来,会产生把一个悲剧英雄的巨大面具戴在小孩头上那样的效果。”[④]

修辞就是为特定的思想寻求最适宜的表达形式。修辞学假设表达

---

① 列宁:《哲学笔记》74页,人民出版社1957年。

② 王季思辑录:《历代笑话集》81页,上海古籍出版社1981年。

③ 阿拉伯作家伊本·古泰白(828—889)在《诗与诗人们》中写道:

诗歌分四种类型:

(1)词语好,意义也好;

(2)词语好,意义落后;

(3)意义好,词语落后;

(4)词语与意义均落后。(参见曹顺庆《东方文论选》478页,四川人民出版社1996年)

④ 伍蠡甫主编:《西方文论选》129页,上海文艺出版社1963年。

者已经有了正确的健康的思想,任务是如何最适当地表达出来,即最有效地运用语言来表达自己好的正确的健康的思想。至于如何才能获得好的正确的健康的思想,如何辨别错误思想和正确思想,这不是修辞学的任务,虽然这是一个非常重要的问题。

## 三　语言的世界和物理的世界

### 2.3.1 语言的世界和物理的世界不可混淆

语言的世界同物理的世界是不能相互混淆的。但是,人们往往认为语言和事物之间有着某种神秘的联系。鲁迅的保姆长妈妈曾经给鲁迅讲过一个故事,说有一种“人首蛇身的怪物”,“能唤人名,倘一答应,夜间便要来吃这人的肉的”,“所以倘有陌生的声音叫你的名字,你万不可答应他”。(《从百草园到三味书屋》)在神魔小说《封神演义》、《西游记》中,有一些神仙或妖怪,有一种法宝,呼喊对手的名字,如果对手答应了,就会被吸进了法宝。孙悟空就曾经吃过这种法宝的亏。

事实上,“语词不是事物”①,语言和事物之间并没有任何必然的神秘的联系,它们之间的关系是假定的。同一个事物,汉语叫作“书”,英语叫作“book”,德语叫作“Buch”,俄语叫作“кни́га”;再如汉语叫作“牛”,法语叫作“vache”、“boeuf”,英语叫作“cow”、“ox”,俄语叫作“коро́ва”、“бык”,德语叫作“Kun”、“Ochs”。就是汉语本身,同一个事物,古人叫作“目”,今人叫作“眼睛”;古人叫作“足”,今人叫作“脚”;同是人体脂肪多,古人叫作“肥”,今人叫作“胖”。由此可见,词和客观事物之间并没有什么必然的本质的联系。

① 威廉·哈迪:《奥格登与理查兹的符号科学》,见车铭洲编《西方现代语言哲学》48页,南开大学出版社1989年。

### 2.3.2 词语和事物的关系

为了提高语言的表达效果,就应当明确语言世界和物理世界之间的关系,比较正确地把握语言和事物之间的关系。

语言符号同事物之间的关系是相对稳定的,是属于社会集体的,个人是不能随意改变的。语言符号和客观事物之间的关系并不是一对一的。

第一,同一个语言符号可以指称不同的对象,这就是多义词,例如"杜鹃",一指花,二指鸟;"白头翁",一指白发老人,二指鸟,三指草。

第二,同一对象又可以用不同的语言符号来指称,这就是同义词,例如:"妈妈、母亲、娘、老妈、妈咪","剃头店、理发店、发廊、发屋、美发厅","茶馆、茶室、茶座、茶社、茶吧",等等。

第三,尽管汉语词汇是那样的丰富,但是还有许多事物没有相应的词语。那些我们还没有发现没有认识到的事物当然没有名字,甚至许多我们经常打交道的事物可能也还没有名字呢。

第四,有些词语,其实并没有与之相对应的客观对象,例如:"天堂、仙女、魔鬼、上帝、安琪儿"等。

### 2.3.3 交际活动中词语和事物的对应性

在言语表达中,词语同事物之间的关系是可变的、临时性的,更加复杂多变的。同一个词语在不同的上下文和交际情景中,可以指称不同的事物。有时甚至同一个词语在同一上下文中,也可以有不同的所指。例如丁一的小说《饲养在城市的我们》(《钟山》1991 年 3 期)的"我们是谁"一章中,作者写道:"我们指我、齐明、刘军、黄力、冯苹、江彤和林雪这些人。我和黄力、刘军、齐明以及林雪是中学同学,冯苹和江彤是中学同学,她们比我们小三届。'我们'是一个小圈子,我们有着共同的过去……"前一个"我们"指的是:我+黄力+刘军+齐明+林雪+冯苹+江彤。后一个"我们"指的是排除了冯苹、江彤之后的几个人。不同的词语，借助于一定的语言环境，可以指称同一个事物。在歌剧《刘三姐》里，竟然出现了：刘三妹＝刘三姐。比她小的喊她“三姐”，比她大的喊她“三妹”。同一个人，看小说时是“读者”，听广播时是“听众”，看电影时是“观众”，在商店里是“顾客”，在列车上是“乘客”，在旅行中是“旅客”，在父亲面前是“儿子”，在子女面前是“父亲”，母亲的兄弟喊他作“外甥”，父亲的兄弟喊他作“侄儿”，姐妹的孩子喊他作“舅舅”，等等。

同一个人，可以运用不同的称呼语来称呼。例如：

① 我的母亲没有名字。
从小就给人叫“丫头”，
长大了叫“大姐”，
年轻时候叫“阿姨”，
年老了叫“老太婆”……
每一种叫法都有一段辛酸，
大半辈子生活在苦难里！
在以往，祠堂宗庙里要入谱，
丈夫死了也要上个名，
还是——“某门某氏”……
我在部队十多年，
每逢填写她的名字都很为难，
队伍里给她上了个名在花名册，
上面写了个：
“某老太”。 （芦芒《母亲的名字》）

② 村里街坊邻居，老一辈提起她，都管她叫“喜旺家”，或者“喜旺媳妇”；年轻人只管她叫“喜旺嫂子”。至于喜旺本人，前些年在人前提起她，就只说“俺那个屋里人”，近几年双双有了孩子，他改叫作“俺小菊她妈”。另外，他还有个不大好听的叫法，那就是“俺做饭的”。 （李准《李双双小传》）

③ 老茶客总结说，官员的女人叫“太太”；南方乡下人的女人

叫“堂客”,北方的叫“孩子他娘”。工人的女人叫“老婆”,农民的女人叫“婆娘”;军人的女人叫“家属”;商人的女人叫“妇人”;秀才的女人叫“贱内”;文人的女人叫“糟糠”;洋人的女人叫“甜心”;酒鬼的女人叫“贱货”。　　(王跃《老茶客闲话》)

例①中的朱梅喜(“母亲”),例②中的李双双,可以被许多不同的名字称呼着,如:“丫头”、“大姐”、“阿姨”和“老太婆”,“喜旺家”、“喜旺媳妇”、“喜旺嫂子”、“俺小菊她妈”和“俺那个屋里人”及“俺做饭的”等;例③中妻子可以有许多称呼。这些称呼,又可以用来称呼不同的妇女,所以说语言和事物的关系不是一对一的。

### 2.3.4 真实性

话语(文本)是对客观世界的反映,交际的基本要求是言语形式同客观世界之间的一致,也就是话语的真实性。王学泰在《中国饮食文化史》中写道:“淮扬指江苏北部扬州、镇江、淮安的沿运河地区。”(149页,广西师范大学出版社2006年)这话错在话语同物理世界的关系上。因为苏北与苏南的分界线是长江,镇江在长江之南。2010年12月28日《参考消息》上刊载了新加坡白胜辉的文章《中国方言逐渐消失令人忧》。作者说:“分析家吴元丰能讲四种方言,包括满语和维吾尔语。”“消失的不仅是方言,还有藏语和满语这样重要的少数民族语言。”把满语和维吾尔语归入汉语方言,错。说藏语在消失,也不符合事实。

从语言世界同物理世界的关系而言,真实性乃是修辞的最基本的要求。吹牛说谎、流言蜚语、谣言妖言,都背离了真实性原则,是人际关系、社会生活的毒药与杀手。古代波斯学者昂苏尔·玛阿里在《卡布斯教诲录》中教诲后代说:“不论谁都要同别人讲话交谈,但是,孩子啊!你应慎思择言,却不应有半点谎话。你必须享有说实话的信誉。这样,当你不得不说谎的时候,也会得到人们的谅解。不管谈什么事情,都应当是实话。但是切不可说好似谎言的实话。”[1]

但是，并非所有偏离真实性的都是必须反对的，例如民间流行的颠倒歌谣：

④ 姐在房中头梳手，
忽听门外人咬狗。
姐拿狗子砸石头，
反被砖头咬了手。
向来不说颠倒话，
扛着牛来牵个耙，
老子没有儿子大，
先结果子后开花。　　（江苏淮安民歌）

这种偏离，其实一种修辞手段。所谓的“美丽的谎言”、“善良的谎言”，某些场合里的“托词”、“遁词”、“委婉语”是不能全盘否定的。

## 四　文化的世界和心理的世界

### 2.4.1 文化的世界

《汉语大词典》对“文化”的解释是：“人们在社会实践过程中所创造的物质财富和精神财富的总和。”语言世界跟物理世界并不直接挂钩。在物理世界与语言世界之间，有一个文化的世界。物理世界是经过文化世界反映到、结晶在语言世界之中的。例如“四海之内皆兄弟”，四海是东海、南海、西海、北海。事实是，中国的东边和南边是大海，北面和西面是陆地。汉语中的“四海”以及四海龙王等，是文化现象在汉语里的反映。一般说来，某个事物在语言里相对应的词语越多，就表明其在社会生活中地位越是重要，其文化价值越是高。例如，爱斯基摩语言中

---

① 昂苏尔·玛阿里《卡布斯教诲录》39页，商务印书馆1990年。

的雪,阿拉伯语言里的骆驼,汉语里的月亮。又如“蟋蟀”,又叫“莎鸡、天鸡、酸鸡、樗鸡、蜻蛚、促织、蛀蛂、蝓、蛀蜊、百日虫”等。而且品类繁多,如有:牙青、拖肚黄、红头紫、狗蝇黄、锦蓑衣、肉黑头、金束袋、齐旅翅、梅花翅、琵琶翅、青金翅、紫金翅、乌头金翅、油纸灯、三段锦、银翅青、油青、白头青背、黄麻头白青、铜头铁背、琥珀头、青项白、朱头白、蜜蜡头、白尖翅、老白青、蜜背、滑白、螭壳白、点子额、哑白、油灰额、时辰翅、左搭翅、铁线虫、玉额子、朱砂额、日月眼等。这是爱斯基摩人所不能想象的。

作为文化动物的人生活在、存在于文化世界之中。修辞活动归根到底是一种文化现象。共同的文化背景乃是交际活动正常进行的必要的前提。李延寿《南史·谢灵运传》记载:“凤(谢灵运的儿子谢凤)子超宗,……选补新安王子鸾国常侍。王母殷淑仪卒,超宗作诔奏之,帝大嗟赏,谓谢庄曰:‘超宗殊有凤毛,灵运复出。’时右卫将军刘道隆在御座,出,候超宗,曰:‘闻君有异物,可见乎?’超宗曰:‘悬磬之室,复有异物邪?’道隆,武人,无识,正触其父名,曰:‘旦侍宴,至尊说君有凤毛。’超宗徒跣还内。道隆谓捡觅凤毛,至暗待不得,乃去。”这一交际短路出在交际双方的文化差异上。谢超宗是谢灵运的孙子,所以皇帝赞美说“灵运复出”,谢超宗是谢凤的儿子,就夸奖说“超宗有凤毛”,说的是谢超宗像祖父谢灵运、父亲谢凤一样优秀。不学无术的刘道隆理解为谢超宗有一个宝贝“凤毛”。那是非常重视家讳的时代,刘道隆对谢超宗说其父亲的名字,这是非常不礼貌的,谢超宗只好逃跑。刘道隆却以为谢超宗是去捡凤毛了。

修辞活动是在特定的文化世界中进行的。罗大经在《鹤林玉露》中记载:“(宋)乾道间,林谦之为司业,与正字彭仲举游天竺。小饮论诗,谈到少陵妙处,仲举微醉,忽大呼曰:‘杜少陵可杀!’有俗子在邻壁闻之,遍告人曰:‘有一怪事,林司业与彭正字在天竺谋杀人。’或问所谋杀者为谁，曰：‘杜少陵也。不知是何处人。’闻者绝倒。喧传缙绅间。”[①]这个俗人之所以大出洋相，就是因为同人家没有共同的文化世界。不知道杜少陵即杜甫，是唐代大诗人，更不明白这“可杀”乃极度的赞美话语，并不是要杀杜甫，杜甫早长眠于地下，是根本不可能杀的。

修辞活动归根到底是一种文化现象。语言运用的表达效果，是一种文化现象。中国人习惯说“一年四季十二个月”，十二个月歌谣是民间最常见的。例如江苏淮安民歌《十二月菜谣》：

① 正月里青葱绿英英，
二月里菠菜早发青，
三月里芥菜铺地满，
四月里莴苣园中生，
五月里黄瓜上了架，
六月里瓠子结满藤，
七月里茄子一肚籽，
八月里尖椒辣死人，
十月里毛豆粒粒饱，
冬月里乌青家家有，
腊月里芫荽迎新春。

缅甸、乌干达、埃塞俄比亚人可能就会很纳闷，因为据说乌干达是一年六个月，埃塞俄比亚是一年十三个月，缅甸则是一年二百四十个月，乌干达一年只有两季：干季和雨季。

### 2.4.2 心理的世界

心理世界在修辞活动中的地位是不容忽视的。冯梦龙《古今谭概》中记载：“谢无逸尝以书问潘邠老：‘近作新诗否？’答曰：‘秋来景物，件件是佳致。昨日清卧，闻搅林风雨声，遂起题壁曰：“满城风雨近重阳”，

---

① 罗大经：《鹤林玉露》266页，中华书局1983年。

忽催税人至,败意,止此一句奉寄。'”说的是心理世界对表达的影响。

表达需要注意到接受者的心理承受力与联想力。川剧《秋江》中有这样一段:

② 艄翁:姑姑你贵姓?

陈妙常:我姓陈。

艄翁:咳!咳!说不得呀!

陈妙常:当真姓陈哪!

艄翁:哎!我们青龙背上就忌讳这个字。

陈妙常:噢!(领会了他的意思)你喊我们这个姓啥子咧?

艄翁:我们喊“老炎”。

陈妙常:哎呀!多不好听嘛!

艄翁:管他好听不好听,只要避开这个字眼就对了啥!姑姑你是“耳、东”?是“禾、口”?

陈妙常:我是“耳、东”。

商店里不能说“关门”、“舌头”、“耗子”等词;坐在船上不能说“帆船”、“翻身”等与“翻船”的“翻”同音的字眼。小孩夜里哭闹,民间办法是去贴一张告示在三岔路口,过路人把告示念一遍,小孩就不夜啼了!盖新房子的时候,用石灰水大书“太平”两个字,再写上“姜太公在此,百无禁忌”,就诸事顺当了。过年时,要给亲戚送“鱼”和“糕”,因为它和“年年有余”、“步步高升”同音。新加坡的书城叫作“百胜楼”,因为“书”和“输”同音,是不能叫的,必反其意,“输”的对立面是“赢”,“赢”就是“胜”。这些都是在误解语言和事物之间关系之上产生的社会现象。

解码的时候也需要考虑到心理问题。《古今说海》中记《隔壁闻语》一则:

③ 说所送物好还么,必是不佳;新娶妇却道是前缘,必是丑;说太公八十遇文王,必是不达;说食禄有地,必是差遣不好;说随家丰俭,必是待客不成礼数;说屋子住得恰好,必是小狭;咒骂祖宗,必是家计不成。

这些话语含义是联系说话人的心态推导出来的。要想做到“锣鼓听声，听话听音”，就需要把握住说写者的心理。

## 五　对象

### 2.5.1 对象原则

没有交际对象就没有交际活动。交际活动是表达者与接受者的统一。表达者就是听话人、受众——“你”。

俗话说，“当着矮人不说矮话”，说的是对象问题。对象是交际活动中一个重要的因素。“把握对象”是提高语言表达效果的一个基本原则。《论语·卫灵公》说：“可与言而不与言，失人；不可与言而与之言，失言。”《孟子·尽心上》说：“孟子曰：挟贵而问，挟贤而问，挟长而问，挟有勋劳而问，挟故而问，皆所不答也。”孔子和孟子都是非常重视交际对象问题的。《西游记》第八十二回中，猪八戒问路，喊对方一声“妖怪”，那两个妖怪说：“这和尚惫懒！我们又不与他相识，平时又没有调得嘴惯，他怎么叫我们做妖怪！”于是劈头就打。在这妖怪看来，如果是“与他相识，平时又调得嘴惯”的，不但可以叫“妖怪”，可能还很亲热呢。从猪八戒这边说，一是没有把握好自己同对象的关系，二是丢掉了尊重对象的准则。所以孙悟空也说：“打得还少！”在接受孙悟空的指教之后，八戒再次问路，说：“奶奶，贫僧稽首了。”那两个妖怪很喜欢，说：“这个和尚却好，会唱个喏儿，又会称道一声儿。”这其实是作者在宣传尊重对象的交际准则。

李延寿的《南史》第三十九卷记载：“（刘谅）位中书宣城王记室，为湘东王所善。王尝游江滨，叹秋望之美。谅对曰：‘今日可谓“帝子降于北渚”。’王有眼疾，以为刺己。应曰：‘卿言“目眇眇以愁予”邪？’从此嫌之。”刘谅的失误在于他只看到对方是皇帝的儿子，忽视了对方的眼睛有毛病。许多笑话对不看对象的做法进行了批评。例如明人赵南星

《笑赞》中记:"一秀才买柴。曰:'荷薪者过来。'卖柴者因'过来'二字明白,担到面前。问曰:'其价几何?'因'价'字明白,说了价钱。秀才曰:'外实而内虚,烟多而焰少,请损之。'卖柴者不知说甚,荷的去了。"交际活动已经中断了,还谈什么提高效果?可笑的不是卖柴者,而是酸秀才。

书面语交际中,由于双方并不同时在场,交际对象的制约作用不能直接显示出来,无视读者而信口开河、瞎说一顿的现象就容易出现。

### 2.5.2 理解、适应、尊重

对象原则包含着三个准则。

第一个准则是"理解对象"。把了解与对象相关的情况当作选择语言材料的出发点。要充分理解对象的语言能力,同时要看清楚对象各方面的特点:年龄、性别、出身、经历、政治态度、文化教养、气质、性格、习惯等。忽视了这些,是不可能有最佳表达效果的。掌握好自己同对象之间的关系,是选择语言材料的依据。《宋稗类钞·纰缪》中记载:

① 李献臣好为雅言,知郑州。时孙次功为陕漕,罢赴阙,先遣一使臣入京。所遣乃献臣故吏,到郑庭参,献臣甚喜,欲令左右延饭,乃问曰:"餐来未?"使臣误意"餐"者,谓次公也。遽对曰:"离长安日,都运已治装。"献臣曰:"不问孙待制。官人餐来未?"其人惭沮而言曰:"不敢仰昧。为三司军将时,曾吃却十三。"盖鄙语谓遭杖为"餐"。献臣掩口笑曰:"官人误也。问曾与未曾餐饭。欲奉留一食耳。"

表达者李献臣没有把握住接受者,才出现了这一交际短路现象。

第二个准则是"适应对象"。早晨在马路上遇到熟悉的人,对关系一般的,说:"您早,上街是吧?"对比较熟悉的,说:"是你呀!吃根油条吧?"对熟悉的小孩子可以说:"小东西,这么早,想干什么坏事吗?"相声大师侯宝林在相声《普通话和方言》中说,对一周岁多的孩子说话,要多用重叠词:"小三子,我带你上街街,去遛遛,穿上袜袜,戴上帽帽,我给你买糕糕，咱们去坐车车，回家来吃饺饺。如果对成年人这么说——净用重叠词，‘那就不够尊重啦！’”“汪汪”（狗）、“的的”（汽车）、“美美”（美）、“饭饭”（饭）之类都是儿童语言，成人只有在对儿童讲话时才用。对九十九岁的老者说：“祝您长命百岁！”医生对病人、殡仪馆工作人员对来访者说：“欢迎常来常往！请多多关照。”对一个面部有些麻子或斑点的人说：“您的点子真多，真好，全是金点子！”都是不妥当的。

第三个准则是“尊重对象”。尊重交际对象是提高语言表达效果的一个重要关键。成语“嗟来之食”出自《礼记·檀公下》，说的是：春秋时代齐国发生饥荒，黔敖准备食物救济饥民。黔敖对一个饥民说：“嗟！来食！”那个饥民说：“我正是因为不吃‘嗟来食’的东西，饿成这个样子的。”虽然黔敖道了歉，但那个饥民坚持不吃“嗟来之食”，最后死了。即使是一种施舍行为，语言表达也要遵守尊重对象的准则。李延寿《南史》第二十九卷记载：“帝尝设大臣饼，（蔡）撙在坐。帝频呼姓名，撙竟不答，食饼如故。帝觉其负气，乃改唤蔡尚书，撙始放箸执笏曰：‘尔。’帝曰：‘卿向何聋？今何聪？’对曰：‘臣预为右戚，且职在纳言，陛下不应以名垂唤。’帝有愧色。”贵为帝王也应当尊重交际对象。梁武帝为自己的疏忽而感惭愧。

但是，不可将尊重交际对象歪曲为一味迎合、讨好交际对象。

### 2.5.3 对象的复杂性

交际对象是生物的人、社会的人、文化的人、心理的人的统一体。有显性的部分，也有潜性的部分。而且人是处在变化之中的，不会是静止的。真正地把握住对象其实是很困难的事情。书面语的对象更加复杂。

交际对象可以是虚拟的。《红楼梦》第二十七回：“（薛）宝钗便故意放重了脚步，笑着叫道：‘颦儿，我看你往那里藏！’”这其实是说话人薛宝钗的“金蝉脱壳”的法子。林黛玉并不在场，不是薛宝钗的交际对象。

对象有显性与潜性之分。话有时候是说给第三者听的，包括在场的或不在场的。《红楼梦》第二十八回:“有一个丫头说道:‘那块绸子角儿还不好呢,再熨他一熨。’黛玉便把剪子一撂,说道:‘理他呢! 过一会子就好了!’”丫头和薛宝钗是显性对话人,潜性对话人是贾宝玉。“宝钗笑道:‘我告诉你个笑话儿:才刚为了那个药,我说了不知道,宝兄弟心里就不受用了!’黛玉道:‘理他呢! 过会子就好了!’”这话其实都是说给贾宝玉听的,因为贾宝玉之前对薛宝钗说林黛玉:“理他呢,过会子就好了。”

《红楼梦》第八十三回:“说话探春湘云才要走时,忽听外面一个人嚷道:‘你这不成人的小蹄子! 你是个什么东西,来这园子里头混搅!’黛玉听了,大叫一声道:‘这里住不得了。’一手指着窗外,两眼反插上去。”老婆子说者无心,但听者有心,多心多疑的林黛玉的这一接受效果,不看语境的老婆子也有些责任的吧?

## 六　自我

### 2.6.1 表达者——“我”

康德说,“人能够有‘自我’的概念,这使人无限地提升到地球上一切其他有生命的存在物之上,因此,他是一个人”。①

交际活动中的表达者是对接受者而言的,没有接受者就没有表达者。表达者与接受者需要相互认可。拥有话语权的才是表达者。《红楼梦》第十七回中,贾政一再斥责贾宝玉:“叉出去!”“谁问你来?”就是要取消贾宝玉在此场合里的话语权。

交际活动中拥有话语权的表达者就是“我”——“自我”,即说话人或写作者,是交际活动中最主要的因素,它是表达和理解两个方面的矛盾的主要方面。日常生活中,常常可以听到的是:“大人说话,小孩不准

---

① 康德:《实用人类学》1页,重庆出版社1987年。

插嘴!”“爷儿们的事情,女人家不许插话!”“谁跟你说啦?”“这里没有你说话的地方!”都是强化表达者“我”的话语权。

### 2.6.2 自我本色

修辞是表达的艺术。表达的一个基本原则是:保持自我之本色。

“文如其人”,“言如其人”,言语表达是说写者的自我表现形式。交际活动中人们总是自觉不自觉地依照自己的身份选择语言材料的。例如:

①“一不是看兄弟,二不是看爹娘;
我是去看我爱人,他在咱的部队上。”
“啊,千里路上去找你的男人,
你这个大嫂真是刚强!”
“谢谢你这个好心的老大娘,
我还没有结婚,请你叫我姑娘。”　（李季《客店答问》）

“爱人”和“男人”,“大嫂”和“姑娘”,表现出对话人的不同的身份。

保持自我本色,首先是要求使用自己真正懂得的、熟悉的词语,放弃那些似懂非懂的词语、生僻的词语。鲁迅说:“倘要明白,我以为第一是在作者先把似识非识的字放弃,从活人的嘴上,采取有生命的词汇,搬到纸上来;也就是学学孩子,只说些自己的确能懂的话。”[①]这话是十分中肯的。鲁迅还举例说:“例如我自己,是常常会用些书本子上的词汇的。虽然并非什么冷僻字。或者连读者也并不觉得是冷僻字。然而假如有一位精细的读者,请了我去,交给我一支铅笔和一张纸,说道:‘您老的文章里,说过这山是“崚嶒”的,那山是“巉岩”的,那究竟是怎么一副样子呀?您不会画画儿也不要紧,就勾出一点轮廓来给我们看看罢。请,请,请……’这时我就会腋下出汗,恨无地洞可钻。因为我实在连自己也不知道‘崚嶒’和‘巉岩’究竟是什么样子,这形容词,是从旧书

① 鲁迅:《鲁迅全集》第六卷296—297页,人民文学出版社1982年。

上抄来的,向来并没有弄明白,一经切实的考查,就糟了。此外如'幽婉'、'玲珑'、'蹒跚'、'嗫嚅'……之类,还多得很。”①

爱用似懂非懂的字眼,是比较常见的一种毛病。李汝珍在《镜花缘》中曾经辛辣地挖苦过这种做法:

② 红孩儿对百花仙子说:“……以后倘在下界有难,如须某人即可解脱,不妨直呼其名,令其速降。我们一时心血来潮,自然即去相救。”

金童儿道:“何谓'心血来潮'?小仙自来从未潮过,也不知'心血'是什么味。毕竟怎么潮法?求大仙把这情节说明,日后好等他来潮。”

红孩儿道:“我见下界说部书上往往有此一说,其实也不知怎么潮法。大仙要问来历,你只问那作书的就明白了。”

玉女儿道:“下界说部原有几种好的,但如'心血来潮'旧套满篇的也就不少。你若追他来历,连他也是套来的,何能知道怎样潮法。……”

保持自我本色,要求用词造句都要符合自己的身份。一个老年人说:“我活了一辈子,从未见过这样的新鲜事!”这是可以的,是符合他的身份的。假如一个五六岁的或者十一二岁的小孩子这么说,那只会使听的人哈哈大笑。在我们笑话说大人话的孩子的时候,我们应当想想自己。说着大人话的孩子是天真的,固然可笑,却又是可爱的。而爱说不符合自己身份的话的大人,说轻一点是不自然,太做作;说重一点就是装腔作势。毛泽东在《反对党八股》中把“装腔作势、借以吓人”当作“党八股的第二条罪状”,这是应当引起我们注意的。

### 2.6.3 保持自我本色与适应交际对象

保持自我同适应对象不是矛盾的。保持自我本色不是目中无人、

① 鲁迅:《鲁迅全集》第六卷 296 页,人民文学出版社 1982 年。

自以为是、我行我素、信口开河、想怎么说就怎么说,更不是老子天下第一。因此不能开口就是:"我就这样说,我已经说了,我还要这样说,谁也不敢不给我说!我就说,你能把我怎么样?你还能杀了我?""我就是这个样子,嘴巴长在我的身上,想怎么说就怎么说!"但尊重对方,适应交际对象,也并不是做对方的奴才、应声虫。

保持自我本色应当同尊重与适应对象统一起来,两者之间应当保持一种平衡。

## 七　语境

### 2.7.1 语境的定义

语境,是交际活动中一个重要的因素。任何交际活动都是在特定的语言环境之中展开的。没有语言环境,就没有交际活动。丹尼尔·丹尼特在《心灵种种——对意识的探索》中说:"当我跟你说话时,我把咱们俩都算作了'有心者'那一类。这一必然的起点就产生或者说确定了一个'圈子',一个有别于宇宙中其他一切的特权阶层。"[①]这个圈子就是交际场。布龙菲尔德在《语言论》说:"引起我们说任何一个语言形式的环境是十分不同的;哲学家告诉我们,事实上没有两个环境是完全一样的。"[②]

语言环境简称为"语境"。语言环境,其实应当叫作话语环境,就是交际场。语言环境是交际双方所组成的特定的时空场。

从语言世界来看,语言环境就是上下文。在物理世界上,语言环境是由场景、人物、事件所构成的。这是显性的语言环境。交际活动是社会的人的社会行为,社会的人也是文化的人、心理的人。修辞活动本质

---

① 丹尼尔·丹尼特:《心灵种种——对意识的探索》3页,上海科学技术出版社1998年。

② 布龙菲尔德:《语言论》168页,商务印书馆1980年。

上是一种社会文化心理活动,语言环境中的文化背景和心理因素是潜性的语言环境。所以,语言环境乃是语言世界、物理世界、文化世界和心理世界的统一体。

适应环境是提高语言表达效果的一个基本原则。《论语》中说:"孔子于乡党,恂恂如也,似不能言者。其在宗庙朝廷,便便言,唯谨尔。朝,与下大夫言,侃侃如也;与上大夫言,訚訚如也。"孔子在不同的语言环境中采取了不同的言谈方式。语境的重要性是先秦人所关注的一个问题。《战国策·宋卫策》中记载:"卫人迎新妇。妇上车,问:'骖马,谁马也?'御曰:'借之。'新妇谓仆曰:'拊骖无笞服。'车至门,扶,教送母:'灭灶,将失火。'如室见臼,曰:'徙之牖下,妨往来者。'主人笑之。此三言者,皆要言也,然而不免为笑者,早晚之时失也。"新妇的三句话,是"至善之言也"。但效果却很不好,成了笑柄。民间笑话说:"夫田中归,妻问锄放何处,夫大声曰:'田里。'妻曰:'轻说些,莫被人听见,却不取去。'因促之,往看。无矣。忙归附妻耳云:'不见了。'"丈夫的可笑之处就在于忽视了语境。

### 2.7.2 语境的功能

语境是话语含义产生的重要因素。话语的价值是在特定语境中实现的。例如:

① 菩提本非树,明镜亦非台。
佛性常清净,何处染尘埃?

② 心是菩提树,身为明镜台。
明镜本清净,何处染尘埃?

只有在那个特定的语境之中才能够成就慧能和尚。

交际活动中,交际双方感兴趣的不是语言形式本身,也不是语言本身的意义,而是语言所表达的说写者的特定的思想感情。这个特定的思想感情,是语言形式和特定的语境相结合的产物。例如说"今天星期六",为什么要说这句话呢?表达了什么样的特定的思想感情呢?这就得看这句话所出现的语言环境。如果上文是，某甲说："今天星期日。"那么"今天星期六"这句话的真正含义是："不对，你错了。"如果星期六有你所害怕的考试，那么这句话就反映了你无可奈何的恐惧心情。如果是一个小学生说的，而他父亲答应星期六送他一件礼物，或带他去看杂技，那么这句话就是要求他父亲兑现自己的承诺，也反映了他的喜悦心情。而如果出于星期六晚上有约会的青年男女之口，则更是意味深长的。①

相同的话语，语境不同，其含义和效果也不同。民间笑话说："一人被妻殴打，无奈钻在床下。其妻曰：'快出来。'其人曰：'丈夫说不出去，定不出去！'"好笑之处就在于这豪言壮语同语言环境尖锐地对立着。如果被敌人包围了，在敌人试图诱降之时，大声地说："男子汉大丈夫说话算话，说不出来就不出来！"那就是好汉之言行了。

语言世界中的多义形式，之所以不妨碍正常交际，其原因就是语境具有消除多义的功能。动词"扶"是多义的，一个意思是靠着，另一意思是搀扶。"医生扶着病人"中的"扶"是搀扶，"病人扶着医生"中的"扶"是靠着，是上下文分化了"扶"的多义。"老夫人扶着小丫头走上舞台"中的"扶"是靠着，"小丫头扶着老夫人走上舞台"中的"扶"是搀扶，这是文化背景区别了"扶"的多义。"鸡不吃了"，在养鸡场说就是鸡不吃饲料了，在餐厅里说则是指人们不吃鸡了，这是交际情景区别了多义的句式。

不顾语境的言说，其后果当然是负面的。《华东信息日报》1999 年 11 月 23 日报道：《戏言"劫机"台湾旅客广州被扣》。

偏离语境也可以作为一种修辞手段。《红楼梦》第七回中，焦大说："不和我说别的还可，若再说别的，咱们红刀子进去，白刀子出来！"焦大的这个言语失误，有其合理性——这是发酒疯，这是人物语言的个性化的范例。这个错误的话语，在这个特定的语言环境里，是一个艺术化的

---

① 参看《方光焘语言学论文集》396 页、414 页，商务印书馆 1997 年。

言语。

### 2.7.3 语境的分类

语境可以分为：言内语境和言外语境。言内语境指的是上下文。一个词、一个句子，是否合适，能否取得最佳效果，取决于它在上下文中的地位。例如："集体的联合的心理活动就是那种把成员联合成组，把个体联合成多元体的心理活动。"①"集体的联合的心理活动"是多义的：(a)集体的＋(联合的心理活动)(b)(集体的＋联合的)＋心理活动。其上句是："胡塞尔认为它通过'集体的联合'(Kollektive Verbindung)的心理活动形成。"上下文帮助消除了这个短语自身的多义性。

言外语境，指的是交际活动的时间、空间等物理因素和文化及心理因素。物理语境指交际活动中的时间、空间等因素。例如1957年周恩来总理在《在加德满都市民欢迎会上的讲话》是这样开始的："亲爱的朋友们：当我们站在这个广场上，同千千万万的尼泊尔人民在一起的时候，过去时代的珍贵的回忆就又涌现在我的眼前。虽然在我们两国之间横隔着世界上最险阻的喜马拉雅山，然而我们的人民却自古以来就保持着友好的来往，他们交换了彼此在文化上的创造和在农业和工艺上的成就。"用喜马拉雅山的险阻来反衬中尼两国人民自古以来保持着的友好来往。在结尾，他说："在我要结束我的讲话的时候，我祝中国和尼泊尔的友谊像联结着我们两国的喜马拉雅山那样巍然永存。"此处又用喜马拉雅山的巍然永存来比喻中国和尼泊尔的友谊的永远牢固。由于喜马拉雅山就在眼前，是听众所熟知的，所以显得亲切、活泼。文艺作品重视利用自然环境的特点来提高语言的表达效果，这就是借景抒情、寓情于景、情景交融的手法。如："残灯无焰影幢幢，此夕闻君谪九江。垂死病中惊起坐，暗风吹雨入寒窗。"(元稹《闻乐天授江州司马》)

文化语境指交际双方的文化背景。苏轼《浣溪沙》："谁道人生无再

① 张庆熊：《熊十力的新唯识论与胡塞尔的现象学》7页，上海人民出版社1995年。

少？门前流水尚能西！休将白发唱黄鸡。”一个不了解中国地理特征的法国读者，对这两句词是很难理解的，作者词前有小序：“游蕲水清泉寺，寺临兰溪，溪水西流。”“溪水西流”，这有什么呢？塞纳河、卢瓦尔河、多尔多涅河、加龙河、莱茵河……哪一条不向西流？不知道中国山河特色的法国读者是会这样想的。我国的主要河流都是从西向东流的，作者在这里是把江河从西向东流同人生从少年到老年的过程联系起来，见到溪水西流，便产生了乐观思想，用流水尚能向西流，来比喻人生也能由老年转入少年，而主张摆脱、抛弃消极思想，不要再为白居易诗中“黄鸡催晓”、“白发催年”的话而心意沮丧。

语境，也可以分为：说话人和写作者的语境、话语（文本）中的时间发生时的语境。例如：“这时打头的木主早已望不见了，走过去的都是一排一排的甲士，约有烙三百五十二张大饼的工夫，这才见别有许多兵丁，肩着九旒云罕旗，仿佛五色云一样。”（鲁迅《采薇》）这里，表示时间用“约有烙三百五十二张大饼的工夫”，这是作者所想象的作品中故事发生时的社会环境。

心理语境指交际双方的心理状态。例如鲁迅的《父亲的病》：

③“叫呀，你父亲要断气了。快叫呀！”衍太太说。

“父亲！父亲！”我就叫起来。

“大声！他听不见。还不快叫?!”

“父亲!! 父亲!!!”

他已经平静下去的脸，忽然紧张了，将眼微微一睁，仿佛有一些苦痛。

“叫呀！快叫呀！”她催促说。

“父亲!!!”

“什么呢？……不要嚷。……不……。”他低低地说，又较急地喘着气，好一会，这才复了原状，平静下去了。

“父亲!!!”我还叫他，一直到他咽了气。

我现在还听到那时的自己的这声音，每听到时，就觉得这却是我对于父亲的最大的错处。

当面称呼,应当用“爸爸”,不应当说“父亲”。而且作者十年前在一篇回忆的文章中就是用的“爸爸”一词。“爸爸”和“父亲”是非常平常的称呼语,作者的这一选择是慎重的。懂得现代心理学的鲁迅,选择“父亲”的意图是:要表示那时他在突然袭击面前,已经失去了正常意识,他呼喊“父亲”,这是衍太太导演、策划的一种无意识行为。强调自己的无意识,为的是减轻心理负担、减少负罪感。再如:

④“学程!”四铭记起了一件事似的,忽而拖长了声音叫,就在她对面的一把高背椅子上坐下了。

“学程!”她也帮着叫。

她停下糊纸锭,侧耳一听,什么响应也没有,又见他仰着头焦急的等着,不禁很有些抱歉了,便尽力提高了喉咙,尖利的叫:

“绘儿呀!”

这一叫确乎有效,就听到皮鞋声橐橐的近来,不一会,绘儿已站在她面前了……。 (《肥皂》)

学程对自己的学名“什么响应也没有”,对小名却反应如此之快,这是因为当时是在自己的家里。学名是上学用的,是对社会的。家里人,特别是他的母亲,平常都是叫他小名的。母亲叫他学名,是偏离常规的现象,是顺着丈夫的口气在说话。鲁迅《孤独者》:“……你可知道,他先前不是像一个哑子,见我是叫老太太的么?后来就叫‘老家伙’。唉唉,真是有趣。人送他仙居术,他自己是不吃的,就摔在后院子里,——就是老地方,——叫道,‘老家伙,你吃去罢。’……”“老太太”和“老家伙”是同义的,但有感情色彩的区别,“老太太”是尊称,“老家伙”是贬称,是骂人话。魏连殳对大良的祖母先是称为“老太太”,后来叫她“老家伙”,这一称呼语的改变,是他的社会地位和人生态度改变的产物和标志。大良的祖母对“老太太”的称呼有点反感,说是“迂”,对“老家伙”的称呼反而得意扬扬,很是赞美。这反映了她的卑贱的心态。

### 2.7.4 适应语境与创造语境

适应语境准则,并不是消极地迎合语境。适应语境准则也包括选择语境和创造语境。修辞艺术首先是选择语境的艺术。选择大城市中心最大的商场购物大厅来研讨学术问题,或交流个人感情问题,其效果是可想而知的。两个人之间的纯属个人的小矛盾,在没有第三者参与的时候,容易沟通。如果有许多人在场,矛盾不但不易消除,反而很容易扩大和激化。这类小矛盾,在办公室里谈,同在草地上、茶馆里、饭桌旁谈,其效果是不一样的。个人感情的交流,在办公大楼里,同在小河流水的郊外、鲜花盛开的季节、花前月下,效果更是全然两样的。

李延寿《北史》中记载:"(长孙俭)后除东南道行台仆射、大都督十五州诸军事、荆州刺史。时梁岳阳王萧詧内附,初遣使入朝。至荆州,俭于厅事列军仪,具戎服,以宾主礼见使。容貌魁伟,音声如钟,大为鲜卑语,遣人传译以答问。客惶恐不敢仰视。日晚,俭乃著裙襦纱帽,引客于别斋,因叙梁国丧乱,朝廷招携之意,发言可观。使人大悦,出曰:'吾所不能测也。'"(《长孙嵩传》)长孙俭选用,或者说设置两种不同的语言环境,使用两种不同的语码与言说方式,取得了极佳的表达效果。

适应语境准则还要求表达者积极地改变语境,更进一步说,还要主动地创造语境。《三国演义》中的刘琦,创造了一个"上不着天、下不着地"的、只有他和诸葛亮的"二人世界",诸葛亮才给他出了好主意。创造语境是文学创作中的一个重要任务,是文学作品成功的保证。

## 八　前提和话题

### 2.8.1 前提

前提是学习语言和运用语言中的一个重要因素。心理学家曾经做过这样的试验:用录音机录下一组普通的句子,在喧闹的环境中播放。

喧闹声很强,被试者只能勉强听到句子,因而很难理解它。主试者先告诉听者,这些句子是关于某个话题的,如关于运动方面的。听完后要求听者复述句子。听者便把理解为关于运动的话复述一遍。接着,主试者告诉听者他们将听到关于另一个主题的句子,如关于天气。听完后也要求听者复述一遍,听者便把理解为关于天气的问题复述一遍。如此做了几次,每次听者都能复述出一些符合话题的句子。实验结束时,主试者宣布:他们每次听到的其实是同一录音带上相同的话语。这时大部分被试者表示难以置信。这表明,人们总是依据前提对话语进行理解的。有一位西方学者说:“假若没有共享的前提,也就是说,没有共同的话语范围,话语也要失败。”①

前提可以分为:语言中的前提和语用中的前提。语言中的前提是属于整个社会集体的,是在运用语言之前就已经存在的,是语言材料的必要条件。例如,“心急、心酸、心肠、断肠人、满腹经纶、一肚子坏水”,其前提是心、肠、腹、肚子等是思维的器官。语用中的前提指的是交际活动中双方已知信息,是交际活动得以顺利进行的关键。例如一个人对另一个人说:“你又笑了”,其前提是你先前笑过一次。

前提是交际活动得以顺利进行的一个重要条件。“酒逢知己千杯少,话不投机半句多。”前提的重要性还表现为:相同的话语,前提不同,其含义也不同。例如一个人对另一个人说:“为了您的健康,以后要少喝点酒。”如果后者本来是喝酒很多的人,意思是要他减少喝酒,最好是不喝酒。如果他本来不喝酒,则是要他去喝点酒。

人们读本专业的书速度快,理解深,而读其他专业的书,不仅速度慢,而且理解极差。因为理解不仅仅是一个语言问题,还有一个知识前提的问题。人们是运用自己的全部的知识、经验去理解话语的。苏轼在《日喻》中写道:有一个天生的盲人不认得太阳,便问别人,人家告诉他:“太阳的形状像铜盘。”他敲响铜盘听了听铜盘的声音,后来他听到

---

① 麦奎利:《神学的语言与逻辑》76页,四川人民出版社1992年。

洪钟的声音便当作是太阳。有人告诉他:"太阳的光芒像蜡烛。"他摸了摸蜡烛,后来便又把短笛当作太阳。这个人之所以闹了笑话,因为他缺乏理解的前提。

交际活动中的前提,包括了说写者和听读者的思想、经历、知识等。双方前提多而且明确,则很少的话语就能传递很丰富很准确的内容;反之,前提少而含糊,则虽然说写了许多,传递的信息还是有限且不一定准确的。生活中常有这样的事情,甲请乙传一句话给丙,如:"103。2个。字典。"乙不知何意,问甲:"什么意思?"甲说:"他会明白的。"可能是:甲请丙在103教室先占两个座位,并将《英汉词典》带去。丙会明白,因为丙和甲之间有一个前提在;乙不明白,是因为缺乏这一前提。小说《相亲》中,主人公收到一份电报,只有九个字——"28岁4分高中中教"。收电人解释说:"你莫小看这九个字,翻译出来可就惊人啦:二十八岁的姑娘,相貌可以评四分(按当时流行的'五分制相貌评定法'),高中毕业,中学教师。"收电人能解读明白,就是因为与发电人有共同的话语前提。

《红楼梦》三十三回,贾宝玉听见贾政大喝道:"不许动。"便知道一定要挨打了,连忙对一个老妈妈说:"快进去告诉:老爷要打我呢!快去!快去!要紧,要紧!"这个有些耳聋的老妈妈却将"要紧"理解为"跳井"。这是因为她和贾宝玉之间缺少共同的前提,而在贾府中,丫鬟跳井的事又是常有的,而且是她所熟知而又关心的。

前提在交际活动中是一个十分重要的因素。只有充分考虑到前提这个因素,才有可能获得最佳的表达效果。繁复和简洁,通俗和艰深,词语、句式、修辞方式的选择,都应当考虑到前提这一因素。

### 2.8.2 话题

话题就是交际活动中的中心议题。《晋书·五行志中》记载,姜维降蜀汉之后,魏国逼其母写信劝姜维回国,附上中药当归。姜维回信说:"良田百顷,不计一亩;但见远志,无有当归。"针对回国的话题,"无有当归”,就是绝不回魏国。“不计一亩”的“亩”谐音母亲的“母”,是对以其母为人质的回答。

交际活动从话题的引入开始,交际的任务是展开话题,其关键是扣紧话题,层层深入。切题是交际的一个基本要求。“所答非所问”,“离题万里”,“顾左右而言他”,都会损害表达的效果。

偏离话题可以是一种修辞手段,例如《隋书・牛弘传》中记:“有弟曰弼,好酒而酗。尝因醉,射杀弘驾车牛。弘来还宅,其妻迎谓之曰:‘叔射杀牛矣。’弘闻之,无所怪问,直答曰:‘作脯。’坐定,其妻又曰:‘叔忽射杀牛,大是异事!’弘曰:‘已知之矣。’颜色自若,读书不辍。其宽和如此。”隋大臣牛弘的妻子觉得丈夫是答非所问,不切题,便再次提问。牛弘故意不切题,意思是:这是小事。既然牛已经射杀了,就吃了吧。至于牛弼,随他了。这个不切题表现出牛弘的宽和大度。

交际双方对话题持有相同认识,交际活动才能正常进行。对话题的不同理解,是交际短路产生的原因之一。明代人浮白斋主人在《雅谑》中写道:“刘髦二子俱登进士。……次媳入京,公适卧疾,呼之床前,而以手拍枕曰:‘老年头畏风,速买一帕寄回。’明旦登程,诸亲毕会,忽又呼媳,曰:‘勿忘昨夜枕上之嘱。’众骇然。问其故,乃始抚掌。”众人之所以“骇然”是因为话语中有“昨夜”“枕上”的字样,就以为是男人女人的那种事情了。本是很平常的事情,就变成见不得人的事情了。

## 九　得体性

### 2.9.1 得体性原则

把握对象、保持自我、适应语境、明确前提、选择视点,可以认为是修辞的准则。在这些准则之上还有一个更高的原则。吕叔湘在给本书初版写的序言中说:“我觉得稍微有点不足的是作者忘了说明有一个原则贯穿于一切风格之中,也可以说是凌驾于一切风格之上。这个原则可以叫作'适度',只有适度才能不让藻丽变成花哨,平实变成呆板,明快变成草率,含蓄变成晦涩,繁丰变成冗杂,简洁变成干枯。这个原则又可以叫作'恰当',那就是该藻丽的地方藻丽,该平实的地方平实,……不让一篇文章执著于一种风格。综合这两个方面用一个字眼来概括,就是'自然',就是一切都恰到好处。借用苏东坡的话来说,就是'大略如行云流水,初无定质,但常行于所当行,止于所不可不止,文理自然,姿态横生。'也许有人要说,你提倡自然,岂不是要取消修辞?不,文章要自然不等于写文章可以随便。苏东坡在'文理自然'之后接着说'姿态横生',这岂是信笔所至所能做到?文理自然而又姿态横生,这个境界不是随随便便就能达到的,是要经过长时间的锻炼才能接近的。所以不是取消修辞,而是要用加倍的力气去修辞。因为希杰同志没有在他的书里发挥这个意思,我就借写序的机会做点补充。"吕先生说的"适度"原则,就是"得体性原则"。

得体性原则是修辞活动中的最高最重要的原则。例如:

①达:竹均,怎么你现在会变成这样……

露:(口快地)这样什么?

达:(叫她吓回去)呃,这样地好客,……这样地爽快。

露:我原来不是很爽快么?

达:(不肯直接道破)哦,我不是,我不是这个意思。……我说,你好像比从前大方得……

露:(来得快)我从前也并不小气呀!哦,得了,你不要拿这样好听的话跟我说。我知道你心里是不是说我有点太随便,太不在乎。你大概有点疑心我很放荡,是不是?　　(曹禺《日出》)

方达生所说的话,字面上的意思和他心里所想说的是很不一致的。事实上他心中想的正是陈白露指出的那个词——"放荡",但是,一来这对对方有刺激性,不得体;二来他的内心世界也不愿意说出这个字眼来。他一心想找到一个既不刺激对方、又能让对方明白自己心意的字眼。他的痛苦就在于,绝不能说出那个字眼,但又要表达出那层意思。

换句话说,他是在追求得体的表达。但他没有成功,然而戏剧家成功了,深刻地揭示了两个人的心态,成功地表现了两个人不同的性格。这里重要的不在于方达生说的是什么,而在于他不敢说、不忍心说的那个字眼,当然他并非不知道那个字眼。正是陈白露说出了方达生不敢说、不忍心说的那个字眼。方达生不说那个字眼是得体的,陈白露说出那个字眼是不得体的,但这个不得体是她的性格的表现,是她和他之间的特殊关系的产物。

明代人郎瑛在《七修类稿》中写道:"古人婢妾之名,或以玉具,或以花柳,或以清奇之物各义命之,随其意也,若李庚之婢曰'却要',潘杭之妾曰'解愁',甚不雅耳,士君子忌之。"[①]就是说违背了得体性原则。梁启超作为证婚人在徐志摩和陆小曼的结婚典礼上致辞说:"徐志摩,你这个人心情浮躁,所以在学问方面难有成就。你这个人用情不专,以致离婚再娶,……以后,务要痛改前非,重新做人!你们都是离过婚而又再结婚的,以后要痛自悔悟!祝你们这次是最后一次结婚!"[②]不管梁启超的用心多么良苦,但是在结婚典礼上,证婚人这样致辞是很不符合得体性原则的。梁启超完全可以单独同徐志摩或同时对徐志摩、陆小曼说这番话,声色俱厉,拍桌子,打板凳,指着鼻子说,甚至骂,但应当是在小书房里。

### 2.9.2 得体与文化心理

得体性归根到底是社会的、民族的、文化的、心理的。得体性原则是全人类所共同的,但又存在着民族的差异。中国人见面的客套话是:"吃了么?""到哪儿去呀?"这是得体的,表示关心你。但在西方人眼中,不得体,你又不请我吃饭,问这干什么?我到哪儿去关你什么事?再如,人家夸奖你很聪明,中国人说:"哪里哪里,我一点也不聪明。"这得

---

① 郎瑛:《七修类稿》187 页,文化艺术出版社 1998 年。
② 赵遐秋:《徐志摩传》178 页,中国人民大学出版社 1989 年。

体,但在西方人看来,不得体,因为你否认了他的鉴赏能力,应当说"谢谢"。中国人请客吃饭,主人说:"没有菜,没有准备,请马马虎虎地随便吃吧。"这得体,而西方人看来,不得体,不真诚。中国的中老年人遇到年轻人,喜欢说:"多大啦?有朋友了吗?叔叔(阿姨)给你介绍个朋友好吗?"这得体,但在西方人看来,这不得体,侵犯了他人的隐私。得体性原则的本质是妥善处理好交际活动中的各种矛盾,不要走极端,保持适当的平衡。得体性原则可以分为静态和动态两种。静态的得体支持下的是话语(文本)本身的得体,动态的得体指的是话语(文本)在社会、文化、心理的大语境中的得体。例如,驾驶员为了提醒后面的汽车驾驶员开车,在自己汽车尾部写着:"不要撞车!""不得撞车!""不可撞车!""请勿撞车!""切莫撞车!""请保持车距!""严禁撞车!"后来出现了:"请勿吻我!"这是比喻和拟人的结合——把撞车说成是接吻,这是比喻。代汽车立言,这是拟人化手法。再后来又有了:"我怕羞!"这是双关——表面上是害羞,不好意思接吻。骨子里是害怕修理。据说美国的汽车尾部的提示语更是五花八门,例如:"撞上来吧,我正需要一笔钱。"(小汽车)"鸡蛋撞石头的结果是什么呢?"(大型运输车)"老虎的屁股——碰不得!"(油罐车)"饶了我吧,你赔不起!"(小型豪华轿车)"请和 TNT 炸药车保持一定距离!"(炸药车)不能仅仅从修辞技巧方面来进行评论,必须联系民族、时代和文化及社会、心理,加以综合考察,例如,"请勿吻我"出现在"文化大革命"时期,后果是不堪设想的。"我怕羞"出现在 20 世纪 50 年代,则是荒唐的莫名其妙的。"饶了我吧,你赔不起!"如果出现在中国,可能会激起人们的反感,甚至也许会引发过火行为,因为中国传统上就反对为富不仁,公开炫耀财富、以财富压人是违背中国文化的行为。"撞上来吧,我正需要一笔钱。"只有保险事业非常普及的国家才可能出现,在没有保险意识的国家里,这甚至是不能理解的话语。

得体性是一个社会文化心理问题,是一个价值概念。例如有一首题为《马桶》的诗:

② 双眼摆动

思维由下腹努力提升

至社会般的高度

渣渣渣渣渣渣……滓[①]

这首诗趣味低下,在我们的文化中是很不得体的。

得体的标准也是随着时代、地域而变化着的。甚至同一民族、时代、地区,不同阶层、职业、年龄、性别的人群,得体的标准也是不完全一样的。

得体性原则的本质是在交际活动的各种矛盾中保持着动态的平衡。例如创新和规范,创新就要打破和超越规范,但是必须有一个限度。超过了限度的创新就适得其反。例如:

③ 晚一个风向

过雨

回你时的

下阵里有的是

雨声

发把到头了的

就你松时

细的子

细着(吴非《窗口》,《中国现代主义诗群大观 1986—1988》)

骆寒超批评说:“这是什么语言?至少不是汉语——虽然‘字’和个别‘词汇’是汉语文字。既然不懂这种语言,我们当然也就不可能接受到他所传导的信息。”[②]

---

① 转引自骆寒超《20 世纪新诗综论》606 页,学林出版社 2001 年。

② 骆寒超:《20 世纪新诗综论》610 页,学林出版社 2001 年。

### 2.9.3 五合

李名方在《修辞学:言语得体学》中归纳说:"得体性原则,大致包括以下五个要素:合境、合位、合礼、合俗、合式。"①"合境,就是适合语境。""合位,就是适合位置。""合礼,就是符合礼貌。""合俗,就是适合风俗。""合式,就是适合言语的体式。"②

得体性原则的这个"五合"的提法通俗简明实用方便。

### 思考与练习

(1) 鲁迅在《推背图》中写道:"但我们按日日所见的文章,却不能这么简单。有明说要做,其实不做的,有明说不做,其实要做的,有明说做这样,其实做那样的,有其实自己要这么做,倒说别人要这么做的,有一声不响,而其实倒做了的。然而也有说明明这样,竟那样的。难就难在这地方。"(《鲁迅全集》第五卷 90 页)
以这段话为例,谈谈话语同思想和行动之间的关系。

(2) 为什么要提倡"实话实说"?"实话"是什么意思?什么叫"实说"?"实话"可以"虚说"吗?"实话"都必须"实说"吗?

(3) 如何在适应对象和保持自我表现本色之间的矛盾中保持平衡?
　　从中国古典小说如《三国演义》等中选择适当的例子来分析三类现象:(A)一味适应、迎合交际对象,失去了自我表现身份。(B)过分强调自我表现身份,全然不顾交际对象。(C)在这两者之间保持了某种动态的平衡。

(4) 语言内的语境(上下文)和语言外的语境(交际情景)是如何改变和创造话语含义的?

(5) 用事实来说明选择语境和创造语境在修辞活动中的作用。

---

① 李名方:《李名方文集》198 页,中国文联出版社 2002 年。

② 同上,198—202 页。

(6) 用事实来说明话语前提和话语含义之间的关系。

(7) 从文化和心理的角度来谈谈得体性原则的丰富性。

(8) 请举出自己熟悉的例子来谈谈交际对象的复杂。

# 第三章 意义

子曰："书不尽言，言不尽意。"(《周易·系卦》)

荃者，所以在鱼，得鱼而忘荃；蹄者，所以在兔，得兔而忘蹄；言者，所以在意，得意而忘言。吾安得夫忘言之人而与之言哉！(《庄子·外物》)

## 一 意义的意义

### 3.1.1 意义

人是一种追求意义的动物。人生活在意义的海洋里。

格雷马斯说："意义问题是当今人文科学研究的核心问题。"①"对人而言，人类世界从本质上来说大概就是意义的世界。一个没有意义的世界，决不能称为'人'的世界。"②"只要你对意义去稍加观察，就会发现意义无处不在，千姿百态。其实这并不奇怪：想一想人生，从早到晚，从生到死，哪一刻不在接触各种各样的信息？试问在何处人的身体和感官能躲过意义的围剿？"③

阿德勒说："我们一直是以赋予现实的意义来感受它。我们所感受的不是现实本身，而是经过我们解释之后的东西。假如哪一个人想脱离意义的范畴而使自己生活在单纯的环境之中，那么他一定非常不

① 格雷马斯：《结构语义学》1页，生活·读书·新知三联书店1999年。

② 同上，1页。

③ 同上，6页。

幸——他将自绝于他人。”①

聂焱在《广义同义修辞学》中写道：

正如王希杰在谈话和授课时反复强调的那样：

人是意义的动物。

人赋予世界以意义。

人在世界中发现意义。

人是为意义而活着的。

当人深深地感受到没有意义的时候,他便选择死亡。

有各种各样的意义。

人生之路就是追求意义的历程。

意义的探索之路,就是不断地分析与综合。

人的世界就是意义的世界。在无意义中发现意义,给人以惊喜。

面对茫茫然的毫无意义的世界,人们只有恐慌、焦虑感。

意义给人以享受。②

“意义是什么？什么是意义?”这是一个问题,一个很麻烦很难说得清楚的问题。

### 3.1.2 意义的意义

英国学者奥格登和理查兹提出“意义之意义”这个问题。在他们的《意义之意义》一书中,提出22种意义的定义。英国语言学家利奇在其《语义学》中提出7种意义。即:(1)理性意义,(2)内涵意义,(3)社会意义,(4)情感意义,(5)反映意义,(6)搭配意义,(7)主题意义。他把内涵意义、社会意义、情感意义、反映意义和搭配意义统称为“联想意义”。

中国古代哲学家争论:“言不尽意”,“言尽意尽”？关键就在于争论

① 阿德勒:《让生命超越平凡》1页,西苑出版社2003年。

② 聂焱:《广义同义修辞学》27—28页,中国社会科学出版社2009年。

的双方对“意义”缺乏共同的理解。日常生活中，人们经常为“意义”争论得面红耳赤：

甲：你这话什么意思（意义）？

乙：没有什么意思。

甲：没有什么意思就是有意思！

乙：你说有什么意思就有什么意思。

甲：你说的就是这个什么意思。

乙：我不知道你说的意思是什么意思。我单知道：你说的什么意思是你的什么意思！我告诉你呀：反正我的意思不是你所说的那个什么意思！

甲：你刚才说的那个意思就是你现在不承认的这个意思！

乙：我不懂你说的那个意思与这个意思！我没有意思跟你意思不意思！去你的意思吧！

这是故意玩弄“意义”。如果辩论双方对“意义”有一致的认识，就争论不起来了。

意义是多种多样的，意义是许多学科所共同关注的。我们只能从修辞学的角度来认识。修辞学只关心同交际活动相关的意义问题，即同修辞效果相关的意义问题。修辞学的研究者与学习者不必跟随哲学家去苦思冥想意义的奥秘。

## 二　语言的意义和言语的意义

### 3.2.1 两种不可混淆的意义

“言不尽意”同“言尽意尽”的争论，在于争论双方混淆了两种不同的意义：语言的意义与言语的意义。区分开语言和言语，这个问题就比较简单了。“言尽意尽”者所说的“意”是语言的意义。语言的意义包含在语言之中，语言之外没有语言的意义，所以就“言尽意尽”。话语之外，没有语言的意义。“言不尽意”者所说的“意”,乃是言语的意义,非语言的意义,即作为工具、载体的语言所负载的意义,话语之外的“意”。既然是言外之意,那就并不随着话语的结束而结束,“言”尽了,“意”必定不能同时而尽的。

### 3.2.2 语言的意义

“意义”是多种多样的。用不同的标准,从不同的角度上,可以做出不同的分类。最重要的是区分出“语言的意义”和“言语的意义”。

语言的意义,是属于社会集体的,是相对稳定的,个人无法改变的。语言的意义主要指词汇意义和语法意义。例如:“孝子”,偏正结构,词汇意义是“孝顺父母的儿子”。这对所有使用者都是共同的,个人不能随意改变。

### 3.2.3 言语的意义

言语的意义,是话语在特定交际环境中的产物,是个人的、临时性的。言语的意义同语言的意义,可以一致,也可以不一致,例如:“今天不少老人都是孝子。”这里的“孝子”是动宾结构,意思是孝顺儿子,对儿子超出常规的好。这些都是言语的意义,是特定语言环境中的产物。

言语的意义,还可以分为两种:话语的语义和话语的内容。

话语的语义,指话语的字面的意义。例如:“今天是三八妇女节。”意思是:说话的这一天是三月八日——国际妇女节。

话语的内容,指的是说话人所要表达的思想内容,也就是会话的含义。例如:“今天三八妇女节。”在三月八日说,是合格的话语。在非三月八日的时候说,是一个荒谬的话语,也可能是玩笑话。

语法学和词汇学研究的是语言的意义,修辞学考虑的是言语的意义。

### 3.2.4 多义和歧义

多义是世界上各种语言中普遍存在着的一种现象。多义指的是同一个语言单位具有两种以上的意义。也就是“同形异义”现象。在词，就是多义词；对结构则是多义结构；短语是多义短语；句子有多义句。多义现象是属于语言自身的。

歧义是言语活动中的问题。歧义可以从两个方面来考察，一是表达者的话语本身具有两种以上的含义，使接受者无所适从；一是接受者无法把握话语的含义，或者误解了表达者的原意。修辞学关注的是表达者，表达者应当避免因为自己表达不当而造成接受者的误解，努力保证自己的话语不会导致接受者的误解。而接受者因为自身的原因而出现的误解，表达者是无法负责的。

语言中多义单位在交际活动中不一定是歧义，语言中的单义的单位交际活动可能是歧义的。《说苑》中记载，齐桓公问管仲：“王者何贵?”管仲回答：“贵天。”齐桓公就仰头看天，管仲说：“所谓天者，非谓苍苍莽莽之天也。君人者，以百姓为天，百姓与之则安，辅之则强，非之则危，背之则亡。”“天”本义是明确的，管仲使用的是其比喻义，他是故意让齐桓公先误解一下。吕叔湘《文风问题之一》“跋”中说：

> 需要解释一下题目里边的“之一”。我用的是“一”的基数意义，并不是序数意义。我没有接下去写“之二”、“之三”的打算。为什么我不用“一个文风问题”做题目呢？因为这里的“一个”的作用有点近乎装饰品（例如“这是一个文风问题”跟“这是文风问题”就没有多大分别，不能表示这只是文风问题里的一个意思）。因此我把“一个”改为“之一”，放在后头。可是如果有好心的同志愿意，像接力赛跑那样，接下去写“之二、之三”，那我举双手赞成的。①

“一”既是基数词，又是序数词。吕叔湘特意做了说明。

---

① 吕叔湘：《吕叔湘语文论集》302页，商务印书馆1983年。

# 三　同形异义

## 3.3.1 同形异义的定义

同形异义,就是形式相同,但意义不相同的现象,也就是多义现象。例如“狗美容师”,可以解释为:(A)美容师是狗,事实上是人,其实是骂人话;(B)美容师是狗,真的是狗,童话故事;(C)为狗美容,新出现的职业;(D)为狗美容的,童话故事;(E)为狗美容,事实上是人,骂接受美容者是狗。再如“哥哥和姐姐的朋友”,可以有如下几种理解:(A)(哥哥+姐姐)的朋友:哥哥和姐姐两个人的共同的朋友;(B)(哥哥+姐姐)的朋友:哥哥的朋友+姐姐的朋友;(C)哥哥+(姐姐的朋友):朋友只是姐姐的,同哥哥无关;而“朋友”既可以指的是志同道合者;又可以指的是恋爱对象。又如2012年2月6日《现代快报》:

① 玻璃做墙,外面是一条走廊
厕所很透明,“方便”很不方便
学校:设计有缺陷,会先用贴纸糊上

标题的两个“方便”,意义是不一样的:(1)便利。(2)委婉语,排泄。

同形异义是各种语言中都大量存在着的现象。

## 3.3.2 同形异义之“形”

同形异义现象是复杂的,因为其中的“形”和“义”都可以有多种多样的理解。

同形异义之“形”,是多种多样的。“形”可以指书写形式,即汉字的写法;也可以指语音形式,即词语的读音;也可以指词语或句子的结构方式,即语法特征。

形,可以指汉字书写形式。汉字有形、音、义。书写形式相同,但读音和意义都不相同的汉字,其实是汉语中不同的词。例如:“长”,(A) zhǎng 生长，(B)cháng 长度。“行”，(A)xíng 行为，(B)háng 行业。书写形式虽然相同，但语音和语义都不同，从语言角度看是两个不同的词，可以叫作“同形词”。

形，也指语音形式。词是语音和语义的统一体，仅仅是语音相同，如果意义上没有关系，也不是同一个词。例如：“乱花钱”和“一朵鲜花”中的“花”，书写形式和读音都相同，但意义上毫无关系，其实是两个完全不同的词，这就是同音词。在现代汉语中，同音词是特别多的。再如：jìgōng：(1)技工，(2)记工，(3)记功。pípa：(1)枇杷。(2)琵琶。shèngyú：(1)胜于(2)剩余。

形，也可以是指词、短语或句子的表层形式——组成成分和排列顺序。词、短语、句子的意义，不仅取决于它的组成成分及其排列顺序，还取于它的结构方式。组成成分及其排列顺序相同的，如果结构方式不同的，意义也不同。例如：“进口”和“出口”，作为偏正结构的复合词，是进来或出去的地方。作为动宾结构的复合词，意义则是进入或离开港口。再如：学生家长、工人教师、文学语言、生物化学等，都有两种可能：一是并列关系，可以加并列连词“和”、“与”、“或”等，或者中间有较大的停顿；二是偏正关系，往往可以加“的”。如“学生家长”，可以是并列关系，“学生和家长”，“学生或家长”；也可以是偏正关系，“学生的家长”。再如：“为庆祝中华人民共和国成立三十周年，国务院办公室今天上午在人民大会堂宴会厅举行招待会，招待来自世界五大洲的华侨，港澳同胞，台湾同胞和中国血统的外籍人。”(1979 年 9 月 30 日《光明日报》)这个修饰语“来自世界五大洲的”，到底修饰什么呢？也有多种可能：(A)来自世界五大洲的＋(华侨＋港澳同胞＋台湾同胞＋中国血统的外籍人)；(B){来自世界五大洲的＋(华侨＋港澳同胞＋台湾同胞)}＋中国血统的外籍人；(C){来自世界五大洲的＋华侨}＋{港澳同胞＋台湾同胞＋中国血统的外籍人}。当然，A 式理解是合乎作者的原意的。

### 3.3.3 同形异义之“义”

同形异义之“义”,也是多种多样的。

义,经常指词汇意义。例如:“打”,(1)打击(打门、打鼓)。(2)制造(打家具)。(3)买(打酒、打油)。(4)编织(打毛衣)。(5)书写(打报告、打草稿)……这就是多义词。再如“白头翁”,既指白发老人,也指一种鸟,还指一种草。郑谷诗:“白头波上白头翁,家逐船移浦浦风。”(《淮上渔者》)指老人。李白说:“如何青草里,亦有白头翁?”(《见野草中有名白头翁者》)指的是野草。白居易诗中的“黄梅县边黄梅雨,白头浪里白头翁”(《九江北岸遇风雨》)指的是鸟。词语的多义现象,是任何语言中都大量存在的,越是常用词语,其多义现象越是严重。

义,也可以指结构意义。例如:“动词+名词”,可以是动宾结构,也可以是偏正结构。“建筑工地、访问学者”等,作为动宾结构,意义是建筑一个工地、访问某位学者;作为偏正结构,意义是供建筑用的工地、访问式的学者。

义,也可以指语义关系。例如:“开刀的是个老头。”“开刀的”可以指医生,也可指病人。“这个小孩画得好”,“这个小孩”,可以是画画的人,也可以是画中的人。“吃的人”这一偏正结构,可以指发出这一动作的人,如:“这家饭店生意真好,吃的人多极了。”“南园小吃部,吃的人都是大学生。”也可以指承受这一动作的人,如:“老虎又吃了一个人,吃的人是张家庄的。”

义,也可以指比喻义、引申义,或者各种修辞的用法。例如:“他是一个哑巴。”一是指先天不能说话的人,二是指沉默寡言的人。“这是一条狗!”一是指一种动物,二是指被说话人当作狗的人。

义,也可以指和客观事物的特定的对应关系。做父母的下班后回到家中,说:“人还没回来。”这“人”指的是他们的孩子。孩子放学回到家中,说:“人还没回来。”这“人”说的是他的父母。朋友之间说:“没人,说吧,没事的。”这个“人”指的是外人,不是这个小圈子里的人。一群女士说,“没人,没事的。”这“人”指的是男士。而男士说“没人”时的“人”指的是女士。学生们说“没人……”,往往是指他们的老师。

韩愈写道:“世有伯乐,然后有千里马。千里马常有,而伯乐不常有。”“执策而临之(按:指马)曰:‘天下无马。’”有人批评逻辑思维不通。为什么面对着“马”而大叫着“没有马”呢?既然先有伯乐,然后才有千里马,那么没有伯乐便没有千里马。为什么又说“千里马常有,而伯乐不常有”呢?其实,韩愈没有错:前一个“千里马”指的是出了名的、大家公认的千里马,后一个“千里马”指的是没有被社会公认的、被埋没掉的千里马。“没有马”中的“马”指的是特定的马,即千里马。

义,也可以指话语的内容,即说写者的思想感情。相同的话语,可以表达完全不同的思想和信息。同样是一个“你好”,一个小学生早晨对老师说,一个中年人早晨对一个处得不好又不坏相互之间保持着一定距离的邻居说,一个人对与他争吵的对方说,所表达的思想感情是大不一样的。而曹雪芹《红楼梦》中,林黛玉临死前呼着贾宝玉的名字说“你好……”,所表达的思想感情就更加丰富而复杂了。“你真坏!”不同的说话人在不同的时间与空间对不同的对象说出来,所表达的思想感情是大不一样的。女性对所爱者常说:“你死吧!”战场上的士兵常对敌人说:“你死吧!”两者所表达的思想感情是完全两样的。列宁在《哲学笔记》中曾经引用过黑格尔《逻辑学》一书中的一段话:“正像同一句格言,从年轻人(即使他对这句格言理解得完全正确)的口中说出来时,总是没有那种在饱经风霜的成年人的智慧中所具有的那种意义和广袤度,后者能够表达出这句格言的内容的全部力量。”列宁加了评语:“很好的比较(唯物主义的)。”[①]列宁还引用了黑格尔的话:“老人讲的那些宗教真理,小孩也能说,可是对于老人来说,这些宗教真理包含着他的全部生活的意义。”[②]这里的同形(同一句格言)异义的义,主要指说写

① 列宁:《哲学笔记》74页,人民出版社1957年。

② 同上,226页。

者通过话语所表达的思想感情。

### 3.3.4 同形异义与交际效果

同形异义是多种多样的。同形异义在语言中是大量存在的。

不需要、也不应当害怕同形异义的多义词。其实交际活动中,同形异义的多义性并不一定产生歧义和误解。例如,“嘴上”:(A)嘴巴的上面,同“嘴下”相对;(B)嘴唇;(C)面部;(D)语言。但是,“你的嘴上有些黑灰,嘴下有个白点点。”“她嘴上涂着唇膏。”“嘴上没毛,做事不牢。”“嘴上说得好听,谁知道你心里怎样想的呢?”不会有人理解为:女性的唇膏涂到腮上,男人的络腮胡子长在嘴唇上。可见同形异义在大多数情况下并不妨碍交际。利奇说:“的确,语言学家经常认为句子的歧义对讲本族语的人来说,是不言自明的;但歧义的性质和程度却常常是很不清楚的,必须求助于语境线索和释义等才能说明。”①

语境可以排除同形异义的多义性。单独说“鸡不吃了”,可以是“鸡不吃米了”,也可以是“某个人不吃鸡了”。在饭桌上说,那肯定是“某个人不吃鸡了”;在养鸡场说,就只能理解为“鸡不吃米了”。施耐庵《水浒传》第十五回:“阮家三兄弟让吴用吃了几块,便不吃。”是吴用“便不吃”了,还是三阮“便不吃”了。因为后一个分句的主语可以承上一个分句的主语省略,也可以承上一个分句的宾语或兼语省略。单纯从形式上看,无法在两者中做出选择,因为两者都有可能。但是,从上下文看,读者都知道是吴用不吃了,那阮氏三兄弟当然是要狼吞虎咽风卷残云一番的。常识与事理能帮助排除多义性,如:“禁止出口物品包括:……珍贵的动物、植物及其种子。”(《中华人民共和国关于对来往香港澳门的旅客行李物品监管办法》)“动物、植物及其种子”,孤立地看,有两种解释的可能:(A)(动物+植物)+及其种子;(B)动物+(植物+及其种子)。由于“动物的种子”与情理不合,就排除前者理解的可能性。

---

① 利奇:《语义学》111页,上海外语教育出版社1987年。

需要重视的是在语言表达中常常造成歧义和误解的同形异义。例如："好人坏人的争论，不止是曹操，历史上许多人物都有，不止是大人，小孩也有。"①这里的"好人坏人的争论"有两种含义，一是指被争论的对象；一是指争论这一问题的人。这里的曹操及历史上的许多人物是被争论的对象，而大人和小孩却是指争论这一问题的人。再如："甚至如英语的借词甚至占本民族语全部词的40％。"（《高举马克思主义语言学红旗前进》）"本民族语全部词"可以指两种情况：（A）除去这些借词以后全部的词；（B）包括这些借词在内的全部的词。这里特意加上"本民族语"几个字，似乎是指前者，但实际上却只能是后者。

同形异义，也有积极作用。巧妙运用它，可以增加语言的情趣。如：《一汽工人对洋劳模理查德的赞语　"这老外其实不外"》（《报刊文摘》1992年3月9日）"老外"是中国人对外国人的称呼，"不外"有"不见外"、"不是外行"、"不像外国人"等意思。这里是不把自己当作外国人。同形异义现象的巧妙运用，可以说是相声艺术的一个重要的特点。说相声的往往通过同形异义来使听众误会，用相声语言说就是"包袱"，然后，告诉听众是同形异义中的另一个意义，来博得你的笑声。这就是"解包袱"。同形异义也是笑话、逗乐、插科打诨以及字谜、灯谜等语言文字游戏不可缺少的材料。它还是构造双关语的重要材料。

## 四　同义异形

### 3.4.1 同义异形的定义

小说家苏叔阳念一句话给诗人流沙河听："审美主体对作为审美客体的植物的生殖器官的外缘进行观感产生生理上并升华为精神上的愉

① 吴晗：《曹操论集》37页，生活·读书·新知三联书店1960年。

悦感。”流沙河不明白，苏叔阳换了一个说法：“看花很愉快。”[1]这就是同义异形现象。

同义异形是各种语言中都大量存在着的。同义异形，指的是语言形式不同但意义基本相同的现象。如曹操《赐涣家谷教》：“以太仓谷千斛，赐郎中令之家。以垣下谷千斛，与曜卿家。以太仓谷者，官法也；以垣下谷者，亲旧也。”曹操对同一个人，或称“郎中令”——他的职位，或呼“曜卿”——他的字；同样是给他谷子，一说“赐”——以上对下，一说“与”——朋友关系。

“同义异形”中的“同义”是相对的。事实上，形式方面的任何差异都必然在内容方面引起相应的区别。例如，北京就是首都，金陵就是南京，但是：北京师范大学≠首都师范大学！金陵饭店≠南京饭店！“同义”之“同”只是指某点某方面的义之同，这个“同”中必定有“异”。

### 3.4.2 同义异形之“义”

同义异形的“义”和“形”，都可以有多种多样的理解。

义，可以有多种理解，可以指词汇意义、语法意义，也可以指和客观事物的对应关系，还可以指说写者所要表达的思想感情。

义，指词汇意义。这就是通常所说的同义词。如：美丽——漂亮——好看；竭力——极力——努力；平凡——平常——平淡；看——瞧——望——视——见——盯——瞟——瞅——观察；等等。

同义词中有一部分是完全同义的。例如：“青霉素”和“盘尼西林”，“棒头”、“棒子”、“玉米”、“苞谷”和“珍珠米”及“玉蜀黍”，“土豆、番薯、洋芋、洋山芋”和“马铃薯”，“奎宁”和“金鸡纳霜”，“雪糕”、“冰棒”、“棒冰”和“冰棍儿”，等等。这又叫“等义词”。它与异形词、异读词一样，也是规范化的对象。

同义词，实际上是近义词，即基本意义大同小异的词。这类词在语

① 见《咬文嚼字》2002年第6期。

言表达中是最值得注意的。根据交际的具体要求,在这些词中选择最恰当的形式,是修辞活动的一个重要内容。

义,也指语法意义。例如:"一本十分有趣十分有用的书、十分有趣十分有用的一本书","一个贫苦而善良的老人、贫苦而善良的一个老人",数量词短语在不同的位置上,都做中心语的修饰语,语法关系是相同的。副词和动词之间的修饰关系也有两种形式,如:"远行"和"行远"、"快做"和"做猛"、"快吃"和"食猛",前者是普通话,后者是潮州话。副词修饰动词,普通话是副词在动词前,潮州话却是副词在动词后。

义可指对应的事物。《论语·季氏》:"邦君之妻,君称之曰'夫人',夫人自称曰'小童',邦人称之曰'君夫人',称诸异邦曰'寡小君'。"贺敬之《西去列车的窗口》:"他呵,塔里木垦区派出的带路人——三五九旅的老战士,南泥湾的突击手。"不同的词语指称的是同一个人。

义指说写者所要表达的思想内容。例如:

① 四凤:(厌恶地)你看你说话的神气!

[原作]你说话的神气真叫我心里想吐。

② 四凤:亲生的女儿也不能见天见地替您老人家还赌账啊!

[原作]也没法子把自己卖了,替你老人家还赌账啊?

（曹禺《雷雨》）

话虽然不同,所表达的思想感情是大致相同的。

### 3.4.3 同义异形之"形"

形,可以指书写形式、语音形式,也可以指词语和句子的结构。

形,可指书写形式。如:"年青"和"年轻","思惟"和"思维","本相"和"本象"及"本像","糟蹋"和"糟塌"及"糟踏"……同一个"lángkāng",意思是"长大、笨重",吴承恩的《西游记》中有四种写法:榔犺(第三回),榔杭(第二十二回),狼犺(第二十三回),郎伉(第四十七回)。这叫作"异形词"。

汉语中还有这样的情况:语言中的同一个词,声音和意义完全相同,但是却采用了不同的书写符号,并且有不同的分工。例如:汊——河流的分汊。衩——衣服旁边开口的地方。杈——树枝的分岔,树干的分支。岔——道路等的分支。读音都是 chà,都表示主体的分支,在语言中本是同一个词,但书面语中却分化为四个不同的书写单位。这可以叫作"书写词"。

形,也可指语音形式。例如:"谁"读作 shuí 或 shéi。"血"读作 xuè 或 xiě。"厕"读作 cè 或 sì。"场"读作 cháng 或 chǎng。这叫作"异读词"。

文白异读指同一个词口语和书面语中读音不一样。例如北京话:"学"——(口语读音)xiáo,(书面语读音)xué。"陷"——(口语读音)xuàn,(书面语读音)xiàn。

形,还指词语的结构形式。如:"寻找"和"找寻","离别"和"别离","喜欢"和"欢喜","痛苦"和"苦痛","要紧"和"紧要","劝解"和"解劝","整齐"和"齐整","力气"和"气力"等。

形,也指句子的结构。例如:"台上坐着主席团——主席团坐在台上","门口停着自行车——自行车停在门口","五个人吃一锅饭——一锅饭吃五个人","好容易找到了他——好不容易找到了他","我想死你了——我想你想得要死——我把你想死了","这是一件好事——这并不是一件坏事——这难道不是一件好事吗——这当然不是一件坏事","他们修好了一台机器——他们把一台机器修好了——一台机器被他们修好了——他们修机器修好了一台——是他们修好了一台机器——他们是修好了一台机器"。

宋人沈括在《梦溪笔谈》中写道:"穆(修)张(景)尝同造朝……适见有奔马践死一犬,二人各记其事以较工拙。穆修曰:'马逸,有黄犬遇蹄而毙。'张景曰:'有犬死于马下。'"《唐宋八大家丛话》中记载说:"欧阳公在翰林日,与同院出游,有奔马毙犬于道。公曰:'试书其事。'同院曰:'有犬卧通衢,逸马蹄而死之。'……(欧阳公)曰:'逸马杀犬于道。'"这样,同一事件便出现了六种表达方式:(A)有奔马践死一犬;(B)马逸，有黄犬遇蹄而毙；(C)有犬死于马下；(D)有奔马毙犬于道；(E)有犬卧通衢，逸马蹄而死之；(F)逸马杀犬于道。这六种表达形式的优劣，前人争论不休。其实离开上下文和交际情景，是很难说清楚的。

### 3.4.4 同义异形与交际效果

同义异形是语言丰富发达的表现，是提高语言表达效果的重要保证。同义异形的选择，是修辞活动中的中心问题。同义异形本身，孤立地看是很难说哪个好哪个坏的。判定其好坏优劣，需要联系交际的对象、环境、目的和内容等因素。

翻译家和作家对同义异形的选择是十分重视的。研究他们的经验和教训，有助于了解不同翻译家和作家的语言风格，可以提高我们对同义异形的选择能力。

海涅有一首诗，郭沫若译为《打渔的姑娘》，冯至译为《你美丽的打鱼姑娘……》：

③ [A] 把你头儿来放在我的胸上，
你莫用怕得来那样非常。
你不是无忧无虑地日日朝朝，
委身于狂暴的海洋任它飘荡？　　（《沫若译诗集》）

[B] 你不要过分害怕，
把头放在我的心旁，
你天天无忧无虑，
委身于狂暴的海洋。　　（冯至《海涅诗选》）

另一首海涅的诗《一棵松树在北方……》，冯至和钱春绮分别译为：

④ [A] 一棵松树在北方，
孤单单生长在枯山上。
冰雪的白被把它包围，
它沉沉入睡。　　（冯至《海涅诗选》）

[B] 北方有一棵松树，

独立在荒凉的山上，
它沉睡着；
冰和雪给它裹起白衣裳。 (钱春绮《诗歌集》)

海涅的《乘着歌声的翅膀……》,冯至和钱春绮分别译为：

⑤[A] 一座红花盛开的花圃，
笼罩着寂静的月光。
跳过来暗地里倾听，
是善良的聪颖的羚羊；
在远远的地方喧腾着，
圣洁的河水的波浪。 (冯至《海涅诗选》)

[B] 那儿在静静的月光下，
有一座万紫千红的园林。
温柔的聪明的羚羊
跳过来侧身倾听；
神圣的大河之波
远远地传过来涛音。 (钱春绮《诗歌集》)

海涅的《星星们动也不动……》,冯至和钱春绮分别译为：

⑥[A] 却没有一个语言学者
能了解这种语言。 (冯至《海涅诗选》)

[B] 可是任何一个语言学家，
对这种语言却茫无所知。 (钱春绮《诗歌集》)

两种不同的译文,词语和句式都有许多差异,但是基本上都表达了海涅原诗的意义。例③,郭译"怕得来那样非常",是谓语+补语;冯译"过分害怕",是状语+谓语。三四句,冯用陈述句,郭用反问句,姑且不谈谁更符合海涅原意,反问句无疑要比陈述句语气来得强烈一些。例④,分别运用了:"孤单单"和"独立","白被"和"白衣裳","在"和"有";例⑤,分别运用了:"万紫千红"和"红花盛开","静静"和"寂静","神圣"和"圣洁";例⑥分别用了:"语言学者"和"语言学家",这都是同义异形词语。例④,“一棵松树在北方”和“北方有一棵松树”;例⑤,“一座红花盛开的花圃,笼罩着寂静的月光”和“那儿在静静的月光下,有一座万紫千红的园林”,这是同义异形句。例④,“远远”一词,冯译中是定语,钱译中是状语,但表达了相同意思。例⑥,冯译用否定句,钱译用肯定句,但表达的意义并没有大的区别。

曹禺的《雷雨》新版和初版有许多不同。其中就有许多是同义异形语言材料选择方面的实例。例如:“鲁贵:(严重地)孩子,你可放明白点,你妈疼你,只在嘴上,我可是把你的什么要紧的事,都放在心上。”这里的“都放在心上”,原作“都处处替你想”。修改之后,不仅更具体形象,而且也和“只在嘴上”成了鲜明的对照,加强了语言的均衡美。再如:

⑦ 鲁贵:大海,到底你是矿上打粗的,连一点大公馆的规矩也不懂。

四凤:人家不是周家的下人。

鲁贵:你在矿上吃的也是周家的饭哪。

这里,“大海”和“你”及“人家”,指的是同一个人。“你在矿上吃的……”中的“你”,原作“他”。用“他”,鲁贵是对四凤的直接回答;用“你”,鲁贵是对大海讲这句话的,间接回答了四凤的话。

“鲁贵:反正这孩子混蛋,吃人家的钱粮,就得受人家的管。”“受人家的管”,原作“听人家的话”。两者基本意义相同,但语义有轻重之别。这里用“受人家的管”,更适合鲁贵的身份以及此时的情景。再如:“鲁贵:你看,你看,你又急了,急什么?”“你又急了,急什么?”原作“你又那样”。修改后,语意更明确,鲁贵此时的神情也更鲜明了。

同义异形的选用,不仅可以避免单调、重复,使语言丰富多彩、活泼多变,还可以协调语言的节律,增加语言的音乐美。同义异形的选用,可以增强语势。例如:“秦孝公据崤、函之固,拥雍州之地,君臣固守,以窥周室。有席卷天下,包举宇内,囊括四海之意,并吞八荒之心。”(贾谊《过秦论》)一连串的同义异形词语连用,增强了语势。

同义异形也可能引起歧义和误解。在同一上下文中,对同一事物选择不同的表达形式,有时会引起歧义和误解。例如:“精明干练的韵女士虽然没有吃过亏,但这样时刻要提防暗算的战士样的生活,颇使她感到了痛苦。待要完全不理呢,那么,姨太太背后的讥笑便将是‘无能’,这又不是好胜心强的张女士所能忍受的。”(茅盾《昙》)“韵女士”和“张女士”是同一个人,还是两个不同的人?这很容易被误解为两个人,但其实是同一个人。再如:“谁也不知道崔大成早晨写禁捕青蛙,晚上便带着电筒去叉田鸡。”(陆文夫《崔大成小记》)这里的“青蛙”和“田鸡”,指同一种动物。但不知道“田鸡”即“青蛙”的读者,当作是两种动物,就不能体会作者的用意了。再如:“他(茹太素)给朱元璋写了一个长达一万多字的意见书,议论朝廷应该如何选用人才。明太祖叫人读给他听。读了六千三百七十个字,仍然听不出个所以然来,尽是空话、废话。朱元璋一怒之下,着人当着文武百官的面,把茹太素打了一顿。”(《语文教学通讯》1979 年 4 期)“朱元璋”就是“明太祖”,但是缺乏历史常识的读者,很可能误解为两个人。

## 五　社会文化意义和个人联想意义

### 3.5.1 社会文化意义

为了提高表达效果,不但应当知道语言的意义,还应当把握社会文化意义。社会文化意义常常被忽略,但它就在我们身边,如“瓜子脸、评头论足”等。向日葵,不是瓜,向日葵的种子是瓜子;哈密瓜是瓜,但哈密瓜的种子不是瓜子。对女性的人体美的评价,为什么集中在脚上呢?这些直接转换到其他语言中去,外国人是很难理解的。

社会文化意义,不是语言本身所固有的,而是附着在语言之上的。它是在一定的社会生活、历史传统和文化背景之中产生的。例如:

① 碧玉妆成一树高,万条垂下绿丝绦。
不知细叶谁裁出,二月春风似剪刀。　(贺知章《咏柳》)

② 凤髻金泥带，龙纹玉掌梳。走来窗下笑相扶，爱道："画眉深浅入时无？"　弄笔偎人久，描花试手初，等闲妨了绣工夫，笑问："'鸳鸯'两字怎生书？"　（欧阳修《南歌子》）

"碧玉"是绿色的玉，把二月的柳枝比喻成绿色的玉，当然很美。译成英语的："jasper"、"green jade"，或"dark blue jade"，都不能表现出这诗的文化内涵。成语"小家碧玉"指小户人家的女孩，而且是年轻美貌又可爱的女孩。这里的"碧玉"是一个比喻，说二月春风中的柳枝，犹如小户人家的年轻貌美又可爱的女孩。这里的"碧玉"也是"用典"，六朝时湘东王同一个叫碧玉的女子的恋爱故事，广为流传，有首民歌开头就是"碧玉谁家子"，这就是成语"小家碧玉"的来源。这里的"碧玉"也是用那个叫作碧玉的女孩来比喻二月春风中的柳条。中国传统文化中杨柳同女性的关系特别密切，"杨柳腰"专指年轻貌美的女子的腰。"杨柳腰"中的杨柳是柳枝柳条，不是杨柳树的树干。这里所咏的柳，是柳枝柳条，不是柳树的树干。可见，柳枝柳条是女性的意象符号。所以，名为咏柳，其实是咏女性——是杨柳和女性的互喻：杨柳像女性，女性像杨柳。

"画眉"一词，如果换成"唇膏、胭脂、眼线、眼影、粉底"，那就不像诗了。有个成语叫"张敞画眉"，表示的是夫妻之间的情爱和隐私。"画眉深浅入时无？"是引用，暗引了这个成语。"'鸳鸯'两字怎生书？"如果换成"狐狸、麻雀、苍蝇、蚊子、臭虫"等，那就令人恶心作呕了。因为鸳鸯在中国传统文化中是爱情的意象符号。假若改为："'蝴蝶'两字怎生书？"也还马马虎虎，因为蝴蝶也是爱情的意象符号，从"鸳鸯蝴蝶派"这个名称上就能看出这个文学派别的创作倾向了。"描花试手初"，本是"描花初试手"，所以把"初"字后移，为的是同"梳、扶、无、夫、书"等字押韵。

社会文化意义，是由特定的历史文化背景、社会事件和个人的经历等创造出来的。"小姐"，《现代汉语词典》中说是"对年轻的女子的尊称"，但 20 世纪五六十年代，含有贬义，年轻的女子是绝不能接受这个尊称的。到了“文化大革命”中,几乎成了一种罪恶的头衔。改革开放之后,这个称呼语曾风光一时,颇为时髦。但好景不长,随着“三陪”现象的泛滥,“小姐”变味了。

社会文化意义,是民族文化的一个组成部分。例如中国传统文化中,蝙蝠象征着幸福,发菜象征着发财,鱼象征着富裕,猪都是肥的、脏的、贪睡的、好吃的、偷懒的,猴子总是瘦的、机灵的,兔子是胆小的,等等。社会文化意义是社会集体的,个人不能随意改变的。虽然猪也有瘦的,猴子也有肥的,兔子也有非常勇敢的。但是,说汉语的人绝不会说:“他肥得像猴子!他瘦得像头猪!他像兔子一样勇敢!”

社会文化意义逐渐渗透到语言中去。有时不知道社会文化意义,就不能真正把握一个词的意义。社会文化意义在成语、典故、格言、警句、谚语、歇后语、惯用语中表现得特别明显。我国文化传统悠久,汉语因此有许多充满浓厚民族文化色彩的特殊的词语。例如:龙、凤等。也有许多词语,由于在许多著名的古诗文中一再运用,便产生了一层浓厚的社会文化意义。例如:春花、秋月、春兰、秋菊、秋水、芳草、南浦、鸳鸯、红豆、同心结、连心锁、比目鱼、连理枝,等等。

社会文化意义有很强烈的民族色彩。朱光潜说:“中文中的‘风’、‘月’、‘江’、‘湖’、‘梅’、‘菊’、‘燕’、‘碑’、‘笛’、‘僧’、‘隐逸’、‘礼’、‘阴阳’之类字对于我们所引起的联想和情趣也绝不是西方人所能完全了解的。这可以叫作‘联想的意义’(associative meaning),它带有特殊的情感和氛围,甚深广而微妙,在字典中无从找出,对文学却极要紧。如果我们不熟悉一国的人情风俗和文化历史背景,对于文字的这种意义也就茫然,尤其在翻译时,这一种字义最不易对付。”①

汉语中的“狗”是贬义的,比喻和形容坏人坏事:狗仗人势,狼心狗肺,狐群狗党,狗腿子,狗强盗,狗吃屎(跌跤),画虎不成反类犬,狗嘴里长不出象牙……英国文化中“dog”的文化意义却是偏向于褒义的,常

① 朱光潜:《朱光潜全集》第四卷291页,安徽教育出版社1987年。

常用狗来形容和比喻人与事，并无贬义。如：a top dog（优胜者）；love me，love my dog（爱屋及乌）；old dogs will learn no new tricks（老人学不了新东西）；to dog one's steps（跟着某人走）；to help a lame dog over a stile（仗义勇为），等等。

社会文化意义，有地域的差异。新加坡土生华人，大概就比较难以真正把握汉语中的“春、春风、春情、春心、春光、春花、春雨、春色、春意、春风得意、春光明媚、春暖花开、春风化雨、春满人间、春华秋实、春色满园、春意盎然”等词的社会文化意义。因为他们生活在“四季如夏，遇雨成秋”的新加坡，他们对朱自清的散文《春》的理解，同哈尔滨的小学生相比，总会有一点差距的，这差距就在社会文化意义上。同样的道理，新加坡土生华人也很难体会到汉语中的“北风”的社会文化意义的。

社会文化意义，是真正理解古代诗文的关键。例如：“故人西辞黄鹤楼，烟花三月下扬州。”（李白《黄鹤楼送孟浩然之广陵》）“日暮乡关何处是？烟波江上使人愁。”（崔颢《黄鹤楼》）“胡麻好种无人种，正是归时不见归。”（葛鸦儿《怀良人》）不知道“烟花”、“烟波”、“胡麻”等词的社会文化意义，就不能真正把握这些诗句。

词语的社会文化意义的探索，是古典诗文的阅读、赏析和研究中的一个重要问题。杜甫《北征》诗说：“凄凉大同殿，寂寞白兽闼。”1962年胡小石在《〈北征〉小笺》中说：“篇终忽著此二语，此二殿阁之名，宋以来注家皆未注意，亦未得其解，今试探之，则皆为上皇（按：指唐玄宗）而发也。”唐玄宗发动政变时，是率领部下由白兽闼攻入皇宫诛灭韦氏集团的，因此这白兽闼是他奠定帝业的象征。大同殿是唐玄宗当皇帝时经常居住和接见大臣、处理国事的地方。在这里，他曾和高力士讨论过可否将国家大权移交臣下的问题。安史之乱后，唐玄宗被儿子肃宗软禁，“上皇移居西内，幽囚以死，并其旧侍亦付剪除，父子之恩垂离至此。”胡小石说：“杜《北征》诗篇末方颂新君，忽著此二语，皆关上皇旧事，其用意甚深微曲折。《北征》于歌颂中兴之余，忽参入此二语，其事皆于肃宗无关，而悉出上皇，与上文似不甚连类。用语极隐微，实一篇主旨所在。

盖杜早于灵武攘立,成都内禅之日,已预见玄、肃将来父子之关系,必至恶化,因不待南苑草深,秋梧叶落,始叹上皇暮境有悲凉之感。"胡小石从这两句诗中看到了杜甫对唐玄宗的深微曲折的同情和叹息,即这首诗所包含着的社会文化意义。

### 3.5.2 个人联想意义

交际活动是交际双方的一种心理交流过程。人们的生活经历、文化教养、思想感情等的不同,对词语和句子,往往会有一些个人联想意义。俗话说"谈虎色变","一朝被蛇咬,十年怕草绳"。不知道老虎厉害的孩子不会谈虎而色变。被蛇咬过的人,对"蛇"这个词,很自然就会有一种恐惧感。动物园中游玩的少年、山中的猎人、动物学家,对"虎"、"狼"这些词的个人联想意义当然是不同的。

鲁迅在《阿Q正传》中说:"(阿Q)最恼人的是在他头皮上,颇有几处不知起于何时的癞疮疤。这虽然也在他身上,而看阿Q的意思,倒也似乎以为不足贵的,因为他讳说'癞'以及一切近于'赖'的音,后来推而广之,'光'也讳,'亮'也讳,再以后,连'灯''烛'都讳了。一犯讳,不问有心与无心,阿Q便全疤通红的发起怒来,估量了对手,口讷的他便骂,气力小的他便打;然而不知怎么一回事,总还是阿Q吃亏的时候多。于是他渐渐的变换了方针,大抵改为怒目而视了。"这就是个人联想意义。对于没有癞疮疤的人,"赖"、"光"、"亮"、"灯"、"烛"这些词语,是没有这种意义联想的。

曹雪芹的《红楼梦》第四十六回中,鸳鸯大骂她的嫂子,她嫂子指责说:"愿意不愿意,你也好说,犯不着拉三扯四的。俗语说得好:'当着矮人,别说矮话。'姑娘骂我,我不敢还言;这二位姑娘并没惹着你,小老婆长,小老婆短,人家脸上怎么过的去?"这二位姑娘指平儿和袭人,正好都是小老婆。鸳鸯说:"他见我骂了他,他臊了,没的盖脸,又拿话调唆你们两个,幸亏你们两个明白!原是我急了,也没分别出来,他就挑出这个空儿来!"鸳鸯当着两个身份为小老婆的好朋友的面,大骂小老婆,她的本意并不是指桑骂槐,但在场的听话人平儿和袭人却是不能不这样联想的。平儿和袭人之所以不计较，因为她们深知鸳鸯的为人，或者说，是鸳鸯的人品使平儿和袭人排除了这一联想。这是一种超常规的语境，鸳鸯处在心理超常的时刻，所以她说出了她平常不会说出来的话语，是可以原谅、不予计较的。

个人联想意义的产生是非常复杂的。这里起作用的因素很多，例如年龄、性别、文化、身份、经历、职业、地域等。而且是有许多人所意想不到的地方。所谓拍马屁拍到马腿上去了，往往就是个人联想意义惹的祸。

个人联想意义，既可以是天使甜蜜的微笑，也可以是魔鬼杀人的刀！中国历史上的许多文字狱，大多是建立在个人的联想意义上的，因为个人联想意义有很大的随意性，所以是十分危险的。

1922 年 8 月，青年诗人汪静之出版了新诗集《惠的风》。其中有一首诗，题目叫《过伊的门外》，诗人写道："我冒犯了人们的指摘，/我一步一回头瞟我意中人；/我这样一来欣慰而胆寒呵。"当时南京的东南大学大学生胡梦华在《时事新报》的副刊《学灯》（1922 年 10 月 24 日）上发表《读了〈惠的风〉以后》，攻击是"堕落浅薄"的作品，"有不道德的嫌疑"。11 月 7 日，鲁迅写了《反对"含泪"的批评家》一文。文中说："胡君因为《惠的风》里有一句'一步一回头瞟我意中人'，便科以和《金瓶梅》一样的罪：这是锻炼周纳的。《金瓶梅》卷首诚然有'意中人'三个字，但不能因为有三个字相同，便说这书和那书是一模样。……我以为中国之所谓道德家的神经，自古以来，未免过敏而又过敏了，看见一句'意中人'，便即想到《金瓶梅》，看见一个'瞟'字，便即穿凿到别的事情上去。然而一切青年的心，却未必都如此不净；倘竟如此不净，则即使'授受不亲'，后来也会'瞟'，以至于瞟以上的等等事，那时便是一部《礼记》，也即等于《金瓶梅》了，又何有于《惠的风》？"①

---

① 鲁迅：《鲁迅全集》第一卷 493 页，人民文学出版社 1982 年。

## 六　语流义和情景义

### 3.6.1 语流义

语言体系中语言单位之间是聚合关系,在言语运用中,在话语里,语言单位是组合关系。进入语言流(言语流)之后的语言单位,形式与意义均会发生一定的变化。其语义变化,可以叫作语流义变。语流义变,就是上下文义变。

为了提高语言的表达效果,还应当重视语流义和语流义变。语流义,也就是上下文意义。朱光潜说:“这种依邻伴不同和位置不同而得的意义在文学上最为重要,可以叫作上下文决定的意义(contexual meaning)。这种意义在字典中不一定寻得出,我们必须玩索上下文才能明了。一个人如果没有文学修养而又粗心,对于文字的这一种意义也很难懂得透彻。”①

词语和句子,在特定上下文中,可能改变其意义,获得新的临时性的意义。例如许多中性词语,一旦进入动词“有……”的框架之中,就能获得偏向于好的含义。例如:“他,有气质,有风度,有人品,有墨水,有文采,有模样,有头有脸……”当然也有向坏的方向偏离的,例如:“这里有气味。”一定是不好的气味。汉语中的“不是人”,是骂人话。但有一则笑话,某人为一位老太太祝寿时说:“这个老太不是人,王母娘娘下凡尘!”后一句把“不是人”改变为恭贺恭维的意思了。

说话时,语音并不是一个个孤立地发出来的,而是连续地发出来的。在这个连续的语流之中,有些语音,由于在语流中所处的地位不同,或说话的快慢、高低、强弱的不同,受到邻近的音的影响,往往要发生这样或那样的变化。这就叫作语流音变。如:难[nan]+免[miɛn]

---

① 朱光潜:《朱光潜全集》第四卷381页,安徽教育出版社1987年。

→难免[nam miɛn]、辛[ɕin]+苦[k'u]→辛苦[ɕiŋk'u]。"难"，单独说是[nan]，在"难免"一词中，受到"免"的声母[m]的影响，便将收尾的[n]发作[m]了。"辛"，单独说是[ɕin]，但在"辛苦"一词中，韵尾的[n]受到后面的[k]的影响，变作[ŋ]，即和[k]在发音部位上一致了。

### 3.6.2 语流义变

语流中，不但语音可能发生音变，语义也可能发生义变。在词典中，每一个词都有其固定的意义。在连续的语流中，由于受到邻近的语义的影响，以及自己在语流中所处的地位不同等原因，有些词语的意义也要发生这样或那样的改变，这就叫作语流义变。以数词"二(两)、三"为例：在"三番五次、三心二意、三头六臂、再三再四、三令五申、三灾八难、接二连三"以及"三折肱知为良医"、"季文子三思而后行"等组合中，都有"多"的含义。但在"三言两语、三三两两、三拳两脚"，以及"楚虽三户，亡秦必楚"等组合中，却是"少"的含义。

语流义变同语流音变有许多相似的地方，但是要复杂得多。同语流音变一样，语流义变一般也有同化、异化、弱化、脱落等现象。

所谓语义的同化，指的是由于受到邻近的语义单位的影响，一个词的意义同它邻近的那个词的意义接近了。例如："我们为我们伟大的祖国而感到骄傲自豪。""我们以我们的祖国有这样的英雄而骄傲，我们以生在这个英雄的国度而自豪。""你是我的骄傲，我为有你这样的朋友而自豪。""骄傲自大的人没有不跌跤的。"前三例，"自豪"是褒义词，受到它的影响，"骄傲"一词也有褒义。最后一例，"自大"是贬义词，受到它的影响，"骄傲"一词是贬义的。或者说"骄傲"兼有褒义和贬义，受到上下文的影响，可以向不同的方向偏离。

修饰语有时能够使中心词发生义变，使之向修饰语靠拢。例如："中国的老先生们——连二十岁上下的老先生们都算在内——不知怎的总有一种矛盾的意见。"(鲁迅《补白》)中心语"老先生"本指年龄大的人，但是接受了"二十岁上下"的修饰之后，指的就不再是年龄的大，而是思想的陈旧和迂腐。再如“民族”一词由于经常同“少数”连用,受到“少数”一词的同化,逐渐获得了“少数”的意思,例如“民族地区、民族干部”等短语中,“少数”这一修饰语虽然没有出现,“民族”一词仍然是专指少数民族,不包括汉族。再如:“艺术细胞、电子钱包、时代的列车、无声的语言、不是班长的班长、中国的莎士比亚、活着的雷锋、现代陈世美、东方的巴黎、女中丈夫”,等等。

语义的异化,指的是两个语义单位彼此影响,一同改变了原有的意义,产生了新的意义。如:“不知道天高地厚。”“好话坏话都要听。”“好也罢,歹也罢,反正这回事。”意思分别是:“什么也不懂。”“什么话都要听。”“不管怎么样,反正这么一回事。”

对比的格式中,语义的异化现象比较常见,尤为明显。并列排比有时赋予语言以新的含义。如:

① 江南可采莲,莲叶何田田,鱼戏莲叶间。鱼戏莲叶东,鱼戏莲叶西,鱼戏莲叶南,鱼戏莲叶北。 (《江南曲》)

② 东市买骏马,西市买鞍鞯,南市买辔头,北市买长鞭。 (《木兰辞》)

③ 四里外走过的农民有的称赞说:“人穷骨头硬,有志气。”可也有人说:“三天看媳妇,百天才看孩儿。小于庄闺女是不是好样的,还得望远了瞧。”西村的富裕中农发话了:“小于庄几个黄毛丫头,想脱‘花子’袄!我算准了,井底的蛤蟆飞不上天。”东村的地主暗地笑:“早先那块荒滩,白给我都不要,有车有马治不了,几个女流还能成得了气候?”南村的媒婆献殷勤:“挺水灵的闺女,早点找主儿嫁了吧,省得受这份罪,哪庄也比这庄强。”北庄的阴阳先生掐指算:“小于庄转运还得过一个甲子。” (黄宗英《小丫扛大旗》)

这里的“东”、“南”、“西”、“北”,都不是实指,而是虚指,都是强调,是“各处”、“任意”的意思。例①讲的是鱼儿自由自在、任意戏游,而非实指东南西北。例②指到好多集市上采办木兰出征的行装,这里的“骏马”、“鞍鞯”、“辔头”、“长鞭”也是虚指,是各种行装的代称。例③“西村”、“东村”、“南村”、“北庄”，也都是虚指，作者的意思是要表明有好些地方。

语义脱弱指的是有的语义单位在语流中消失了。《墨子·非攻上》：“今有一人，入人园圃，窃其桃李。”《史记·刺客列传》：“多人，不能无生得失。”《史记·孝文帝本纪》：“骂其女曰：‘生子不生男，有缓急，非有益也。’”《孔雀东南飞》：“便可白公姥，及时相遣归。”其中的“圃”（种菜的地方）、“得”、“缓”、“公”等的意义都已经脱弱。这就是“偏义复词”。

语流义变，是一种修辞现象，也是一种构词现象。例如“墨”就是黑，但是在“红墨水、蓝墨水”中，黑的意义已经语义异化，变成“书写的液体”了。“松针、松塔”不是针和塔，“人山人海”不是山和海，“海马”不是马，等等，这些都是词汇世界中的语流义变现象。

### 3.6.3 情景义

交际情景和话语的关系是互动的。不仅交际情景要求表达者适应情景来选择语言材料、组织话语，要求接受者参照情景来把握话语的意义。情景也能够改造话语和句子，赋予话语新的临时性的含义。

情景义，指的是词语和句子在特定的交际情景中所获得的临时性意义。例如，“你吃了吗”是中国人的招呼语、客套话，是彼此友好的标志，是人际关系的润滑油。但是，如果对方从厕所里出来，你说：“你吃了吗”就成了骂人话了。是情景改变了“你吃了吗”的含义，产生了临时性的情景意义。

### 3.6.4 情景义变

任继愈在《中国文化与世界文化》一文中说：“如《天演论》这部书，在西方人看来，是一部捍卫进化论学说的名著，它的社会作用，在西方和东方却大不相同。西方人阅读它，可以心平气和地理解其生物进化的道理；灾难深重的中国人阅读它，不禁诱发一种优胜劣败、亡国灭种的危机感。这种结果,是赫胥黎料想不到的。”《天演论》在中国的接受效果,是中国当时特定的社会文化背景的产物,是不能同作者所预期、所追求的表达效果混为一谈的,是两码子事儿。

情景可导致义变,义变之后的情景意义,是不容忽视的。交际情景,有时具有取消话语本身含义的功能。西方有一个笑话,一家戏院失火了,小丑上台通知观众:“失火了,请快快离开戏院!”全场哄堂大笑。小丑提高嗓门大叫,再次哄堂大笑。是交际情景取消了“失火了,请快快离开戏院!”这句话本身的含义。

日常生活中,一本正经地告诉他人一件非常重要的事情,例如:“我告诉你,我们单位要派一个人到德国考察,顺便可以游欧洲十一国。领导昨天开了会,研究结果是……你知道吗?是你啊!这次是选中了你啊!你马上就可以到德国去玩一趟了!恭喜你了!”但是到最后,对他那么一笑,做一个鬼脸,就全部取消了前面的话语,那只是开玩笑,逗你玩的,不可当真。

情景可以强化或弱化话语的含义。在人际关系友好的时候,在清风明月之夜,在花前月下,在双方心情舒畅的时候,每一句话语,都是甜蜜的,赋予诗情画意的,是交际情景强化了美好话语的美的倾向;在人际关系出现危机之后,本无恶意的话语也都有了强烈的坏的意思。这就是情景的强化作用。另一方面,在人际关系友好的时候,即使出现了含义不好的词语或句子,对方也会忽略它;在人际关系恶化之后,本来是好的意思的话语,好的意思也淡化了。这就是情景的淡化作用。

情景也能转移话语的意义。情景能够把好话变成坏话,把坏话变成好话。“你是英雄模范,我要向您学习。”在大会上说,对方会很高兴的。但是,双方有了矛盾,发生了冲突,再这么说,就是对他的讽刺、嘲笑、挖苦。有了必要的和充分的条件,就是说在特定的交际情景中出现,坏话也能变成好话。例如在最亲密的老朋友之间,见面时可以说:“你这个死东西,鬼家伙,怎么还没死呀!”并没有骂人的意思,的确是好话。

## 七 模糊义和模糊话语

### 3.7.1 模糊义

模糊与精确是一对矛盾。模糊性是自然语言的一个重要属性。所谓模糊词语，就是它的中心意义虽然是很明确的，但是边缘意义却是没有界线的。其含义就是相对的、模糊的、不精确的。例如“门前、楼前”等的范围就是一个模糊的概念。门和楼的前面的五公尺，是。十公尺，是不是？一百公尺，还是吗？再如：早—中—晚，少年—青年—中年—老年，春—夏—秋—冬，等等。又如“半天”一词，可以指十二小时，因为一天是二十四小时；也可以指六小时，如果只算白天；也可以指四小时，因为工作八小时；也可以指一两小时，甚至一二十分钟，如“等了你半天了”也许只是几十分钟。

模糊义在交际活动中积极的与消极的一面都是值得注意的。自然语言中存在着、充满了模糊现象。在需要比较准确地表达时，应当尽可能选用含义比较精确的词语和格式，还可以采用限制和修饰的办法。定语、状语、插入语等都有限制作用，都可以减少语言的模糊性，使之更准确一些。

语言单位的模糊义，并不可怕，因为交际活动总是在特定的语言环境中进行的，语境可以排除语言单位的模糊性。人类的交际也需要模糊，模糊语言甚至是不可缺少的。公文、学术著作中，也不可能不使用模糊词语。模糊也有积极的作用。语言的模糊义在修辞活动中具有特别重要的意义，是语言美的创造中一个重要的因素。

### 3.7.2 模糊话语

应当区别语言的模糊和话语的模糊。语言的模糊性是全社会所共同的，话语的模糊或模糊的话语是具体交际活动中的事情。两者不能混为一谈。用模糊词语构成的话语,不一定就是模糊话语。非模糊词语所构成的话语,也有可能是模糊话语。甚至数字在短语和句子中的意思是模糊的,例如"九盘十八弯"等。在话语中,一些非模糊词语也可能转化为模糊词语。

司马迁《史记·留侯世家》中记载说:"父去里所,复还,曰:'孺子可教矣。后五日平明,与我会此。'良因怪之,跪曰:'诺。'五日平明,良往。父已先在,怒曰:'与老人期,后,何也?'去,曰:'后五日早会。'五日鸡鸣,良往。父又先在,复怒曰:'后,何也?'去,曰:'后五日复早来。'五日,良夜未半往。有顷,父亦来,喜曰:'当如是。'出一编书。""平明"是一个模糊词语。黄石公利用语言的模糊性来同张良开了个玩笑。

### 3.7.3 模糊与准确

准确这一概念是相对的,不同的交际环境、对象和目的,要求不同程度的准确。拿时间来说,日常讲话,只需说:"过几天有空我去看你。""下午他们到莫愁湖去了。""今年夏天我们上黄山了。"文学作品中常用"黎明"、"黄昏"这类词。作战命令和火车时刻表上却不能这样,必须明确几点几分。一次车祸,过路人当作马路新闻来讲,公安局作为一次交通事故来陈述,两者对准确的要求是不一样的。同一个科学著作和科普读物在陈述时对准确的要求也是不一样的。对一个普通旅游者讲述古迹时,大量运用历史学和考古学的术语,列举一连串精确的数字,效果是不会好的,因为对方并不要求这种历史学、考古学上的准确。

在语言表达中,模糊有时比准确更好。双关、婉曲、象征、暗示等修辞手法的存在,就证明了这一点。人们常说:"有点儿那个!"这个"那个",是模糊的表达方法。但有时这比"这太不像话了"之类说法效果更好。鲁迅在小说《药》中写道:"他的母亲端过一碟乌黑的圆东西,轻轻说:'吃下去罢,——病便好了。'"这"乌黑的圆东西"的说法,当然是模糊的。准确的说法是"人血馒头"。但在心理上,是不能接受的。

周克芹在小说《山月不知心中事》中写道:"有一次,在供销社看见那种雪白的薄薄的乳罩，她多想买一副回去戴起来呀！”“这时她多么希望自己有那样一件小玩意呵！”“四年前买不起一件小玩意儿，不是鲜明的对比么！”小说中的乡村女孩说的“小玩意儿”就是说作者叙述语言中的“乳罩”，出自农村女孩子的口，得体又文雅。

人们常说，诗歌语言的特点是准确。其实，诗歌语言也是模糊的。冯梦龙在《笑府》中说，一个苏州人要他的二女婿学习他的大女婿的一首诗，这诗中有这样一句：“清光一片照姑苏。”二女婿说：“差了，月岂偏照姑苏乎？须云‘姑苏等处’。”两种说法比较，当然是“清光一片照姑苏等处”比“清光一片照姑苏”来得准确。但这准确的说法，并不是诗歌的语言。而这模糊的说法，却正是诗歌的语言。

模糊、含混和含蓄，应当区别开来。模糊是中性的，是语言本身的特征。含蓄是一种修辞技巧，它有提高话语表达效果的功能。模糊的本质在于边缘不清而中心明确，所指具有多种可能而主要指向不难锁定。这正是模糊表达所以含蓄的根本原因。含混是表达不清楚的话语，它妨碍表达效果。含混是应当避免的。

鲁迅在《作文秘诀》一文中说：“至于修辞，也有一点秘诀：一要朦胧，二要难懂。那方法，是缩短句子，多用难字。”①“《绿野仙踪》记塾师咏‘花’，有句云：‘媳钗俏矣儿书废，哥罐闻焉嫂棒伤。’自说意思，是儿妇折花为钗，虽然俏丽，但恐儿子因而废读；下联较费解，是他的哥哥折了花来，没有花瓶，就插在瓦罐里，以嗅花香，他嫂嫂为防微杜渐起见，竟用棒子连花和罐一起打坏了。”“做得朦胧，这便是所谓‘好’么？答曰：也不尽然，其实是不过掩了丑。”②

① 鲁迅：《鲁迅全集》第四卷612页，人民文学出版社1982年。
② 同上，613页。

# 八 显性意义和潜性意义

## 3.8.1 显性与潜性

语言世界可以分为显性语言与潜性语言。词和词义都有显性与潜性之分。已经存在的,人们公认的是显性的;只是有可能性的,至今尚未被觉察到没有人使用过的则是潜性的。例如“地震、酒醉、晕船、晕车”是显词,“月震、阳震、饭醉”等是可能存在的。潜词可以显现化,例如:《预防“饭醉”》(《报刊文摘》1996 年 11 月 11 日)。当“月震、阳震”等出现的时候可以看作潜词的显现化。

## 3.8.2 潜义

词已经为人们所使用、在使用的那些意义是显义。可能的但还没有被使用过的那些意义就是潜义。例如:

| | 显义 | 潜义 |
|---|---|---|
| 铁路 | 铁道 | 有铁的道路 |
| 火车 | 交通工具 | 着火了的车子 |
| 领袖 | 首领 | 领子和袖子 |
| 东坡肉 | 美食 | 苏东坡的肉 |
| 唐僧肉 | 唐僧的肉 | 素食品 |

词的显义是有限的,其潜义则是多种多样的。所谓望文生义的“义”有的就是潜义。

## 3.8.3 潜义与修辞

潜义是修辞的重要资源。开发和利用词的潜义,可以提高语言的表达效果。例如:观察风向,根据风向把握方向操纵船上的舵——方向盘。有人说:“忽左忽右,航行万里全仗看风使舵;或红或白,作画只靠察言观色。"这里的"看风使舵、察言观色"是潜义。

马季的相声《烟》中：

甲：我穿的这是三合一。

乙：三合一的的确良是可以了。

甲：不！三合一！

乙：怎么个三合一？

甲：蓝工作服黑套袖，还补块绿补丁。三合一。

乙：噢，三色合一块。

"三合一"的显义指一种纺织品，这里所使用的是其潜义：三种颜色合在一起。这种用法别具一格，颇能吸引眼球。

## 九　表达意义和接受意义

### 3.9.1 表达意义和接受意义的区分

利奇在《语义学》中区分了"要表达的意义与被理解的意义"："要表达的意义是指讲话者组织他的信息时头脑中考虑的那种意义；被理解的意义则指听话者接受信息时传递到他头脑中的那种意义。……研究意义（特别在哲学领域研究意义）应该特别注意意义本身——要表达的意义——被理解的意义之间的关系这一令人头痛的问题。"①

修辞学站在表达者的立场上研究表达的效果。修辞学为了提高表达效果而考察接受者与接受者的意义。阐释学研究的是接受者的接受效果。为了提高接受效果就必须考察表达者与表达的意义。

### 3.9.2 表达意义

修辞学假设：表达者已经有了一个思想内容需要传达给接受者。

① 利奇：《语义学》31—32页，上海外语教育出版社1987年。

希望接受者准确无误地解读。但是，事实上，表达者的意义同接受者所把握的意义之间，总是不能完全一致的。这就是"理解万岁"产生的原因。

表达者的意义和接受者实际上获得的意义之间不能画上等号。例如李长之 1935 年写了《鲁迅批判》，发表前，曾送请鲁迅审读，得到了鲁迅的支持。在正式出版之前，1936 年的《青年界》就发表文章赞扬说："已是文坛上一个最勇敢而最有意义的创举"，"是中国批评界上划时代的一本著作"。书名中的"批判"，是当时的流行用法，就是分析、评论的意思。这是德国哲学对中国学术影响的结果。康德有三大"批判"。李长之进入清华大学后，曾埋头攻读德国哲学，特别崇拜康德的三大"批判"。他同时还写了《王国维文艺著作批判》、《〈红楼梦〉批判》等。新中国成立后，"批判"成了一个贬义词，"文革"中的"四大"(大鸣、大放、大字报、大批判)之一就是"大批判"。在相当长的时期里，"批判"一词总是同阶级敌人相联系的，"批判"是阶级斗争的手段之一。在这样的语境中，《鲁迅批判》就成了李长之恶毒攻击鲁迅的罪证。结果"使他沉冤数载，给他带来了无比深重的灾难"。①

### 3.9.3 接受意义

修辞学必须确定常规的表达者和常规的接受者，必须排除超常的表达者和超常的接受者。常规的接受者努力探讨说写者本来的意义，而超常的接受者却一味地寻找话语的其他意义，甚至歪曲话语的真正的含义。修辞学研究的是交际效果。交际效果可以分为表达效果和接受效果两种。说写者预期的表达效果同接受者所实际得到的效果之间往往是不一致的，是有一定的距离的。

接受效果中，有的是由于表达方式造成的，这需要由表达者负责。有的则是表达者所不能负责的，是接受者偏离了交际规则所造成的。

---

① 参看《李长之批评文集》序言，珠海出版社 1988 年。

例如，你说“您今天气色很好”，他回答说：“昨天我也没有生病呀！”你说“小李进步很快”，他反驳道：“我落后了吗！”这些接受效果不能由表达者负责。当然，表达者为了提高表达效果，必须把接受者的接受效果当作参考因素。

## 思考与练习

(1) 语言的意义和言语的意义区别何在？

分析日常生活中的误会，区别哪些是由语言的意义引起的，哪些是由言语的意义引起的。

俗语说，“锣鼓听声，听话听音”，这个“音”指的是什么？“一样话百样说”中的“话”指的是什么？

(2) 观察汉语中多种多样的同形异义现象。

同形异义的“形”有哪些种类？它的“义”有哪些种类？

同形异义也就是多义单位。请分析一些平常词语的多义现象，例如：嘴上、楼上、地下等。汉语短语的多义现象很严重，请分析一些平常用的短语的多义现象，例如：会照相等。

(3) 观察汉语中多种多样的同义异形现象。

同义异形的“义”有哪些种类？它的“形”有哪些种类？

同义异形的单位就构成了同义手段，从义和形两个方面来观察汉语的同义手段的丰富性、复杂性。

(4) 观察社会文化意义的多样性。举例说明社会文化意义在跨文化交际中的重要性。

(5) 观察个人联想意义的丰富性、灵活性和多变性。俗话说，“说者无意，听者有心”。这个听者的有心就是他的个人心理联想，思考一下听者心理联想的限度问题。观察由于听者过度的、不适当的心理联想所造成的交际短路现象，即人际冲突事件。

(6) 上下文是如何改变词语意义的？上下文是如何临时赋予词语特定含义的？

(7) 情景是如何改变和创造话语含义的?

(8) 从积极和消极两个方面来观察语义超常现象。

举例说明语义超常是如何损害表达效果的。

举例说明什么时候和条件下使得语义超常提高了表达的效果。

# 第四章　同义手段和语言变体

表达和内容的关系是联合的,它们互为条件。表达之所以是表达是因为它是内容的表达,内容之所以是内容是因为它是表达的内容。除了人为地将两者分开,没有表达就没有内容,没有无表达的内容;没有内容就没有表达,没有无内容的表达。(叶姆斯列夫《语言理论绪论》)

自其异者视之,肝胆楚越也;自其同者视之,万物皆一也。(《庄子·德充符》)

## 一　同义手段的定义

### 4.1.1 同义手段的定义

同义手段,就是表达相同意义内容的语言材料。例如,地球只有一颗卫星,夜晚高高地悬挂在天空上,汉语中却有许多个关于它的词语:月亮、亮月、月兔、月桂、月娥、月精、月轮、月浦、月魄、太阴、天灯、水精、丹桂、玉兔、玉环、玉轮、玉盘、玉蟾、玉镜、玉桂、玉鉴、玉魄、玄兔、玄度、玄晖、白兔、冰轮、明蟾、金蟾、金兔、金娥、金丸、金镜、兔轮、兔魄、兔月、娥轮、晶盘、宵魄、晚魄、桂月、桂窟、桂魄、桂轮、清虚、素魄、珠轮、清蟾、凉蟾、望舒、莹魄、碧华、圆景、银兔、银蟾、阴宗、阴兔、蟾兔、蟾魄、蟾轮、顾兔、麝月、清凉宫、玉蟾蜍……这些都是"月亮"的同义词。如果把"月亮"当作是一种零度形式、规范形式,那么其他词语就是"月亮"的偏离形式、变异形式。

同义手段也可以定义为:某个零度形式和它的一切的偏离形式的

总和。偏离形式,指已经存在的形式,也包括可能出现的形式。

### 4.1.2 汉语同义手段的多样性

同义手段是多种多样的,除了同义词,还有同义短语和同义句。语法方面,例如:“四个人一组≈一组四个人”,“烧饼夹油条≈油条夹烧饼”,“两个人骑一辆自行车≈一辆自行车骑两个人”,“长江队战胜了黄河队≈长江队战败了黄河队”,“长江队把黄河队打败了≈黄河队被长江队打败了”,“老夫人扶着小丫头走上舞台≈小丫头扶着老夫人走上舞台”,“我突然间看到了你≈你突然间闯进了我的眼帘”,“我突然间想到了你≈你突然间闯进了我的心头”,“他是个沉默寡言的人≈他是一个哑巴”,等等。

汉语中音节特别重要,许多词语都有不同音节的同义形式,例如:鼠≈老鼠、船≈船只、马≈马匹、相机≈照相机、大幅≈大幅度、反恐≈反恐怖、维和≈维护和平、龙虎斗≈龙争虎斗、亮≈亮晶晶≈晶晶亮、红≈红色≈红通通≈通红通红、修≈修理≈修一修≈修理修理、大方≈大大方方,等等。

所谓同义歇后语,如以“办不到”为后件的,前件可以是:“隔河握手”、“叫牛坐板凳”、“拉鼻子进嘴”、“按牛头喝水”、“赶鸭子上架”、“强逼公鸡下蛋”、“筷子穿针眼”、“瘦子割肥膘”、“小炉匠打铡刀”、“羊身上取驼毛”、“一口气吃个大胖子”、“尼姑庵里借梳子”、“黄鳝毛毛做棉絮”、“白水锅里揭豆腐皮”、“提着自己的头发上天”。

所谓同义比喻,就是表达的意义相同的两个以上的比喻。如李商隐《杂纂》中的《不达时务》一段所云:“下贱人前谈经史,向娼妇吟诗,认他高贵为亲,将主人酒食作人情,残食还主人,将男女赴宴,夸男女伎俩,奖男女娇騃,筵上包弹品味,强学时样妆束,食后不起妨主人,问主人鱼肉价,与寡妇认亲往来,吃他饮食不谦让,借他物令来自取,入人房闼取人物看,得人恩不思报,向人花园采果,穷汉说大话,家贫学富人,作客自呼宾,暑月排筵久坐。”这可以看作相似点是“不达时务”的一组同义比喻。

汉语是丰富而发达的语言，同义手段是非常丰富而发达的。同义手段是多种多样的，可以用不同的标准来进行分类。其中最重要的是区分："语言的同义手段"和"言语的同义手段"。

## 二 语言的同义手段和言语的同义手段

### 4.2.1 语言的同义手段

同义手段首先可以分为语言的同义手段和言语的同义手段。语言的同义手段存在于语言系统之中，对整个语言社会是同一的，是相对稳定的，是不以个人意志而转移或改变的，也不取决于具体的语言环境。例如同义词语，"母亲、妈妈、娘、老娘、老妈、妈咪"和"妻子、老婆、媳妇、爱人、内人、贤内助"等，进入具体交际环境之前，它们本是同义的，这种同义关系也是某个人所不能改变的。

同义的句式如："台上坐着主席团≈主席团坐在台上"，"汽车上盖着油布≈油布盖在汽车上"，"来了一个客人≈一个客人来了"，"我想死你了≈我想你想得要死"，"我把你想得要死"≈"你把我想得要死"，"我把你想得要死≈我想你想死了"，等等。

### 4.2.2 言语的同义手段

言语的同义手段，指交际活动中，在特定上下文和交际情景中，能够指称同一事物或表达相同思想内容的语言材料。它可以是语言系统中的同义手段，也可能是语言系统中并不同义的语言材料。王绩《醉后》："阮籍醒时少，陶潜醉日多。""醒时少"和"醉日多"同义。有个笑话说，一位植物学家看到马路上一匹马拉着一车蔬菜，就说："一个动物拉着一车植物。"在语言系统中，"动物"和"马"、"植物"和"蔬菜"不是同义词语，而是上下位关系。这里指称的是相同的事物，就是言语中的同义手段。再如“我吃了巧克力”,可以说成:“巧克力跑到我肚子里来了!”“巧克力钻进我的大嘴巴里来了。”“巧克力正在我的肚子里跳舞呢!”“我的肚子成了巧克力的坟墓。”这是言语的同义句。言语的同义手段是临时性的,它取决于上下文和交际情景,离开特定的语言环境之后,这种同义性也就不再存在了。

有的言语同义手段是从其他语言中临时借用的。例如20世纪80年代流行的《Y歌》:“本人今年刚twenty(20岁),有幸进入university(大学),考试只求sixty(60分),没钱只管求daddy(爸爸)。生活本来就dry(枯燥),何必整天去busy(忙碌)?大学生活不happy(幸福),不如赶快找lady(太太),将来生个胖baby(小孩)。”这些英语词语临时充当了汉语词语的同义手段。

语言的同义手段,词汇学和语法学等已经做了充分的研究,其研究成果是修辞学研究的出发点和可靠的基础。言语的同义手段,是修辞学研究中的一个非常重要的方面。

## 三　显性的同义手段和潜性的同义手段

### 4.3.1 显义与潜义

词语和句子的意义,有“显性意义”和“潜性意义”的区别。显性意义,即显义,是一个语言符号已经具有的意义,人们公认的意义,词典上记载着的意义。例如:“东坡肉”,指一种食品。一个语言符号本身可能具有的但没有被使用、被承认的意义,可以叫作潜性意义、潜义。例如“东坡肉”,也可以指苏东坡身上的肉。有个笑话中说,有个文人说他特别喜欢苏东坡,他的一个朋友问他喜欢苏东坡的什么,他回答说:喜欢东坡肉,每天都吃东坡肉。这朋友故作惊诧地说:你为什么如此憎恨东坡?每天都要吃他的肉?这里用的是“东坡肉”的潜义。“唐僧肉”的显义指唐僧身上的肉,但湖南邵阳饭店里的“唐僧肉”,并不是唐僧身上的肉，而是一道菜肴。这是对“唐僧肉”的潜义的开发。[1]

### 4.3.2 显性与潜性的同义手段

同义手段，也可以区分为“显性同义手段”和“潜性同义手段”。

显性同义手段指已经出现、被社会所公认的同义手段。例如：“妻子、太太、老婆、内人、贱内”、“爸爸、父亲、老爸”和“美丽、漂亮”等。潜性同义手段指现在还没有人运用过的可能的同义手段。程乃珊的小说《女人经》的女主人公用“wife”来指称男朋友的配偶，代替“妻子”一词。“wife”不是汉语的词，这里只是一种临时性用法，也不可能因此就进入现代汉语的词汇系统。这里重要的并不是“wife”这个临时性同义手段的出现，为的是避免“妻子、爱人、太太、夫人、老婆、内人、那口子、俺家做饭的、孩子他妈”等词语的刺激性。

潜性同义手段是非常丰富的。20 世纪 90 年代以前，汉语中只有“茶馆、茶社、茶室、茶座”等词语，“茶吧”是一个可能的等待着出现的潜词，是“茶馆”的潜性同义手段。现在不但有“茶吧”，连“网吧、书吧、水吧、氧吧、陶吧、舞吧、音乐吧、咖啡吧、玩具吧”等已经是显词了。其实，还有许多潜性的“吧”，作为现有词语的潜性同义手段等待我们去开发。例如：“菜吧”（菜馆）、“饭吧”（饭馆）、“泳吧”（游泳池）、“棋吧”（棋类活动中心）、“灯谜吧”（灯谜俱乐部）、“游戏吧”（游戏活动室），等等。再如，“秀”类词语很多，如：时装秀、内衣秀等。那么“书展、精品书展”也有潜性同义词语是可以叫作“书秀、精品书秀”的。

---

① 显性与潜性，可参看王希杰《显性语言与潜性语言》，商务印书馆 2013 年。

# 四　同义手段的选择

## 4.4.1 同义手段的选择

俗话说,一样话百样说。有效运用语言的核心问题是对各种同义手段的选择。例如李白诗歌中:

① 俯视洛阳川,茫茫走胡兵。　　(《古风十九》)

② 江城如画里,山晓望晴空。　　(《秋登宣城谢朓北楼》)

③ 越人语天姥,云霞明灭或可睹。　　(《梦游天姥吟留别》)

④ 遥看汉水鸭头绿,恰似葡萄初酦醅。　　(《襄阳歌》)

⑤ 停杯投箸不能食,拔剑四顾心茫然。　　(《行路难》)

⑥ 汉下白登道,胡窥青海湾。　　(《关山月》)

李白对"看"的丰富多样的同义词语进行了精心的选择。其实,修辞活动也可以说是在语言的和言语的同义手段之间做出选择的一种活动。例如:

⑦ 我佩服会用拖刀计的老将黄汉升,但我爱莽撞的不顾利害而终于被部下偷了头去的张翼德;我却又憎恶张翼德型的不问青红皂白,抡板斧"排头砍去"的李逵,我因此喜欢张顺的将他诱进水里去,淹得他两眼翻白。　　(鲁迅《集外集序言》)

⑧ 第三回　史大郎夜走华阴县　鲁提辖拳打镇关西
第四回　赵员外重修文殊院　鲁智深大闹五台山
第五回　九纹龙剪径赤松林　花和尚火烧瓦罐寺
(《水浒传》)

例⑦,交替使用"佩服"、"爱"和"喜欢";例⑧,交错运用"鲁提辖、鲁智深、花和尚"和"史大郎、九纹龙",避免重复单调。避免单调只是同义手段的修辞功能中的一种。

同义手段的仓库提供了选择的可能性。但进入具体语境之前,不需要选择，也无法进行选择。同义手段的选择活动是在特定的语境中进行的。正是语境制约着对同义手段的选择。父子亲热的时候，孩子会选择“老爸”，甚至选择“piapia”，但他考试不及格或闯下了大祸时，就不敢喊“老爸”或“piapia”了。学术论文和法律文件中绝不可以出现“心不在马”、“吹毛求屁”之类的说法，但亲密无间的朋友之间谈心时这样说，则可以提高表达效果。

### 4.4.2 同义手段的选择与修辞学

修辞活动可以看成是同义手段的选择活动。脱离开具体的语言环境，是无所谓选择不选择的。同义手段的选择是在特定的语言环境之中进行的。同义手段的选择不是盲目的任意的随心所欲的，而是在得体性原则的指导之下进行的。修辞活动其实就是在得体性原则指导下对同义手段的选择活动。修辞的选择活动中，同义手段本身的美丑好坏固然也重要，但最重要的还是它同语境之间的关系，只有符合得体性原则才是美的，才能取得最佳表达效果。

修辞学问题大多数可以归结为同义手段的选择范畴。任何同义手段都是有条件的，只是某个方面的同义，必然存在着差异，而且是不可忽视的。金克木说：“不过语言符号有一种特异的功能。同样意思有时换了符号便走了样，甚至大变样。例如《离骚》二字照注解正相当于‘倒霉’，但不能更换。‘朕皇考曰伯庸’，不过是‘我的爸爸叫伯庸’。两句又岂能更换？”①同义手段之间是同中有异异中有同的关系。例如：“我不认识茅盾，但是我认识沈雁冰。这话的意思是，当沈雁冰采用‘茅盾’为笔名，而且以此笔名驰誉全国的时候，我就没有同他往来了，在此以前我却随时同他见面，并且共同工作一个时期的。换一句话说，我这里回忆的不是文学家沈雁冰，只是共产党员沈雁冰。”②

---

①　金克木：《探古新痕》38页，上海古籍出版社1998年。

②　郑超麟：《郑超麟回忆录》112页，东方出版社2004年。

刘焕辉1986年在美国俄亥俄州第十九届国际汉藏语学会上所做的报告中说:"八十年代以来的中国修辞学的新发展,就是从改变旧的观念开始的。……这可以王希杰和张志公的意见为代表。王氏注重语言表达效果,将它定义为'提高语言表达效果的规律';张氏注意到修辞的多学科性,把修辞定义为'运用语言的艺术';两人都把修辞手段归结为同义形式的选择——这在认识上是一大进步。近年来中国修辞学界涌现出来的一些研究新成果基本属于这种认识的产物。"[①]以同义手段为纲建立的汉语修辞学有:聂焱的《广义同义修辞学》(中国社会科学出版社2009年)与李维琦、王玉堂、王大年、李运富的《古汉语同义修辞》(湖南师范大学出版社2012年)。

## 五　语言变体的选择与语言变体

### 4.5.1 语言变体的选择

修辞活动首先是对语言变体的选择。口语体,还是书面语体?会话体,还是讲演体?公文语体,还是学术语体?戏剧语体,还是诗歌语体?是平实风格,还是藻丽风格?两三个人聊天,如果用书面语,就很不自然。签订条约、合同,运用口语体,就不伦不类。冯梦龙《广笑府》里说一个苏州人做了这样的两首诗:

① 据看庭前一树茶,
如何违限不开花?
信牌即仰东风去,
火速明朝便发芽!

② 领甚公文离海角?
奉何信票到天涯?

---

① 刘焕辉:《中国修辞学的新发展及其他》,《修辞学习》1989年第2期。

私度关津犹可恕，

不合黉夜到人家！

其可笑之处就在于采用公文语体的口气和词语来写诗。

修辞活动，从本质上说，其实就是对丰富多彩的语言变体的选择。同义手段的选择也可以说主要是在语言的各种变体之间进行的。同义的语言材料经常存在于不同的语言变体之中，许多同义手段都显示出不同的语言变体的差异与对立。许多同义手段其实是语言变体的体现。有些同义形式体现了方言和共同语的差异，例如："自行车"和"单车"，"肥皂"和"胰子"，"妻子"和"堂客"，"我"和"阿拉"，"你"和"侬"等。有许多同义形式，例如："熟"和"熟稔、熟悉"，"脑袋、脑瓜"和"头颅"，"闹"和"喧闹、喧嚣"，表现了口语和书面语的对立。"心"和"心田、心扉、心潮、心弦"等，是通用语体和文艺语体对立的产物。由语言的变体所形成的同义形式多种多样、丰富多彩。

### 4.5.2 语言变体

语言是社会集体的共同财富。它对所有的使用者都是同一的，这是相互交流的保证。不同个人、不同时空的交际活动中，语言是多种多样的，甚至可以说，有多少说话的人就有多少种语言。这些不同个人的语言，不同时空的语言，是同一的语言的变体，是共同的语言的体现，是共同的语言的存在的形式。每一种语言都存在着多种变体。

现代汉语，对一切说现代汉语的人，都是共同的。它存在于人们所说的话、所写的文章之中。这些话语和文章各不相同，但又有共同之点。这些话和文章就是现代汉语的变体。离开了这些变体，现代汉语就不存在了。但每一种变体，都还有许多特殊性。

现代汉语的变体虽然是多种多样的。需要把握的是几种主要的变体。语言的主要变体有：(1)地域变体——方言；(2)社会变体——社会习惯语等；(3)功能变体——语体；(4)风格变体；(5)言文变体。地域变体指方言和共同语；言文变体指口语和书面语；社会变体包括：阶级习惯语、术语、行话、隐语、俚俗语、禁忌语、委婉语等;风格变体指语体风格和表现风格等。文学语言与文艺语言其实也是共同的汉语的一种变体。

## 六 地域变体

### 4.6.1 语言的地域变体——方言

方言,是语言的地域变体。方言是按照地域来划分的。现代汉语的方言,一般可以分为七大方言区,即:北方方言、吴方言、湘方言、闽方言、粤方言、赣方言和客家方言。每一大方言区内,还可以进行再区分。现代汉语方言在语音方面的分歧尤其严重。现代汉语方言在词汇方面的分歧也很大。例如,各地方言中,对不同性别的牛的称法不同,如下:

| | | |
|---|---|---|
| 北京 | 公牛 | 母牛 |
| 西安 | 犍牛 | 女牛 |
| 苏州 | 雄牛 | 母牛 |
| 温州 | 牛牯 | 牛娘 |
| 长沙 | 牛公、公子、牯子 | 牛婆子、牛婆 |
| 福州 | 牛公 | 牛母 |
| 梅县 | 牛牯 | 牛嫲 |
| 广州 | 牛牯 | 牛乸 |
| 阳江 | 牛公 | 牛乸 |

汉语各个方言之间,语法差异比较小,语音差异比较大。

### 4.6.2 方言感情

方言妨碍交际的一面,这一点先秦人就已经注意到了。《战国策·秦策三》记载,郑地的人把含有玉的石头叫作 pú(璞),周地的人把没有风干的老鼠叫作 pú(璞)。周地的一个商人到郑地去做买卖,高声叫卖："卖璞！卖璞！"郑地的人去买，但一见并不是含有玉的石头，而是死老鼠。从古到今，人们的方言感情是浓厚的。唐代诗人贺知章的《回乡偶书》中写道："少小离家老大回，乡音未改鬓毛衰。"这反映了对乡音（方言）的强烈而深厚的感情。"方言情结"也是李准《乡音》一文的主题，作者说"乡音"是"亲切的"、"热乎乎的"、"甜滋滋的"、"沁人心脾的"、"质朴憨厚的"、"难以忘怀的"、"美妙动听的"。作者同那些"操着同样乡音的英雄建设者们，亲切交谈，共叙甘苦欢乐"，可以帮助作者在边塞的风雪之夜的旅途中"受到异常热情的接待"，可以勾起人们对"家乡故土的怀念"，使人"感到光荣和骄傲"，可以激发革命者为"保卫全中国"和实现"祖国社会主义现代化"而献身的精神，可以同"各民族、各地区千百种乡音和谐编织成……祖国社会主义现代化的雄伟的大合唱"。这番话是真实的、诚挚的，它反映了相当大的一部分人的感情。

许行运用南方方言来宣传其农家学说，孟轲指责说："今也南蛮鴃舌之人，非先王之道"（《孟子·滕文公上》）。这就是方言歧视。鲁迅的《阿Q正传》中阿Q："加以进了几回城，阿Q自然很自负，然而他又很鄙薄城里人，譬如用三尺长三寸宽的木板做成的凳子，未庄叫'长凳'，他也叫'长凳'，城里人却叫'条凳'，他想：这是错的，可笑！"方言歧视是很普遍的，不过是多少之差而已。为了社会的安定和谐，应当尊重各地人民的方言感情，反对方言歧视。

### 4.6.3 方言与修辞

方言的社会功能是不可忽视的，方言具有修辞功能，这是普通话所不能代替的。

方言是民间歌谣所必不可少的。例如苏北淮安民歌《船号》："尕尕一只舟，/叭叭水上游。/哗啦一声响，/霍托到扬州。""尕尕"，是小的意思；"霍托"形容快速，夸张手法，指一下子就从淮安到了扬州。长篇吴歌《五姑娘》："东家娘娘听仔男客闲话心里蛮欢喜，想勿着当家人今朝门枪活络勿推板。"吴方言中"男客"指丈夫；"门枪"本指猪舌头，这里泛指舌头;“活络”就是“灵活”;“闲话”就是“说话”;“推板”的意思是“不好”;“仔”就是“了”。

用方言来写作的文学作品,具有乡土气息。例如晚清小说《海上花列传》,对话部分都用吴方言。例如:“耐阿好!骗我阿是?耐说转去两三个月,直到仔故歇坎坎来!啊是两三个月?只怕有两三年哉!我叫娘姨到栈房里看仔耐几棣,总说勿来,我还信勿过。间隔郭孝婆也来看耐,倒说道勿来个哉。耐只嘴阿是放屁!说来闲话阿有一句做到!把我倒记好来里!耐再勿来末,索性塔耐上一上,试试看末哉!”张南庄的《何典》则全是用吴方言写成的。吴方言区之外的人,当然看不懂的,这就影响了它们在吴方言区之外的流传。

方言词语和句式的修辞作用是不可以忽视的。方言中有许多很有表现力的东西,普通话中没有相应表达形式。鲁迅小说《故乡》中的“狗气煞”一词是普通话中所没有的。再如:“木头人摇船——不推板。”这个“推板”就是一个方言词,在江浙话中是“蹩脚”、“不好”的意思。“蝎子的巴巴——毒粪(独份)。”这个“巴巴”是四川方言词,是粪便的意思。我们当然不能因为其中有方言成分就拒绝使用它们。不少方言并没有普通话代替。如果把曲艺、地方戏、民间故事全都改用普通话,其效果是可想而知的。同一个大山沟里的农民交谈,用他的方言效果当然更好一些。可见,考虑到特定的场合、特定的对象、特殊的需要,方言是不应当一味排斥的,特别是在口语交际中。

方言成分的适当采用,可增添作品的地方特色、乡土气息,有利于塑造人物形象,在文学作品中尤其如此。周立波许多成功的作品,都有着浓郁的地方特色、乡土气息,这是和方言成分的采用大有关系的。南京的《扬子晚报》上,有个标题叫:《烧鸡公“烧火”了大公鸡》。“鸡公”就是“公鸡”。“公鸡”,是普通话词汇,北方方言词汇。“鸡公”,是广东方言词汇,南方方言词汇。“烧鸡公”是粤菜,说“烧鸡公”表示是正宗粤菜。南京话属于北方方言,南京话叫“公鸡”,说“‘烧火’了大公鸡”,一来面对的是南京读者,二来为的是汉语规范化。

当然，滥用方言土语是不好的。老舍说："语言的有力无力，决定于思想是否精辟，感情是否深厚，字句安排是否得当，而不专靠一些方言土话给打气撑腰。"滥用方言土语，"别处的人看不懂，还有什么表现力可言呢？"文学创作中，滥用方言土语的现象是值得注意的。例如不分场合一律把"经常"写成"流水"，把"聊天"写成"唠嗑"，把"怎么办"写成"咋整"，把"一名能手"写成"一只鼎"，等等。

## 七　社会变体

### 4.7.1 语言的社会分化的产物——语言的社会变体

语言是一种特殊的社会现象。语言同社会之间是互动的。语言随着社会的演变而演变，随着社会的分化而分化。语言的社会变体是语言的社会分化的产物。语言的社会变体是由于阶级、阶层、集团、职业、政治态度、文化教养、年龄、性别等因素而造成的。社会变体一般包括阶级习惯语、行话、术语、隐语（黑话）、俚俗语、禁忌语、委婉语等。语言的社会变体不是根据地域来划分的。语言的社会变体同地方变体的区别还在于：方言有自己的基本词汇和语法构造，有可能发展成为独立的语言；社会变体没有独立的基本词汇和语法构造，主要表现在一些特殊用语和特殊的表达方式上。方言是该地区的一切人的思维工具和交际工具，一视同仁地为一切人服务；社会变体则流行于社会上的一部分人之中，主要为这一部分人的特殊的交际目的服务。

汉语的社会变体是对核心汉语的偏离，又是对核心汉语的丰富和发展，它是核心汉语丰富和发展的重要途径之一。社会变体中的一些成分，也是可以被共同语所吸收的。例如"将一军"来自象棋术语，"亮相"来自戏剧用语，"串联"来自物理学术语，"开夜车"本是学生的习惯语（指"深夜读书"），现在都已经被吸收到共同语中去了。

文学作品中，采用语言的社会变体有利于渲染气氛和塑造人物形象。如鲁迅在《阿Q正传》中写道：

① 假使有钱，他(指阿Q)便去押牌宝，一堆人蹲在地面上，阿Q即汗流满面的夹在这中间，声音他最响：

"青龙四百！"

"咳—开—啦！"庄家揭开盒子盖，也是汗流满面的唱。"天门啦—角回啦—！人和穿堂空在哪里啦—！阿Q的铜钱拿过来—！"

"穿堂一百——一百五十！"

这里的"青龙"、"天门"、"穿堂"等都是赌场的惯用语。这些惯用语的运用，有力地渲染出了赌场的气氛。

### 4.7.2 阶级习惯语

语言没有阶级性，对社会各个阶级是一视同仁的。但是，各社会集团、各阶级对于语言远不是漠不关心的。他们极力利用语言为自己的利益服务。各个阶级都会把自己的某些特别的用语"强加到语言中去"，于是出现了阶级习惯语。

阶级习惯语是阶级社会里的一种特殊现象。它的数量非常之少，使用的范围十分狭窄，甚至不能推行到一个阶级的所有成员中去。它没有作为语言的基础的基本词汇和语法结构，也不能发展成为独立的语言。它的构词材料是从全民语言中借来的，本身又是按照全民语言的规则构造起来的。它的运用也不是按照什么阶级的语法规则(这种语法规则是不存在的)，而是按照全民语言的语法规则构造起来的。

### 4.7.3 行话和术语

行话，指的是各行各业为了适应自己的特殊需要而使用的某些特殊用语。行话只通行于一个行业之中，其他行业的人往往不熟悉，也不使用。如某些地区理发师把"修脸"叫作"光盘子"，把"修眉"叫作"挂八字"，演员把由于未背熟台词而产生的对白中的停顿叫作"吃螺丝"，学生把回答不出老师的问题叫作"挂黑板"等。

行话中数量很大的一个组成部分，是关于生产工具、生产过程和生产对象的名称的词。如木匠的工具刨子，就有沟刨、刳刨、剜刨、花边刨、龙门刨等不同的种类和名称。

行业不限于工业、农业、商业部门，一切同样性质的职业或工作岗位，也应看作是行业。体力劳动者，如木匠、石匠、渔夫、猎人等，脑力劳动者，如医生、教师、音乐家、工程师等，都有自己的行话；学生、军人也都有自己的行话；一切术语也都是行话。行话不仅能为社会上某一部分人的特殊需要服务，也能够为共同语的丰富和发展提供材料。

术语，是专门用于政治、经济、文化及各种科学技术方面的行话。这是因为社会科学、自然科学技术也可以看成是一种社会的分工，也是一种行业。单义性和体系性是术语的两个显著的特点。

单义性是术语最重要的特征。如果一个术语有两种意义、两种解释，那么对于科学技术的交流和传播，对于科学技术的发展，都将是不利的。因此，人们力求保持术语的单义性。术语的词义总是和概念最为一致的，反映客观事物的各种特征，特别是本质特征。它没有感情色彩，不必借助于上下文来理解。

术语的体系性是说每一种社会科学、自然科学或工程技术本身，就是一个体系，每一个术语只有隶属于它所从属的体系，才能获得精确的含义。因此，同一个术语在不同的学科中往往有不同的含义，如“形态”、“功能”等词在生物学、语言学中的含义是不一样的。

术语对于科学的发展是有重要意义的。科学的发展促使了相应术语的产生，而术语则把科学认识的成果用词的形式巩固下来。为了更好地发挥术语在科学发展中的作用，我们应当重视术语的规范化工作。

在文学作品中，适当运用行话和术语，有利于渲染气氛和塑造人物形象。如周立波《湘江一夜》：“领会了大家笑他的缘由，门虎认真地忙说：‘不，不，司令员，抗战时期，没工夫提这件事。等待鬼子赶跑了，到时候有困难，当然要请司令员帮助，司令员爱人肯自动协助侦察一下子，也行，门虎也欢迎。’这个年轻庄稼汉吃了几年侦察员的饭，把本行的术语,不知不觉应用到爱情事务上来了。”把“侦察”这一军事术语,用到了爱情事务上来,这正显示出了门虎的军人本色。

### 4.7.4 隐语

隐语,又叫黑话,也叫:秘密语、暗语、方语、市语、杂语、查语、锦语、切口、俏语、春点等。隐语,就是具有保密特征的行话。闻一多说:“隐语古人只称‘隐’,它的手段和喻一样,而目的完全相反,喻训晓,是借另外一事物来把本来就说不明白的说得明白点;隐训藏,是借另外一事物把本来可以说得明白的说得不明白点。”古代的隐语是一种文字游戏,如孔融的《郡姓名字诗》,曹娥碑“黄绢幼妇外孙齑臼”。现代语言学中的隐语指的是一种词汇单位。

隐语具有鲜明的行业色彩。例如,不同行业对数字的称法:

| | 一 | 二 | 三 | 四 | 五 | 六 | 七 | 八 | 九 | 十 |
|---|---|---|---|---|---|---|---|---|---|---|
| 米行 | 子 | 力 | 削 | 类 | 香 | 竹 | 才 | 发 | 丁 | 足 |
| 药行 | 羌 | 独 | 前 | 柴 | 梗 | 参 | 苓 | 壳 | 草 | 芎 |
| 线行 | 田 | 伊 | 寸 | 水 | 丁 | 木 | 才 | 戈 | 成 | |
| 典当行 | 口 | 仁 | 工 | 比 | 才 | 回 | 寸 | 本 | 巾 | |
| 杂货行 | 平头 | 空工 | 眼川 | 睡目 | 缺丑 | 断大 | 皂底 | 未丸 | | |
| 绸绫行 | 叉 | 计 | 沙 | 子 | 固 | 羽 | 落 | 末 | 各 | 汤 |
| 故衣行 | 大 | 土 | 田 | 东 | 里 | 春 | 轩 | 书 | 籍 | |

隐语大多是对全民语言材料的一种改头换面。运用比喻、析字、借代、谐音、夸张、引用、委婉、藏词等修辞手法。

隐喻之所以又叫黑话,是因为经常同黑社会相关。例如小偷集团把“衣服袋”叫作“仓儿”,“衣服”叫作“叶子”,“行李”叫作“滚大个”,“什么都偷”叫作“大抓”。强盗集团中把“钱”叫作“杵头”,“眼睛”叫作“招路儿”,“老太太”叫作“蘸果”,“吃饭”叫作“安根”,“兵”叫作“跳子”,“药”叫作“太平”,“入山为盗”叫作“做太公”。被绑架去的人叫作“肉票”,女人叫作“花票”,杀死被绑架去的人叫作“撕票”。

隐语最流行的是在盗贼土匪和绿林好汉群体中。《说唐》中的尤俊达对程咬金说:“原来兄弟对此道行中的哑谜都不晓得。大凡强盗见礼,谓之‘剪拂’。见了些客商,谓之‘风来’,来得少谓之‘小风’,来得多谓之‘大风’。若杀之不过谓之‘风紧’,好来接应。‘讨账’,是守山寨,问动得多少。这行中哑谜,兄弟不可不知。”这“哑谜”就是黑话。曲波小说《林海雪原》中的杨子荣智取威虎山时候,土匪问:“蘑菇,溜哪路?什么价?”意为:“什么人?哪里去?”杨子荣答:“嘿,想啥来啥,想吃奶就来了妈妈,想娘家的人,小孩他舅舅来啦。”意为:“找同行来了。”

在文学作品中,运用隐语可以渲染气氛,塑造人物形象。如刘富道《南湖月》:“譬如说,谁给圆圆脸的黎露介绍一位男朋友,长长脸的苑霞瞧过一眼,端庄的鼻子一皱,嘘声:‘米老鼠!’(可译为:看不起眼的小矮子。)圆圆脸脸色马上变了,于是告吹。”

在改革开放以后的新时期里,一个很值得注意的社会现象是,旧的黑话复活了,新的黑话大量产生了,甚至出现了一种偏爱隐语黑话的趋势。

### 4.7.5 俚俗语和骂人话

俚俗语,指流行于社会下层某些没有文化教养的人的口头的鄙俗、粗鲁的用语,其中往往夹杂着一些很生僻少用的方言土语和一些特殊的行话,有时错误百出,不合乎语言的一般规范。骂人话,学名叫“詈词”,我国港台地区和新马(新加坡和马来西亚)华语中叫作“三字经”。这两个概念有交叉的地方。俚俗语中包括了骂人话,但俚俗语并不全都是骂人话。骂人话也不全是俚俗语,有的也很高雅。

总的来说,中国古代(其实外国也如此)崇尚高雅的语言,否定和贬低俚俗语。现代则主张“雅俗共赏”。问题在于:第一,雅和俗的标准是相对的,可变动的,历史地变化着的。第二,更重要的是,在需要俚俗语的时候和地方,就应当运用俚俗语。第三,俚俗语的运用关键在于得体。例如:

② 但愿治病统一都容易，
只要将那“言词争执”扔在茅厕里，
放屁放屁放狗屁，真真岂有之此理。 (鲁迅《“言词争执”歌》)

③ 马路三头要脱皮
关我屁事
三十时收费器经常停摆
关我屁事
车位总是他妈的不够多
关我屁事
台北天色老老阴阴的
关我屁事 (张然《城市风情·停车收费员》)

④ 尤先科访欧热脸遇到冷屁股
欧盟不急于接纳乌克兰 (《新华日报》2005 年 1 月 27 日)

前两例都以俚俗语入诗。例②,“放屁”是俚俗语,但在这个文本中,是需要的,是不应当受到指责的。例③,一再重复“关我屁事”,是故作粗俗,是反传统反文化的意识的表现。例④中的“热脸遇到冷屁股”是口语中常说的粗俗话。

俚俗语中有许多非常富有表现力的东西,是高雅语言中所没有的,是我们应当积极吸取的。对于俚俗语,一概排斥是不对的,应当吸收其中富有表现力的成分到书面语中来。日常生活中,一个人的言语所采用的俚俗语成分的多寡,往往体现了他的文化水平、品质修养。在文学作品中,往往适当采用一些俚俗语成分来塑造人物形象。曹雪芹在《红楼梦》二十八回薛蟠所行的酒令中运用了一些俚俗语,目的是要刻画出这个粗俗不堪的富家浪荡子。从维熙中篇小说《大墙下的红玉兰》:“怎么将我配了个‘老帽’?”作者给“老帽”一词作注说:“流氓骂人话,意思是老年人的生殖器。”作者运用这一俚俗词,目的就是渲染气氛,塑造人物形象。

滥用俚俗语,尤其是其中的骂人话,是应当反对的。1932 年,鲁迅在《辱骂和恐吓决不是战斗》一文中说过："现在有些作品，往往并非必要而偏在对话里写上许多骂语去，好像以为非此便不是无产者作品，骂詈愈多，就愈是无产者作品似的。其实好的工农之中，并不随口骂人的多得很，作者不应该将上海流氓的行为，涂在他们身上的。即使有喜欢骂人的无产者，也只是一种坏脾气，作者应该由文艺加以纠正，万不可再来展开，使将来的无产阶级社会中，一言不合，便祖宗三代的闹得不可开交。"①

需要区分"语言的骂人话"和"言语的骂人话"两个不同的概念。语言的骂人话指的是具有骂人意义的语言材料——詈词，是全社会所公认的。例如："他妈的、老混蛋、老不死的、小骚货、狐狸精、杀千刀的"等。言语的骂人话指的是具有骂人功能的话语。两者并不是简单地画上等号的。虽然语言中的骂人话常常用来骂人，但在某些时候却并没有骂人的意思，只是一种"口头禅"，当然是不好的。在特定语言环境中，语言中的骂人话甚至还能用来表示最亲昵的感情。例如："你这个老不死的，还没死呀！""我家那个杀千刀的……""你真混蛋，我恨死你了！"言语中的骂人话也不是非得用语言中的骂话来表示不可的。

值得注意的是，改革开放以后的新时期里，出现了一种对俚俗语和骂人话的偏爱风。商店的招牌是"塔玛地"，广告语中是"玩美女人"，"做男人挺好"等。这是很不好的事情。

### 4.7.6 禁忌语

禁忌语，就是由于种种原因不许、不敢或不愿说出某些词语，而用另外一些词语来代替它。如美洲有些印第安人不愿让陌生人知道自己的名字，客非尔斯坦部落的妇女甚至连丈大的亲属的名字中所包含的音节也不能说，而代之自己临时想出来的特殊声音。

封建礼法是产生禁忌语的一个重要的原因，这就是所谓的"避讳"。

---

① 鲁迅：《鲁迅全集》第四卷 452 页，人民文学出版社 1982 年。

在我国封建社会里，帝王的名字，不准人们说或写，而必须代之以别的词或字。这种现象起于周朝，流行于秦汉，盛行于隋唐，宋代尤其严重、严格。如秦始皇姓嬴名政，讳"正"字，遇到"正"字都改为"端"字，所以"正月"叫作"端月"，琅琊台石刻说"端平法度"、"端直效忠"，而不说"正平法度"、"正直效忠"。西汉吕后名"雉"，便把雉改称"野鸡"。汉明帝名庄，讳"庄"字，东汉人便把旧书中的"庄子"改为"严子"，把庄周改称"严周"，把楚庄王改称"楚严王"。唐太宗名叫李世民，讳"世"字，就用"代"字代替"世"字，如王维的诗句"汉家李将军，三代将门子"(《李陵咏》)，依照唐以前的用法，就应该是"三世将门子"。避讳也不限于帝王，也有讳自己的长辈的，这叫作"家讳"。

宗教迷信，对于神灵和凶猛的动物的敬畏心理，也是产生禁忌语的重要原因。如法国的天主教徒不敢直呼上帝的名字，在读到"上帝"这个词时，就把原来的语音加以改变。欧洲许多民族都忌讳蛇和熊这两种动物，往往改换名称。

禁忌语有时代、地区、职业、性别、年龄等的区别。我国北方人称蛇为"长虫"，东北人称熊为"黑瞎子"。北方人，特别是北京人，忌讳"蛋"。"坏蛋"、"傻蛋"、"笨蛋"都是骂人话。所以鸡蛋叫"鸡子儿"，鸭蛋叫"鸭子儿"，茶蛋叫"茶鸡子儿"，皮蛋叫"松花"，炒蛋叫"摊黄花"，沸汤煮蛋叫"卧果儿"，熘蛋叫"熘黄花"，蛋花汤叫"木樨汤"，蛋炒饭叫"木樨饭"，蛋糕叫"槽糕"。

商人忌讳"关门"，而说"打烊"。船民忌讳"陈"，而说"耳东"，因为"陈"和"沉"同音。还有个人忌讳语，例如阿Q头上有个癞疮疤，于是，"他讳说'癞'以及一切近于'癞'的音，后来推而广之，'光'也讳，'亮'也讳，再后来，连'灯''烛'都讳了。"①

禁忌语的适当运用，有助于渲染气氛、塑造人物形象。如：

⑤"我问你，"高疤小声说，"你们这里有那个地方没有？"

① 鲁迅：《鲁迅全集》第一卷491页，人民文学出版社1982年。

“什么地方？”跑堂的睁大眼睛问。

“解闷的地方。”高疤说。

“没有。”跑堂的说，“鬼子刚走，救火的救火，埋人的埋人，这时候哪里还有什么解闷儿的地方。”

“我问你有暗门子没有？”高疤说。（孙犁《风云初记》）

土匪出身的高疤，在解放区，不敢说“暗门子”这个词，只得说“那个地方”、“解闷儿的地方”，这一方面刻画了高疤的形象，另一方面渲染了解放区的社会风尚。

## 八　言文变体

### 4.8.1 何谓言文变体？

言文变体，首先指口语和书面语。书面语是记录语言的符号系统文字出现之后逐步形成的。许多没有文字的语言是没有书面语的。

汉语里，言文变体有时也指文言和白话。

### 4.8.2 口语

口语是语言存在的最基本的形式，是人类最重要的交际工具，应用于人类社会生活的各个领域，这是人们每时每刻都不可缺少的。口语交际中，说者和听者共处于一个特定的时间、地点之中。说者运用语言表达思想，发出一连串包含着特定意义的声音，听者通过所听到的声音，理解这些声音所蕴藏着的语言的意义，进而把握语言所表达出来的特定的思想，做出适当的反应。在这里，说者和听者处在相互转化的位置上。例如：

① 一次，他们在楼道里相遇。

“小玲！好久不见啦！”

“你好！”

“上大学啦？真他妈的够意思！”

跟女孩子谈话也骂骂咧咧。不可救药了。

“你在大学里学什么？”

“中文。”

“还学数学、物理什么的吗？”

“不。”

“真带劲。”

在小学里，他的算术经常不及格。

“工厂里忙吗？”

“忙。忙得要死。不过钱也好挣。嘿嘿！”

他笑了，表示他满足。可怜的满足，她想。

“你们学校里跳舞吗？”

早知道他要问这个。这点出息。

“跳。”

“你呢？”

“不跳。”

“允许外单位参加吗？”

“不允许。” (李功达《蓝围巾》)

这里的对话，体现了口语的基本特点。

声音一发即逝，所以口语复杂多变。音色、语气和语调等的多样化，使口语显得异常丰富，表现出特有的魅力。语音的修辞作用，是口语中特有的一个问题。这个问题，对于演员、教师等来说，是非常重要的。一首诗、一篇散文、一句台词、一个笑话，不同的人来朗诵，效果是大不一样的。这一切在书面语中是无法表现出来的。书面语中的感叹号等是无法表现出口语中丰富细腻的语气。

口语中，时间和地点帮助交际活动正常地进行下去。如“鸡不吃了”、“咬死了猎人的狗”等书面语中有歧义的句子，在口语中一般是不会发生歧义的。在喂鸡时讲“鸡不吃了”，当然是鸡不吃米了，在饭桌上讲“鸡不吃了”，当然是人不吃鸡的意思。如果把口语录下音来，放给第三者听，往往莫名其妙，很难理解。借助于具体的语言环境，口语中的某些失误也能够得到校正。例如：“‘生了，生了！’他语不连贯，显然在向亲人通报他当爸爸的喜讯，‘我儿子给我生了一个老婆！’”（《小说月报》1984 年第 11 期 41 页）因为有具体的语境，听话人很容易就自动校正为：“我老婆给我生了个儿子。”

口语交际中，交际的双方都是积极活动着的，说话者要考虑说话的效果，根据对方的反应来调节自己的语言活动，要听取对方的话，要由说话者向听者转化。听者要对听到的话做出反应，可以打断说话者，可以要求他重说一遍或换一个说法，并由听者向说话者转化。这就使得口语千变万化。例如：

② 她问：“他们几个哩？”

水生说：“还在区上。爹哩？”

女人说：“睡了。”

“小华哩？”

“和他爷爷去收了半天虾篓，早就睡了。他们几个为什么还不来？”

水生笑了一下。女人看出他笑的不平常。

“怎么了，你？”

水生小声说：

“明天我就到大部队上去了。”（孙犁《荷花淀》）

③“忘了？这真是贵人眼高……”

“那有这事……我……”我惶恐着，站起来说。

“那么，我对你说。迅哥儿，你阔了，搬动又笨重，你还要什么这些破烂木器，让我拿去罢。我们小户人家，用得着。”

“我并没有阔哩。我须卖了这些，再去……”（鲁迅《故乡》）

口语中有大量反复、省略、残缺，以及突然的停顿、话题的转移。

口语交际中，还有一些辅助的交际工具，例如：手势、面部表情、各

种可以利用的实物等。这就使得口语中许多词语获得了一些特定的丰富的含义,口语交际也就异常丰富多彩。如:

④“你又来什么事?”伊大吃一惊的说。

“革命了……你知道? ……”阿Q说得很含糊。

“革命革命,革过一革的,……你们要革得我们怎么样呢?”老尼姑两眼通红地说。

“什么? ……”阿Q诧异了。

“你不知道,他们已经来革过了!”

“谁? ……”阿Q更其诧异了。

“那秀才和洋鬼子!”　(鲁迅《阿Q正传》)

这里的“大吃一惊”,“两眼通红地”之类,在口语中都是不必交代的,而在书面语中则是必须交代的,否则读者就不能明白。

口语有会话体和讲演体之分。讲演体比较接近于书面语。

总的说来,口语和书面语相比,口语中短句多而长句少,不完全句多而完全句少,而感叹词、象声词、语气词多而古词语、成语典故少,常常出现一些偶发词,显得自然而活泼。口语一方面比书面语粗糙,另一方面却更丰富多彩。口语是书面语产生的基础,是书面语丰富和发展的唯一源泉。

口语是一发即逝的,活动范围受到时间和空间的限制。书面语用视觉的符号来记录口语,使之能够“传于异地,留于异时”,大大地扩大了口语的交际范围。

### 4.8.3 书面语

书面语是文字出现之后逐步产生与形成的,是在口语的基础上产生的。口语是第一性的,书面语是第二性的。书面语是文字产生以后才出现的,文字的历史只有几千年,而口语则已有上百万年的历史了。没有一个人类社会集团可以没有自己的口语,但是人类社会在一个相当长的时间内,却是没有文字、没有书面语的,直到今天,也还有不少人类社会集团是只有口语、没有自己的书面语的。

书面语，虽然是在口语的基础上形成的，但在语音、词汇、语法、修辞诸方面都有不同于口语的地方。口语和书面语各有自己的特点，不能简单地等同起来。书面语有自己的体系，而且是相对稳定的。书面语具有自己的传统，这个传统又有其保守性。于是，书面语和口语，就是有文字的语言的两种不同的存在形式。在书面语中，交际的双方已不再直接共处于一个特定的时间、地点之中，他们之间的直接联系被切断了，交际活动由一方在一时、一地单独进行，而由另一方在异时异地再继续进行下去。表情、手势、各种可以利用的实物，这些在口语中起着积极作用的因素，在书面语中已经无法起作用了。口语中异常丰富多彩的语调、语气，在书面语中也根本无法表达出来。书面语在写作时，可以反复推敲，读的时候可以细细琢磨，因此可以也应该比口语更简洁、更严密、更完整。书面语中的图表符号之类，更使书面语简约、明白，这是口语无法比拟的。正如鲁迅在《答曹聚仁先生信》中所说："语文和口语不能完全相同；讲的时候，可以夹许多'这个这个''那个那个'之类，其实并无意义，到写作时，为了时间、纸张的经济，意义的分明，就要分别删去的，所以文章一定应该比口语简洁，然而明了，有些不同，并非文章的坏处。"[①]书面语要靠拢口语，从口语中吸取营养，但是，不可也不必要求书面语和口语完全一致。

记录语言的书面符号对书面语是有很大影响的。尤其是方块汉字，对汉语的书面语影响很大。在汉语中，有一些字在口语和书面语中的读音是不一样的，也就是所谓"文白异读"。有不少口语词，书面语中没有适合的书写形式。而有些口语中并无区别的东西，书面语中却又有着明确的分工。如：他——她——它，他们——她们，的——地——得，壹贰叁肆伍——一二三四五——1 2 3 4 5，等等。现代汉语中同音的字（词或语素）是很多的，口语中没法区别，书面语中却能够区分开来。

① 鲁迅：《鲁迅全集》第六卷77页，人民文学出版社1982年。

甚至出现了这样的现象:有时只听别人口念,不看文本,听不明白,一看文本,便一清二楚。口语中的一些多音节词,书面语上往往不完全写出来。换句话说,有些口语中不能单独运用的语素,在书面语中却可以作为单独的词来单独运用。例如:“云彩”和“云”,“虽然”和“虽”,“但是”和“但”,“(的)时候”和“时”,“如同、如果”和“如”等。

书面语可以利用视觉创造特有技巧,例如诗歌中的分行和图形符号等。但是,这应当有所节制。新诗创作中对建筑美的追求就有这种毛病。例如:

⑤ 望着远方的云的一株丝杉
望着云的一株丝杉
一株丝杉
丝杉
在地平线上
一株丝杉在地平线上

(白荻《流浪者》)

这不仅严重地背离了口语,甚至也背离了音义相结合的符号系统的语言本身,所以是很不可取的。

词可以分为三类:通用词、口语词、书面语词。句式也可分为三类:通用句式、口语句式、书面语句式。总的说来,书面语同口语相比,长句多而短句少,完全句多而不完全句少。在日常说话时,如果滥用书面语词,如“晨曦”、“心扉”之类;滥用书面语句式,例如双音动词谓语前加上“加以”、“给以”、“进行”之类,就会显得不协调。口语词是书面语的一种修辞资源。例如:“‘帅’呆了　闯入美网十六强　彭帅明日冲八强”

(《现代快报》2011年9月4日,标题)"帅呆了"是口语词,用作标题,显得亲切,可缩短同读者之间的心理距离。

### 4.8.4 文学语言

"文学语言"和"文学作品的语言",这是两个不同的概念。文学语言,指的是加工过的书面语、规范化了的书面语。文学语言是在书面语的基础上产生的。如果没有书面语,由于口语的流动性和朴素性,是很难形成文学语言的。文学语言是加工过的书面语,这个加工指的是在全民语言材料中选择最合乎语言发展规律的、具有普遍性的语言成分作为规范,并用文字巩固下来。因此,文学语言比起一般的书面语,就具有更丰富、更严密、更有表现力的特点。例如,"和、同、跟、与",在口语及在一部分书面语中,既可以做连词,又可以做介词,没有明确的界限,在文学语言中则应有明确的分工。文学语言,有两种基本形式:书面形式和口头形式。口头形式的文学语言是书面形式的文学语言的口语化。课堂上、话剧舞台上、广播电视上、各种形式的政策报告会上所使用的语言,就是现代汉语文学语言的口头形式。

非语言学界,常常把"文学语言"用来指文学作品的语言。其实文学作品的语言应当叫作"文艺语言"。必须区分开文学语言和文艺语言,这是因为,虽然一般说许多属于文学作品的语言是属于文学范畴的,但并不是所有的文学作品的语言都是文学语言。某些主要是运用或是大量使用方言土语写成的文学作品,它的语言就不能叫作文学语言。即使是属于文学语言范畴的文学作品,其中某些人物言语也不是文学语言,如:

⑥ 离地五尺,就挂下几只篮子来,别人可不知道里面装的是什么,只听得上下在讲话:

"古貌林!"

"好杜有图!"

"古鲁几哩……"

“O·K!”　　　　　　　　　　　　　　　　　(鲁迅《理水》)

而文学语言的运用范围,又不只限于文学作品。国家机关的政策法令、科技学术论文等,通常也运用文学语言。

学习现代汉语,要在提高口语表达能力的基础上提高运用书面语的能力,特别是提高运用文学语言的能力。

### 4.8.5 文言与白话

文言和白话的区别、对立与联系,是一个复杂的问题。张中行的《文言和白话》(黑龙江人民出版社 1988 年)专门讨论了这个问题。

晚清诗人黄遵宪提倡“我手写我口”:“我手写我口,古岂能拘牵?即今流俗语,我若登简编,五千年后人,惊为古斓斑!”(《杂感》)这个口号当然是很对很好的,非常积极的。但是,不能片面理解,不可走向极端。正如朱我农所说:“笔写的白话,同口说的白话断然不能相同的。口说时有声调状态帮助表明人的意思,笔写时就没有此等辅助品了。所以用笔写那口说的白话时,即使加进许多表意思的东西,也未必能把口说时的意思完全表出来。反言之,则笔写时的白话大概必须比口说的详细而周到。”[①]20 世纪 90 年代,有的语言学家主张把作文变为“写话”,这一来做不到,二来必然会降低书面语的水平。

应当反对书面语严重地脱离口语,反对文白夹杂、半文半白、不文不白的现象,提倡书面语以口语为基础,向口语靠拢,积极从口语中吸取营养。同时,也应当尊重书面语的特点,努力把握书面语的特点。口语是我们从小学会的,天天运用的,当然是比较熟练的。书面语是后来在学校里学会的,熟练程度就相对差一些。因此,我们应当重视和加强书面语的训练,自觉地提高自己的书面语的表达能力。

过分强调口语化,拒绝吸收古代汉语成分,一味排斥文言词语和文言句式,不利于现代汉语书面语的进一步发展。文言词语和句式在现

---

① 张宝明等主编:《回眸〈新青年〉》345 页,河南文艺出版社 1998 年。

代汉语书面语中的修辞作用是不可忽视的。汉语书面语的悠久传统，是不可忽视的，是建设和发展现代汉语书面语的最宝贵的财富。“五四”新文化运动在这个问题上，有些形而上学，事实上，割断同古代汉语的联系，拒绝接受文言的遗产，是很不利于现代汉语书面语的健康发展的。20 世纪 30 年代的“大众语”讨论中，同样有形而上学的倾向，过多地否定了古代汉语成分在现代汉语书面语建设中的积极作用。

### 4.8.6 文白夹杂

在“五四”新文化运动时期，在白话文刚开始的时候，反对半文半白、文白夹杂，提倡大白话，是有积极意义的。但是到了今天，还是反对半文半白、文白夹杂，提倡大白话，嘴巴上怎么说，书面上就怎么写，主张“写话”，这是不利于现代汉语书面向更高的方向发展的。同时，还应当看到，近代汉语中的半文半白、不文不白的语体，也是有其积极意义的，是不可一味否定的。《水浒传》、《三国演义》和《西游记》等伟大著作，其实就是半文半白的。

文白夹杂，也是一种修辞作用。例如：

⑦“怪了，是你讨饭还是我讨饭？你要就要，不要就赶快走，莫耽误了我的生意。”

“你以为是我要讨饭么？是我要讨饭么？”九袋爷睁大眼，觉得应该好好教育这个醒崽一番才对，“天有不测风云，人有旦夕祸福。流年不利，国难当头，北旱南涝，朝野同忧。我戴世清虽一介匹夫，也懂得忠孝为立国之本，先国而后家，先家而后已。我戴某向政府伸手行不行？不行。向父母兄弟三亲伸手行不行？也不行！我一双赤脚走四方，天行健君子自强不息，不抢不偷，不骗不诈，自重自尊，自救自助，岂容你这样的势力奸小来狗眼看低！有了两个臭钱就为富不仁的家伙我见多了……”　（韩少功《马桥词典》）

盐商的话，是现代口语，大白话，而九袋爷的话是典型的文不文白不白、半文半白、文白夹杂，但这是个性化的人物语言。

## 九 语体变体和风格变体

### 4.9.1 语体变体

语体是在语言的功能变体,是语言在运用中由于交际目的、内容、范围等因素的差异而分化之后逐步形成的。不同的语体需要有不同语言材料,同义手段经常呈现出语体之间的对立,于是也就形成了语体同义手段。例如日常会话语体中的"眼镜、耳朵、鼻子、舌头、喉咙、屁股",学术语体中则是"眼、耳、鼻、舌、喉、臀部"。

语体在发展演变中,新语体会导致新的语体变体同义手段。例如,口语语体里的"心",文艺语体的"心海、心扉、心田"等,学术语体中的"心脏",是同义的。当前,网络语言中出现了许多新的语言变体,而且迅速广泛地流传开来,甚至进入日常生活的言语之中,这是一个应当注意的问题。例如:偶(我)、童鞋(同学)、筒子(同志)、鸭梨山大(压力极大),等等。

### 4.9.2 风格变体

风格,就是作风,是各种特点的总和。人的风格,就是一个人的作风,是他的各种特点的总和。《水浒》中的李逵、武松、鲁智深等人各有不同的特点,这些特点的总和便构成他们各自的风格。在文学、绘画、建筑、音乐、舞蹈中,风格也是指各种特点的总和。比如文学风格,就是一个时代、一个流派、一个作家的作品,所表现出来的思想特点和艺术特点的总和。

语言风格,是语言运用的情调变体,是运用语言时所表现出来的各种特点的总和。语言材料和修辞方式本身,是全民共有的财富。它对社会的一切成员都是共同的。但是说出来的话,写下来的文章,却是千差万别的,各有不同的特点。这些特点的总和便构成语言风格。

由于风格的不同而构成的语言的变体，就叫作风格变体。风格变体是同义手段形成的重要因素之一。例如："老婆、做饭的、小孩他妈、内人、内子、贱内"，"老爷儿、日头儿、阳婆儿、太阳"等。

## 思考与练习

(1) 举例说明汉语中的同义手段的丰富性。

(2) 如何区别语言的同义手段同言语的同义手段？

(3) 举例说明方言词语的修辞作用。

(4) 举例说明文言词语、文言句式在现代汉语中的修辞作用。例如，标题中的文言词语和句式有什么样的修辞色彩？文言词语和文言句式的运用同语体和风格有什么样的关系？文言词语和文言句式的运用同说写者的身份和教养之间的关系如何？半文半白、不文不白、文白夹杂，都是必须坚决禁止的吗？哪些情况下，半文半白、不文不白、文白夹杂也是可以的，甚至还能有积极的作用，有助于表达效果的提高？

(5) 举例说明外语词语和句式在现代汉语口语和书面语中的修辞作用。例如，外语词语和句式的运用同说写者的身份、教养的关系如何？外语词语和句式的运用同语言环境的关系如何？外语词语和句式的运用同语体和风格有怎样的关系？外语词语和句式的运用同语言的民族风格是矛盾的吗？如何正确对待所谓的欧化句法？

(6) 有哪些方式创造和利用临时性同义手段？

# 第五章　语体

安禄山败，史思明继逆，至东都，遇樱桃熟，其子在河北，欲寄遗之。因作诗云："樱桃一笼子，半赤半已黄，一半与怀王，一半与周至。"诗成，左右赞美之，皆曰："明公此诗大佳，若能言'一半周至，一半怀王'，即与黄字声势稍稳。"思明大怒曰："我儿岂可居周至之下！"周至即其傅也。（高择《群居解颐》）

这里所称的语体，不是旧日所称的"文体"（文章体裁——叙事、抒情、说理等文体），而是由语言特点形成的体系，是全民语言体系中的支脉。（张弓《现代汉语修辞学》）

## 一　语言的功能变体——语体

### 5.1.1 文体和语体

"文体"是中国传统文化术语。杜甫《戏为六绝句》："王杨卢骆当时体，轻薄为文哂未休。"曹丕《典论·论文》："夫文本同而末异，盖奏议宜雅，书论宜理，铭诔尚实，诗赋欲丽。"说的是文体，而非语体。文体指的是文章体裁，是文章的分类。

"语体"概念是 20 世纪 50 年代末从苏联引进的，苏联语言学家维诺格拉陀夫提出的"语体是社会所意识的、在功能上被制约的、内部相结合的、在某一全民的、全民族的语言范围内运用、选择、组合语言交际手段的方法总和"一说影响较大。[①]

---

① 苏璇等译：《语言风格与风格学论文选译》178—179 页，科学出版社 1960 年。

语言产生之初没有语体。语言随着社会的发展而发展，语体是语言随着交际活动的分化而出现的现象，并逐步形成的语言变体的类型。语体是历史的，可变的。但是，语体形成之后就具有稳定性和规范性。已经出现并处在发展之中的网络语体，当然是在互联网出现之后才有可能出现并形成的。

### 5.1.2 语体的定义

语体，《现代汉语词典》(第 6 版)定义说："语言为适应不同的交际需要(内容、目的、对象、场合、方式等)而形成的具有不同风格特点的表达形式。通常分为口头语体和书面语体。"《辞海》(第 6 版)阐释说："语言的社会功能变体。指适应不同的社会活动领域的交际需要所形成的具有一定功能风格特点的语文表达体式，是语言交际历史发展的产物。有各种不同的分类。"《现代汉语词典》使用的"表达形式"不如《辞海》的"表达体式"，因为语体是一个种类——语言运用中形成的相互区别的类。

语体就是语言的功能变体。语言的交际功能是在语境中实现的。语体是适应语境而形成的言语表达类型。

## 二　语体的特征与语体的形成

### 5.2.1 语体的特征

语体有三个特征：稳定性、排他性、封闭性。

稳定性：一种语体中可以出现的因素是多种多样的。只有那些反复出现的因素才能够成为语体的特征，当这些因素稳定之后，该语体的基本格局才得以形成。那些不具备稳定性的要素不是语体要素，只有在那些具有稳定性的要素最终构成相对稳定的体系之时，语体才最终形成。当然语体具有稳定性，并不是说语体是不变的。语体也是可变的,但不是任意的,个人不能随心所欲地更改语体体系。

排他性:排他性是语体的重要标志。为了满足特定交际需要而形成的语体,在语言材料的选择方面会有所偏爱,排斥一些语言材料,例如"心扉、玉颜、芳唇、柳叶眉、杨柳腰、樱桃小口、亭亭玉立、婀娜多姿"等词汇是公文语体所排斥的。公文语体里出现这样的字眼,就是不得体。《笑笑录》中,一个公务员写了一首诗:"红帽哼兮黑帽呵,风流太守看梅花。梅花忽地开言道:'小的梅花接老爷。'"其可笑性就在于使用了诗歌语体所排斥的因素——公文语体的因素。现在网络上流行的"筒子们(同志们)、童鞋们(同学们)、白骨精(白领、骨干、精英)、武大郎(武汉大学男大学生)"等都是公文语体和学术语体所排斥的。

封闭性:封闭性同排他性相互联系而又有区别。所谓封闭性是指语体有自己常用而其他语体不用或不常用的特殊表达材料和表达方式,构成了相对稳定的体系。例如公文语体中常使用"令、该、兹、系、应、悉、拟、此致、为荷、特此、函告、务必、事宜、以资、酌情、业经、呈报、予以、鉴于、另行、查办、参照、颁布"等词语,而且构成一个相对稳定的小体系。《广笑府》中有两首诗:"据看庭前一树花,如何违限不开花?信牌即仰东风去,火速明朝便发芽!""领甚公文离海角?奉何信票到天涯?私度关津犹可恕,不合黄夜入人家。"因为使用了公文语体的词语,这首公务人员写的诗就成了笑话。

### 5.2.2 语体的形成

语体的形成,可以从语言自身和语言之外两个方面来观察。

语言具有满足交际多方面需要的资源。一种语言已有的和潜在的表现手段提供了不同类型的交际功能的需要,能够分化出这些功能变体来。文字出现了,有了书写体系,才有书面语体。

语言的分化是为了满足社会交际活动的要求。语言之外的种种因素促进了语言的功能分化,导致了语体的产生。国家出现了,管理国家事务变得复杂了,需要有公文,又有了文字这个书写体系,这才出现公文事务语体。科学技术的发展，学术的繁荣，是产生学术科技语体的必要条件。古希腊的社会发展为讲演语体产生和发达提供了条件。宗教信仰是宗教语体产生和存在及发达的根源。没有商品经济，不需要广告，就不会出现广告语体。计划经济时代，没有广告，当然就没有广告语体。

## 三　语体学和修辞学

### 5.3.1 修辞学里的语体论

语体学是以语体现象为研究对象的，是一门独立的学科。语体学和修辞学是彼此独立的不同学科。语体学不是修辞学的一部分。修辞学也不是语体学的一部分。更不可把语体学同修辞学混同起来。

语体学全面地研究语体，研究语体的全部问题，如语体的产生、语体的历史演变与发展、语体的本质、语体的分类、语体的规范、语体研究方法和方法论等。修辞学只是站在表达者的立场上，从表达效果角度来研讨语体。所以，修辞学不去关注语体的产生及其演变发展、语体产生的条件、语体分类的原则与标准、语体研究的方法和方法论原则等方面的问题。修辞学所关注的是同影响、制约表达效果有关的语体问题。修辞学的学习者及语言的使用者，只需要把握常用语体的一些基本知识。修辞学重视的是：语体的规范，语体的交融和渗透。应避免因为语体问题而损害表达效果。要利用语体来提高话语的效果。

语体可以作为一种修辞手段，《红楼梦》第五十三回，春节之前，贾蓉展开乌庄头送的年礼的单子：

① 大鹿三十只，獐子五十只，狍子五十只，暹猪二十个，汤猪二十个，龙猪二十个，野猪二十个，家腊猪二十个，野羊二十个，青羊二十个，家汤羊二十个，家风羊二十个，鲟鳇鱼二百个，各色杂鱼二百斤，活鸡、鸭、鹅各二百只，风鸡、鸭、鹅二百只，野鸡、兔子各二

百对,熊掌二十对,鹿筋二十斤,海参五十斤,鹿舌五十条,牛舌五十条,蛏干二十斤,榛、松、桃、杏瓤各二口袋,大对虾五十对,干虾二百斤,银霜炭上等选用一千斤、中等二千斤,柴炭三万斤,御田胭脂米二石,碧糯五十斛,白糯五十斛,粉粳五十斛,杂色粱谷五十斛,下用常米一千石,各色干菜一车,外卖粱谷、牲口各项之共折银二千五百两。外门下孝敬哥儿玩意儿:活鹿两对,活白兔四对,黑兔四对,活锦鸡两对,西洋鸭两对。

这张单子是属于公文语体的,这是小说家的一种修辞手段。再如:

② 本名　民工
小名　打工仔/打工妹
学名　进城务工者
别名　三无人员
曾用名　盲流
尊称　城市建设者
昵称　农民兄弟
绰号　游民
爷名　无产阶级同盟军
父名　人民民主专政基石
临时户口名　社会不稳定因素
永久宪法名　公民
家族封号　主人
时髦称呼　弱势群体　(《绿风》2003年第4期)

这是一张履历表。这类表格是公文语体常用的,但本文是一篇杂文,在杂文里采用公文语体的格式成了一种达到讽刺目的的表达手段。

### 5.3.2 语体分类

本书前两版的语体分类是,先分为口语语体和书面语体;再在书面语体中区分:(1)公文语体,(2)科技语体,(3)政论语体,(4)文艺语体。

《辞海》中说:“一般先划分口头语体和书面语体,然后又分为文艺语体、政论语体、科技语体、公文事务语体等类型。”我们就是这个“一般”。

我们坚持先区分口语语体和书面语体。口语语体在第三章“言文变体”中已经简单介绍过,鉴于修辞学包含了口语修辞,但是现实中绝大多数学习者学习修辞学不是为了学习日常会话的,而主要是为了提高自身的书面语修辞能力,因此,口语语体的修辞问题就不再深入下去。本章只讲书面语体。

书面语体可以分为:

(1) 公文事务语体,简称公文语体。公文语体的特征是:务实性。

(2) 学术科技语体,简称学术语体。学术语体的特征是:求真性。

(3) 文学艺术语体,简称文艺语体。文艺语体的特征是:虚拟性。

(4) 传媒网络语体,简称传媒语体。传媒语体的特征是:渲染性。

公文语体追求言后效益,讲究实用,可谓“实用主义”。学者是认识世界揭示宇宙奥秘的人,贴近客观真相是学者梦寐以求的,“求真”是学者的座右铭,因此失真是学术语体的致命伤。诗人是说梦人,文学家的话是真真假假不可当真的。文艺语体构造的是一种虚幻的世界。

政论语体比较杂,内部缺乏严格的一致性。当代社会里,传统的政论可以一部分归入公文语体,很大一部分则可以归入传媒语体。随着科技的进步,传统政论日益传媒化,官方网站、总统博客、政府的新闻发言人制度等就是证明。采用“传媒语体”,是因为今天的“新闻”已不是传统意义上的新闻。如今的晚报和网络上,几乎每天都有大量的历史人物与事件的记录。网络成为各种意见的发表与争论的场所。传统的政论语体中相当大的一部分可以归入传媒语体。

## 四　公文语体

### 5.4.1 公文语体的定义

公文本指国家进行管理工作所需要的比较有条理的文书,社会团体和个人之间的事务活动中的文件,等等。它不是简单地传递信息,而是以言行事,以言成事,它本身就是某种社会行为的一种实现方式,它对言后效果具有某种约束的力量。公文语体是国家出现之后,有了文字之后,才逐步产生的。《尚书》记载了我国最早的公文,如《甘誓》:

① 大战于甘,乃招六卿。王曰:"嗟!六事之人,予誓告汝:有扈氏威侮五行,怠弃三正,天用剿绝其命,今予唯恭行天之罚。左不攻于左,汝不恭命;右不攻于右,汝不恭命;御非其马之正,汝不恭命。用命,赏于祖;弗用命,戮于社,予则孥戮汝!"

中国向来高度重视公文的写作与管理。国家有专门机构和人员负责公文的写作和管理。

公文语体不限于国家机构,不限于党和国家的文件、法律、法令、条约,各种社会团体、企业事业单位、公司集团的规章、合同、协议书等也是广义的公文,个人的书信、借条、请假条虽然不能说是公文,但也属于公文语体。总结、检查、保证书、挑战书、感谢信等文字,公共场所的广告、启事等也属于公文语体。

国家机关、社会团体、企事业单位以及个人之间的各种联系,都离不开公文语体。个人生活同样也离不开公文语体。公文语体同人们社会生活的各个方面都密切地联系着。

### 5.4.2 公文语体的特征

公文语体的第一个特征是:责权性。

改革开放初期,时任教育部部长的蒋南翔来南京工学院考察,在校园里走动之后，在给全校师生做大报告时说：他在一个教室里的一张课桌上看到一张判决书："判决×××的死刑。立即执行。"他说：被判处死刑的×××和写这个判决书的同学可能正在听我的报告。这个例子可以用来讨论公文语体的性质。这个判决书只是一个玩笑。书写这张判决书的大学生不具备写作的资格，大学教室里的课桌也不是张贴死刑判决书的地方，这判决书上面也没有法院的公章。这说明，公文语体首先必须具备有起草公文发布公文的权利责任。清天聪八年（公元1634年）四月，清太宗皇太极上谕：

② 谕曰：朕闻国家承天创业，未有弃其国语反习他国之语者，弃国语而效他国语，其国未有长久者。蒙古诸贝子，弃蒙古之语，名号俱学喇嘛，卒致国运衰微。今我国官名，俱因汉文，从其旧号。夫知其善而不能从，知其非而不能省，俱未为得也。朕虽未成大业，亦不听命他国，凡我国官名及城邑名俱易以满语……嗣后不许仍袭汉语旧名，俱照我国新定者称之。若不遵我国所定之名，仍称汉字旧名者，是不奉国法，恣行悖乱者也。查出决不轻恕。

皇太极是皇帝，才有权发布上谕。不是皇帝就没有资格发布诏书，如《求贤诏》、《罪己诏》等。曹操占领冀州，发布的是《整齐风俗令》，不是诏，因为他不是皇帝，其身份是汉丞相。不是国家主席就无权发布主席令。制作公文必须具备相应的权力和资格。新年到来之际，国家领导人发布新年文告，如果一个小学生、一个小办事员、一个打工仔（打工妹子）、一个退休老人，居然在除夕夜向全国人民发布新年贺词，可笑不？可见，责任权力才是公文创作和发布的必要条件，因此公文语体的第一位的特点应当是责权性。责权性把公文语体同其他语体区别开来了。谈话语体不需要这种权力与责任，公众场所的任何两个陌生人都可以闲聊一会儿。网络上，许多网民是身份不明者，不拥有特殊的权力，不负什么责任。诗歌的创作不是先取得诗人的资格再来创作诗歌，重要的是写出来的是诗歌。学术语体并不是只有专家教授才可以写作，不是先取得专家教授资格再来写作学术论文，而是学术论文多了，质量高了,符合专家教授的学术水平才戴上专家教授的帽子。

责权性是公文语体的第一特征。不具备责权性的,就没有公文的效应,都不是公文。

公文语体的第二个特征是:限定性。所谓限定性,首先是指公文语体的受众是特定的,限定在某个范围之内的。如"传达到县团级"的文件,县团级以下的人们是无权阅读的。军事公文则要求必须严格保守机密。盗窃他国国家文件就是间谍罪。公文语体追求言后效果,这只局限于公文所规定的人们之中。对公文关涉之外的人们,是无关的。军队的训令管制的对象是军人,对老百姓是无效的。证件证书只有本人(当事人)才可以持用,其他人使用就是犯法行为。公务员管理条例不管流浪汉的事情。这区别于其他语体。学术语体并不限制说只在学者中间流传,学术著作并不禁止业余爱好者阅读,不是大学生也完全可以自学大学教材。文艺语体所追求的就是大家都来阅读,越多越好。作家签名售书就是要大家买大家读。而且文艺语体也无法限定接受对象,作家无法禁止人家阅读自己的作品。传媒语体就是要抢夺人们的眼球和耳朵,越多越好,多多益善。

公文语体的第三个特征是:时效性。公文语体是实用,实用的东西是有时间性的。唐律宋律现在无效。现在的法律法令也不适用于先秦的人和事。如果用动物保护法来指责批判打虎的武松,那是非常可笑的。证件标注有效日期,就是公文语体的实效性的一个例子。任命书总是有时间的,超过规定的时间就失效了。

公文语体的第四个特征是:程式化(或程式性)。在这一点上,公文语体同文艺语体等尖锐地对立着,是两个极端。传媒语体不能容忍程式化,为了吸引受众的眼球,传媒语体就是要挖空心思花样百出。公文语体有一些比较固定的规格。这包括一套专门的公文语汇,如"欣逢"、"值此……之际"、"为……由"、"为要"、"为荷"、"此致"、"此令"、"兹"、"查"、"据"、"申请"、"命令"、"训令"、"指令"、"批示"、"布告"、"既往不咎"、"缉拿归案"、"决不姑宽"、"准予量才使用"等,不允许人们随意用同义的词语去代替它。此外，还包括一些特殊的句式和特殊的行款等，一般也不允许拿别的形式来代替。这套规格是不允许随意破坏的。

公文语体中有些程式化极高，只需要在其中有限的空白处填写出具体对象就可以了，例如毕业证书：

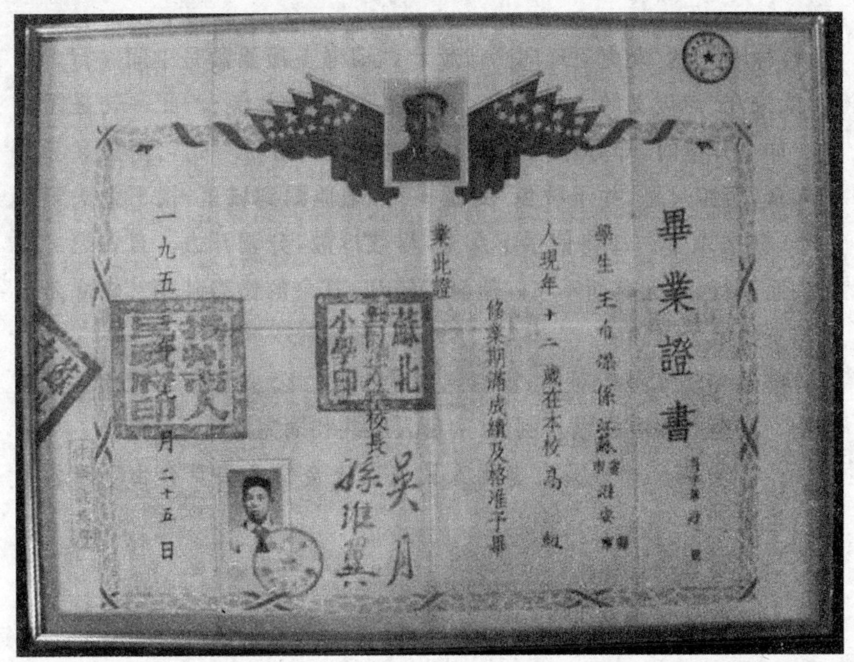
畢業證書
學生　王　係　省　縣
人現年十二歲在本校高　級
修業期滿成績及格准予畢
業此證
校長
一九五　年　月二十五日

统一的格式，不允许丝毫改动。这样的程式化是诗歌语体绝对不可能的。《启颜录》说，郭动篇因为皇帝喜欢郭璞的《游仙诗》，就说："此诗有何能？若令臣作，胜伊一倍。"皇帝说："汝是何人？自言作诗能胜郭璞一倍，岂不合死？"郭动篇说："大家即令臣作，若不胜一倍，甘心合死。"郭动篇说："郭璞《游仙诗》云：'清溪千余仞，中有一道士。'臣作云：'清溪二千仞，中有二道士。'岂不胜伊一倍？"这个玩笑从反面证明简单的模仿与程式化是反诗歌的做法。

### 5.4.3 公文的准确性和简洁性

好的公文要求具备准确性和简洁性。

准确性:因为公文语体追求的是“言后效果”,理论上说是不应当不允许出现歧义和含混的。《水浒传》第七十九回,宋徽宗下诏招安梁山泊,高俅不乐意,老吏王瑾向高俅献计:“诏书上最要紧是中间一行。道是‘除宋江、卢俊义等大小人众,所犯过恶,并予赦免’。此一句是囫囵话。如今开读时,却分作两句读。将‘除宋江’另做一句,‘卢俊义等大小人众,所犯过恶,并予赦免’另做一句,赚他漏到城里,捉下为头宋江一个,把来杀了。却将他手下众人,尽数拆散,分调开去。自古道:‘蛇无头而不行,鸟无翼而不飞。’但没了宋江,其余的做得甚用?”结果是这次招安失败了。

准确和模糊是相对的,没有绝对的准确。公文语体也需要适度的模糊。甚至必须有模糊。例如《中华人民共和国宪法》:

> ④ 第六十五条　全国人民代表大会常务委员会由下列人员组成:
>
> 委员长,
>
> 副委员长若干人,
>
> 秘书长,
>
> 委员若干人,
>
> 全国人民代表大会常务委员会组成人员中,应当有适当名额的少数民族代表。全国人民代表大会选举并有权罢免全国人民代表大会常务委员会的组成人员。
>
> 全国人民代表大会常务委员会的组成人员不得担任国家行政机关、审判机构和检察机关的职务。

其中的“若干人、适当名额”是模糊的,但却是必要的。再如中美建交公报中说的“海峡两岸的中国人”的模糊说法也是有必要的。模糊表达其实乃是外交公报中必不可少的技巧。事实上,任何公文都必然有一定的模糊性，其实任何话语都会有漏洞。因此法学皆为有漏洞法学。律师们在法庭上争论不休就证明公文语体的法律文本也不是绝对精密准确的。旧时流行的“事出有因，查无实据”之类的辞意乃游移圆滑的公文惯用语，也反映出公文语体的另一面。

简洁性：力求用最少的词句表达出较多的内容，是公文语体的常规。例如：

> ⑤ 第三十四条　中华人民共和国年满十八周岁的公民，不分民族、种族、性别、职业、家庭出身、宗教信仰、教育程度、财产状况、居住期限，都有选举权和被选举权；但是依照法律被剥夺政治权利的人除外。（《中华人民共和国宪法》）

公文语体不可离题万里，废话连篇。

公文语体较少运用口语词、俚俗词、口语句式，而古词语、文言句式的运用则较其他语体为多；一些古汉语中的单音词，在现代口语中已经不能够单独运用，但在公文语体中却还能当作一个词来应用，如“该员因公外出”中的“该”和“员”。把词素当作词来运用是公文语体中常见而别的语体中少见的。公文语体经常采用古语词和文言句式，为的是简洁与庄重。

### 5.4.4 鼓动性公文

公文语体内部可以分为：事务公文体和鼓动公文体。如果说事务性公文语体是公文语体的正宗，那么鼓动公文体则已经偏离了公文语体的正宗，向文艺语体和传媒语体靠拢了。例如唐骆宾王《为徐敬业讨武曌檄》的结尾：“公等或居汉地，或叶周亲，或膺重寄于话言，或受顾命于宣室。言犹在耳，忠岂忘心？一抔之土未干，六尺之孤何托？倘能转祸为福，送往事居，共立勤王之勋，无废大君之命，凡诸爵赏，同指山河。若其眷恋穷城，徘徊歧路，坐昧先机之兆，必贻后至之诛。请看今日之域中，竟是谁家之天下！”现在的趋势是鼓动性公文语体逐步传媒语体化了。

# 五　学术语体

## 5.5.1 学术语体的定义

学术语体,全称是“学术科技语体”,以前叫作“科学技术语体”,简称“科技语体”。《现代汉语词典》(第 6 版)对“科技”的释义为:“科学技术:高科技|科技信息|科技工作者。”“科学”指“反映自然、社会、思维等的客观规律的学科的知识体系”,包括自然科学和哲学社会科学(人文科学),“科技”一词经常被理解为:自然科学+技术。科技工作者不包括从事哲学社会科学的人。美学家、历史学家是不可能成为科技工作者协会的会员的。因此,我们使用“学术科技语体”,简称“学术语体”,为的是要涵盖自然科学和哲学社会科学(人文科学),再加上科学技术。

学术语体是学术科技繁荣的产物。随着学术和科技的产生而产生,也随着学术和科技的发展而发展。春秋战国时期,科技大发展,百家争鸣,学术空前繁荣,学术语体就逐步形成了。《周易》《道德经》都可算作学术语体。如《道德经》第一章:“道可道,非常道;名可名,非常名。无,名天地之始;有,名万物之母。故常无,欲以观其妙;常有,欲以观其徼。此两者,同出而异名,同谓之玄。玄而又玄,众妙之门。”

学术语体立足于逻辑思维,以记述为手段,以传播知识为目的。学术语体的基本特色是简明、平实、精确。如《周礼》中论述道:“凡察车之道,必自载于地者始也,是故察车自轮始。凡察车之道,欲其朴属而微至。不朴属,无以为完久也;不微至,无以为戚速也。轮已崇,则人不能登也;轮已庳,则于马终古登阤也。故兵车之轮六尺有六寸。……六尺有六寸之轮,轵崇三尺有三寸也;加轸与轐焉,四尺也。人长八尺,登下以为节。”(《冬官考工记第六》)其表达是简洁、明快、平实的。

学术语体同非学术语体的区别是很容易把握的。简洁、明快、严谨、平实的表达方式是学术语体所共有的。

学术语体的地位日益重要。一来学术科技进步迅速，学术和技术日益深入人们的日常生活，甚至离开或缺少了学术技术几乎无法生存；二是随着教育的普及，人们的文化水平越来越高，学历越来越高，文凭越来越多。

## 5.5.2 学术语体的特征

学术语体的特征是：1.专业性，2.术语化，3.符号化，4.单一性。

专业性：学术语体是社会分工的产物。学术语体是为学术研究者和科技工作者服务的。俗话说："隔行如隔山。"在学科分化越来越细的今天，别说自然科学和哲学社会科学之间有一座大山，自然科学和哲学社会科学内部的不同学科之间还是大山，甚至在同一学科内，也存在着这样那样的隔阂，彼此较难沟通。20 世纪 80 年代初，语言学家吕叔湘在肯定汉语语法学的进步的同时，说："现在有些语法学论文我也看不懂。"同有此感的还有不少老一辈的语法学家。今天语法学家看不懂语法学论著、修辞学家看不懂修辞学论著是很正常的事情。学术语体只在相对封闭的学术技术圈子里流通。20 世纪 60 年代，南京大学方光焘同北京大学高名凯两位先生争论语言和言语，在《江海学刊》(1961 年 7 月)上发表《语言与言语问题讨论的现阶段》，编辑部转来一封读者来信。信里说，为了这篇文章才购买这本杂志，但是根本读不懂，感觉上当受骗了。方光焘对自己的学生说："我的文章不会是写给你看的，你读不懂是你的事情！"学术论著的作者不必迁就、不需要迎合非专业非本行的读者。这同传媒语体是两个极端，与公文语体也有所不同。公文语体中内部控制的公文是不让阅读的问题，不是读不懂的问题。但学术语体不完全如此。例如：

> ① 直到现在为止，我们所讨论的对象都是一元函数 y=f(x)，就是说函数只依赖一个自然变量 x。在很多自然现象以及实际问题中，变量之间的对应关系不是依赖一个自变量而是依赖于几个自变量的。例如理想气体的体积 U 与温度 T 成正比，它们之间的

关系有下面的公式给出：

$$U=\frac{RT}{P}（R\text{是常数}）$$

（樊映川等编《高等数学讲义》）

对非数学专业的人来说，这是天书。词是人所皆知的，似乎是人人都可以议论一番的，但语言学家程曾厚写道：

② 为了说明问题，不妨举一个假设的例子。假定在需要统计的七篇语言材料中，有A和B两词，频率指数都是210，分布率指数都是7。

| 语言材料 | 1 | 2 | 3 | 4 | 5 | 6 | 7 |
|---|---|---|---|---|---|---|---|
| A— | 1 | 2 | 3 | 4 | 5 | 6 | 204 |
| B— | 30 | 30 | 30 | 30 | 30 | 30 | 30 |

如果由此得出结论认为，A和B两词同等重要，那只是个假象，实际情况可能远非如此。　（程曾厚《计量词汇学及其他》）

这段话，即使是研究词汇学的学者也不是都能看得懂的。

术语化：专业性的表现是术语的密集使用上。术语是学科的成果的结晶。准确把握一个学科的术语，这是一门学科专业人员的标志。正确熟练地运用术语，是学术研究的基本功。每一门现代科学都有自己的特殊术语，并形成一个独特的体系。每一门学科都有自己的术语词典(辞典)。大量运用术语，而且又在严格的单义上来使用，这是学术语体的一大特点。同一术语在不同的学科中往往含义大不相同，如"形态"、"功能"、"结构"等，在语言学和生物学中就有完全不同的含义。日常用语自然、亲切，科技术语则严密、庄重。如日常用语是"根儿"、"秆子"、"叶子"，生物学术语则是"根"、"茎"、"叶"。前者活泼，后者庄重。大量运用科技术语是构成学术语体庄重风格的一个重要因素。如：

③ 为什么语音的基本参量这样重要？因为语言通信系统具有巨大潜力，还有待充分利用。现在一般电话系统的频带宽度约

3000赫，动态范围大约30分贝，用信息论的观点来看，通道容量大约是18000二进单位/秒(比高质量电话、扩音、广播系统容量还大得多)，讲话每秒钟约3个音节，汉语共有约1000个音节，信息量为30分贝二进单位/秒，通道容量为信息容量的6000倍，这是很不合理的。电报的信息量约50二进单位/秒，和讲话就接近了。如果能找到语言的基本参量，把过多的不必要的信息去掉，一个电话通路就可以通几百、几千路电话，在经济上意义很大，在仿生学上也是重大进展。 (中国科学院物理研究所《自然科学简介·物理学》)

如果去掉这些术语，也就失去了学术语体特有的格调。

符号化：运用一套超语言的特殊的表达手段，如符号、图表、公式等，用来代替自然语言的叙述，这就是学术语体的符号化特征。例如：

④ 如果星期二所订菜与星期一完全相同，则两天共订盆数为：

$$\begin{vmatrix} 2 & 1 & 0 & 0 \\ 0 & 1 & 2 & 1 \\ 1 & 1 & 2 & 2 \end{vmatrix} \times 2 = \begin{vmatrix} 4 & 2 & 0 & 0 \\ 0 & 1 & 2 & 1 \\ 2 & 2 & 4 & 4 \end{vmatrix},$$

常数乘矩阵，实际上就是将矩阵的每一个元素乘以该常数。

(楼世博等编著《模糊数学》)

这里讨论的是星期一和星期二两天各客户共订各种菜多少盆的问题，这事儿本是普通人都能够说明白听明白的，但是模糊数学家的这个说法，普通人是绝对不明白的。“文革”之前，南京大学中文系一位文学教师挖苦语言学教师说：“不学你的现代汉语，我还会说话写文章，学了现代汉语，原先不明白的还是不明白，本来明白的反而不明白了。学了现代汉语反而不会说话写文章了！”事实是现代科学的学术专著就是这个样子。日常生活的常识，学术著作那么一表述，真的就糊涂了。其实先秦学者的“白马非马”、“白狗黑”等早就把普通人弄糊涂了。我们不能要求学术著作写得非学者都能够看得懂。

大量的符号、图表和公式的运用，使学术语体极其简洁而明确。在这方面，其他语体几乎是无法与它相比的。

单一性:所谓单一性,指的是句式严整而少变化。在学术语体中,不完全句少,变式句少,句子格式的变化少,完全句多,长句多,各种限制性的附加成分多,各种类型的复句多,用连接词语的复句多。

学术语体在修辞方式的选择方面也有很大的局限性。双关、反语、拈连、夸张、婉曲等修辞方式,很少使用,甚至是不用的。所以,学术语体总的风格是平实而明快。

学术语体可以分为专门学术体和通俗学术体两种。两者由于对象不同,在选择语言材料和修辞方式方面也就大不一样,表现出不同的语言风格。通俗学术体是给不大熟悉这门科学的外行看的,所以尽量少用术语、符号、公式之类,对术语尽量做出一些通俗活泼的解说,并努力使句式活泼多变,较多地使用比喻、比拟等修辞方式,追求语言的形象、生动,其语言风格已向文艺语体靠拢了。

### 5.5.3 科普语体

学术语体的变体是科普语体,如《十万个为什么?》、《上下五千年》等。科普语体的目的是普及学术技术成果,对象是非本学科本行业的人员,为了吸引非专业的读者就适当偏离学术语体,为了提高可读性就积极向文艺语体和传媒语体靠拢,学习和采用学术语体和传媒语体的手法。科普语体从属于学术语体,当然必须具有知识性,传播知识是学术语体的任务。但由于阅读对象是非本专业本行业的人员,目的是激发这些读者对学术技术的兴趣与爱好,因此,科普语体就具有如下特点:1.通俗性,2.可读性,3.趣味性。

科普读物的作者需要充分考虑到读者的接受能力,因此需要尽可能地减少术语公式,运用读者熟悉的语言和表达方式。例如:“更为详细的研究表明,地球的年龄应当不太可能大于 34 亿年,很可能比这个数字小。有人估计地球的年龄应当在 15 亿年与 34 亿年之间,比较可靠一点应当在 20 亿左右——是人类历史的 10 万倍以上,是基督教时代的 100 万倍以上。很难想象这个数字究竟意味着什么。我们最好把

'百万'这个数字想象成为一本大厚书里的字母。比方说一本500页，每页330个词，平均每个词6个字母。如果我们用这本书来代表地球的年龄，那么有人类的历史用最后一个词就能代表，而基督教时代却连最后一个字母也占不上。就在最后一个字母的时空里，有罗马帝国的兴衰、基督教在世界各地的传播、欧洲西部广大地区摆脱了恺撒的野蛮统治纷纷建立了目前这些国家……60代人在此生生息息。至于你我这一辈子，在历史长河中仅仅是短短的一眨眼，在这部书中只是一个小点，就是字母'i'上的小点。"(詹姆斯·金斯《穿越时空》)。

朱自清在《语文影及其他》的《序》中说："大概因为做了多年国文教师，后来又读了瑞恰慈先生的一些书，自己对于语言文字的意义发生了浓厚的兴味。十几二十年前曾经写过一篇《说话》，又写过《沉默》，都可以说是关于意义的。"还有《论废话》、《人话》、《如面谈》、《撩天儿》等。其中《如面谈》写道：

> ⑤更难的是称呼女人，刘半农先生曾主张将"密斯"改称"姑娘"，却只成为一时的谈柄；我们口头上似乎就没有一个真通用的称呼女人的词儿。固然，我们常说"某小姐"，"某太太"，但是写起信来，麻烦就来了。开头可以很自然地写下"某小姐"，"某太太"，信文里再称呼却就绕手；还带姓儿，似乎比较像信，不带姓儿，又像丫头老妈子们说话。只有我们口头上偶尔一用"女士"，倒还可以不带姓儿，但是有嫌它生刺刺的。我想还是"女士"大方些，大家多用用就熟了。要不，部分男女都用"先生"也成，口头上已经有这么称呼的——不过显得太单调些了。至于写白话信的人称呼自己，用"弟"的似乎也不少，不然就是用名字。"弟"自然是从文言里借用来的，虽然口头上自称"兄弟"的也有。光用名字，有时嫌不大客气，这"弟"字也是不可少的，但女人给普通男子写信，不用说，称"弟"既不男不女的，称"妹"显然又太亲近了，——正如开头称"兄"一样。男人给普通女子写信，不用说，也只能光用名字。白话信的称呼却都不带敬语，只自称有时装上"鞠躬"，"敬启"，"谨上"，也是

借来,可还是懒得装上的多。这不带敬语的,却是欧化。那些敬语原够腻味的,一笔勾销,倒也利落,干净。

这是科普语体的佳作。

## 六 文艺语体的定义与特征

### 5.6.1 文艺语体的定义

文艺语体是各种类型的文学艺术作品所构成的语体。文艺语体运用形象思维,形象地再现生活。文艺语体的最大特征是虚拟性。文学作品不能当真!辛弃疾的《沁园春》:“杯,汝来前。老子今朝,点检形骸:甚长年抱渴,咽如焦釜;于今喜睡,气似奔雷?汝说,刘伶古今达者,醉后何妨死便埋。浑如此,叹汝于知己,真少恩哉! 更凭歌舞为媒,算合作人间鸩毒猜。况怨无小大,生于所爱;物无美恶,过则为灾。与汝成言:‘勿留亟退,吾力犹能肆汝杯。’杯再拜,道:‘麾之即去,招亦须来。’”人是理性的动物。戒酒是理性的行为。居然酒杯通情达理地说:“麾之即去,招之即来。”真真假假,白日做梦,这就是诗词。

庄子说:“荃者,所以在鱼,得鱼而忘荃;蹄者,所以在兔,得兔而忘蹄;言者,所以在意,得意而忘言,吾安得夫忘言之人而与之言哉?”(《庄子·外物》)学术语体的目的是知识的传播与接受,公文语体关键在于效应,传媒语体重在吸引人,日常会话语体的任务是交流信息交流感情。文艺语体区别于其他语体的是,语言文字本身也是关注的中心,是不能丢弃的。表达形式本身是审美的对象。“床前明月光,疑是地上霜。举头望明月,低头思故乡。”“春眠不觉晓,处处闻啼鸟。夜来风雨声,花落知多少?”人们不是为了哲学的、政治的、经济的目地才阅读的。

朱自清《论废话》中写道:“不但诗文,就是儿歌,民谣,故事,甚至无意思的接字歌,绕口令等等,也都给人以安慰,让人活的有意思。所以儿童和民众爱这些废话,不但儿童和民众,文人,读书人也渐渐爱上了这些。英国吉士特顿曾经提倡‘无意义的话’，并曾推荐那本《无意义的书》，正是儿歌等等的选本。这些其实就可以译为‘废话’和‘废话书’，不过这些废话是无意义的。吉士特顿大概觉得那些有意义的废话还不够‘废’的。所以百尺竿头更进一步。在繁剧的现代生活里，这种无意义的废话倒是可以慰情，可以给我们休息，让我们暂时忘记一切。这是受用，也就是让我们活的有意思。——就是说理，有时也用得着废话，如逻辑家无意义的例句‘张三是大于’，‘人类是黑的’等。这些废话最见出所谓无用之用；那些有意义的，其实也都是以无用为用。有人曾称一些学者为‘有用的废物’，我们也不妨如法炮制，称这些有意义的和无意义的废话为‘有用的废话’。废是无用，到头来不可废，就又有用了。”①这个“有用”就是文艺语体的表达形式的审美功能。其他语体可以捕了鱼儿捉了兔子就丢了捕捉的工具，文艺语体可绝对不能。朱自清说的无用的废话，也许就像工艺美术品的篮子筐子等，其实没有实用的价值，只是用于观赏的。文艺语体的价值就在它的表达形式本身。例如戴望舒的《雨巷》第一节是：

① 撑着油纸伞，独自
彷徨在悠长，悠长
又寂寥的雨巷，
我希望逢着
一个丁香一样的姑娘。

诗的结尾，诗人重复了这一节。这形式本身是美的，对美的形式的审美与内容并驾齐驱，有时甚至是形式压倒了内容，例如林亨泰的《风景》：

② 防风林　的
外边　还有
防风林　的

① 朱自清：《朱自清全集》333页，江苏教育出版社1996年。

外边 还有
防风林 的
外边 还有
……

诗人把汉语语法的兼语句式扩展为一种话语构造模式。读者享受的是其形式的新奇独创,其内容是次要的了。

文艺语体是日常语言的最大限度的偏离。基本特征可以说是:平常语言的陌生化。文艺语体的语言是艺术的语言,审美的语言。创作文学艺术作品的人是语言艺术家。文艺语体所运用的词汇是极其广泛的,它以全民通用的词汇为主,适当采用方言词和古语词,各种科技术语往往作为一种修辞手法而被采用,并常以比喻义、转义的形式出现。句式复杂多变,但又以短句为主,各种变式句、不完全句较多,状语、补语都较为复杂。各种修辞方式都能运用。在语言的声音、意义、结构三个方面努力追求语言的艺术化。积极探索和利用社会文化背景给语言带来的各种附加意义,给平常词语造成不平常的情调。在文艺语体中,作者叙述的语言同作品中人物的语言,有一定的区别,但又交错融合在一起,构成了一个有机的整体。

美国学者帕克说:"科学符号的理想情况永远是,一个符号只有一个意义。艺术符号却容许有一个以上的意义。"①这就是文艺语体与学术语体的重要区别之一。

文艺语体有三个特点:1.语言形象化,2.平常词语艺术化,3.人物语言个性化。

### 5.6.2 语言形象化

文艺创作运用形象思维。文艺作品的语言是形象的语言。语言的形象化是文艺语体区别于其他语体的一个最重要的特征。别林斯基

---

① 帕克:《美学原理》63页,商务印书馆1965年。

说："哲学家用三段论法，诗人则用形象和图画说话。"形象化的语言，在诗歌中表现得特别鲜明。例如："朝辞白帝彩云间，千里江陵一日还。两岸猿声啼不住，轻舟已过万重山。"（李白《早发白帝城》）"去年元夜时，花市灯如昼。月上柳梢头，人约黄昏后。今年元夜时，月与灯依旧。不见去年人，泪湿春衫袖。"（欧阳修《生查子》）"昨夜雨疏风骤，浓睡不消残酒。试问卷帘人，却道：'海棠依旧。''知否？知否？应是绿肥红瘦。'"（李清照《如梦令》）再如：

③ 正是江南好风景，落花时节又逢君。

（杜甫《江南逢李龟年》）

④ 柳絮飞时别洛阳，梅花发后到三湘。

（贾至《巴陵夜别王八员外》）

⑤ 今宵酒醒何处？杨柳岸、晓风残月。 （柳永《雨霖铃》）

⑥ 揉蓝衫子杏黄裙，独倚玉阑无语。 （秦观《南歌子》）

诗人用形象化的语言来代替抽象的论述。这就是文艺语体的语言的形象性。

语言形象化，首先指运用形象来代替抽象的论说，同时也指语言本身是形象化的语言。文艺语体往往排斥抽象的词语，特别是各类术语，而偏爱具有形象色彩和感情色彩的词汇。

文艺语体有一种趋向，就是美化语言。中国传统诗词中平常事物经常要加上"金、银、玉、香"等修饰成分。汉语的文艺语体有自己的一套美辞，例如：心潮、心海、心扉、芳心、芳唇、芳草、玉臂、香臀、秋波、秋水、樱桃口、杨柳腰、柳叶眉、杏脸桃腮、亭亭玉立、婀娜多姿、二八佳人、三五之夜，等等。这些美丽的辞藻是文艺语体特有的，假如出现在其他语体中就会显得不伦不类。《红楼梦》第七十五回，击鼓传花，轮到贾宝玉了，贾政要他以"秋"为题，即景写诗，限制他说："只不许用这些'水、晶、冰、玉、银、彩、光、明、素'堆砌字样。要另出主见，试探你这几年情思。"这些词是诗歌语体中常用的。1964 年秋天，一个越南高级进修生对我说，你们汉语中有些词，自身的意思简单而平常，但是读起来那种味道是说不出的美。他惊讶赞美的就是这类美辞,如“春花、秋月、秋水、芳草”等。

### 5.6.3 平常词语艺术化

追求平常词语艺术化,也是文艺语体区别于其他语体的一个重要的特征。所谓平常词语艺术化,就是把平常词语运用到某个特定的语言环境之中,使之产生不平常的艺术效果。古希腊的亚里士多德早就注意到这一点了。他说:“给平常的语言赋予一种不平常的气氛,这是很好的。”①

平常词语艺术化要求为特定的语言环境选择最恰当的一个词语。法国作家福楼拜说:“因为世界上没有全然相同的事物,作者对于事物,要先观透他的个性。描写的时候,务须明晰,使读者不致看错。这样,自然和人生的真相,才能在作品中活跃。最要紧的事情,就是这样,我们应该晓得表示事物最适当的言语只有一个,若错用了别语,就容易和别的事物混同。”英国作家萧伯纳说:“有五十种说‘是’的方法,有五百种说‘不是’的方法,而只有一种写这个的方法。”俄国文艺批评家别林斯基说:“诗歌作品的每一个词,都应当做到详尽地考虑整个作品思想所要求的一切意义,做到显然在语言里找不到其他的词来代替它。”

平常词语艺术化的方式是多种多样的。例如:

⑦“老 Q,”赵太爷怯怯的迎着低声的叫。

“锵锵,”阿 Q 料不到他的名字会和“老”字联结起来……

“老 Q。”

“悔不该……”

“阿 Q!”秀才只得直呼其名了。

阿 Q 这才站住,歪着头问道,“什么?”

“老 Q,……现在……”赵太爷却又没有话,“现在……发

① 转引自伍蠡甫主编《西方文论选》上册 90 页,上海文艺出版社 1963 年。

财么?”

“发财?自然。要什么就是什么……”

“阿……Q哥,像我们这样穷朋友是不要紧的……”赵白眼惴惴的说,似乎想探革命党的口风。　　（《阿Q正传》）

“阿Q、老Q、Q哥”,指的是同一个人。对这个人,从前的赵太爷、秀才、赵白眼,是直呼其名“阿Q”的,在中国,直呼其名是不礼貌不友好的行为。现在他们叫他为“老Q、Q哥”了,因为“革命党”就要到来了。这一称呼的变化反映了社会形势的变化,也揭露了这些人对革命的恐惧、投机的心理和变色龙的嘴脸。习惯了“阿Q”的、“料不到他的名字会和‘老’字联结”的阿Q,对“老Q”这一尊称的毫无反应,深深地反映出他的社会地位的低下。秀才直呼其名为“阿Q”,因为他知道,阿Q已经习惯了“阿Q”。秀才比赵太爷和赵白眼更理解阿Q这类人。这些平常词语的交替使用,不单是一个避免重复的问题,更是增加了情趣,成功地塑造了人物。

曹禺的《日出》中,潘月亭和李石清之间有一场对话。李石清自以为已经爬了上去了,挤到了上等人的行列,可以和潘月亭平起平坐了,但因为才爬上去两天,也还感到和潘月亭之间的距离,所以一开始他说:

⑧ 李:月亭——(仿佛不大顺口)经理知道了市面上怎么一回事么?

“月亭”和“经理”,是指同一个人,李石清交替运用这两个称呼,是他的内心世界的一种微妙的反映。一得意就忘形,不知道自己是谁了,就称“月亭”。清醒一些时,就用“经理”:

李:……对!我们就这样决定了。月亭,这是千载一时的好机会。

又是“月亭”,又是“我们”,他以为他和潘月亭已是一家人了。这个“我们”指的是他和潘月亭。这当然是误会。潘月亭可从没把他当作自己人。当潘月亭翻脸不认人、态度越来越冷酷越严厉时,他才开始一口一个“经理”。而潘月亭呢？他对于李石清，时而“石清”，时而“襄理”，时而“李先生”。在他和李石清摊牌之前，他先表面上继续着这两天的关系，喊他“石清”；当他把李一脚踢开之后，他称他为“李先生”。最后摊牌时：

潘：(冷冷一笑)对不起，我忘了你这两天做了襄理了。

李：经理，你这句话是什么意思？

……

潘：(冷冷地看着他)就在前六七天，李襄理，你还跟我当面说过。

这时候尊之为“襄理”，实质上是在嘲笑挖苦。“我忘了你这两天做了襄理”，潜台词正是：你逼我封你做两天“襄理”，但只不过两天罢了！你已不再是什么“襄理”了！滚开吧！这话李石清是明白它的分量的，他已意识到斗不过潘了，他要找台阶下，便又采用了装糊涂的办法。这里，许多平平常常的词语，都达到了高度的艺术化。再如鲁迅《采薇》：“一面是走上四个甲士来，恭敬地向伯夷和叔齐立正，举手，之后就两个挟一个，开正步向路旁走过去。……到得背后，甲士们便又恭敬地立正，放了手，用力在他们俩的脊梁上一推。”一边是“恭敬”、“立正”、“举手”，另一边却是“挟”、“一推”，成了鲜明的对照，刻画了甲士们表面上恭敬、实质上凶如虎狼的两面派嘴脸，并通过对甲士们的揭露，进而揭露了姜太公、周武王。

### 5.6.4 人物语言个性化

清人章学诚在《文史通义》中说：“叙事之文，作者之言也，为文为质，惟其所欲，期如其事而已矣；记言之文，则非作者之言也，为文为质，期于适如其人之言，非作者所能自主也。”[①]他说的是历史著作。文艺语体则更为重视人物语言的个性化。人物语言个性化，就是通过人物

① 章学诚：《文史通义》172页，岳麓书社1993年。

自己的语言，来表现他的思想、身份、教养、经历和个性。李渔说："极粗极俗之语，未尝不入填词，但宜从脚色起见。如在花面口中，则惟恐不粗不俗，一涉生旦之曲，便宜斟酌其词。无论生为衣冠仕宦，旦为小姐夫人，出口吐词当有隽雅舂容之度；即使生为仆从，旦为梅香，亦须择言而发，不与净丑同声。"[①]苏联戏剧理论家斯坦尼斯拉夫斯基说："人用以说话的语言就是一把了解他的性格的钥匙。语言、词、许多词，——这就是引起纠纷、引起斗争、引起活动的导火线。语言就是体现作家的一切意图的手段和舞台表情的有力手段。"[②]戏剧理论家陈瘦竹说："人物性格，有的比较复杂，有的比较简单，但是无论如何复杂，总有统一和基本的性格。所谓性格化语言，是指最能表现某一个人物的思想情感很本质因而与众不同的语言。"[③]《水浒传》中，柴进初见宋江时说："大慰平生之念，多幸，多幸。"鲁智深初见宋江时说："多闻阿哥大名。"李逵初见宋江时说："我那爷，你何不早说些个，也叫铁牛欢喜。"一个是贵族，热情、文雅；一个是下层军官，粗犷、豪爽；另一个是无业游民，粗莽、憨直。他们的语言反映了他们的身份和教养。这就是人物语言的个性化。

利哈乔夫说："人物的言论是作者替他们说的话。作者仿佛是木偶操纵人。木偶没有自己的生命和自己的主张。作者按照自己的主张，自己的语言和习惯的风格替他们说话。"[④]列斯科夫说："为了'形象'地思考和写作，就需要让作家的每个人物都用他们的地位所特有的个人语言来说话……他们大家都用自己的语言跟我说话，而不是用文学语言。"[⑤]事实上，文学作品中的人物语言是作家和人物及其文学样式的统一体。作家让人物说他们自己的语言，人物在说自己的语言，这其实是作家的设计，而作家必须服从于文学传统，遵守文学作品的不同类型

---

① 李渔：《闲情偶寄》37—38 页，上海古籍出版社 2000 年。

② 转引自朱栋霖、周安华主编：《陈瘦竹戏剧论集》1448 页，江苏教育出版社 1998 年。

③ 同上。

④ 同上，1157—1158 页。

⑤ 同上，1448 页。

的规格，因此，歌剧的人物所说的都是诗歌，而华丽风格的作家，其人物语言也是华丽风格。由此可见，文学作品的人物语言的个性化是相对性的。

"我们"是很平常的词语，小说家也能用来创造出个性化的语言。叶灵凤的小说《红的天使》中有这样一段对话：

⑨"我到上海后决定专心研究音乐。"婉清说。

"这倒不难，上海研究西洋音乐的机会比北京多得多了。"健鹤说，"我们静待你这位音乐家的成功。"

"好一个'我们'!"婉清望了望健鹤笑着道。

"真的，谁答应过加入你的'我们'。"淑清的脸不由的有一点红了起来。

"不要多心，我的'我们'是代表静待一位女音乐家成功的一切听众。"健鹤回答说。

"呸!"婉清向空中啐了一口。

丁健鹤的"我们"指的是他和表姐淑清，他和她在恋爱，这是他内心世界的自然流露。暗恋着表哥的小表妹婉清有些吃醋。恋爱中的淑清有点儿害羞。健鹤最后的解释，虽然是说得通的，但的确不是他的话语的真正的意思。

叶灵凤是熟悉《红楼梦》的，他的这个细节显然是从《红楼梦》中套用来的。《红楼梦》第三十一回中写道：

⑩ 袭人……，道："好妹妹，你出去逛逛，原是我们的不是。"

晴雯听他说"我们"两字，自然是他和宝玉了，不觉又添了酸意，冷笑几声，道："我倒不知你们是谁！别教我替你们害臊了！便是你们鬼鬼祟祟干的那事儿，也瞒不过我去！那里就称起'我们'来了。明公正道，连个姑娘还没挣上去呢，也不过和我似的，那里就称起'我们'了!"

袭人羞的脸紫胀起来，想一想，原来是自己把话说错了。

作为丫环的花袭人是没有资格把自己同主子的贾宝玉联系在一

起，合称为“我们”的。她无意识地说出了“我们”，这是她潜意识的自然流露。她的这个“我们”也是她同宝玉暗地里的“勾当”的产物。“我”是单数，“我们”是复数。

人物语言的个性化是小说和戏剧成功的重要条件。例如：

⑪“祥林嫂，怎么了？”我又赶紧的问。

“老了。”

“死了？”我的心突然紧缩，几乎跳起来，脸上大约也变了色。

（鲁迅《祝福》）

对祥林嫂的死，短工说“老了”，“我”说“死了”，反映了两个人的思想、教养、生活经历和个性的差异：短工，“忌讳仍然很多”，“当临近祝福的时候，是万不可提起死亡疾病之类话的，倘不得已，该用一种替代的隐语”，用“老了”也表现了他对祥林嫂的同情；“我”是一个走南闯北的现代知识分子，接受了现代科学的熏陶，对死亡没有什么忌讳，对神圣的祝福也没有什么敬畏感。而鲁四老爷说：“不早不迟，偏偏要在这个时候，——这就可见是一个谬种！”到了嘴边的“死”字又咽了回去，他拒绝说“死”字，表明他的忌讳很多。他拒绝采用“老了”这个委婉语，说明他对祥林嫂没有同情心，说“谬种”正体现了他对祥林嫂的冷酷和无情。

人物语言的个性化，也可以通过句式的选择来表现。例如：“几年来的文治武功，在我早如幼小时候所读过的‘子曰诗云’一般，背不上半句了。”（鲁迅《一件小事》）“而且他对于我，渐渐的又几乎变成一种威压，甚而至于要榨出皮袍下面藏着的‘小’来。”（鲁迅《一件小事》）“在我”、“对于我”这类语法格式的使用，都很符合“五四”前后的知识分子的口吻，而那时的工人、农民是不使用这类格式的。又如：“不多不多！多乎哉？不多也！”（鲁迅《孔乙己》）这种文言句式的使用，形象地刻画出了这个科举制度和孔孟儒学的牺牲品、迂腐无能的孔乙己。不仅阿Q、小D、王胡不会讲这种话，而且《伤逝》、《孤独者》等小说中的知识分子也不会采用这种句式。

鲁迅在《伤逝》中写道：“我要写下我的悔恨和悲哀，为子君，为自己。""然而现在呢,只有寂静和空虚依旧,子君却决不会来了,而且永远,永远地!"知识分子的语言,这种状语倒置的表达方式,显然是接受了印欧语影响的结果,在当时汉语中也还是新出现的东西,涓生使用这种格式是符合他的身份的,而孔乙己或阿 Q 就不可能使用这种句子格式了。《狂人日记》的结尾:"有了四千年吃人履历的我,当初虽然不知道,现在明白,难见真的人!"汉语中的人称代词,是不带修饰语的。"五四运动"前后,受到印欧语的影响,出现了人称代词带修饰语的现象,这是旧派人物反对、革新派赞同的一个新事物。鲁迅笔下的"狂人",是一个大无畏的反孔战士,这种新式的表达方式出于他之口,正表现了他的大胆的革新精神,以及反潮流的战士姿态。鲁四老爷或赵太爷之类人物,是不可能采用这种句式的。鲁迅《理水》中写道:

⑫ "是之谓失其性灵,"坐在后一排,八字胡子的伏羲朝小品文学家笑道。"吾尝登帕米尔之原,天风浩然,梅花开矣,白云飞矣,金价涨矣,耗子眠矣,见一少年,口衔雪茄,面有蚩尤氏之雾,……哈哈哈!没有法子……"

这里大量使用半文半白的句式,生动地刻画出了人物的个性。《狂人日记》中的"狂人",《阿 Q 正传》中的阿 Q、小 D、王胡,《祝福》中的祥林嫂等人,都绝不会采用这种表达格式。

鲁迅在《长明灯》中写道:

⑬ 坐在首座上的是年高德劭的郭老娃,脸上已经皱得如风干的香橙,还要用手捋着下颏上的白胡须,似乎想将它们拔下。

"上半天,"他放松了胡子,慢慢地说:"西头,老富的中风,他的儿子,就说是:因为,社神不安,之故。这样一来,将来,万一有,什么,鸡犬不宁,的事,就难免要到,府上……是的,都要来到府上,麻烦。"

读者读到这里,是可以想象出郭老娃说话的神态的。还可以把郭老娃的话同茅盾的《林家铺子》中的林大娘的话语进行对比:

⑭ 林大娘摇着头只是打呃,一手扶住了女儿的肩膀,一手揉

摩自己的胸脯，过了一会儿，她方才挣扎出几句话来："阿囡，呃，你干么脱得……呃，光落落？留心冻……呃……我这毛病，呃，生你那年起了这个病痛，呃，近来越发凶了！呃……"

虽然都是不应当有的语音停顿，但是却反映了不同的心态。郭老娃有点故作姿态，林大娘是不得已而为之的。

## 七 文艺语体的分类

### 5.7.1 文艺语体的分类标准

文艺语体可以分为散文体、韵文体和戏剧体三种类型。

散文体同韵文体最大的区别在于：前者不押韵，后者押韵。

戏剧体同散文体、韵文体最大的区别在于：它主要由人物的语言与行动构成。

### 5.7.2 散文体

散文体包括小说、散文、特写等。在语言运用方面，它的特点是多样性和统一性。

多样性：在选择语言材料和修辞方式方面，散文体几乎不受什么限制，甚至可以运用一些超语言的手段。同韵文体相比较，散文体在语言运用方面是更加多样化的。

统一性：散文体中，作者叙述的语言和作品中人物的语言是有一定区别的，但是两者之间又必然有某种相通之处，并且协调地构成一个整体，表现出统一的语言风格。例如：

① 鸡叫的时候，水生才回来。女人还是呆呆地坐在院里等他，她说：

"你有什么话嘱咐我吧！"

"没有什么话了，我走了，你要不断进步，识字，生产。"

“嗯。”

“什么事也不要落在别人后面!”

“嗯,还有什么?”

“不要叫敌人汉奸捉活的。捉住了要和他拼命。”

这才是那最重要的一句,女人流着眼泪答应了他。

第二天,女人给他打点好一个小小的包裹,里面包了一身新单衣,一条新毛巾,一双新鞋子。那几家也是这些东西,交水生带上。一家人送他出了门。父亲一手拉着小华,对他说:

“水生,你干的是光荣的事情,我不拦你,你放心走吧。大人孩子我给你照顾,什么也不要惦记。”

全庄的男女老少也送他出来,水生对大家笑一笑,上船走了。

(孙犁《荷花淀》)

作者的叙述语言表现出书面语体的风格,作品中人物的语言则更多地体现了口头语体的风格,如“你要不断进步,识字,生产”。但作者叙述的语言比较口语化,人物的语言又向书面语体靠拢,而且不管是作者叙述的语言,还是人物的语言,都表现出简洁、明快的风格。

### 5.7.3 韵文体

韵文体包括诗歌、唱词、曲艺等。韵文体区别于散文体的特点是:追求语言的音乐美——押韵,协调平仄,注意节奏。

变异性是韵文体区别于其他语体的一个重要特点。为了押韵和协调平仄,并追求语言节奏美,韵文体经常打乱句子的固有结构和词语的常规次序。例如:“我失骄杨君失柳,杨柳轻飏直上重霄九。”(毛泽东《蝶恋花·答李淑一》)“重霄九”是“九重霄”的颠倒。“三十八年前,一点星星火,谁料到焰起冲天燎原可?”(赵朴初《普天乐》)受到音节的限制,“星星之火,可以燎原”,简缩为“可燎原”。为了押韵,“可燎原”颠倒为“燎原可”。再如:“话君多少凄和惨”,“依姐今朝言共语”。(无名氏《花笺记》)把“凄惨”拆为“凄和惨”,把“言语”拆为“言共语”,这也是散文体中一般不用的。再如：

②　那一座，什么山？
雪雪白，棉花山。　　　（儿歌《丰收锣鼓响》）

③　割来青青草，
箩里满满挑。
喂饱肥肥猪，
猪儿吁吁叫。　　　（儿歌《割草》）

“雪雪白”、“青青草”、“肥肥猪”、“光闪闪”等词，散文体中一般不用，都是为了追求音乐美而临时凑出来的。

韵文体有自己特有的句法，它可以使用只能在韵文体中存在的句式。例如：“义旗八一举南昌，争取人民大宪章。”（董必武《祝贺八一建军节》）为了平仄，把“八一南昌举义旗”说成“义旗八一举南昌”，这种说法在散文体中是不被允许的。再如：

④　多少年来多少代，
盼那铁树把花开。　　　（阮章竞《妇女解放歌》）

⑤　你我相逢在黑夜的海上，
你有你的，我有我的，方向。　　　（徐志摩《偶然》）

前例，“把”字的这种用法是散文体中所不允许的。后例，后一行的句法，是散文中不可有的。

韵文体中，倒装句也较多。例如：

⑥　灭了，
风中的蜡；
僵了，
井底的蛙；
倒了，
泥塑的菩萨。　　　（郭小川《大风雪歌》）

倒装韵文体中的大量出现，从形式上说，或为了押韵，或为了节拍，为了音乐美；从内容上说，为了更好地表现出强烈的感情。

诗歌中,有些句子常常由名词或以名词为中心语的偏正词组构成,例如:

⑦ 漳河水,九十九道湾,
层层树,重重山,
层层绿树重重雾,
重重高山云断路。 (阮章竞《漳河水》)

⑧ 而青松啊,
决不与野草闲花为伍!
一派正气,
一副洁骨;
一片忠贞,
一身英武。 (郭小川《青松歌》)

这在其他语体中——除了戏剧每场以前的说明文字以外——是很少见的。

### 5.7.4 戏剧体

戏剧包括话剧、歌剧、地方戏等。它通常由作者叙述的语言和作品中人物的语言构成。同散文体不同的是,戏剧体重在人物的语言上,作者的叙述语言已退居次要的位置上了;而在散文体中,占首要位置的是作者叙述的语言。在书面语体中,戏剧体的语言是最接近口语的。在文艺语体中,戏剧语体的语言是最讲究人物语言的个性化的。同时,戏剧体的语言,还要求富于动作性。苏联戏剧理论家斯坦尼斯拉夫斯基说:“人用以说话的语言就是一把了解他的性格的钥匙。语言、词、许多词,——这就是引起纠纷、引起斗争、引起活动的导火线。语言就是体现作家的一切意图的手段和舞台表情的有力手段。”①

戏剧体的语言是最接近于口语的。如老舍《龙须沟》:

① 转引自朱栋霖、周安华主编:《陈瘦竹戏剧沦集》1448 页,江苏教育出版社 1998 年。

⑨ 娘子从外面匆匆走来。

二春:娘子,看见二嘎子没有?

娘子:怎能没看见?他给我看摊子呢!

二春:给……这可倒好!我犄里旮旯都找到了,临完……不知道他得上学吗?

娘子:他没告诉我呀!

二春:这孩子!

大妈:他荒里荒唐的,看摊儿行吗?

娘子:现在,三岁的娃娃也行!该卖多少钱,卖多少钱,言无二价。小偷儿什么的,差不离快断了根!(低声)听说,官面上加紧捉拿黑旋风。一拿住他,晓市就全无不太平了,他不是土匪头子吗?哼,等拿到他,跟那个冯狗子,我要去报报仇!能打就打,能骂就骂,至不济也要对准了他们的脸,啐几口,呸!呸!呸!偷我的东西,还打了我的爷们,狗杂种们!我说,我的那口子在家哪!

"这孩子"、"小偷儿什么的"等,都是十分口语化的。

戏剧体是最重视人物语言的个性化的。例如:"哦,Pardon!对不起!……请原谅!……再见!……Good night!Good night!!"(曹禺《日出》)这就是那个在外国叫乔治张、在中国叫张乔治的人讲的话!就这句话,这个人物的形象就活了,令人难忘了。再如川剧《乔老爷上轿》:

⑩ 乔溪:那不行,我两个要见官!

蓝木斯:你这个人真不识抬举,我饶了你,你就罢了!

乔溪:是你亲口说的要见官,我不能饶你!

蓝木斯:算我没说!

乔溪:那不行!

蓝木斯:我叫你撒手!

乔溪:不行,要见官!

蓝木斯:好,好,好,算你赢了!

众人:公爷都说算你赢了,放手!

乔溪:那不行!

蓝木斯:(将乔溪摔在地)去你娘的!(上马)今日暂且饶你不死,异日会着老子,你才知道我的厉害!

用蓝木斯自己的话,揭示出他的无赖的嘴脸。

戏剧体的语言要求富于动作性,给演员以活动的余地,给读者以想象的余地。例如:

⑪ 鲁:我前几天还见着她!

朴:什么!她就在这儿?此地?

鲁:嗯,就在此地。

朴:哦!

鲁:老爷,您想见一见她么?

朴:(连忙)不,不,不用。　　(曹禺《雷雨》)

⑫ 朴:我问,他现在在哪儿?

鲁:就在门房等着见你呢。

朴:什么?鲁大海?他!我的儿子?

鲁:就是他!他现在跟你完完全全是两样的人。

(曹禺《雷雨》)

这些对话中都包含着丰富的动作和表情。

## 八　传媒语体

### 5.8.1 传媒语体的定义和特征

传媒,《现代汉语词典》(第6版)说:"传播媒介,特指报纸、广播、电视、网络等各种新闻工具。"传媒语体可以定义为:运用各种传播媒介进行交际活动所形成的语体。

传媒语体的第一个特征是:工具性,即必须以传播媒介为其工具。

这个媒介性特征把传媒语体同公文语体、文艺语体、学术语体相互区别开来。

传媒语体的第二个特征是:受众不确定性。公文语体的对象是明确的可控制的,如"此件发至县团级"等。学术语体只在特定的学术圈子里流通。文艺语体的对象是文艺爱好者。传媒语体的受众非常不确定,难以预料,颇难控制,复杂多样,很不稳定。

传媒语体的第三个特征是:时差性。传媒语体的社会效益取决于时间,所以要制作者打时间战,争第一:第一时间,第一手资料,独家新闻,要"抢新闻、跑新闻、赶新闻、挖新闻"。

传媒语体的第四个特征是:多样性。传媒工具的多样化、受众的多样性,就导致传媒语体的多样性。千方百计地挖空心思地扩大接受对象(或收视率),需要迎合受众的需求,也导致了传媒语体的多样性。

随着科技的进步、发达及普及,传媒语体在社会生活中的地位和作用日益重要。

传媒语体可以分为:1.新闻语体,2.广告语体,3.网络语体。

### 5.8.2 新闻语体

新闻,《现代汉语词典》(第6版)说:"①报社、通讯社、广播电台、电视台等报道的消息。②泛指社会上最近发生的事情。"新闻语体的"新闻"指的是义项①,义项②即马路新闻、小道消息等,不属于新闻语体。

新闻语体可以定义为:以报社、通讯社、广播电台、电视台等报道的消息为主体的一种语体。各级国家机关和学校、集团、公司、企业等的新闻发言人的言谈,各种新闻发布会所发布的新闻,均属于新闻语体。

新闻语体的特征是:1.信息性,2.时差性,3.真实性。

信息性:《现代汉语词典》(第6版)中"信息"的释义:"①音信;消息。②信息论中指用符号传送的报道,报道中的内容是接受符号者预先不知道的。"所谓五个W一个H:who(谁?)、when(何时?)、where(何地?)、why(为什么?)、what(何事?)、how(如何?怎么样?)可以看成是新闻语言的信息性的很好的一个说明。

时差性:新闻的价值决定于时间。新闻语体的社会效益、经济效益,都取决于时间。新闻工作者打的是时间战,处处争第一:第一时间,第一手资料,独家新闻。"抢新闻、跑新闻、赶新闻、挖新闻"等词语就是传媒语体的时差性的最好说明。

真实性:真实性是新闻的生命。真实、客观、公正是新闻语体的原则,也是新闻的价值之所在。但真实性是相对的,有时甚至只是一个理想、一个口号。

### 5.8.3 广告语体

广告是古已有之的。《水浒传》中景阳冈附近的那家酒店门前的"三碗不过冈",酒馆前飘扬的店招"太白遗风"就是广告。

《现代汉语词典》(第 6 版)"广告"的定义:"向公众介绍商品、服务内容或文娱体育节目的一种宣传方式,一般通过报刊、电视、广播、招贴等形式进行。"现代社会里,广告每时每刻跟随着人们,现代人的生活离不开,现代人对无孔不入的广告是既爱又恨。

广告语体的特征是劝诱煽动性。广告语言往往是夸张、需要打折扣的。对于广告语体,应当提倡"广告立其诚"。

广告语体不仅仅是语言的运用问题,可修辞学只关心广告语体的语言问题。修辞学家倪宝元的《修辞手法与广告语言》(浙江教育出版社 2001 年)是从修辞学角度上来考察广告的代表著作。

### 5.8.4 网络语体

《现代汉语词典》(第 6 版)对"网络语言"的定义为:"指网民在网上聊天室和电子公告牌系统等里面习惯使用的特定词语和符号。"网络语体是互联网时代的新事物,它是正在形成之中并且日益强大而重要的一种新的语体。网络语体的重要性日益提升,因此是需要认真研究的新的语体。

网络语体的特征是：1.民众性，2.广泛性，3.参与性，4.复杂多变性。

民众性：公文语体、学术语体、文艺语体的编码者总是较少数人。网络语体的编码者是广大民众，所有的网民都是网络语体的主人。广大民众不但是网络语体的受众，也是信息源。网络语体打破了少数人的话语权，开创了社会发展的新时期。

广泛性：中国的网民数量在世界排第一位，而且还不断增加。

参与性：公文语体、学术语体、文艺语体基本上是单向流通的。网络语体具有参与性，流通可以是双向的，网民在网络上接受信息，也传播信息。网民消费信息，也生产并发布信息。如此多的人参与网络信息的流通，这是一种新的力量，一种不可忽视的力量。

复杂多变性：网络信息不很稳定，复杂多变，这是其他语体所不具备的特征。网络上的"X体"不断更新，而且其影响非常快速而广泛。

手机也可以包括在传媒语体里。手机短信是传媒语体的一个新品种。

## 九　语体的渗透、交融与创新

### 5.9.1 语体之间的渗透与交融

语体的划分是相对的。不同语体之间并没有楚河汉界。不同语体之间是连续的，是犬牙交错的。有些新闻其实就是广告，广告打扮成为新闻，其广告效益更好。

语体本身在演变发展之中，语体之间可以相互渗透，彼此借用与交融。其中有的是自觉地，有的是不自觉地。文艺语体中的杂文，处在文艺语体的边缘，借用其他语体的手法是其特点之一。

修辞学要求大体把握住语体的区别，把握住各种语体的主要特征。不必在语体分类方面过分地纠缠。重要的是在言语表达时不在语体方面出现大的差错。

### 5.9.2 语体的创新

语体的创新是社会发展的需要。语体应当不断地创新。

语体的创新有自觉与不自觉之区别。自觉地创新语体的总是少数人,大多数人则是不自觉地参与了语体的创新。

创新是文艺语体的生命。

变异和创新尤其是传媒语体的重要特征。

## 思考与练习

(1)“语言风格”、“言语风格”和“文学风格”及“人的风格”之间有什么联系和区别?

(2)语体是什么?语体和文体的关系如何?思考两者之间的区别和联系,举例说明语体之间的交叉关系和相互渗透现象。

(3)举例说明语体对修辞活动的制约作用。举例说明相同的词语或句子在不同语体中的不同理解。

(4)举例说明学术语体的主要特征。分析一个短小的科普文本,体会学术语体同文艺语体的交融关系。

(5)举例说明公文语体的基本要求。

(6)网络语言的特殊风格是由哪些因素造成的?

(7)文艺语体同日常会话之间的区别主要表现在哪些方面?

举例说明诗歌、小说和戏剧语言的不同特点。

举例说明平常词语艺术化的方式和途径。

举例说明文学作品中人物语言个性化的艺术魅力。

(8)举例说明语言的音乐美,如节奏等因素,是如何制约诗歌语言的。

# 第六章　语音

当说话人在不同时间里说同一个词时，并不总是产生相同的声波的。而听话人在识别言语时，也并不仅仅依靠他所接收的言语声波的信息，也还有赖于他对受制于语言和言语法则的复杂交际系统的认识，同时也依靠所谈论的话题和说话人的身份所提供的启示。……即使测声的仪器比人耳更为精密与灵敏，但我们还远未能制造出一台像人一样来识别言语的机器。因为我们虽然能以高精度来测量言语声波的特性，但我们还不知道上下文系统的本质与规律。(邓斯、平森《言语链——说和听的科学》)

## 一　语音与表达效果

### 6.1.1 声音与语音

我们生活在声音的海洋里。每时每刻都被声音包围着。1984 年夏天，晚上在长白山原始森林里漫步，寂静使人感到恐怖，其实那里那时依然是存在着许多许多的声音的。

声音本是宇宙间的一种物理现象。人类社会里声音也是一种文化现象。《礼记·乐记》："凡音者，生人心者也。情动于中，故形于声，声成文谓之音。""乐者，音之所由生也，其本在人心之感于物也。是故其哀心感者，其声噍以杀；其乐心感者，其声啴以缓；其喜心感者，其声发以散；其怒心感者，其声粗以厉；其敬心感者，其声直以廉；其爱心感者，其声和以柔。六者非性也，感于物而后动，是故先王慎所以感之者。"

中国古代声音同政治是相互关联的。《尚书·舜典》："诗言志，歌永言,声依永,律和声,八音克谐,无相夺伦,神人以和。"《礼记·乐记》:"声音之道与政通矣。"《左传·襄公二十九年》:"五声和,八风平,节有度,盛德之所同也。"

在人类的生活中,最重要的声音是语音——语言的物质外壳。语音是具有语义内容的声音,同语义紧密结合在一起。人类的发音器官能够发出许多声音,不负载语义的声音不是语音,正如不是语音所负载着的意义不是语义一样。语言是语音和语义相结合的符号系统。语言学只关注负载语义的声音——语音与语音所负载的意义——语义。因此,语音是一种特殊的社会现象。

### 6.1.2 语音与表达

语音和表达效果的关系,可以从积极和消极两个方面来说。从积极的方面来看,双声词、叠韵词、联绵词、重叠词语在诗歌中的运用,能使诗歌的节奏和旋律更具有音乐美。《诗经·豳风·东山》:"伊威在室,蟏蛸在户,町畽鹿场,熠燿宵行。"李清照《声声慢》:"寻寻觅觅,冷冷清清,凄凄惨惨戚戚,乍暖还寒时候,最难将息。"正如前人所说,"叠韵如两玉相叩,取其铿锵;双声如贯珠,取其婉巧"。

从消极的角度上说,语音是造成歧义和误解的重要原因之一,尤其是在同音现象极其常见的现代汉语里。现代汉语普通话有:21 个辅音声母(再加一个零声母),39 个韵母。可以组成 418 个基本音节。其中 109 个常用音节,使用频率占四分之三。汉语是有声调的语言,汉语普通话有四个声调,声调有区别对待意义的作用。配合四个声调,有 1332 个音节。但是,汉语的词成千上万,因此同音现象是十分严重的。例如:仝、同、桐、侗、瞳、曈、朣、橦、潼、童、僮、峒、通、铜、桶、彤、筒、捅、痛、恫、酮、峒、统等。再如:(1)公式、公事、攻势,(2)邮船、油船、游船,(3)政务、正误、证物。

同音词运用不当会引起歧义。例如:"假如你是一个人……",重音在"一个",强调的是你单独一个人;"假如你是一个人,现在我同您谈心，……”假如重音在“是”字上，“假如你是一个人，……”这是骂人，说的是：假如你还算是一个人的话。书面语中：“我们在整风运动中，要扫除一切官气、暮气、阔气、娇气。”（《人民日报》1958 年 3 月 7 日社论）“溺爱，培养了白火石身上的娇骄二气。”（程在华《风云人间》）眼睛看时是清楚的，耳朵听时就有歧义了，由于“骄”和“娇”同音，就很难分辨指的是它们中间的哪一个了。白先勇《游园惊梦》：“站在那一刻，我看到了他们的眼睛；她的眼睛，他的眼睛。”听别人朗读时，是难以体会到“她”和“他”的性别差异的。

书面语要做到上口入耳，需要注意语音相同的字词。例如：“所以革命前夜的纸张上的革命家，而且是极彻底，极激烈的革命家，临革命时，便能够撕掉他先前的假面，——不自觉的假面。”（鲁迅《非革命的急进革命论者》）“说起‘贡’，越南朋友都会眉飞色舞，一往情深，就像向你介绍他的爱人……”（袁鹰《秋风起的时候》）眼睛看，还可以；嘴巴念，就拗口。

同音词语省略不当，是语法不通的原因之一。例如：“庞大的苻秦王国，和它同一世纪时间稍前的匈奴人、羯人建立的前赵王国、后赵王国有共同之处。”（贺昌群《汉唐封建土地所有制研究》）这个句子应当是：“庞大的苻秦王国，和和它同一世纪时间稍前的匈奴人、羯人建立的前赵王国、后赵王国有共同之处。”其句法关系可以图解如下：

和 1＋{[和 2 它]同一世纪时间稍前的匈奴人、羯人建立的前赵王国、后赵王国}

“和 1”是连词，连接的对象是“苻秦王国”和“前赵王国、后赵王国”。“和 2”是介词，“和它”是介宾短语。由于两个“和”字同音，无意间省去了一个，整个句子就不通了。“和”与“同”，都有连词和介词两种用法。这句话也可以写作：“庞大的苻秦王国，同同它同一世纪时间稍前的匈奴人、羯人建立的前赵王国、后赵王国有共同之处。”三个“同”字连续出现，很拗口，也同样容易无意省略一个。这可以通过选用不同音的词语来解决，例如：（A）庞大的苻秦王国，和与它同一世纪时间稍前的匈奴人、羯人建立的前赵王国、后赵王国有共同之处。(B)庞大的苻秦王国,与和它同一世纪时间稍前的匈奴人、羯人建立的前赵王国、后赵王国有共同之处。(C)庞大的苻秦王国,与同它同一世纪时间稍前的匈奴人、羯人建立的前赵王国、后赵王国有共同之处。(D)庞大的苻秦王国,和同它同一世纪时间稍前的匈奴人、羯人建立的前赵王国、后赵王国有共同之处。(E)庞大的苻秦王国,和跟它同一世纪时间稍前的匈奴人、羯人建立的前赵王国、后赵王国有共同之处。相较而言,最后一句比较好些。

丰富的同义词为避免因同音现象而造成的歧义和拗口提供了方便。如:"我的意见同你的不同,同小张的相同。"一句之中有四个"同",读起来就很拗口。不如改为:"我的意见跟你的不同,与小张的一样。"

语音的联想是交际中的一个重要问题。积极的与消极的联想都需要注意。从积极的方面来说,应当合理地调配声音,使我们的语言上口悦耳,节奏鲜明,有音乐感,富有艺术情趣。美国语言学家萨丕尔说:"语言是我们所知的最硕大、最广博的艺术,是世世代代无意识地创造出来的、无名氏的作品,像山岳一样伟大。"①"每一种语言本身都是一种集体的表达艺术。其中隐藏着一些审美因素——语音的、节奏的、象征的、形态的——是不能和任何别的语言全部共有的。……艺术家必须利用自己本土语言的美的资源。"②早期新加坡、马来西亚华人把马来西亚的国父译为"鸭都拉","鸭"字同马来语的读音很相近。但是,鸭的文化形象不美,现在改为"阿都拉"了。

### 6.1.3 语音美

姚鼐在《论文辑要》中说:"文章之精妙不出字句声色之间,舍此便无可窥寻。""诗文要从声音证入,不知声音,总为门外汉。"老舍说:"我

---

① 萨丕尔:《语言论》197页,商务印书馆1985年。
② 同上,201—202页。

写文章，不仅要考虑每个字的意义，还要考虑到每个字的声音。不仅写文章是这样，做报告也是这样。”①“一注意到字音的安排，也就必然涉及字眼儿的选择，字虽同义，而声音不同，我们就须选用那个音义俱美的。”②朱光潜说：“领悟文字的声音节奏，是一件极有趣的事。普通人以为这要耳朵灵敏，因为声音要用耳朵听才生感觉。就我个人的经验来说，耳朵固然要紧，但是还不如周身筋肉。我读音调铿锵、节奏流畅的文章，周身筋肉仿佛作同样有节奏的运动；紧张，或是舒缓，都产生出极愉快的感觉。如果音调节奏上有毛病，我的周身筋肉都感觉局促不安，好像听厨子刮锅烟似的。我自己在作文时，如果碰上兴会，筋肉方面也仿佛在奏乐，在跑马，在荡舟，想停也停不住。如果意兴不佳，思路枯涩，这种内在的筋肉节奏就不存在，尽管费力写，写出来的文章总是吱咯吱咯的，像没有调好的弦子。我因此深信声音节奏对于文章是第一件要事。”③

语音美立足于语言的语音特质之上。汉语的音乐性主要表现在声调、音韵、节拍和旋律上，也就是表现在音响的高低快慢、抑扬顿挫、长短舒促等方面。倪祥和认为“汉语的音律特征和汉语的音乐性”是：(一)元音占优势，乐音多，响亮悦耳；(二)四声分明，平仄相配，抑扬有致；(三)有儿化和轻重音变化，柔美动听；(四)音节组合灵活，容易形成音律效果。④

文艺语体中的诗歌是最讲究语音美的。李群玉的《通郑相并歌姬小饮戏赠》：“裙拖六幅湘江水，鬓耸巫山一段云。”王力分析说：“又如说‘裙拖六幅湘江水，鬓耸一段巫山云’，在意思上是很工整的对仗，在文理上也同样通顺，但是，平仄仍嫌不调，所以非颠倒过来不可。”⑤

① 老舍：《出口成章——论文学语言及其他》65 页，人民文学出版社 1984 年。
② 同上，54 页。
③ 朱光潜：《朱光潜全集》第三卷 188—189 页，安徽教育出版社 1987 年。
④ 倪宝元主编：《大学修辞》149—151 页，上海教育出版社 1994 年。
⑤ 王力：《汉语诗律学》，《王力文集》第十四卷 218 页，山东教育出版社 1989 年。

日常口语也需要注意语音美。老舍说:“当然,我们没法给每个句句尾都安上平声字,而且也不该那样;每句都翘起尾巴,便失去句与句之间的平仄互相呼应的好处——如‘今天你去,明天他来’。或‘你叫他来,不如自己去’。‘来’与‘去’在尾句平仄互相呼应,相当好听。”①

## 二 韵母与韵脚

### 6.2.1 押韵

押韵,就是有规则地交替使用韵母相同或相近的音节,利用相同或相近的声音的有规则地回环往复。例如:

① 有一句话说出来就是祸(huò),
有一句话能点得着火(huǒ)。
别看五千年没有说破(pò),
你猜得透火山的缄默(mò)?
说不定是突然着了魔(mó),
突然青天里一个霹雳,
爆一声:
“咱们的中国(guó)!” (闻一多《一句话》)

② 天上飘着些微云(yún),
地上吹着些微风(fēng),
啊!
微风吹动了我头发(fà),
教我如何不想她(tā)?

月光恋爱着海洋(yáng),

① 老舍:《出口成章——论文学语言及其他》55页,人民文学出版社1984年。

海洋恋爱着月光(guāng),
啊!
这般蜜也似的银夜,
教我如何不想她(tā)?

水面落花慢慢流(liú),
水底鱼儿慢慢游(yóu),
啊!
燕子你说些什么话(huà)?
教我如何不想她(tā)?

枯树在冷风里摇(yáo),
野火在暮色中烧(shāo),
啊!
西天还有些儿残霞(xiá),
教我如何不想她(tā)?　　　(刘半农《教我如何不想她》)

例①,"祸、火、破、默、魔、国"韵母中的韵腹都是 o 或 uo;例②,"她"和"发"、"话""霞","云"和"风","洋"和"光","摇"和"烧"等,这些韵腹相同的音节,就叫作韵脚。有规则地配置韵脚,就叫作押韵。

汉语押韵比较容易。汉语的声母是辅音,韵母主体是元音。汉语中韵母相同的字词非常多,因此说汉语的人押韵很容易。闻一多说:"中国韵极宽,用韵不是难事。"[①]押韵是诗歌的特征。朱光潜说:"中国诗的节奏有赖于韵,与法文诗的节奏有赖于韵,理由是相同的:轻重不分明,音节易散漫,必须借韵的回声来点明,呼应和贯串。""就一般诗来说,韵的最大功用在把涣散的声音联络贯串起来,成为一个完整的曲调。它好比贯珠的串子,在中国诗里这串子尤不可少。邦维尔在《法国

① 转引自倪宝元《大学修辞》150 页,上海教育出版社 1994 年。

诗学》里说:'我们听诗时,只听到押韵脚的一个字,诗人所想产生的影响也会由这个韵脚字酝酿出来。'这句话对于中文诗或许比对于西文诗还更精确。"[①]由于汉语押韵非常容易,所以汉语押韵不是诗歌的专利,押韵广泛运用于各种文体。

押韵增加了语言的节奏感和音乐美,能渲染气氛,增加感染力。押韵的作品,读起来顺口,听起来悦耳,能唱能诵,便于记忆,利于流传。汉语里押韵不限于诗歌,甚至公文、科技作品也有押韵的。民间谚语,也大多是押韵的。例如:"嘴上没毛,做事不牢。""熟读王叔和,不如临症多。""若要健,天天练。""救了落水狗,回头咬一口。""看自己一枝花,看别人豆腐渣。""春雨贵如油,夏水遍地流。"有些谜语也是押韵的。例如:"像桃不是桃,肚里长白毛;拉开毛来看,还是小黑桃。"

### 6.2.2 押韵的模式

押韵方式是多种多样的。押韵,可以句句押,也可以隔行押。句句押韵的,叫作排韵;隔行押韵的,称隔行韵。排韵有时给人以单调、呆板的感觉,所以通常是押隔行韵的居多。

四句一首的短诗,一般是二、四句押韵,第三句不押韵,第一句可押可不押。五律第一句多数不押韵,七律第一句多数是押韵的。例如:"竹外桃花三两枝,春江水暖鸭先知。蒌蒿满地芦芽短,正是河豚欲上时。"(苏轼《惠崇春江晚景》)第一、二、四句押韵。

第一、三句和第二、四句分别押韵的,即交叉使用不同韵部的字相押的叫作"交韵",例如:

③ 总得叫大车装个够,
它横竖不是一句话,
背上的压力往肉里扣,

① 朱光潜:《朱光潜全集》第四卷221页,安徽教育出版社1988年。

它把头沉重地垂下。

这刻不知下刻的命，
它有泪只往心里咽，
眼里飘来一道鞭影，
它抬起头望望前面。 （臧克家《老马》）

押韵，可以一韵到底。王力说："一韵到底是最占势力的传统韵律"，"在西洋，一韵到底的诗是相当少的。可见一韵到底表现了汉民族诗歌的民族风格。"①押韵也可以中间换韵。一篇诗歌或唱词中，换用不同的韵，叫作"换韵"，又叫作"花辙"。换韵有时是因为情调有了变化，有时是因为说唱的中心有了改变，有时是为了写作和演唱的方便。

### 6.2.3 押韵的多样性

中国是多民族的国家。兄弟民族的押韵方式是有民族特色的。例如，蒙古族民歌同时押头韵和尾韵。朝鲜族民歌押头韵、腰韵和尾韵。满族用词尾音押韵。维吾尔族民歌押韵方式有：(1)AA，BB，CC。(2)AA，BA，CA，DA。(3)AB，AB。(4)AABBA。(5)ABCDEPGD。(6)AAAAA BBBBA，或AAAB CCCB，或AAAA BBBB。(7)AA或AABA。(8)AABA。布依族民歌往往要求头韵和尾韵相押，其格式是：

○ ○ ○ ○ ●
○ ● ○ ○ ▲
○ ▲ ○ ○ ●
○ ● ○ ○ ▲
○ ○ ○ ○ ▲ （按：●和▲表示韵脚。）

这些押韵方式对汉语来说，是潜性的。

① 王力：《汉语诗律学》，《王力文集》第十四卷218页，山东教育出版社1989年。

### 6.2.4 十八辙

语音是历史地演变着的。今天押韵应以普通话语音为标准。普通话有三十九个韵母,不计韵头,可以归纳为十八个韵辙。现代有韵的文学——诗歌、戏曲、说唱,都以这十八个韵辙为准。

普通话十八个韵辙列表如下:

| 韵脚名称 | | 韵辙所含的韵母 | | | |
|---|---|---|---|---|---|
| 1 麻 | ɑ 韵 | ɑ | iɑ | uɑ | |
| 2 波 | o 韵 | o | | uo | |
| 3 歌 | e 韵 | e | | | |
| 4 皆 | ê 韵 | ê | ie | ue | |
| 5 日 | -i 韵 | -i | | | |
| 6 儿 | er 韵 | er | | | |
| 7 齐 | i 韵 | | i | | |
| 8 微 | ei 韵 | ei | | uei | |
| 9 开 | ai 韵 | ai | | uai | |
| 10 模 | u 韵 | | | u | |
| 11 鱼 | ü 韵 | | | ü | |
| 12 侯 | ou 韵 | ou | iou(iu) | | |
| 13 豪 | ao 韵 | ao | iao | | |
| 14 寒 | an 韵 | an | ian | uan | üan |
| 15 痕 | en 韵 | en | in | uen | ün |
| 16 唐 | ang 韵 | ang | iang | uang | |
| 17 庚 | eng 韵 | eng | ing | ueng | |
| 18 东 | ong 韵 | ong | iong | | |

读音相近的韵可以通押,如 i 和 ü 可以通押,e 和 u,uo 可以通押。但不宜过宽。过宽就不顺口了。汉语方言在语音上的分歧较大,押韵还应当注意到方言问题。有些诗歌用方言押韵,主要表现在 o 和 e 通押,ê 和 ai 通押,en 和 eng(包括 in、ing、ong)通押。有时 i 和 u,e 和

u、uo 也能通押。我们应当努力学习普通话,纠正方音,按照普通话的语音来押韵。有些谚语是用方言押韵的,用普通话读起来就不押韵了。例如:“隔夜茶,毒如蛇。”普通话中“茶”读 chá,“蛇”读 shé,不押韵。而在某些方言中,蛇读 shá,这便和茶字押韵了。

### 6.2.5 押韵技巧

押韵时应尽量运用宽韵。相同韵母的字多的,叫“宽韵”。如:ang 韵、eng 韵、an 韵、en 韵、a 韵、ao 韵等。相同韵母的字少的,叫“窄韵”。如:ou 韵、ei 韵、u 韵等。押韵时还应考虑到韵的响亮度。响亮度是由发音时口腔、鼻腔共鸣大小决定的。如:ang 韵、eng 韵、en 韵和 a 韵比较响亮,ao 韵、ai 韵、ou 韵比较柔和,韵脚的响亮度最好能和作品的感情协调。例如:洪亮的韵宜于表现雄壮激昂的情绪。

**十三辙的响亮度表**

| 响亮程度 | 韵辙名称 | |
|---|---|---|
| | 十三辙 | 十八韵 |
| 洪亮级 | 12 江阳辙(宽辙) | 十六唐 |
| | 13 中东辙(宽辙) | 十七庚,十八东 |
| | 10 言前辙(宽辙) | 十四寒 |
| | 11 人辰辙(宽辙) | 十五痕 |
| | 1 发花辙(宽辙) | 一麻 |
| 柔和级 | 8 遥条辙(宽辙) | 十三豪 |
| | 6 怀来辙(宽辙,字少,常用) | 九开 |
| | 2 梭坡辙(宽辙) | 二波、三歌 |
| | 9 油求辙(窄辙) | 十二侯 |
| 细微级 | 7 灰堆辙(窄辙) | 八微 |
| | 3 乜斜辙(窄辙) | 四皆 |
| | 4 姑苏辙(窄辙,字多,不常用) | 十模 |
| | 5 一七辙(宽辙) | 五日,六儿,七齐,十一鱼 |

音韵同感情之间的关系是有某些联系的。周济说:“东、真韵宽平,支、先韵细腻,鱼、歌韵缠绵,萧、尤韵感慨,各具声响,莫草草乱用。”(《介存斋论词杂著》)沈德潜说:“诗中韵脚,如大厦之柱石,此处不牢,倾折立见。”(《说诗语》)

押韵应当摆正内容和形式的关系。不顾内容的需要,片面追求韵脚是不好的。如:“……镐。//别看我只是挖土,//我堵住了山洪的咆哮!”这是歌颂十三陵水库的诗。为了押“镐”字的韵,用了“咆哮”。法国文艺批评家布瓦洛(1636—1711)在《诗的艺术》中说:“音韵不过是奴隶,其职责只是服从。”“韵不能束缚理性,理性得韵而丰盈。”这是很有道理的话。①

## 三　声调与平仄

### 6.3.1 四声与平仄

“平仄”有两个含义:一是指平声和仄声,二是指由平仄交替配合而构成的诗文的韵律,即平仄律。

汉语是有声调的语言。声调是汉藏语系诸语言的特征。古汉语分平上去入四声。四声又分为两大类。上、去、入为一类,叫仄声。平声为一类。现代汉语普通话中,入声已经消失,古汉语的入声字分别演变为现代汉语普通话里的平声、上声、去声中了。同时平声分化为阳平和阴平。入声仅保留在方言中。现代汉语中,平声包括阴平、阳平,仄声包括上、去。古汉语仄声中的入声的一部分在现代汉语普通话中则是平声字了。

平声读起来语调平缓。仄声读起来语调曲折多变,口气较重。声调和语言的表达效果关系较大。张裕钊说:“声调一事,世俗人以为至

---

① 伍蠡甫主编:《西方文论选》上册289页,290页,上海文艺出版社1963年。

浅，不知文之精微要眇，悉寓于其中。”[①]林语堂说：“汉语具有分明的四声，且缺乏末尾辅音，读起来声调铿锵，洪亮可唱，殊非那些缺乏四声的语言之可比拟。……中国人要自己的耳朵训练有素，使之有节奏感，能够辨别平仄的交替。这种声调的节奏甚至可见于散文佳品之中，这一点也恰好可以用来解释中国散文的‘可吟唱性’。”[②]

平仄不协调，读起来就拗口，听起来就别扭。而利用平仄交替和对应，可以构成汉语的音律美。白居易《琵琶行》中写道：“大弦嘈嘈如急雨，小弦切切如私语。嘈嘈切切错杂弹，大珠小珠落玉盘。”朱光潜分析说：“第一句‘嘈嘈’决不可换仄上字，第二句‘切切’也决不可换平声字。第三句连用六个舌齿音‘切切错杂’状声音短促迅速，如改用平声或上声、喉音或牙音，效果便绝对不同。第四句以‘盘’字落韵，第三句如换平声‘弹’字为去声‘奏’字，意思虽略同，听起来不免拗。第四句，‘落’字也胜似‘堕’、‘坠’等字，因为入声比去声较斩截响亮。我们如果细心分析，就可见凡是好诗文，平仄一定都摆在最适宜的位置，平声与仄声的效果决不一样。”[③]

### 6.3.2 平仄律

平仄律是汉语音乐美的重要手段。例如：

① 横眉冷对千夫指，
平平仄仄平平仄
俯首甘为孺子牛。
仄仄平平仄仄平　　　　（鲁迅《自嘲》）

② 红雨随心翻作浪，
平仄平平平仄仄

---

① 转引自金兆梓《实用国文修辞学》114 页，中华书局 1934 年。

② 林语堂：《中国人》242 页，学林出版社 1994 年。

③ 朱光潜：《朱光潜全集》第三卷 170—171 页，安徽教育出版社 1987 年。

青山着意化为桥。

平平仄仄仄平平

天连五岭银锄落,

平平仄仄平平仄

地动三河铁臂摇。

仄仄平平仄仄平 （毛泽东《七律·送瘟神》）

由于平仄调配得好,和谐悦耳,抑扬顿挫,易于记诵。

旧体诗歌平仄有严格的要求。如五律的句子有以下四个类型:

A. 仄仄仄平平

B. 仄仄平平仄

C. 平平仄仄平

D. 平平平仄仄

每一种句子内部,平仄交错。四种类型的句子组成诗篇时,相对的两个句子在相应的部位上也要平仄交错。这一来,整首诗便抑扬顿挫,富有音乐美。如:

③ D. 青山横北郭,

A. 白水绕东城。

B. 此地一为别,

C. 孤蓬万里征。

D. 浮云游子意,

A. 落日故人情。

B. 挥手自兹去,

C. 萧萧班马鸣。 （李白《送友人》）

七律的句子也有四种基本类型:

A. 平平仄仄仄平平

B. 平平仄仄平平仄

C. 仄仄平平仄仄平

D. 仄仄平平平仄仄

四种句子组合时，相对的两个句子在相应的部位也要平仄交错。如：

④ A. 凤凰台上凤凰游，
C. 凤去台空江自流。
D. 吴宫花草埋幽径，
A. 晋代衣冠成古丘。
B. 三山半落青天外，
C. 二水中分白鹭洲。
D. 总为浮云能蔽日，
A. 长安不见使人愁。　（李白《登金陵凤凰台》）

现代韵文一般不管句中音节的平仄，只讲究句末音节的平仄。有两种基本格式，一是“上仄下平”，这是戏曲唱词的基本格式。二是“同调相押”，又叫“一条龙”，就是韵脚只用同一声调的同韵字（有时阴平、阳平可以通押）。快板、快书、歌谣常用这种押韵方式。

## 四　音节

### 6.4.1 汉语的音节

《现代汉语词典》（第6版）中对“音节”的释义：“从听觉上最容易分辨出来的最小的语音单位。由一个或几个音素组成，其中包含一个比较响亮的中心。一句话里头，有几个响亮的中心就是有几个音节。在汉语里，一般地讲，一个汉字是一个音节，一个音节写成一个汉字（儿化韵一个音节写成两个字，儿不自成音节，是例外）。”

汉语是音节分明的语言。汉语的音节很容易辨认与把握。因为汉语基本上是每一个音节都具有语义，就是说几乎每一个音节都是语素——语义和语音的结合体、统一体。那些本来没有语义的音节，汉语的使用者尽力使之语义化语素化，即强加于某个语义。古代汉语中，单音节词占优势。现代汉语以双音节词为主。现代汉语中四字格数量多,能产性比较强。单音节和三字格虽然也很活跃,但总受到一些限制。

### 6.4.2 音节搭配美

音节的搭配,是汉语运用中的一个不可忽视的大问题。林语堂说:"这种极端的单音节性造就了极为凝练的风格,在口语中很难模仿,因为那要冒不被理解的危险,但它却造就了中国文学的美。于是我们有了每行七个音节的标准诗律,每一行即可包括英语白韵诗两行内容,这种效果在英语或任何一种口语中都是绝难想象的。无论是在诗歌里还是在散文中,这种词语的凝练造就了一种特别的风格,其中每个字、每个音节都经过反复斟酌,体现了最微妙的语音价值,且意味无穷。如同那些一丝不苟的诗人,中国的散文作家对每一个音节也都谨慎小心。这种洗炼风格的娴熟运用意味着词语选择上的炉火纯青。先是在文学传统上青睐文绉绉的词语,而后成为一种社会传统,最后变成中国人的心理习惯。"①

注意词语的音节搭配,在诗歌、戏剧作品、抒情散文中,在口号、对联、标语和标题中,特别重要。词语并列,音节数量尤其应当注意。例如:"无数客观外界的现象通过人的眼、耳、鼻、舌、身这五个官能反映到自己的头脑中来,开始是感性认识。"(毛泽东《人的正确思想是从哪里来的?》)"眼"、"耳"、"鼻"、"舌"、"身"都是单音节词。我们知道,它们都有同义的双音节词,即:"眼睛"、"耳朵"、"鼻子"、"舌头"、"身体"。如果把这句话中的"耳"改为"耳朵"、"舌"改为"舌头",那么整个句子的音响效果就不一样了,就显得拗口别扭。"任凭大家说、嚷、吵、怨,她只是闷着头,露着可怜巴巴的笑容,不还一句嘴。"(叶文玲《篱下》)四个单音节词"说"、"嚷"、"吵"、"怨"连用,显得整齐和顺。再如:

① 我独不解中国人何以于旧况那么心平气和,于较新的机运

---

① 林语堂:《中国人》22—23页,学林出版社1994年。

就这么疾首蹙额；于已成之局那么委曲求全，于初兴之事就这么求全责备？　　　　（鲁迅《这个与那个》）

②展示了我国劳动人民用葛、麻、丝、毛、棉等为原料的纺织品的遗存；展示了中国最高纺织水平的薄如纱、轻如罗、华如锦、光如缎、茸如绒的纺织品精华；展示了印、染、刺绣、服饰等发展演变的历史进程。　　　　（方振铎《我国第一座纺织博物馆》）

③赤、橙、黄、绿、青、蓝、紫，喜、怒、哀、乐、悲、恐、忧；搭配合理，那多么好看。　　　　（《中国青年报》1994年5月6日）

音节相同的词连用与呼应，是汉语造句的基本规则。词语排比时，习惯上总是把音节少的放在前面，而把音节多的放在后面。

搭配不当，读起来就拗口，听起来就别扭。例如："事实胜于雄辩，水落石出。""祖国建设大跃进，光辉的路谁来开创？"不如说成："事实胜于雄辩，水落自然石出。""祖国建设大飞跃，光辉的道路谁来开创？"再如："喜剧《马戏团》是卓别林自编自导自己主演的一部早期作品，拍摄于1927年。"也可以说成"自己编导自己主演"，但不能说"自编剧自导自己主演"。再如：扫街、打扫街道——打扫街。买书报、买书买报、购买书报——购买书。加以维修、进行调整——加以修、进行调。投产、投入生产——投入产。这里的后一种说法都很拗口。

### 6.4.3 音节变体的多样性

汉语词语往往具有多种多样的音节变体，即音节方面的灵活性。同一个意思或相近的意思，在汉语中有丰富的不同音节长度的等价物。如：成——成功、功——功劳、败——失败、过——过错、错——错误、城——城市、攻——攻击、优——优秀、良——良好、修——修理等，单音节词和双音节词同义。红——红彤彤、绿——绿油油、黑——黑沉沉、胖——胖乎乎、亮——亮晶晶、白——鱼肚白等，单音节词和三音节词同义。大方——大大方方、干净——干干净净、糊涂——糊里糊涂、正经——正儿八经等，双音节词和四音节词同义。这可以叫作词的音节变体或音节同义词。

汉语中有许多变单音节为双音节或多音节的办法。例如附加法,即在词的前头或后面,加上一些附加成分,凑上一个音节。如:

老——老张、老李(不说“老诸葛”、“老欧阳”)

阿——阿妈、阿牛(不说“阿哥哥”)

初——初一、初五(不说“初十三”)

第——第一、第八(“十五”前可不加“第”)

市——沙市(“上海”后可不加“市”)

县——泰县、吴县(“宝应”后可不加“县”)

国——哥国(哥伦比亚。但不说“哥伦比亚国”)

再如重叠法:“看”和“看看”,“慢”和“慢慢”,“玩”和“玩玩”,“快”和“快快”,“走”和“走走”,“轻”和“轻轻”,等等。掌握了这些方法,在调配音节时就能得心应手。

现代汉语中,双音节词具有优势,但单音节词也很活跃,特别是动词。许多在现代汉语中丧失了独立运用能力的古代单音节词,一般情况下是语素,但在特定场合、特定结构中,还是可以独立运用的,有条件地充当一个词。例如:“员”——指团体或组织中的一个成员的意思,在口语和一般书面语,不能独立运用,但公文中是可以的,例如“该员因公外出”。再如“告”,有“告诉”义,一般不单独用。“告”单独用是“控告”的意思。“不要告他”一般总是理解为“不要控告他”,不会理解为“不要告诉他”。但在“不可告人”之类结构之中,“告”就是告诉。

汉语中有许多变多音节词为双音节词或单音节词的办法,即词语简缩的办法。例如:中尼(中:中国,尼:尼泊尔),老米(米洛舍维奇),米卢(米卢蒂维奇),莎翁(莎士比亚),别车杜(别:别林斯基,车:车尔尼雪夫斯基,杜:杜波留也夫),等等。常见的地名,往往有简称。例如:沪宁铁路(沪:上海,宁:南京),津浦铁路(津:天津,浦:南京浦口),等等。

数字统概是汉语的一大特色。例如:三国、三好、三秋、三反、三废、四大、四季、四化、四旧、四新、四海、四喜、四害、五官、五彩、五谷、五音、五脏、五洲、五毒、五子登科、六腑、七子、八宝、八珍、九州,等等。

掌握简缩音节的方法,灵活自由地变化音节,得心应手、灵活自由地调配音节,是汉语修辞的基本功夫。例如:"一个园子十亩地,一亩鱼塘三亩园。"(谚语)"园子——园",同义。如果是:"一个园十亩地,一亩鱼塘三亩园子。"就不美了。再如:"石阙生口中,衔碑不得语。"(《读曲歌》)"雾露隐芙蓉,见莲讵分明。"(《读曲歌》)"天上星星千万颗,矿山灯火比星多。"(儿歌《矿山灯火》)"石阙——碑"、"芙蓉——莲"、"星星——星",单双音节的交错运用,为的是大体匀称,符合2//2//1或2//2//2节拍的要求,上口悦耳,增强了语言的节奏感。

## 五 节拍

### 6.5.1 汉语的节拍

"近代物理学已经向我们指出,运动和节奏是物质的基本性质,无论地球上的,还是外层空间的,都参加着一种连续的宇宙之舞。""一般说来,凡是有规律的交替就称为节奏;至于交替的东西的性质则无关重要。音乐的节奏是指一定时间里音的交替。诗歌的节奏是在一定时间里音节的交替。舞蹈的节奏是在一定时间里动作的交替。"①"节奏是通过建立以种种对称性和重复为基础的最初级的手段来保证它的自身调节作用的。"②

节拍,就是由一定数量的音节构成的音律单位。调配节拍,是形成节奏美的一种方法。诗歌和说唱文学中,都特别重视节拍。中央电视台有个节目:"新闻30分"。常规应当是"新闻30分钟",之所以说"新

---

① 奥·勃里克:《节奏与句法》,《俄苏形式主义文论选》121页,中国社会科学出版社1989年。

② 皮亚杰:《结构主义》10页,商务印书馆1996年。

闻 30 分”,是因为“2//2//1”的语音模式更具有音乐美。再如:《布利克斯警告伊拉克　距离战争:“午夜差 5 分”》(《扬子晚报》2003 年 2 月 5 日)与之成鲜明对照的是,“健美 5 分钟”,却不说成“健美 5 分”。这是“2//2//1”节拍的胜利。

汉语中的四字格,通常读成:2//2。这种节拍配置,顺口、悦耳。如:

节外//生枝　　五花//八门　　口是//心非

心怀//叵测　　文过//饰非　　上行//下效

如果读成:3//1,或 1//3,就很拗口。

即便是有些四字格,从结构和意义上,必须做“1//3”或“3//1”式地切分,也不能读作 3//1,或 1//3,而应当依然读成 2//2。结构和意义上应当划分为 1/3 的,例如:

谈//何容易　　举//不胜举　　力//不从心

身//怀绝技　　身//临其境　　身//不由己

心//怀叵测　　心//急如焚　　心//如刀割

乘//人之危　　无//所适从　　无//所不为

无//一是处　　无//所事事　　成//人之美

都应当读为:

谈何//容易　　举不//胜举　　力不//从心

身怀//绝技　　身临//其境　　身不//由己

心怀//叵测　　心急//如焚　　心如//刀割

乘人//之危　　无所//适从　　无所//不为

无一//是处　　无所//事事　　成人//之美

结构和意义上必须划分为 3//1,还是读成 2//2。例如:

败军之//将　　丧家之//犬　　众矢之//的

弦外之//音　　一衣带//水　　一面之//交

都应读为:

败军//之将　　丧家//之犬　　众矢//之的

弦外//之音　　一衣//带水　　一面//之交

吕叔湘说："再讲一个有关语言节律问题。修饰语和被修饰语之间的'的'字，用和不用，在大多数场合不取决于语法（尽管有'的'与否是两种结构），而取决于修辞。"①吕叔湘强调了节律在汉语中的重要性。

### 6.5.2 诗歌的节拍

节拍是语言音乐美的重要因素。例如：《篱笆·女人·狗》、《辘轳·女人·井》等。再如：

① [原句]香香又羞又气又害怕，
低着头来不说话。　　（李季《王贵和李香香》）
[改句]又羞又气又害怕，
低着头来不说话。

原句，"香香/又羞/又气/又害怕"，四拍。"低着/头来/不说话"，三拍。两句节拍不均衡。改句，"又羞/又气/又害怕"也是三拍，两句都是三拍，均衡，增加了节奏感。

在诗词中，通常是两个音节为一个节拍，三字句、五字句、七字句最后一个音节单独成为一个节拍。常见的节拍配置方式是：

2//2　　　2//2//1
2//2//2　　2//2//2//1

结构切分和意义单位如果和它一致，就能产生出节奏美。如："剪刀锤子布"，"老虎神仙狗"，等等。再如："指点//江山，激扬//文字，//粪土//当年//万户//侯。"（毛泽东《沁园春·长沙》）"宁化//清流//归化，//路隘//林深//苔滑。"（毛泽东《如梦令·元旦》）"山下//旌旗//在望，//山头//鼓角//相闻。//敌军//围困//万千//重，//我自//岿然//不动。"（毛泽东《西江月·井冈山》）

新诗和说唱文学在节拍搭配时，对音节数字的要求，没有古诗词那

① 吕叔湘：《吕叔湘语文论集》130页，商务印书馆1983年。

么严格,有时由三、四个音节组成一个节拍,句子总的音节长度也超过了古诗词。但节拍调配的基本方式和古诗词还是一致的。如:

② 我想//那缥缈的//空中,
定然有//美丽的//街市。
街市上//陈列的//一些物品,
定然是//世上没有的//珍奇。
你看//那浅浅的//天河,
定然是//不甚//宽广,
我想//那隔河的//牛女,
定能够//骑着牛儿/来往。　(郭沫若《天上的街市》)

③ 这是//一沟//绝望的//死水,
清风//吹不起//半点//漪沦。
不如//多扔些//破铜//烂铁,
爽性//泼你的//剩菜//残羹。

也许//铜的//要绿成//翡翠,
铁罐上//锈出//几瓣//桃花;
再让//油腻/织一层//罗绮,
霉菌//给他//蒸出些//云霞。　(闻一多《死水》)

这些成功的尝试,为现代汉语格律的发展做出了贡献。节拍,不仅是诗歌,而且也是一切语言表达中,都应当注意一个问题。

### 6.5.3 节拍与歧义

节拍是话语解读时一个不可忽视的因素。陆文夫的小说《献身》:“她(小玲)觉得爸爸太辛苦,不贪玩,天天在念书,所以也不去麻烦他,自己到食堂打饭,扫地,泡开水。”“到食堂”只修饰“打饭”,不修饰“扫地。”但是由于“扫地”和“打饭”都是双音节,又并列在一起,加上“扫地”本身又没有修饰语,就很容易被理解为既到食堂去打饭,也到食堂去扫地。张寿康的《说明文略说》:"其后,撮举其要,如:东汉许慎的《说文解字》(即解说文、字),魏郦道元的《水经注》和贾思勰的《齐民要术》中许多说明文字,唐宋的'记'亦多以说明文为主,再如宋沈括的《梦溪笔谈》、元王祯的《农书》(书中有图),明宋应星的《天工开物》、《沈氏农书》、《本草纲目》、《几何原本》,清代康熙御定的《数理精蕴》、郑复光的《镜镜诊痴》等。""明宋应星的《天工开物》、《沈氏农书》、《本草纲目》、《几何原本》"可以有多种理解:一种是宋应星只写过一本《天工开物》,另外三本书的作者不是宋应星;第二种是,这四本书都是宋应星写的,这里用顿号,就加强了这种理解的合理性;第三种是宋应星写的是前两本;第四种是宋应星写的是前三本。没有相应历史知识的读者,单纯根据形式,是很难在这四种解释中做出正确的选择。其实,《沈氏农书》不是宋应星所著,《辞海》说是明末浙江吴兴一位姓沈的学者所著,名字已不可考。《本草纲目》是大名鼎鼎的李时珍的著作。《几何原本》应当是徐光启的著作。

汉语中节拍是制约人们多义结构的辨别和选择的一个重要因素。例如:

(A) 漂亮的女生和聪明的男生

(B) 穿裙子的漂亮的女生和穿西装的聪明的男生

(C) 穿裙子的漂亮的爱笑的女生和聪明的穿西装的好玩的男生

(D) 东边的穿裙子的漂亮的爱笑的女生和西边的聪明的穿西装的好玩的男生

(E) 东边的穿裙子的漂亮的爱笑的正在画画的女生和西边的聪明的穿西装的好玩的正在打电游的男生

(F) 东边的穿裙子的漂亮的长发的爱笑的正在画画的女生和西边的聪明的短发的穿西装的好玩的正在打电游的男生

因为连词"和"的两边保持着均衡,所以不会产生歧义误解。但如果是:

(A) 长发的女生和男生

(B) 长发的聪明的瓜子脸的女生和男生

(C) 穿西装的长发的好激动的女生和男生

(D) 穿西装的长发的爱笑的女生和好学的男生

(E) 穿西装的长发的胆小的爱笑的怕考试的女生和男生

(F) 穿西装的长发的胆小的爱笑的怕考试的喜欢开夜车的女生和男生

就不够均衡,因为不均衡,往往就会造成歧义和误解。

## 六 象声词和联绵词

### 6.6.1 象声词

摹声,就是对客观世界的声音的模仿。模仿客观世界的声音而构成的词,通常叫作象声词。象声词不是客观世界声音的简单再现,而是根据一种语言的语音系统对客观世界的声音进行一番改造的结果。象声词是客观世界的声音所固有的节律和一种语言所特有的语言特点相结合的产物。如汉语中的象声词,不但音节分明,而且有声、韵、调,而印欧语没有声调系统,其象声词也没有声调的区别。

象声词的运用,能够使人感受到事物的生动性和内在的旋律,仿佛身临其境似的。例如:

① 蟋蟀嚁嚁叫,
宝宝心里跳。
翻开乱砖头,
必必卜卜跳。
一跳跳到城隍庙,
香炉蜡杆都跌倒,
吓得城隍老爷无处跑。　　(苏南民歌《蟋蟀嚁嚁叫》)

② 雷声万应之下,全场一响之中,但听:

乒乒乒乒乓　乒乒乒乒乓　乒乒乒

"威丽斯名城名士，多承厚谊，欣幸无极！这正是13世纪的回音，诸君当不曾忘却玛可保禄罢！"

乒乒乒乒乓　乒乒乒乒乓　乒乒乒　中国男儿万岁！中国男儿万岁！

……乒乒乒！威丽斯万岁！中国万岁！共和万岁！

（盛成《海外工读十年纪实》，《盛成文集·纪实文学卷》）

例①模仿了蟋蟀的叫声，使你仿佛和这孩子一同在抓蟋蟀似的。这时，这孩子不怕鬼、不敬神的大胆举动对你来说也就显得更可爱了。例②，象声词的运用，使读者如同亲临其境。（按：威丽斯，即威尼斯。玛可保禄，即马可·波罗。）

象声词也是诗歌中调节节奏的手段。例如：

③ 太阳虽还在远方，
太阳虽还在远方，
海水中早听着晨钟在响：
丁当，丁当，丁当。

万千金箭射天狼，
天狼已在暗悲哀，
海水中早听着葬钟在响：
丁当，丁当，丁当。

我们欲饮葡萄觥。
愿祝新阳寿无疆，
海水中早听着酒钟在响：
丁当，丁当，丁当。　　（郭沫若《女神之再生》）

例③从全诗出发，需要三个音步，所以用"丁当，丁当，丁当"。

摹声在口语中要比书面语中用得多。文学作品，特别是民间说唱

文学及儿童文学用得较多。如扬州评话艺人王少堂说武松打虎时,是这样叙述老虎出场的:

④ 孽障已经出洞了,前爪撑着,后脚盘着,虎头昂着,望着天空这轮明月,"呜啊——",一声虎啸,"哗——!"同时就是一阵狂风,只听得野树乱吼。……一声虎啸之后,前爪一悬,后足一蹬,"嘟——儿,嘟——儿",到数丈之外平整地方落下。"叭哒、叭哒",一摇二摆,直接走起官步来了。 (王少堂《武松》)

大量象声词的运用,才有声有色,扣人心弦。

### 6.6.2 联绵词

联绵词,又叫联绵字,是古代汉语中的双音节单纯词,主要是双声字和叠韵字,也有的是没有双声叠韵关系的双音节单纯词。双声词,指两个声母相同的汉字构成的单纯词,例如:玲珑、弥漫、慷慨、忐忑、仿佛、踌躇、惆怅等。叠韵词指由两个韵母相同的音节组成的单纯词。例如:烂漫、荒唐、徘徊、蜿蜒、窈窕、翩跹、澎湃、昆仑等。

联绵词在以单音节词为主要的古代汉语中,是语言音乐美的重要手段。例如:

⑤ 窈窕淑女,君子好逑。参差荇菜,左右流之。窈窕淑女,寤寐求之。 (《诗经·周南·关雎》)

⑥ 辗转不能寐,披衣起彷徨。 (曹丕《杂诗》)

⑦ 穿花蛱蝶深深见,点水蜻蜓款款飞。 (杜甫《曲江》)

⑧ 外地见花终寂寞,异乡闻乐更凄凉。 (韦庄《思归》)

联绵词语的运用增强了声韵节奏,顺口入耳使诗歌更适宜歌唱和吟诵。

# 七 衬词和叠音词

## 6.7.1 衬词的定义与功用

词是声音和意义的结合物。但有这样一些词，自身并无意义，只起着协调音节的作用，这就叫作“衬词”。许多衬词本来是有意义的，但在话语中虚化了，失去了本身的意义。朱敦儒《柳枝》：“江南岸，柳枝，江北岸，柳枝；折送行人无尽时，恨分离，柳枝。酒一杯，柳枝；泪双垂，柳枝；君到长安百事违，几时归？柳枝。”“柳枝”本指柳树的树枝，《宋词选注》选注者胡云翼说：“柳枝——歌唱时的和声，没有实际意义。如晚唐皇甫崧《竹枝》里的‘竹枝’、‘女儿’，《采桑子》里的‘举棹’、‘年少’，都是没有意义的和声。”

衬词虽然没有意义，但绝不是可有可无的。没有它，就拗口。有了它，就顺口，就悦耳，口语中的衬词是很多的，如“这个”、“那个”之类。口语中的衬词到了书面语中大都被删除，只有在讲究语言节奏的诗歌韵文中，在保持口语风格的剧本和小说的人物对话中，才适当保留了一些衬词。例如：

① 我们扒飞车那个搞机枪，
闯火车那个炸桥梁；
就像钢刀插入敌胸膛，
打得鬼子魂飞胆丧。（芦芒《弹起我心爱的土琵琶》）

“那个”是衬词。

衬词有调节节拍的作用，所以是歌曲中常用的手法。例如：

② 茶歌飘四方，（罗荷荷），飘在人心上，
你是山野吹来的风，带着泥土香。
（呀子依子哎……）
彩裙翩翩舞，（罗荷荷），凤鸣声声亮，

你是山野吹来的风，清新又奔放。
(呀子依子哎……)
黄梅戏好听乡音甜，
天上人间你还在深情唱。哎——！（电影《严凤英》主题歌）

衬词的运用是韵文的一个特点，这不限于汉民族，兄弟民族的民歌中也大量运用衬词。表现兄弟民族生活的歌曲里，常常插入兄弟民族习用的衬词。例如赫哲族民歌中的每段开头，有固定的几种衬词："赫呢哪呢哪"、"格给嘎格给嘎"、"赫力勒赫勒"等。再如蒙古族的"啊哈嗬"，维吾尔族的"咪咪咪咪"，藏族的"索牙拉索"，傣族的"洒罗"等。

### 6.7.2 衬词化

衬词有的本是非语言的声音，不是词。如"来"字，本是动词，来来去去的"来"。在话语中充当衬词的"来"是动词"来"的虚化的结构，失去了词汇意义和语法意义，发挥其修辞功能，这可以叫作"修辞化"。

"四大金刚，十八罗汉，三千古佛。"不表示金刚比罗汉高上一个等级，也不是说佛比金刚和罗汉更古一些。这个"大"和"古"其实只是一个衬词，为的是凑成四音节。其本来的意义已经虚化甚至完全消失了，即衬词化了。再如"四大平原，三大法宝，四大原则，大惊小怪，大男小女，一男半女"等。

有时，整个一句话的意思也可以虚化。例如：

③ 五月榴花红，
人人唱英雄。
愚公移山威力大，
(英雄的花开，)
战天斗地乐无穷。
(英雄的花开，
英雄的花红。)　　　　（朱丹《剑门山歌》）

"英雄的花开"，本来是有意义的，但在这里已经虚化，作用是调整音节,增强节奏,所以也是衬语。

散文不宜多用衬词。小说戏剧中的衬词主要用于人物对话中,使其更加口语化,人物语言显得个性化。

### 6.7.3 叠音词

叠音词在汉语修辞中具有特殊的地位。

重叠是汉语中一种构词手段。用叠音方式构成的词,如"爸爸、妈妈、姐姐、妹妹"等,就是"叠音词"。重叠也是汉语的一种语法手段,重叠表示行为者可以自主控制的动作,有短暂和喜爱的色彩,如"看看、玩玩、吃吃、看一看、玩一玩、吃一吃"等。构词的重叠和构形的重叠都创造了丰富多彩的同义手段。例如:绿——绿绿、红——红红、绿——绿油油、红——红彤彤、大方——大大方方、漂亮——漂漂亮亮、看——看看——看一看、吃——吃吃——吃一吃、尝试——尝试尝试、调查——调查调查、品尝——品尝品尝、研究——研究研究,等等。这些同义手段为汉语语言美提供了必要的基础。

叠音词具有某种特殊的修辞意味。叠音词的使用可以调节节拍,创造音乐美感。例如:

④ 迢迢牵牛星,皎皎河汉女。
纤纤擢素手,札札弄机杼。……
盈盈一水间,脉脉不得语。(《古诗十九首·迢迢牵牛星》)

⑤ 袅袅秋风起,萧萧败叶声。　(李祁《南歌子》)

⑥ 南浦凄凄别,西风袅袅秋。　(白居易《南浦别》)

⑦ 柳陌虽愁风袅袅,葱河犹自雪漫漫。　(章碣《春别》)

⑧ 花心露洗猩猩血,水面风批瑟瑟罗。(殷文圭《题陆龟蒙山斋》)

⑨ 莺莺燕燕春春,花花柳柳真真,事事风风韵韵,娇娇嫩嫩,停停当当人人。　(乔吉《[越调]天净沙·即事》)

⑩ 见安排着车儿马儿,不由人熬熬煎煎的气! 甚心情花儿靥儿,打扮的娇娇滴滴的媚? 眼看着衾儿枕儿,只索昏昏沉沉的睡。

谁管他衫儿袖儿,湿透了重重叠叠的泪!兀的不闷杀人也么哥,兀的不闷杀人也么哥。谁思量书儿信儿,还望他恓恓惶惶的寄。

(《金圣叹批西厢记》)

⑪ 丝丝杨柳风,点点梨花雨。

(刘廷信《[南吕]一枝花·春日送别》)

重叠词语的运用,赋予这些诗句一种特殊的音乐美感。这是中国传统美学中很重视的一个问题,宋人罗大经说:“诗有一句叠三字者,如吴融《秋树》诗云:‘一声南雁已先红,槭槭凄凄叶叶同’是也。有一句连三字者,如刘驾云:‘树树树梢啼晓莺,夜夜夜深闻子规’是也。有两句连三字者,如白乐天云:‘新诗三十轴,轴轴金玉声’是也。有三联叠字者,如《古诗》云:‘青青河畔草,郁郁园中柳。盈盈楼上女,皎皎当窗牖。娥娥红粉妆,纤纤出素手’是也。有七联叠字者,昌黎《南山》诗云:‘延延离又属,夬夬叛还遘,喁喁鱼闯萍,落落月经宿,訚訚树墙垣,巘巘架库厩,参参削剑戟,焕焕衔莹琇,敷敷花披萼,阖阖屋摧霤,悠悠舒而安,兀兀狂以狃,超超出犹奔,蠢蠢骇不懋’是也。近时李易安词云:‘寻寻觅觅,冷冷清清,凄凄惨惨戚戚’,起头连叠七字,以一妇人乃能创意出奇如此。”(《鹤林玉露》卷十二)

重叠词语和象声词有相近的音乐美,所以常常搭配运用。例如:“叮叮当当铁马儿乞留玎琅闹,啾啾唧唧促织儿依柔依然叫。点点滴滴细雨儿淅零淅留哨,潇潇洒洒梧叶儿失流疏刺落。睡不著也末哥,睡不著也末哥,孤孤另另单枕上迷彪模登靠。”(周文质《[正宫]端正好·悲秋》)象声词和重叠词的相互搭配,创造出一种特殊的韵味。

# 八　语音句

## 6.8.1 语音句的定义

吕叔湘先生对我说:“你搞修辞学,应当研究语音句。”所谓语音句就是言语流中前后具有较大停顿的语音单位。鲁迅在《伤逝》中写道："我看见怒涛中的渔夫，战壕中的士兵，摩托车中的贵人，洋场上的投机家，深山密林中的豪杰，讲台上的教授，昏夜的运动者和深夜的偷儿。"可以做依次停顿，就是说有七个语音句，但只是一个语法上的单句。谓语动词当"看见"，"怒涛中的渔夫，战壕中的士兵，摩托车中的贵人，洋场上的投机家，深山密林中的豪杰，讲台上的教授，昏夜的运动者和深夜的偷儿"都是"看见"的宾语。

王安石的《桂枝香》中："念往昔、繁华竞逐，叹门外楼头，悲恨相续。千古凭高对此，谩嗟荣辱。六朝旧事随流水，但寒烟衰草凝绿。至今商女，时时犹唱，《后庭》遗曲。"这里有十一个语音句。语音句是从语音上划分出来的单位。同语法句是不能相互等同的。最后的三个语音句，并非三个语句，在语法上，只是一个语法句，即一个单句，主谓句。主语：商女。谓语：至今犹唱《后庭》遗曲。这是动宾短语做谓语。宾语：《后庭》遗曲。时间状语"至今"提到主语之前了。语音句的划分标准是语音，因此同语义句不是一回事情。"念往昔、繁华竞逐，叹门外楼头，悲恨相续。"是四个语音句，可只是两个语义句：(1)念往昔繁华竞逐，(2)叹门外楼头悲恨相续。

语音句、语法句、语义句可以是同一的，如李白的《静夜思》："床前明月光，疑是地上霜。举头望明月，低头思故乡。"王之涣的《登鹳雀楼》："白日依山尽，黄河入海流。欲穷千里目，更上一层楼。"四个语音句，四个语法句，四个语义句，一一对应。一个语音句就是一个语法句，也是一个语义句。

语音句是艺术语言中最重要的问题。诗词中对语音句是有严格规定。绝句是四个语音句，律诗是八个语音句。词的语音句因词牌而不同，是固定的。

### 6.8.2 语音句和语法句

语音句和语法句可以是一致的，如王维《相思》："红豆生南国，秋来发几枝？愿君多采撷,此物最相思。”王安石《咏梅》:“墙角数枝梅,凌寒独自开。遥知不是雪,为有暗香来。”语音句同语法句相对应。

语音句和语法句也可以是不一致的。毛泽东的《沁园春·雪》:“望长城内外,唯余莽莽;大河上下,顿失滔滔。山舞银蛇,原驰蜡象,欲与天公试比高。”共七个语音句。可只是一个语法句:

望+(a.长城内外,唯余莽莽;b.大河上下,顿失滔滔;c.山舞银蛇;d.原驰蜡象;e.欲与天公试比高)

其实是一个省略主语(诗人,抒情主体)的动词谓语句,宾语是多项并略式的。

李白《越女词》:“东阳素足女,会稽素舸郎,相看月未堕,白地断肝肠。”四个语音句是三个语法句,前两个语音句是后两个分句的主语。王建《野池》:“野池水满连秋堤,菱花结实蒲叶齐。川口雨晴风复止,蜻蜓上下鱼东西。”语法句有:(1)野池水满,(2)连秋堤,(3)菱花结实,(4)蒲叶齐。(5)川口雨晴,(6)风复止,(7)蜻蜓上下,(8)鱼东西。第二个分句的主语承前省略。王建《江南三台词》:“扬州桥边少妇,长安城里商人,三年不得消息,各自拜鬼求神。”四个语音句,两个语法句,第一、二两个语音句是主语,第三、四两个语音句是两个分句的谓语。韦庄《荷叶杯》:“记得那年花下,深夜,初识谢娘时,水堂西面画帘垂,携手暗相期。”前三个语音句是后两个分句的时间状语。五个语音句,两个语法句。

唐诗中有整首绝句四个语音句只是一个语法句的。如崔国辅《渭水西别李仑》:“陇右长亭堠,山阴古塞秋,不知呜咽水,何事向西流。”第一个语音句是地点状语;第二个语音句是时间状语;第三、第四两个语音句是谓语,宾语是“呜咽水,何事向西流”。这是一个省略了主语的单句。主语是抒情主体,即诗人自己。

书面语中句子可以很长很长。书面语中的一个语法上的长句在口头朗读时,就需要切分为许多个语音句,例如毛泽东《中国革命战争战略问题》:“战争——从有私有财产和阶级以来就开始了,用以解决阶级和阶级、民族和民族、国家和国家、政治集团和政治集团之间的，在一定发展阶段上的矛盾的一种最高斗争形式。”这是由两个分句组成的一个复句，第二个分句口说的时候，需要分解为五个语音句。

### 6.8.3 语音句和语义句

语义句是从语义角度划分出来的句子，是意义相对独立完整的语流片段。语音句和语义句之间有一致的。如崔国辅《九日》：“江边枫落菊花黄，少年登高一望乡。”两个语音句，对应两个语义句，前句是景物，后句是主体行为。语法句则是三个：(1)江边枫落；(2)菊花黄，(3)少年登高一望乡。“登高一望乡”联动短语做谓语。也可以分析为两个分句：(3)少年登高，(4)（主语承前省略）一望乡。那就是四个语法句。李煜《相见欢》：“剪不断，理还乱，是离愁，别是一番滋味在心头。”四个语音句，两个语义句：(1)剪不断，理还乱，是离愁。(2)别是一番滋味在心头。

语音句和语义句是一一对应的。韦庄《女冠子》：“四月十七，正是去年今日，别君时，忍泪佯低面，含羞半敛眉。”五个语音句，在语法上是：(1)四月十七日，正是去年别君时，(2)别君时，忍泪佯低面，(3)含羞半敛眉。韦应物《咏夜》：“明从何处去？暗从何处来？但觉年年老，半是此中催。”第三、第四两个语音句是一个语法句，“年年老，半是此中催”是动词“觉”的宾语。王维《九月九日忆山东兄弟》：“遥知兄弟登高处，遍插茱萸少一人。”崔国辅《襄阳曲》：“城中轻薄子，知妾解秦筝。”崔国辅《荒城》：“城里月明时，精灵白来去。”都是两个语音句，一个语义句。口语中的“再说不理你！”“动打你！”“骂人打你！”“不说就算！”“不要命了还笑！”都是一个语音句，两个语法句，是复句。

### 6.8.4 语音句和语用句

语音句和语用句之间也是并不完全意义对称的。合格的语音句不一定是得体的语用句；不合适的语音句，表达效果不一定就坏，也可能是好的语用句。典型的是拗口令,在语音上,不恰当,拗口别扭,但是人们喜欢,是我国一种传统的语言游戏,把许多个声母、韵母或声调极易混同的字,组成反复、重叠、绕口、拗口的句子,要求一口气急速念出。例如:

① 石室诗士施氏,嗜狮,誓食十狮。施氏时时适市视狮。十时,适十狮适市,适施氏适市。氏视是十狮,恃矢势,使是十狮逝世。氏拾是十狮尸,适石室。石室湿,氏使侍拭石室。石室拭,氏始试食是十狮。食时,始识是十狮,实十石狮尸。试释是事。

(《施氏食狮史》)

② 打南边来了个瘸子,担了一挑子茄子,手里拿着个碟子,地下钉着木头橛子。没留神那橛子绊倒了瘸子,弄撒了瘸子的茄子,砸了瘸子的碟子,瘸子毛腰拾茄子。打北边来了个醉老爷子,腰里掖着个烟袋别子,过来要买瘸子的茄子,瘸子不卖给醉老爷子茄子,老爷子一生气抢了瘸子的茄子,瘸子毛腰捡茄子拾碟子,拔橛子,追老爷子,老爷子一生气,不给瘸子茄子,拿起烟袋别子,也不知是老爷子的烟袋别子打了瘸子的茄子,还是瘸子用橛子打了老爷子的烟袋别子。

诗歌是音乐的语言,要求上口入耳。本来忌讳连续使用声母、韵母、声调相同的字词,但是,有的诗人却偏偏写声母、韵母、声调相同的诗歌。例如:

③ 贵馆居金谷,关扃隔藁街。
冀君见果顾,郊间光景佳。　(庾信《示封中录》)

④ 红栊通东风,翠珥醉易坠。
平明兵盈城,弃置遂至地。　(陆龟蒙《吴宫词》)

⑤ 蒲藤洞庭头,引叶漾盈摇。
皎洁钩高挂,玲珑影落寮。
阴烟压幽屋,濛密梦冥苗。
清秋青且翠,冬到冻都凋。　(姚合《葡萄架》)

⑥ 江干高居坚关扃，犍耕躬稼角挂经。
篙竿系舸菰茭隔，笳鼓过军鸡狗惊。
解襟顾影各箕踞，击剑赓歌几举觥。
荆笄供脍愧搅聒，乾锅更戛甘瓜羹。
（苏轼《西山戏题武昌王居士》）

交际活动中，语音句的交际效果是同语境密切相关的。

# 九　谐音

## 6.9.1 同音与谐音

汉语，特别是现代汉语，同音现象特别严重。

同音是就语音系统而言的。谐音是言语运用层面上的事情。谐音就是语言运用中的同音现象，谐音比同音范围宽广，包含语音相近。谐音是文化世界和心理世界的。谐音兼有积极与消极两个方面。积极方面，特指对同音现象、音近现象的积极利用和开发。

## 6.9.2 谐音与修辞

谐音的巧妙运用，可以增加语言的艺术情趣。如：

① 泰国洪灾　曼谷变“漫谷”
（《现代快报》2011 年 10 月 15 日）

② 人在南京，更有前途更有“钱途”
（《扬子晚报》2011 年 10 月 17 日）

谐音是构造幽默风趣的重要手段。《避暑漫抄》记载：

③ 问：“既言博通三教，释迦如来是何人？”
对：“妇人。”
问：“何也？”
对：“《金刚经》云‘敷坐而坐’，非妇人何须夫坐而坐也？”

问:"太上老君何人?"

对:"亦妇人。"

问:"何也?"

对:"《道德经》曰:'吾有大患为吾有身,及吾无身,吾有何患?'非妇人何患有娠乎?"

问:"文宣王何人也?"

对:"妇人也。"

问:"何以知之?"

答:"《论语》云:'沽之者,沽之者,我待贾者也。'非妇人奚待嫁为?"

李可及利用"敷"和"夫"、"身"和"娠"、"贾"和"嫁"的谐音曲解生义,来开玩笑。运用谐音联想来进行调侃打趣,在日常生活中也是经常出现的。

谐音在中国社会生活中的作用不能低估,使用之广泛是超出人们想象的。

### 6.9.3 谐音构词法

谐音也是一种构词手段。谐音构成的词,往往具有某种修辞色彩。例如:黄花闺女(黄毛丫头)(黄花菜——金针菜——贞:贞——贞节——处女)、半吊子和二百五(明清五百个铜板为一封,又叫一吊。二百五十个,是半封。"封"和"疯"同音,于是"二百五"和"半吊子"就是骂人话)、马大嫂(上海话"买、汰(洗)、烧"的谐音)、妻管严(气管炎的谐音)、夫轻松(肤轻松的谐音)、床头跪(床头柜的谐音)等,都有强烈的修辞色彩。谐音是歇后语构成的重要方式,例如:炮竹掉在水里头——不响∥火药闷在铳膛里——不响∥开山放瞎炮—不响∥断了弦的二胡——不响∥铃铛掉了舌头——不响∥断了捻子的炮仗——不响……这些歇后语表面形象说的都是"不响",但是"响"和"想"同音,骨子里说的是"不想"——不希望,不愿意。

吸收外来语的词汇时,有一种“增义音译法”,指的是:汉语处理音译外语词的时候,汉字不仅是单纯表音的符号,往往还兼有表示意义的功能,而且有时候意义并不是外来词语原先所有的。例如荷兰的正式国名是尼德兰王国,尼德——低的,兰——地方、国家。尼德兰是低地国家的意思。荷兰国名是从日耳曼语中的“霍德兰”一词演变而来的,“霍德”本是森林的意思,霍德兰原是森林之国。但是到了汉语,却同荷花和兰花发生了联系。再如一种饮料“Sprite”,翻译为“雪碧”,“雪”和“碧”的附加含义是原来没有的。还有:可口可乐——Coca Cola,奔驰——Benz,四通——Ston,标志——Peugeot,乐口福——Lacovo,登喜路——Dunhill,等等。翻译者精心挑选的汉字,给这些音译词语增加了汉语特有附加含义和感情色彩。

有时利用谐音的方式,故意寻找字面上可以望文生义的特殊的汉字,使得字面意思同原词语的意思毫不相干,把外来词语变成游戏逗乐的手段。例如:迪斯科——踢死狗,洛杉矶——落山鸡,麦当劳——卖当奴、俄亥俄——饿还饿,miss——迷死,cancer——砍杀尔,husband——黑漆板凳,等等。再如:

④ 几年前,认得的一对青年夫妻,跑到“落山鸡”去打天下。

(徐铭谦《中国“皮渣”》)

⑤ 一旁,电梯中走出一位“觅死的”John,或是 Steve 什么的,一手提着挺沉的行李箱,一手拎套西装。仆役才一道“早”! John 就一声“顾得猫儿脸”,早顺手把他那套西装递过去了。二人三五步就跨到了门口儿道“再见”。John 接过西装,手心塞过小费,外饶上“三块油喂你妈吃”而去。 (徐铭谦《尊颜何价》)

⑥ 十分偶然地,往旧金山湾远赴“饿还饿”州,出席“Big Ten”的一项学术集会。//听讲演,念“赔本儿”(Paper)里,掩耳自乐一番。

(徐铭谦《“相见欢”》)

⑦ 熟食如“卖当奴”,炸鸡块,热狗等等,都是大批制作,一式

一样毫无特色,食物等人,随到随有,可以三口两口抓食大啖吞咽的。 (庄因《是福? 是祸?》)

增义谐音外来词语有一种特殊的修辞意味。

### 6.9.4 谐音文化

谐音创造了汉语的谐音文化。大红灯笼高高挂,这是华人世界的特色。有谚语"外甥打灯笼——照舅(旧)"。现在灯笼已无实用价值。于是有人说成"外甥打电筒——照舅(旧)。"这样一来,这个谚语的文化韵味就全都消失了。事实上,这是一个利用谐音手法所构成的具有深厚文化内涵的微型文本:灯:eng→丁:ding。丁:成年男人。通过谐音手段造成了象征,构成了隐喻:灯就是丁,就是人,小孩。灯象征着生儿育女!特别是生个男孩子!这就是中国灯文化的内涵。陕西丹凤有舅舅给外甥送灯的风俗,目的是希望从娘家获得生育的能力。盛成在《我的母亲》中写道:"我们小时候,常到'老祖'家里去玩,她送我一盏虾蟆灯。替我发照,说我将来多子多孙,将像虾蟆小虾蟆一般。"(《盛成文集·纪实文学卷》)这一活动中,有两个角色:舅舅和外甥;两种事物:灯笼和子女;一个共同的目的:生儿育女。到了谚语中,保留了两个角色,目标隐退了,升到表层来的是灯笼,是它的功能——照。

元人刘时中在《套数[正宫]端正好·上高监司》中写道:

⑧[滚绣球]粜米的唤"子良",卖肉的呼"仲甫",做皮的是"仲才邦辅",唤"清之"必定开沽,卖油的唤"仲明",卖盐的称"士鲁",号"从简"的是采帛行铺,字"敬先"是鱼鲜之徒,开张卖饭的呼"君宝",磨面登箩底叫"得夫",何足云乎!

利用谐音,把粗俗的高雅化,这是汉语文化的一种特色。

谐音文化还表现在绘画、书法、建筑、雕塑、民间习俗、饮食服饰、节庆等各个方面,广泛而深入。

## 思考与练习

(1) 观察口语交际中,语音错误是如何妨碍表达效果的?谈谈语音在口语交际中的特殊魅力。举例说明语音在增强、提高语言的表达效果方面的作用。

(2) 观察音节(特别是单双音节)的搭配对表达效果的影响。

(3) 用例子来说明节拍同表达效果之间的关系。

(4) 观察节奏同语法和语义之间的不一致现象。

(5) 举例说明押韵在词语和句式选择方面的制约作用。

押韵是如何导致词语和句式超常现象的?

举例说明押韵字的响亮度同感情之间的关系。

(6) 举例说明平仄的修辞功能和美学功能。

(7) 举例说明谐音在社会生活中的重要性。

(8) 举例说明语音修辞和神秘文化之间的关系。

(9) 思考摹声词语的文化色彩和地方特色。

# 第七章　结构

填词首重音律，而予独先结构者，以音律有书可考，其理彰明较著。……至于结构二字，则在引商刻羽之先，拈韵抽毫之始。如造物之赋形，当其精血初凝，胞胎未就，先为制定全形，使点血而具五官百骸之势。倘先无成局，而由顶及踵，逐段滋生，则人之一身，当有无数断续之痕，而血气为之中阻矣。(李渔《闲情偶寄》)

棋子的各自价值是由它们在棋盘上的位置决定的，同样在语言里，每项要素都由于它同其它各项要素对立才能有它的价值。(索绪尔《普通语言学教程》)

## 一　句际关系和结构模式

### 7.1.1 句际关系

句子是交际的最小的单位。

修辞活动中的句子不是孤立的，而是上下文的有机组成部分，每一个句子都应当同先行句、后续句搭配得上，必须同其他句子联系在一起，构成一个完整的语篇。鲁迅在《藤野先生》中写道："大概物以稀为贵罢。北京的白菜运到浙江，便用红头绳系住菜根，倒挂在水果店头，尊为'胶菜'，福建野生的芦荟，一到北京就请进温室，且美其名曰'龙舌兰'。我到仙台也颇受这样的优待，不但学校不收学费，几个职工还为我食宿操心。"第一个句子是论题，第二、第三个句子是例证。第二个分句同第三个分句之间关系是本体和喻体的关系。换言之，是比喻把第二和第三个分句联系起来的。

句际关系，首先是句式搭配问题。《水浒传》第一百零四回："却是新安县龚家村东的黄达，调治好了打伤的病，被他访知王庆踪迹实落处，昨晚到房州报知州尹。"第二个分句是被动句，三个句子就不很协调了。再如："《默》写一位牧师伊勒那支因为专横，女儿威罗自杀，周围的人都非议这位牧师。"(《语文教学通讯》)三个分句，语法上都是通的，孤立地看没有什么毛病。但是，三个分句搭配不上，很难形成整体。如果改为："《默》写一位牧师伊勒那支因为专横，致使女儿威罗自杀，遭到周围人的非议。"三个分句相互搭配，构成了一个整体。

句际关系本质上是句子之间的逻辑联系问题。例如："它(对联)起源于宋初，流行于全国，至今不衰。"(程千帆《关于对联》)"起源于宋初"说的是时间，"流行于全国"说的是空间，两者搭配不上。就时间应是："起源于宋初，盛行于明清。"说地域则是："起源于开封，流行于全国。"

句子是由词组合而成的，但句子的意义并不是一个个词的意义简单地相加。语篇是由句子构成的，但是语篇的意义也不是其中一个个句子的意义简单地相加。语篇的意义是句义和句际关系的综合体。句际关系问题，莎士比亚就已经注意到了。在《爱的徒劳》中：

① 国王：他反对读书的理由多么充足！

杜曼：他用巧妙的言辞阻善济恶！

朗格维：他让莠草蔓生，刈除了嘉谷！

俾隆：春天到了，小鹅孵出了蛋壳！

杜曼：这句话是怎样接上去的？

俾隆：各得其所，各如其分。

杜曼：一点意思都没有。

俾隆：聊以凑韵。

孤立地看，"春天到了，小鹅孵出了蛋壳！"并没有什么毛病。但是在这个上下文中，就显得荒谬。一篇学术论文中写道："陆贾不但是汉初有名的政治活动家，同时也从事著述工作。"(《毕节学院学报》2011年第3期54页)孤立地看，"陆贾不但是汉初有名的政治活动家"和"同时也从事著述工作”都是正确的句子,但是两句合在一起,就搭配不当,是语言毛病。

### 7.1.2 句际关系的魔杖

一个本来不通的句子,假如有了适当的上下文或必要的情景,也可能是合适的,甚至是很好的话语。启功在《古代诗歌、骈文的语法问题》一文中,选取王维的诗“长河落日圆”,变化词序之后,得到若干个不同的句子。其中:“河长日落圆”,“圆日落长河”,“长河圆日落”,这三个句子,“虽有艺术性高低之分,但语义上并无差别,句法也无不通之处”。①

但是,“长日落圆河”——太阳不是长的,河流怎么是圆的呢?“河圆日落长”——太阳落山同长短有什么关系呢?“河日落长圆”——河流怎么会降落呢?降落的动作同长和圆有什么联系呢?“河日长圆落”——河流不会降落,动词“落”也不能用“长”和“圆”来修饰!“圆河长日落”——用“圆”修饰“河”,用“长”修饰“日”,都是负面的偏离,很是荒谬。“河长日圆落”——这个句子,有两种理解:(1)河长+日圆落。(2)(河长+日圆)+落。两种解释,在物理世界上,在日常生活中,都是非常荒谬的。但是,启功说:“这几式就不能算通顺了。但假如给它们各配上一个上句,仍可‘起死回生’。”例如:

“巨潭悬古瀑,长日落圆河。”“长日”是“整天、镇日”的意思,“古”指“由来已久”,“潭”是圆的水,“瀑”是落下来的水。不但是常识完全能够接受的了,而且给人以新颖感。

“瓮牖窥斜照,河圆日落长。”从瓮牖中看出去,那河是圆的。“斜照”指长的落日。

“瀑边观夕照,河日落长圆。”选择了一个特定的视点,在瀑布旁边观看夕阳,此时,河流同太阳一同降落,河流是长长的,太阳依然是圆圆的。太阳的降落,是物理世界的事实,这是实;而河流的降落,是人的心

---

① 启功:《汉语现象论丛》16—19页,中华书局1997年。

理世界的联想现象，则是虚。虚实并提，是中国古典诗词中常用的艺术手法。

“夕照瀑边观，河日长圆落。”河流同太阳一同降落时，一个长——河流，一个圆——太阳。

“潭瀑不曾枯，圆河长日落。”永不枯干的潭水中出来的瀑布，是永远流淌着的，是整天（长日，即从早到晚）都在向下落的。

“西无远山遮，河长日圆落。”没有一座远山遮蔽着，那么看到的就不是衔山的半日。

这个例子说明了句际关系的重要性。作家汪曾祺说：“语言的美不在一个个句子，而在句与句之间的关系。”①

### 7.1.3 结构模式

结构可以从形式和内容两个方面来观察。形式方面指的是话语的表达形式，即语言文字的组织方式；内容方面指的是话语所表达的信息之间的相互关系。例如：

> ② 青春，热情，明月夜，深切的爱，一对青年男女，另一个少年，三角恋爱，不体谅的父亲，金钱，荣誉，事业，牺牲，背约，埃及的商业，热带的长岁月。
>
> 没有父母的少女，酗酒病狂的兄弟，纯洁的初恋，信托的心，白首的约，不辞的别，月夜的骤雨，深刻的心的创痛，无爱的结婚，丈夫的欺骗与犯罪，自杀与名誉，社会的误解，兄弟的责难和仇视，孀妇的生活，永久的秘密，异邦的漂泊，沉溺，兄弟的病耗，返乡，兄弟的死，终身的遗恨。
>
> 久别后的重逢，另一个女人，新婚的妻子，重燃的热情，匆匆的别，病，玫瑰花，医院中的会晤，爱情的自白，三角的恋爱，偕逃的计划，牺牲的决心，覆车的死。　　（巴金的《春天里的秋天》）

---

① 汪曾祺：《谈小说的语言》，《作家》1998 年第 7 期。

从形式上看,这里全是词和短语的并列,是横式结构;但在内容上,却是一个女人的一生,是一个动态的过程,则是纵式结构。

形式结构反映了内容结构,并为内容结构服务。两者之间应当保持某种一致性,但是不能简单地等同起来。

内容的结构更为复杂,重要的是正和反。正和反,指的是内容上的两个对立对称的项目。其表现形式是多种多样的,例如:主和宾、古和今、人和物、情和景、虚和实、头和尾、肯定和否定、主动和被动、原因和结果、条件和结果等。

结构可以分为显性结构和潜性结构。显性和潜性是相对的,有多层次的。第一层,形式是显性的,内容是潜性的。第二层,形式方面和内容方面也都有显性和潜性之分。《古诗为焦仲卿妻作》:"十三能织素,十四学裁衣,十五弹箜篌,十六诵诗书,十七为君妇,心中常苦悲。"运用数字来表示句子之间的关系,这是显性的纵式结构。吴歌《五姑娘》:"东边要绣天边月,西边要绣月边星。上首要绣金童玉女两仙童,下首要绣一对和合两仙人。面前要绣乌龙勒取水,后底要绣七十二个古贤人。"对立对应的方位词语表现出来的横式结构。没有这些形式标志的则是潜性结构。公文语体、科技语体中多的是显性结构;文艺语体,特别是诗歌,多是潜性结构。苏轼《浣溪沙》:"谁道人生无再少?门前流水尚能西!"两个句子之间的关系是潜性的。诗歌的潜性结构是"诗无达诂"产生的重要原因。

## 二 纵式结构和横式结构

### 7.2.1 纵式结构和横式结构

组词成句,组句成段,连段成章(即文章),有两种结构方式,即纵式结构和横式结构。

横式结构是并列关系,空间性的,非时间的;纵式结构是流水关系,时间性的。在空间展开的并列项目理论上是可以互换位置的;在时间中呈现着的流水似的现象,理论上是不可以更换次序的。横式结构经常表示或表现静态的联系。例如,《女儿 媳妇 母亲 倪萍角色齐备重登场》,“女儿、媳妇、母亲”是倪萍的三种身份。并列也可以表示动态关系,例如,《流浪儿、打工仔、小老板、大学生、总经理——走近Y》,“流浪儿、打工仔、小老板、大学生、总经理”是Y的不同时期的社会角色,这是一个动态的过程。

横式结构往往有主次之分,多头并进时,一定需要突出主线。

修辞学研究区分横式结构和纵式结构,交际活动中往往是纵横交织、相互渗透的,纵式和横式总是交错在一起的。就词语或句子而言,既处在纵式关系中,也同时处在横式关系中。

### 7.2.2 纵式结构

纵式结构是由非并列关系的下位成分所组成的。

纵式结构中的句子或句群、段落的次序相对稳定,一般不可随意变动。鲍照《拟行路难》:“泻水置平地,各自东西南北流。”不能说成:“各自东西南北流,泻水置平地。”

语法学把复句分为偏正复句和联合复句两大类:(A)偏正复句,分为:(1)转折复句,如:“虽然困难重重,但是胜利是属于我们的。”(2)条件复句,如:“只要功夫深,铁杵磨成针。”(3)假设复句,如:“假如你是天空,我就是天空中的白云。”(4)因果复句,如:“因为你说谎,所以没有人相信你。”(5)目的复句,如:“为了祖国的统一大业,他奔走于海峡两岸。”(B)联合复句,分为:(1)并列复句,如:“修辞学是一门古老的学问,也是一门年轻的学问。”(2)选择复句,如:“不是鱼死,就是网破。”(3)顺承复句,如:“野火烧不尽,春风吹又生。”(4)递进复句,如:“这样的事情,不但过去和现在没有,将来也不会有。”

修辞学把复句分为:纵式句和横式句。偏正复句是纵式句,联合复句中的顺承复句和递进复句,也是纵式句。联合复句中的并列复句和选择复句是横式句。

句群和段落也同样分出纵式句群和纵式段落与横式句群和横式段落两种结构模式。

纵式结构的特征就是一个句子接着一个句子、一个句群接着一个句群,一个段落接着一个段落,依据逻辑关系先后陆续出现,其次序是相对固定的,不可随便颠倒。例如:“欲穷千里目,更上一层楼。”(王之涣《登鹳雀楼》)“山重水复疑无路,柳暗花明又一村。”(陆游《游山西村》)次序一旦颠倒,意思就变了。

纵式句群中,句子的先后顺序,往往以时间为依据。例如:

① 旦辞爷娘去,暮宿黄河边。不闻爷娘唤女声,但闻黄河流水鸣溅溅。旦辞黄河去,暮宿黑山头。不闻爷娘唤女声,但闻燕山胡骑鸣啾啾。(《木兰辞》)

② 去年相送,余杭门外,飞雪似杨花。今年春尽,杨花似雪,犹不见还家。(苏轼《少年游·润州作》)

时间不能逆转,以时间安排的句子次序是不能颠倒的。

纵式结构是最基本的、最常见的结构方式。纵式结构往往以时间、因果、条件、程度等关系为依据,来安排词、短语、句子、句群、段落的先后。依据时间的先后来安排次序,是最常见也是最自然的结构模式。避免单调,可以加入倒叙、插叙、补叙等手法。

### 7.2.3 横式结构

横式结构的特征是词语和句子、句群和段落,齐头并进,彼此独立,没有从属关系。联合短语和同位短语都是横式结构。例如:梅兰竹菊、琴棋书画、柴米油盐酱醋茶、工农兵学商、天地君亲师、男女老少、大男大女、少男少女、东南西北中、春花秋月、风花雪月、亚非拉美,又如:“鱼戏荷叶间:鱼戏荷叶东,鱼戏荷叶西,鱼戏荷叶南,鱼戏荷叶北。”(乐府诗《江南》)“四十年来家国,三千里地山河。”(李煜《破阵子》)“三十功名尘与土,八千里路云和月。”(岳飞《满江红》)

土家族民歌：

③ 几时松柏才长高？
几时杨柳才抽条？
几时石榴才开花？
几时桃树才结桃？
几时哥妹才搭桥？

形式上五个句子横向并列；内容上分为两层：前四句是最后一句的烘托与比喻。

汉语的句子的基本模式：主——谓（动——宾），这是纵式结构。但有一种横式结构句，例如："明月秋风洞庭水，孤鸿落叶一扁舟。"（贾至《初至巴陵与李十二白、裴九同泛洞庭湖》）两个句子，分别由三个并列的名词短语所构成。"柴门闻犬吠，风雪夜归人。"（刘长卿《逢雪宿芙蓉山主人》）后一个句子是"风雪"和"夜归人"的并列。苏轼的《蝶恋花》："墙里秋千墙外道，墙外行人，墙内佳人笑。"第一个句子由两个名词短语并列而成，第二个句子只是一个名词短语，只有第三个句子是主谓结构。马致远的小令："枯藤老树昏鸦，小桥流水人家，古道西风瘦马，夕阳西下，断肠人在天涯。"（《天净沙·秋思》）前三个句子都是并列结构。

联合复句中的并列复句和选择复句，都是横式结构。例如：

④ 东市买骏马，西市买鞍鞯，南市买辔头，北市买长鞭。（《木兰辞》）

⑤ 山花如绣颊，江火似流萤。（李白《夜下征虏亭》）

⑥（孟子）曰："为肥甘不足于口与？轻暖不足于体与？抑为采色不足视于目与？声音不足听于耳与？便嬖不足使令于前与？"（《孟子·梁惠王上》）

⑦（庄子）曰："夫子贪生失理而为此乎？将子有亡国之事斧钺之诛而为此乎？将子有不善之行愧遗父母妻子之丑而为此乎？将子有冻馁之患而为此乎？将子之春秋故及此乎？"（《庄子·至乐》）

前两例是并列复句，后两例是选择复句。

横式结构,也是构造整篇讲话或文章的重要手段。如:

⑧ 切切暗窗下,喓喓深草里,
秋天思妇心,雨夜愁人耳。　　　　(白居易《秋虫》)

⑨ 天上星多月不明,河里鱼多水不清,
山上花多开不败,世上人多心不同。
腰里钱多乱伦理,饭吃多了肚子疼。
(《比较歌》,《中国传统相声大全》)

横式结构的各个并列项目之间的次序,从理论上说,是可以任意颠倒的,但事实上往往要受到语音、语义和习惯的种种制约。

逻辑上的同类关系才可以并列,上下位关系和交叉关系,是不能也不宜并列的。例如:"入学考试分初试和复试两场。考试的题目是《武有七德论》;复试的题目是《不以规矩不能成方圆论》。"(《鲁迅——中国文化革命的主将》)"考试"和"复试"是从属关系,"考试"包括了"复试",两者不宜、不能并列。

横式结构中的各个并列项目,音节方面需要对称与均衡。

### 7.2.4 把握住纵横交错

词语和句子,在话语中处在纵横的交错点上,因此词语和句子的选择与锤炼就需要充分考虑到纵横两个方面。如果只看一面,忽视了另一面,就会出现这样那样的语言错误。一篇题为《谈长篇历史小说〈李自成〉》的文艺评论论文中写道:"小说中描写的张家寨、朱家寨,当过南京兵部尚书的吕维祺、永宁的万安王、洛阳的福王、开封的周王,直至最高的崇祯皇帝及其戚畹、勋旧、亲信臣僚,正是这一级级的大地主、大官僚、大贵族组成了一个最反动的集团,把吸血管伸向全国各地。"(《钟山》1978年第3期223页)这个句子虽然长,但并不复杂。它长就长在主语上。如果没有"正是"二字,其主语是"小说中描写的张家寨、朱家寨,当过南京兵部尚书的吕维祺、永宁的万安王、洛阳的福王、开封的周王,直至最高的崇祯皇帝及其戚畹、勋旧、亲信臣僚"和"这一级级的大地主、大官僚、大贵族”——两者之间是同位关系。有了“正是”之后，也可把“小说中描写的张家寨、朱家寨，当过南京兵部尚书的吕维祺、永宁的万安王、洛阳的福王、开封的周王，直至最高的崇祯皇帝及其戚畹、勋旧、亲信臣僚”看作句子的外位成分。“张家寨”和“朱家寨”都是地方，两者可以并列。“吕维祺”和“万安王”等是人，也能并列。“张家寨、朱家寨”同“吕维祺”和“万安王”等是不同类的，常规情况下是不能并列的。但是，都是“小说中描写的”这一修饰语的中心语，所以是可以并列的。问题出在：(1)“直至”表示的是递进关系，如果这个“直至”之后只出现一个至高无上的崇祯皇帝，那没有逻辑问题。可后面跟上来的是“戚畹、勋旧、亲信臣僚”，这同前面的“当过南京兵部尚书的吕维祺、永宁的万安王、洛阳的福王、开封的周王”之间就无法构成递进关系了。(2)把“崇祯皇帝”也归入“大地主、大官僚、大贵族”，不符合一般情理。(3)“直至”一词，孤立地看，没什么问题，但是联系它的最前面的修饰语“小说中描写的”，就成了“小说中描写的……直至最高的崇祯皇帝……”，这时候，这个“直至”就特别刺眼。(4)联系下文，“张家寨”、“朱家寨”就是“大地主、大官僚、大贵族”，并组成了“一个最反动的集团”，显然是很不合逻辑的。张家寨、朱家寨根本不是人，当然也就不能算是什么“大地主、大官僚、大贵族”了。这个语言失误，是写作者只顾其一，不顾其二的结果——在横式项目排列时，忘记了纵式联系。

横式结构要注意各个项目之间的逻辑关系，并尽量使各个系列项目之间保持均衡。词语的并列，要求词性相同，音节相等。词性不同的并列，往往显得不伦不类。例如：“《福建医药杂志》系本省综合性医学期刊。根据福建地处亚热带的特点，报导医疗预防和医药研究的实践经验，学术交流，中医学术探讨，中西医讲座，综述，病例讨论，短篇报导，病案报告，老中医经验，问题解答，国外医学译文等。”(1979 年 10 月 7 日《光明日报》)并列通常要求词性一致，而这里的并列项目，有名词短语和动词短语(如“探讨”、“讨论”等)，例子并列；又忽视了并列各个项目同动词“报导”的搭配照应，其中一些项目同“报导”很难搭配如：

“报导……综述”、“报导……短篇报导”、“报导……国外医学译文”，整体显得有些别扭。

## 三　整句和散句

### 7.3.1 整句的定义与功能

单个的句子，无所谓整和散，许多句子组合在一起，就有了整和散的问题。

一组句子有这样那样的相同相似之点，就叫作整句。

平行句式是整句中常见的一种格式。如韩愈的《原毁》中写道：

① 古之君子，其责己也重以周(a)，其待人也轻以约(b)。重以周，故不怠(c)；轻以约，故人乐为善(d)。

② 今之君子则不然，其责人也详(a)，其待己也廉(b)。详，故人难于为善(c)；廉，故自取也少(d)。

③ 闻古之人有舜者，其为人也，仁义人也。求其所以为舜者，责于己曰：“彼，人也；予，人也；彼能是，而我乃不能是！”早夜以思，去其不如舜者，就其如舜者。(a)闻古之人有周公者，其为人也，多才与艺人也。求其所以为周公者，责于己曰：“彼，人也；予，人也；彼能是，而我乃不能是！”早夜以思，去其不如周公者，就其如周公者。(b)

这些都是 a 和 b，c 和 d 所构造成的平行句式。

对偶、对照等修辞格是构造整句常用的手段。整句大量运用排比和反复，整齐匀称，节奏鲜明，铿锵有力，气势磅礴。例如：

④ 太阳啊，我家乡来的太阳！

北京城里的官柳裹上一身秋了罢？

唉！我也憔悴的同深秋一样！

太阳啊,奔波不息的太阳!

你也好像无家可归似的呢。

啊!你我的身世一样地不堪设想!

太阳啊,自强不息的太阳!

大宇宙许就是你的家乡罢。

可能指示我我底家乡的方向?（闻一多《太阳吟》）

整句是骈体文的灵魂。例如:

⑤ 愿在衣而为领,承华首之余芳;悲罗襟之宵离,怨秋夜之未央。愿在裳而为带,束窈窕之纤身;嗟温凉之异气,或脱故而服新。愿在发而为泽,刷玄鬓于颓肩;悲佳人之屡沐,从白水以枯煎。愿在眉而为黛,随瞻视以闲扬;悲脂粉之尚鲜,或取毁于华妆。愿在莞而为席,安弱体于三秋;悲文茵之代御,方经年而见求。愿在丝而为履,附素足以周旋;悲行止之有节,空委弃于床前。愿在昼而为影,常依形而西东;悲高树之多荫,慨有时而不同。愿在夜而为烛,照玉容于两楹;悲扶桑之舒光,奄灭景而藏明。愿在竹而为扇,含凄飙于柔握;悲白露之晨零,顾襟袖以缅邈。愿在木而为桐,作膝上之鸣琴;悲乐极以哀来,终推我而辍音。（陶潜《闲情赋》）

也许就是因为整齐得太过分了,反而显得有些呆板。

### 7.3.2 散句的定义与功能

一组句子,句式不同,长短不一,较少相同的词语,这就是散句。

如朱自清的《绿》:“而瀑布也似乎分外的响了。那瀑布从上面冲下,仿佛已被扯成大小的几绺;不复是一幅整齐而平滑的布。岩上有许多棱角;瀑流经过时,作急剧的撞击,便飞花碎玉般乱溅着了。那溅着的水花,晶莹而多芒;远望去,像一朵朵小小的白梅,微雨似的纷纷落着。”这就是散句,清新自然,轻松活泼。

散句,体现了语言的变化美。有时在本可以采用整句的地方,人们往往有意识地改为散句。章熊说:“在日常写作中,我们常常为避免过于单调而设法增加语句的变化。”他举《世界大学生运动会全部结束》的新闻为例:“获得女子篮球比赛前八名的是苏联、美国、保加利亚、古巴、中国、加拿大、罗马尼亚和南斯拉夫队。获得男篮比赛一至八名的是美国、苏联、捷克斯洛伐克、加拿大、古巴、西班牙、巴西和保加利亚队。女子排球一至八名为苏联、古巴、保加利亚、捷克斯洛伐克、中国、美国、罗马尼亚和波兰队获得。保加利亚、捷克斯洛伐克、南朝鲜、苏联、古巴、罗马尼亚、南斯拉夫和美国队取得男排比赛的前八名。”[①]这个例子,本来是可以用很整齐的格式来表达的:

(A) 获得女子篮球比赛前八名的是苏联、美国、保加利亚、古巴、中国、加拿大、罗马尼亚和南斯拉夫队。获得男子篮球比赛前八名的是美国、苏联、捷克斯洛伐克、加拿大、古巴、西班牙、巴西和保加利亚队。获得女子排球比赛前八名的是苏联、古巴、保加利亚、捷克斯洛伐克、中国、美国、罗马尼亚和波兰队。获得男子排球比赛前八名的是保加利亚、捷克斯洛伐克、南朝鲜、苏联、古巴、罗马尼亚、南斯拉夫和美国队。

(B) 苏联、美国、保加利亚、古巴、中国、加拿大、罗马尼亚和南斯拉夫队获得女子篮球比赛前八名。美国、苏联、捷克斯洛伐克、加拿大、古巴、西班牙、巴西和保加利亚队获得男子篮球比赛前八名。苏联、古巴、保加利亚、捷克斯洛伐克、中国、美国、罗马尼亚和波兰队获得女子排球比赛前八名。保加利亚、捷克斯洛伐克、南朝鲜、苏联、古巴、罗马尼亚、南斯拉夫和美国队获得男子排球比赛前八名。

(C) 苏联、美国、保加利亚、古巴、中国、加拿大、罗马尼亚和南斯拉夫队,美国、苏联、捷克斯洛伐克、加拿大、古巴、西班牙、巴西和保加利亚队,苏联、古巴、保加利亚、捷克斯洛伐克、中国、美国、罗马尼亚和波兰队,保加利亚、捷克斯洛伐克、南朝鲜、苏联、古巴、罗马尼亚、南斯拉夫和美国队,分别获得女子篮球比赛、男子篮球比赛、女子排球比赛、男

---

① 章熊:《语言的整齐与变化》,《语文学习》1979年第2期。

子排球比赛的前八名。

(D) 获得女子篮球比赛、男子篮球比赛、女子排球比赛、男子排球比赛的前八名的，分别是苏联、美国、保加利亚、古巴、中国、加拿大、罗马尼亚和南斯拉夫队，美国、苏联、捷克斯洛伐克、加拿大、古巴、西班牙、巴西和保加利亚队，苏联、古巴、保加利亚、捷克斯洛伐克、中国、美国、罗马尼亚和波兰队，保加利亚、捷克斯洛伐克、南朝鲜、苏联、古巴、罗马尼亚、南斯拉夫和美国队。

(A)、(B)、(C)、(D)都显得单调呆板，不如原句。原句活泼自然，这是因为它一方面采用不同的词语，避免同一词语的重复出现。另一方面还适当变换句式，四个句子采用了三种不同的格式：

(1) 获得女子篮球比赛前八名的是……≈获得男篮比赛一至八名的是……

(2) 女子排球一至八名为……获得

(3) ……取得男排比赛的前八名

句式的变化避免了单调乏味。

### 7.3.3 整句和散句的选择

整句和散句，各有特色。整句有整句的长处，散句有散句的好处。金兆梓说："偶句之妙在凝重，奇句之长在流利。然叠用偶句，其失也单调而板滞；叠用奇句，其失也流转而无骨。必也参互错综而用之，则气振而骨植，且无单调之病，而有变化之妙矣。"整句体现整齐美，散句表现变化美。整句和散句各有自己的使用范围。至于什么时候用整句，什么时候用散句，这主要取决于内容和上下文的需要。但是就整篇文章而言，不可没有整句，也不可没有散句。宋人李涂说："文字须有数行齐整处，须有数行不齐整处。"(《文章精义》五十五)这是很有见地的话。如果通篇全用整句，势必会单调、呆板，甚至显得做作。六朝时期的四六对偶骈体文就有这个毛病。如果通篇都用散句则会影响文章和讲话的气势，甚至会显得散乱而不成一个整体。因此，"必也参互错综而用之,则气振而骨植,且无单调之病,而有变化之妙"。初学写作的人,往往片面追求语言的整齐美,喜好滥用整句,而不肯在散句上多下功夫,忽视语言的变化美,这是不妥当的。运用语言讲究的人在语言的变化美方面都是很下功夫的。总之,整齐和变化的统一,整句和散句的结合,才是美。为此,就要掌握构造整句和散句的各种方法。构造整句的技巧是多种多样的,主要是适当重复相同的要素,如音素、词语、句式等。押韵、对偶、排比、反复等都是构造整句的好方法,它们的要点都是适当重复相同的要素。

散文不散,散句也不散。为了做到散句不散,应当探讨词语、句式和上下文之间的关系,要学会根据内容和上下文的要求来选择词语、配搭句式。散句,通常不追求外部形式上的相似,而顺乎事物内在的逻辑关系。事物内在的逻辑关系,通常包括时间上的先后、原因和结果的对应、主体和客体的对应等。它往往像一根红线一样把一组散句构成一个统一的整体。

## 四 长句和短句

### 7.4.1 长句和短句

长句和短句,是一组相对的概念。

长句和短句的"长"和"短",指的是所包含的词语数量多少。贾谊《过秦论》中写道:"于是,六国之士,有宁越、徐尚、苏秦、杜赫之属为之谋,齐明、周最、陈轸、召滑、楼缓、翟景、苏厉、乐毅之徒通其意,吴起、孙膑、带佗、兒良、王廖、田忌、廉颇、赵奢之伦制其兵。"这是一个主语为"六国之士"的"有"字句,单句,字数很多的长句。

长句和短句,其实都是对不长不短的句子——常规句——而言的。这个不长不短的句子的标准,古今是不同的。一般说来,现代汉语中的常规句的长度比古代汉语的要长一些。长句、短句和常规句,其实是模糊的概念，时至今日谁也说不出一个明确的意见，谁也说不出多少词语组成的句子是长句（或短句）。

长句和短句，同单句和复句不能等同起来。单句和复句是从句法结构上说的，只有一个主谓结构的是单句；有两个以上的主谓结构的是复句。例如：

① 在他流下了一大缸咸涩的汗水而使他成了全公社赫赫有名的“亩产千元”的“种烟状元”，安哥拉长毛兔给他带来的一千多元进项又使他获得“养兔大王”的光荣称号之后；在他别出心裁地打破自西汉时代流传至今的“五脊六兽”、青砖到顶的传统设计，用钢筋水泥预制板盖起了使山民们叹为观止的三间新式平顶屋之后；在迎亲“炮手”李赖孩儿骑到树杈上点燃了千头火鞭，迎来了系着大红彩绸的汽车，媒人王大脚兜头盖脸地朝新娘身上撒了满满一升五谷掺和着硬币的“喜钱”之后；在从“响器沟”高价请来的“唢呐王”第四代玄孙鼓起腮帮、涨红脸庞，吹奏着《抬花轿》的古老曲牌，同从嵩阳街租来的三洋牌收录机里传出的“毛毛雨，啊，毛毛雨”进行了声嘶力竭的拼搏之后；在公社秘书兼主婚人、新郎的本家叔李兴福吸着带嘴儿的喜烟，向满院子喝着喜酒，嚼着喜糖的喜客们发表了“巧种烟赛过摇钱树，光棍坡飞来金凤凰”的长篇贺词之后；在麦收娘为她的从小没爹的苦孩子的一个迟到的婚配，用衣襟、用袖口、用头巾、用干涩的手掌抹去无数次辛酸的眼泪之后，二十八岁的李麦收终于有个媳妇了。　（张一弓《流泪的红蜡烛》）

这个句子，虽然长，但却是一个单句。但是，例如：“再笑不理你！”这句话虽然短，但却是个复句：你再笑，我就不理你了。语法结构上，长句往往比短句要复杂得多。这个长句说的是：一个叫李麦收的人，有了媳妇了。长就长在时间状语上——六个“在……之后”的并列。每个状语内部也很复杂，嵌入“在……之后”框架中的大都是复句。所以说，单句不等于简单的句子，复句也不等于复杂的句子。

短句说的是句子的字数少，不是语法结构的简单。“再说不理你！”

“不听话就打!”“胡说就走人!”等短句,其实是语法学上的复句。

句子的长和短,有民族的差别。汉语的特点是主要靠词序和虚词表示各种语法关系。一般说来,如果句子太长,各种语法关系就不大容易表示清楚。印欧语系的语言中句子的长度,要比汉语长得多。高尔基有一个短篇小说,陈冰夷译作《那伏尔·拉吉姆·奥格雷》,其中有这样一句:“这是一个克里米亚的老牧人,一个高个子、白头发、给南方的太阳晒得黑黑的、干瘪的、智慧的老人。”巴金把题目译为《纳迪尔·拉吉姆·奥格雷》,该句译为:“他是克里米亚的老牧羊人,高个子,白头发,皮肤给南方的太阳烤黑了,是一个聪明的干瘦老头子。”前者是长句,后者是短句。前者更接近于原文;后者更汉语化,流畅而上口。

## 7.4.2 长句的功能

一般地说,复句比单句要复杂得多。

长句的复杂性,表现在语义内容和结构形式两个方面。长句,结构比较复杂,组织严密,容量较大,有气势,叙事具体,说理周详。

常见的说法是,同外语相比,汉语中长句少,因为没有关系代词。因此翻译作品中的句子普遍比较长。古代汉语中长句比现代汉语少。现代汉语中,书面语的长句比口头语中多。一般情况下,学术语体的长句比文艺语体多。

汉语的长句长在修饰语上,特别是并列成分的修饰语上。例如:

② 亢金龙、女土蝠、房日兔、心月狐、尾火虎、箕水豹、斗木獬、牛金牛、氐土貉、虚日鼠、危月燕、室火猪、壁水貐、奎木狼、娄金狗、胃土彘、昴日鸡、毕月乌、觜火猴、参水猿、井木犴、鬼金羊、柳土獐、星日马、张月鹿、翼火蛇、轸木蚓,领着金头揭谛、银头揭谛、六甲六丁等神、护教伽蓝,同八戒、沙僧,不领唐三藏,丢了白龙马,各执兵器,一拥而上。(吴承恩《西游记》第六十五回)

③ 到三月二十九日,迟衡山约齐杜仪、马静、季萑、金东崖、卢华士、辛东之、蘧来旬、余夔、卢德、虞感祁、诸葛佑、景本蕙、郭铁

笔、萧鼎、储信、伊昭、季恬逸、金寓刘、宗姬、武书、臧荼，一齐出了南门，随即庄尚志也到了。　　(吴敬梓《儒林外史》第三十七回)

这两个长句长就长在并列结构上。理论上说，并列结构的项目是没有限制的。地球上已经有了七十亿人口了，那么可以列举这七十亿人的姓名来造一个单句："马季、姚明、陈佩斯、刘翔、李娜、赵本山……都是人呀!"甚至可以一一罗列古代人的姓名。

金兆梓在《实用国文修辞学》中把长句区分出"张句"和"弛句"。"张句者，其句法之组织，将句义保留至最后始出者也，故非直至句末一字，不能完足其意义。"[①]他举苏轼的《稼说》为例："古之人其才非有以大过今之人也，其平居所以自养，而不敢轻用以待其成者，闵闵焉如婴儿之望长也，弱者养之以至于刚，虚者养之以至于充，三十而后仕，五十而后爵，信于久屈之中而用于至足之后，流于既溢之余而发于持满之末，此古之人所以大过人，而今之君子所以不及也。"这类之所以叫作张句，是因为需要一口气说出来，中间不允许过多停顿。再如："当我讲到'马列主义、毛泽东思想不能作为检验真理的标准，也要接受真理的检验，我们要坚持毛泽东思想的科学体系，要坚持毛泽东思想的基本原则，但要批判林彪的"句句是真理，一句顶一万句"'时，他霍地站了起来。"(莫清华《格中人轶事》)朗读就比较吃力了。

金兆梓说："弛句即张句之反面，正意先已提出，而将副词副子句置于正意之后，故不必直至句末，随在可以中止者也。"[②]他以《左传·襄十四年》："赐我南鄙之田，狐狸所居，豺狼所嗥"一句为例作为解说，指出弛句是句子中可以有停顿的，因此读起来不很吃力、语气舒缓的长句。

古代诗词中也有长句，例如：

④ 十里荷花，三秋桂子，四山晴翠，使百年南渡，一时豪杰，都忘却平生志。　　(陈德武《水龙吟》)

---

① 金兆梓：《实用国文修辞学》119页，中华书局1934年。

② 同上，80页。

⑤ 我是一个蒸不烂、煮不熟、捶不扁、炒不爆、响当当一粒铜豌豆,恁子弟每谁教你钻入他锄不断、斫不下、解不开、顿不脱、慢腾腾千层锦套头。我玩的是梁园月,饮的是东京酒,赏的是洛阳花,攀的是章台柳。我也会围棋、会蹴鞠、会打围、会插科,会歌舞、会吹弹、会宴作、会吟诗、会双陆,你便是落了我牙、歪了我嘴、瘸了我腿、折了我手,天赐与我这几般儿歹症候,尚兀自不肯休,则除是阎王亲自唤、神鬼自来勾、三魂归地府、七魄丧冥幽。天那,那其间才不向烟花路儿上走。(关汉卿《南吕一枝花·不服老》)

例④,“使”字句的主语是“十里荷花,三秋桂子,四山晴翠”,宾语是“百年南渡,一时豪杰,都忘却平生志”。是弛句,朗读时并不吃力。例⑤连续运用紧张型长句,朗读时颇为吃力,但正是这吃力才充分体现出一种张力。

### 7.4.3 短句的功能

短句结构简单,语法关系明确,短小精悍,生动活泼,明白易懂。例如元代郑光祖的《㑇梅香》第三折:“哎,不妨,莫慌,我当。”再如:

⑥ 是你大,
还是咱们大?
是你怕,
还是咱们怕?
而今哟,
难道还用回答!
大风呀,
你刮!
大雪呀,
你洒!
请看今日的世界,
竟是谁家之天下!(郭小川《大风雪之歌》)

民间歌谣，特别是儿歌中，短句特多，例如：

⑦ 糖罐花，白堂堂。
心想嫁，又想娘。
想不嫁，又想郎。　　　　　　（民歌《糖罐花》）

⑧ 鸡鸡斗，斗鸡鸡，哄哄飞。　　　　　　（吴歌）

短句多是日常会话语体的一个特征。相声大师侯宝林《戏剧与方言》里设想了一个情境：哥儿俩住一个院里，一个东房，一个西房，夜间一个有动静，就产生双方的问与答。侯宝林先用啰唆的北京话，生动地说出了300多字，逗得听众大笑5次。接着又说：

⑨"这是谁呀？""是我伲呐。""你干么去？""我撒泡尿。"
（这是北京话。共16个字。）
"这是谁？""这是我。""上哪(儿)去？""上厕所。"
（这是山东话。共12个字。）
"啥人？""吾呀。""啥体？""赤屎。"
（这是上海话。共8个字。）
"谁？""我。""咋？""尿。"
（这是河南话。只有4个字。）

《吴歌甲集》中有篇名为《碰碰门(对句)》的：

⑩ 碰碰门。
"落个？"
"隔壁张小大。"
"做啥？"
"兜火。"
"兜火做啥？"
"寻引线。"
"寻引线做啥？"
"补叉袋。"

这一对句长到七十多句。

启功生前《自撰墓志铭》:"中学生,副教授。博不精,专不透。名虽扬,实不够。高不成,低不就。瘫趋左,派曾右。面微圆,皮欠厚。妻已亡,并无后。丧犹新,病照旧。六十六,非不寿。八宝山,渐相凑。计平生,谥曰陋。身与名,一齐臭。"这可以看成是三字经的继承与创新。

### 7.4.4 长句和短句的选择与搭配

长句和短句,各有长处。一篇讲话或文章,通常都需要长句和短句交错使用。例如:"我这次是专为了别他而来的。我们多年聚族而居的老屋,已经公同卖给别姓了,交屋的期限,只在本年,所以必须赶在正月初一以前,永别了熟识的老屋,而且远离了熟识的故乡,搬家到我在谋食的异地去。"(鲁迅《故乡》)先用短句来概括,然后用一个长句来加以铺叙。长句和短句交错使用,相互补充,使文章波澜起伏,疏密有致,提高了语言的表现力。

我们不但要知道长句和短句的特点,还要掌握把长句化为短句、把短句变为长句的方法。为了把长句化短,就必须弄清长句构成的条件。汉语中的长句之所以长,主要是由于定语、状语太复杂,或并列成分太多,或结构层次繁复。例如:

⑪ 这些"下等人",要他们发什么"我们现在走的是一条狭窄险阻的小路,左面是一个广漠无际的泥潭,右面也是一片广漠无际的浮砂,前面是遥遥茫茫荫在薄雾的里面的目的地"那样热昏似的妙语,是办不到的,可是在无意中,看得住这"荫在薄雾的里面的目的地"的道路很明白:求婚,结婚,养孩子,死亡。 (鲁迅《无常》)

⑫ 党支部书记高山兰把儿子铁梁埋在西山坡她丈夫的坟旁以后,终于相信今天晌午还"娘、娘"地叫着她,扔给她一件磨烂了双肩的小夹袄让她快点儿补好的大孩子,那个像青枫树一样高大覈直,却像大闺女一样腼腆害羞的大小伙子,确实已经死了,在幸福渠二号洞的塌方事故中死了。 (张一弓《牺牲》)

例⑪ 的主要成分是:这些"下等人",要他们发如此的妙语,是办不到的，可是这道路是看得很明白的。用短句来表达，可以是："这些'下等人'，是发不出那样热昏似的妙语来的，要他们发这样的妙语也是办不到的。那样的妙语就是：'我们现在走的是一条小路，这小路是狭窄险阻的，小路的左面是一个泥潭，这泥潭是广漠无际的。这小路的右面是一片浮砂，这浮砂是广漠无际的。这小路的前面是目的地，这目的地是遥遥的，茫茫的，它荫在薄雾的里面。'可是这些下等人在无意中，看得出这目的地——'所谓荫在薄雾的里面目的地'——，而且看得很明白，那就是：求婚，结婚，养孩子，死亡。"

例⑫ 的主要成分是：高山兰终于相信，大孩子确实已经死了。"小伙子"和"大孩子"是同位语，又各自带了复杂的定语，在说完"确实已经死了"之后，又追补了一句"在幸福渠二号洞的塌方事故中死了"。可以改为："支部书记高山兰把儿子铁梁埋了，埋在西山坡，就在她丈夫的坟旁。埋了以后终于相信，她的大孩子确实已经死了，是在幸福渠二号洞的塌方事故中死的。他是一个大小伙子，今天晌午还'娘、娘'地叫着她，扔给她一件磨烂了双肩的小夹袄，让她快点儿补好。他像青枫树一样高大挺直，却像大闺女一样腼腆害羞。"再如："简简单单说，会打算盘、会记账、会看脸色、会看天时、会看地利、聪明能干、稳沉笃定的我们的文化局长，在文艺界全'军'覆灭的情况下，跟我一样，也一锅下，遭灭顶之灾。"（梅汝恺《"新鸳鸯蝴蝶派"风情录》）就可以变成一组短句："简简单单说，我们的文化局长聪明能干，是一个稳沉笃定的人，他会打算盘，会记账，也会看脸色，而且既会看天时，也会看地利。那时，文艺界全'军'覆灭了，我遭灭顶之灾，我们的局长也一样，跟我一锅下，遭灭顶之灾。"

一般来说，繁杂的定语、状语可以变为分句，并列成分可以用分说。把短句变为长句，则反其道而行之，或把各个独立的分句变为主语的定语、状语等修饰成分，或把有关联的分句变为主句的并列成分。例如下面一组短句："宋宝琦低头坐在床上，两只肌肉饱满的胳膊撑在床边，两眼无聊地瞅着双脚，他的双脚穿着白边懒鞋，正互相搓动着。这宋宝琦拒绝接受人类文明史上一切有益的知识和美好的艺术结晶。张老师望着宋宝琦。他只觉得心里的火苗扑腾往上蹿,一种无形的力量冲击他的喉头,他几乎要喊出来——救救被‘四人帮’坑害了的孩子!”(刘心武《班主任》)如果把其中的一些分句变为定语或状语作为主句的修饰语,可以组合为:“望着低头坐在床上,两只肌肉饱满的胳膊撑在床边,两眼无聊地瞅着互相搓动的、穿着白边懒鞋的双脚,拒绝接受一切人类文明史上有益的知识和美好的艺术结晶的这个宋宝琦,张老师只觉得心里的火苗扑腾往上蹿,一种无形的力量冲击着他的喉头,他几乎要喊出来——救救被‘四人帮’坑害了的孩子!”这就成了一个长句。

## 五　词序

### 7.5.1 汉语中的词序

词序在汉语中特别重要。汉语没有印欧语那样丰富发达的形态,语法意义主要靠词序和虚词来表达。词序比较固定,是汉语的重要特点。词序也是汉语修辞的重要手段。沈括《梦溪笔谈》中,就欧阳修的“老我倦鞍马,谁能事吟嘲”和王安石的“老我衔主恩,结草以为期”评论说:“言‘老我’,则语有情,上下句皆有惜老之意。若作‘我老’,与‘老我’虽同,而语无情,诗意遂颓惰。此文章佳语,独可心喻。”沈括此说强调了词序的重要性。

汉语实词,按照一定的次序排列起来,便能构成短语或句子。例如,偏正短语:“明媚的阳光、东方的巨龙、发展中的国家”等;动宾短语:“攀登高峰、克服困难、抓住机遇”等;联合短语:“桌椅板凳、梅兰竹菊、琴棋书画、工农兵学商”等;主谓短语:“阳光明媚、万里无云、百花齐放、百家争鸣”等。句子:“春天到了。花儿开放了。鸟儿正在树上歌唱。”

相同的语素或词的组合,词序不同,结构和意义可能就大不相同了。例如:工人——人工、心上——上心、身上——上身、人情——情人、色情——情色、牛肉——肉牛、上海——海上;妈妈的爸爸——爸爸的妈妈、生活的真实——真实的生活、中国的传统——传统的中国、语言的美——美的语言、存在的现象——现象的存在,等等。宋人罗大经说:“孟子言‘求放心’,而康节邵子曰:‘心要能放。’二者天渊悬绝。盖‘放心’者,自放也;心放者,吾能放也。放心者,如鸡豚出于埘栅,不求则不得。心放者,如鹰隼翔于云霄,而絛旋固在吾手也。众人之心易放,圣贤之心能放。”(《鹤林玉露》)王力在《夫妻之间》中谈到有一则笑话,老爷说“天地、乾坤”等字眼,天比地高,乾比坤高。太太提出“阴阳、雌雄”等字眼,强调“阴”在“阳”上,“雌”在“雄”上。

汉语的词序,是比较固定的。主谓结构:主语在前,谓语在后;偏正结构:定语、状语在前,中心语在后;补充结构:补语在后,中心语在前。几个定语共同做修饰语时,单音节词紧靠中心语,形容词和表示类别、性质的名词离中心语比较近,代词和表示领属或时间、地点的名词在最前面,可以远离中心语,中间的是动词或动词性短语。几个状语共同做修饰语时,紧靠中心语的是表示性状的状语,表示原因或目的的状语离中心语最远,在中间的是表示时间,地点或能愿的状语。汉语句子的最基本的词序是:主语——谓语——宾语。

汉语的词序是不能任意变动的。变动之后,或者是不通,或者是不顺,或者是意义大不一样。例如:“不怕辣——辣不怕——怕不辣”、“不很好——很不好”、“自然的美——美的自然”、“没有什么——什么也没有”、“活死人——死活人——活人死”、“读死书——读书死——死读书”、“不很注意——很不注意”,等等。

汉语词序也有相当灵活的一面。有时词序颠倒了,意思基本不变。例如:“一锅饭吃了三十个人——三十个人吃了一锅饭”、“两个人骑一匹马——一匹马骑两个人”、“汽车盖着油布——油布盖着汽车”、“你买票——票你买——你票买——买票,你”。

### 7.5.2 词序是修辞手段

词序是一种重要的修辞手段。“已观山中画,更看画中山。”“诗中有画,画中有诗。”就是对词序修辞的开发。

并存着的多种词序,在表义、色彩风格等方面的细微差别。例如:“客人来了——来客人了”、“鱼我买了——我买了鱼”,前者客人和鱼是确定的,交际双方已知的;后者中的客人和鱼是未定的,是交际对象所未知的。如果太太叫你去买鱼,你可以、也应当说:“鱼我买了。”如果太太没要你买鱼,你说“鱼我买了”,她一定很是惊诧。这时你应当说:“我买鱼了,很便宜的。”不同的词序往往侧重点不同。如果重点在于陈述事实,则说“我看过这本书、我见过这个人、我吃过这道菜、我说过这句话”等。重点在于描述对象,则说“这本书我看过、这个人我见过、这道菜我吃过、这句话我说过”等。要强调主体,则说“我,这本书看过”“我,这个人见过”“我,这道菜吃过”“我,这句话说过”等。

词序不同,风格色彩往往不同。例如:“两本书——书两本”、“两斤苹果——苹果两斤”、“五朵红花——红花五朵”等。前者是记账式的,后者是通用的。再如:“来了吗,你哥哥?”和“你哥哥来了吗?”“走了吧,大概。”和“大概走了吧。”“下班了,已经?”和“已经下班了?”“买了没有,给我?”和“给我买了没有?”前者是口语色彩,后者是通用的。

词序偏离常规的,大多有强调的意味。例如:“然而现在呢,只有寂静和空虚依旧,子君却决不再来了,而且永远,永远地!”(鲁迅《伤逝》)“我想,只要青天白日旗插远去,恐怕‘孤桐先生’也会来革命的。不成问题了,都革命了,浩浩荡荡。”(鲁迅《答有恒先生》)前例正常词序应当是“子君却永远、永远地决不再来了”,后例正常词序应当是“都浩浩荡荡革命了”,这里却都将状语后置了。状语后置,起到了加强语气的效果。

词序是一种修辞手段。《南史》第八十五卷,张融给堂叔张永的信中说:“融不知阶级,阶级亦可不知融。”张融善草书,齐高帝萧道成对张融说:“卿书殊有骨力,但恨无二王法。”张融回答说:“非恨臣无二王法,亦恨二王无臣法。”张融经常感叹说:“不恨我不见古人,恨古人不见我。”辛弃疾的《贺新郎》:“我见青山多妩媚,料青山见我应如是。”“不恨古人吾不见,恨古人不见吾狂耳。”

词序可以构造双关语:

① 他又从另一侧露出脑壳,朝人群多的地方高喊:

“卖报！新华——扫荡——中央!”

过路的群众听了,有的人露出会心的一笑。

(陆扬烈、冰夫《雾都报童》)

“新华——扫荡——中央”,是一个双关语。表层结构是联合短语,“新华”指《新华日报》,“扫荡”、“中央”指《扫荡报》、《中央日报》。同时出售三种报纸。三种报纸的次序是自由的。深层结构是主谓宾齐全的句子。“新华”、“扫荡”、“中央”的次序是不可以颠倒的,颠倒后意思正好相反。其中的“扫荡”表层结构中是名词,《扫荡报》的简称,深层结构中是个动词。这是词性双关,是没有形态的汉语所特有的修辞现象。

汉语语序具有灵活性,多种词序并存可交替使用。如:

② 这鼓一声,钟一声,磬一声,木鱼一声,佛号一声……乐音在大殿里,迂缓的,曼长的回荡着,无数冲突的波流谐合了,无数相反的色彩净化了,无数现世的高低消灭了……

这一声佛号,一声钟,一声鼓,一声木鱼,一声磬,谐音盘礴在宇宙间——解开一小颗时间的埃尘,收束了无量数世纪的因果。

(徐志摩《常州天宁寺闻礼忏声》)

两种语序的交错运用,既使诗歌丰富多彩,也表现了两种境界:“这鼓一声,钟一声,磬一声,木鱼一声,佛号一声……”,是一个现实世界,是动态的,正在进行时——鼓正一声又一声,钟正一声又一声,磬正一声又一声,木鱼正一声又一声,佛号正一声又一声……,使读者如身临其境。“一声佛号,一声钟,一声鼓,一声木鱼,一声磬”,是静态的事物,它们已经进入诗人的心灵世界,是思维的对象,是无限情思的出发点。

### 7.5.3 词序与表达效果

从消极的角度上说,词序不当可能会引起误会,损害表达效果。例如:"著名航天专家梁启超之子梁思礼做梦也没想到在七十大寿刚过不久,10 月 22 日,中午跌入 6 米深的井里。"(《扬子晚报》)这是个多义结构:

(A) ([著名〈航天专家〉]梁启超)之子+梁思礼

(B) [著名〈航天专家〉]+[〈梁启超之子〉梁思礼]

前者,"航天专家"和"梁启超"是同位关系,这不符合事实,梁启超不是航天专家。后者,"航天专家"同"梁启超"不发生直接成分关系,而是"梁思礼"的同位语。

超常词序可以提高表达效果。鲁迅在《伤逝》中写道:"我还期待着新的东西到来,无名的,意外的。""于是在这绝续之交,便闪出无名的,意外的,新的期望。"前者把"无名的,意外的"这一定语后置,语势加强了,给人以强烈的印象。定语和状语的后置,都可以加强语气。例如:"加上整天的下雨,淅淅沥沥,深夜独坐,听得令人有些凄凉,……"(鲁迅《白莽作〈孩儿塔〉序》)"淅淅沥沥"的后置,强调、渲染了"有些凄凉"的心情。

状语,通常都在动词中心语之前、主语之后,状语移到主语之前,或谓语之后,就加重了语气。如:

③ 轻轻的我走了,
正如我轻轻的来。
……
悄悄的我走了,
正如我悄悄的来。

(徐志摩《再别康桥》)

例③,前一句"轻轻的"前置于主语之前,后一句放在主语和谓语之间,这一对比,更显出前置于主语之前的强调意味。这"轻轻的我走了……”已经成为徐志摩的标志。提到徐志摩就想到这句诗,提到这诗句就想到徐志摩。

词序偏离,也是渲染气氛、塑造人物的手段。例如徐军的小说《迷失在母系王国》中写道:“赶马大哥,说话唱歌一样了,马你的都高兴。”“牛肉吃你一点,牛我们不驮柴,常安安逸逸,肉嫩嫩的。”“鸡蛋炒酸菜这个,多多吃。摩梭我们同别个不一样,做人人会,吃不是人人得吃,本事要有,人人知道的人才得吃。碗你拿来。”再如:

④“你病了?”

“好在了我。”

“你不是病了吗?”

“我好在多多了。”

这里的偏离词序,出自于摩梭人之口,是小说创作的一种艺术手段,服务于人物语言的个性化,渲染地域色彩、民俗风情。

词序颠倒也是一种游戏手段,苏州民间歌谣中:

⑤ 矮,

矮子,子矮,

矮子肚,子肚矮,

矮子肚里,里子肚矮,

矮子肚里腊,腊里子肚矮,

矮子肚里腊瞎,瞎腊里子肚矮,

矮子肚里腊瞎多,多瞎腊里子肚矮。

这首儿歌是运用颠倒词序的方式构成的。儿童是喜欢也善于做颠倒词序的游戏的。

偏离常规词序是一种文学手法,是现代文学中新感觉派(穆时英等)、当代文学中新潮小说中常用的手法。

### 7.5.4 词序和句式

汉语中定语不宜太长,如果太长,往往不受读者欢迎。因此,有时便将其中的一部分定语后置。例如:"衣服和书籍全被没收了,连我送他的那两本。"(鲁迅《为了忘却的记念》)这里定语后置,不仅突出了定语部分,也使全句的语气更为流畅,因为这些定语都比较长。

主语在前,谓语在后,这是常规格式。为了表达的需要,主语和谓语的次序可以颠倒过来。例如:"去吧,野草。连着我的题辞!"(鲁迅《野草·题辞》)"月哟,孤凉地注射银光。消隐了,玉兔和金桂香。"(殷夫《幻想》)这里主语和谓语次序倒装,为的是加重语气。

"想"、"以为"、"知道"一类动词的宾语,有时是一个主谓结构,正常次序是这个主谓结构构成的宾语在这一类动词之后。但是,有时也可以把这个主谓结构或其中的一部分前置。例如:

⑥ "也许有罢,——我想,"我于是吞吞吐吐的说。

(鲁迅《祝福》)

⑦ "雷峰夕照"的真景我也见过,并不见佳,我以为。

(鲁迅《论雷峰塔的倒掉》)

这样一来,便显得委婉了一些。

主语和谓语的位置也可以用修辞方式来改变。例如:"前天晚上听得儿子做了工会纠察队后所起的感想,现在又浮上胡国光的心头了。"(茅盾《蚀》)"'指点江山,激扬文字'那样的名句飞到了我的心头。"(秦牧《古战场春晓》)借助"浮"和"飞",实现了词语位置的颠倒。

词语位置变了,句法关系有的也会随之改变。例如:"很白很亮的一堆洋钱!而且是他的——现在不见了。"(鲁迅《阿Q正传》)从语义上说,"他""洋钱"之间具有领属关系,可以用定语和中心语来表示——"他的很白很亮的一堆洋钱"。为了强调"他的"——这是阿Q十分失望的一个很重要的因素——"他"后置了,同"是"构成一个分句:"是他的"(句子的主语承前省略了)。再如:"她一手提着竹篮,内中一个破碗,空的;一手拄着一支比她更长的竹竿,下端开了裂;她分明已经纯乎是一个乞丐了。"(鲁迅《祝福》)"空的"和"破碗"之间存在着领属关系,可以构成定中短语——"空的破碗"。"下端开了裂"和"竹竿"之间是修饰和被修饰关系，也可组成定中短语——“一支比她更长的下端开了裂的竹竿”。为了突出“空的”和“下端开了裂”，定语后置之后成为分句了。

韵文中，变动词序也是安排韵脚、协调平仄、增加节奏感的一种手法。例如：

⑧ 你我相逢在黑夜的海上，

你有你的，我有我的，方向！ （徐志摩《偶然》）

这里本当说：“你有你的方向，我有我的方向！”“你和我各自有各自的方向！”诗人在《雪花的快乐》中写道：“我一定认清我的方向”，“这地面上有我的方向”，“我有我的方向！”是诗歌节奏促使诗人偏离了常规词序，创造出了音乐美感。

## 六 语序

### 7.6.1 语序的定义与功能

语序，指的是语篇中句子和句子之间的先后次序。它包括复句中各个分句的次序，句群中各个句子的次序，甚至是段落的次序。

语序是表意的重要手段之一。语序不一样，所表达的意义也往往大不一样。例如：“人不犯我，我不犯人——我不犯人，人不犯我”“我为人人，人人为我——人人为我，我为人人”“大家为一人——一人为大家”与“虽事出有因，而查无实据”“虽查无实据，而事出有因”，等等。“人不犯我，我不犯人”，不主动进攻，但并未放弃自卫反击的权利；“我不犯人，人不犯我”，用自己的不进攻换取对方的不进攻。“我为人人，人人为我”，讲的是我为大伙儿出力，而大伙儿也帮助我；“人人为我，我为人人”，讲的是只有大伙儿为我着想，有益于我，我才肯为大伙儿出力。这里强调了条件。“虽事出有因，而查无实据”，实际上已经否定了这个“因”；“虽查无实据，而事出有因”，却强调了这个“因”，即拖了一个尾巴。前者已将此事了结，后者却暗示着一个新的开端，不可就此了事的。

因此,甚至可以说,语篇的意义是由语序生成的,或者说,语序是语篇意义的生成因素之一。唐代诗人李涉的《题鹤林寺僧室》诗:“终日昏昏醉梦间,忽闻春尽强登山。因过竹院逢僧话,又得浮生半日闲。”若换一下语序:“又得浮生半日闲,忽闻春尽强登山。因过竹院逢僧话,终日昏昏醉梦间。”意思就大不一样了。

### 7.6.2 时空与语序

安排语序,主要依据时空关系的逻辑因素。时空关系主要指时间和空间。时间因素即事件发生的先后顺序。如:

① 莫愁十三能织绮,十四采桑南陌头。
十五嫁作卢家妇,十六生儿字阿侯。

(萧衍《河中之水歌》)

② 春天里,我想变成河水,
但愿你是水中的金鱼。
夏天里,我想变成蜜蜂,
但愿你是绽开的花蕾。
秋天里,我想变成麦酒,
但愿你是吉祥的酒杯。
冬天里,我想变成歌声,
但愿你是颤动的长琴。
就这样,我们一年四季,
都只是有相会,没有分离。

(藏族民歌《一年四季不分离》)

例①,句群中句子的次序是根据事件发生的先后来安排的。例②,整首诗是依据“春天——夏天——秋天——冬天”的顺序组织起来的。

顺序平直明朗,有时容易使人产生单调之感。可以用倒叙、插叙,以补顺叙的不足。所谓倒叙,并不是一一反顺叙,而只是截取一个关键时间，从一个具有吸引力的情节写起，然后转入顺序。公文语体、学术语体以顺叙为宜，而文艺语体大都是顺叙、倒叙、插叙兼用。

时间因素通常指事件本身产生和发展的顺序，也指人们对事情的认识过程。两者有时是不一致的。逻辑的因素，主要指事物间的逻辑关系，包括因果、条件、并列、递进、主客等。例如：

③ 如果美是专指"婆娑"或"横斜逸出"之类而言，那么，白杨树算不得树中的好女子。（茅盾《白杨礼赞》）

④ 哥白尼发表了地动学说，不但带来了天文学上的革命，而且开了各部科学向前迈进的新时代。（竺可桢《哥白尼》）

例③是假设复句，原因分句在前。例④是递进分句，次序是由小到大、由轻到重。

空间概念在语言中就是方位词语，如"东南西北中，上下左右，前后内外"等，是安排语序的重要方式。例如《苏秦以连横说秦》："大王之国，西有巴蜀汉中之利，北有胡貉代马之用，南有巫山黔中之限，东有崤函之固。"杨衒之《洛阳伽蓝记》："北跨芒岭，南眺洛阳，东望宫阙。"

郭沫若《凤凰涅槃》序曲：

⑤ 山右有枯槁了的梧桐，
山左有消歇了的醴泉，
山前有浩茫茫的大海，
山后有阴莽莽的平原，
山上有寒风凛冽的冰天。
……
我们飞向西方，
西方同是一座屠场。
我们飞向东方，
东方同是一座囚牢！
我们飞向南方，
南方同是一座坟墓！

我们飞向北方,
北方同是一座地狱!

方位词语结构语序时,经常是成对成组出现的。

### 7.6.3 超常语序

为了提高语言的表达效果,我们还应当学会变动正常语序,掌握变动后的修辞效果。例如因果句,通常是原因分句在前,结果分句在后。但是,“一个人也决不能够全靠撒谎而活下去,因为那么着他就掉在虚无里,就没了。”(朱自清《论老实话》)打破常规,突出了结果分句。

一般情况下,转折复句中,表示让步的分句在前,表示转折的分句在后。但是:

⑥ 少年时代我打开历史的篇章,
就听见尼罗河光荣的音响。
古国的人民呵,
我对你怀着深深的敬意,
虽然我生在远远的东方。 (魏巍《不断集》)

偏离常规语序,往往强化了语义内容,新颖别致,引人注目,使人印象深刻。例⑥,还有和谐韵律的作用。

并列句子的语序,有时和音节数目也有关系。如:“这不是诗,但是比诗更激动人心;这不是画,但比画更美。”因为前一个分句字数多,后一个分句字数少,可以换一个位置:“这不是画,但比画更美;这不是诗,但是比诗更激动人心。”

事物之间的逻辑关系是安排语序的重要依据。忽视了事物之间的逻辑关系,将影响表达效果。例如卫生纸的广告:“经济实用,吸水力强,质地柔软,欢迎选购。”“经济实用”放在前边就不很合适,先说功能后说质地也不很合适。不如说:“质地柔软,吸水力强,经济实用,欢迎选购。”再如:“扬州红园的树桩盆景和广州岭南派、苏州派、成都派、上海派并驾齐驱,形成了自己的独特风格。”(《江苏广播电视》第88期)扬州红园的树桩盆景，应当是先形成自己的独特风格，然后才能和岭南派等并驾齐驱，所以语序应当是："扬州红园的树桩盆景，形成了自己的独特风格，和广州岭南派、苏州派、成都派、上海派并驾齐驱。"

## 七　话语衔接

### 7.7.1 衔接手段

衔接，就是把句子组合成句群、把句群组合成段落、把段落组合成讲话或文章的方式。《洛阳伽蓝记》："洛阳城东面北头第一门曰建春门。门外御道北名建阳里。建阳里东有绥民里。绥民里东即崇义里。"采用顶针手法把几个分句连接成为一个整体。

衔接可以分为：形式的衔接和意义的衔接。

形式衔接，又可称为有标志衔接，就是利用一定的形式手段把句子、段落组合成为一个整体。具有衔接功能的形式手段就是衔接的标志。形式衔接法，是多种多样的。衔接手段有语音方面、词汇方面、语法方面和修辞方面等。例如押韵、平仄、节拍等是语音的衔接手段。从词汇方面说，同义词语、近义词语、反义词语、对义词语、上下义词语的运用，以及词语的重复，都具有衔接功能。从语法方面，衔接的方式主要是虚词、句子成分和句子格式等。

《佛所行赞经》中写道："尔时婇女众，庆闻优陀说，增其踊悦心，如鞭策良马，往到太子前，各进种种术，歌舞或言笑，扬眉露白齿，美目相眄睐，轻衣见素身，妖摇而徐步，诈亲渐习远。情欲实其心，兼奉大王言，漫行婇隐漏，忘其惭愧情。"朱光潜评论说，"就意象说，这种材料很可以写成好诗；就音节说，它是一盘散沙，读起来不能起和谐之感。"①朱光潜拿郭璞《游仙诗》来进行对比："阊阖西南来，潜波涣鳞起。灵妃

① 朱光潜：《朱光潜全集》第三卷190页，安徽教育出版社1987年。

顾我笑,粲然启玉齿。蹇修时不存,要之将谁使。”押韵把这些分散的句子组织成为整体,朱光潜评论说,“可以见出韵对中国诗的音节之重要了。”押韵,其实也是一种衔接手段。臧克家说:“同一韵脚的诗句,可以比较紧密地结合在一起,从形式到内容可以统一与和谐……”

形式衔接的标志是显性的,没有外部标志的意义的衔接则是潜性的衔接,靠的是所表达的内容的内部逻辑关系来把句子、句群、段落组合成为一个整体。白居易的《勤政楼西老柳》:“半朽临风树,多情立马人。开元一株柳,长庆二年春。”这里的四个句子,因为没有明显的形式标志,似乎是杂乱无章的堆积。其实不然,诗人展现的是:第一,主宾对比,宾(半朽临风树)——主(多情立马人);第二,今昔对比,昔(开元一株柳)——今(长庆二年春)。开元年间栽植的柳树,到了长庆二年春,已经是半朽了。其实宾主之间乃是一种比喻:这“半朽临风树”是“立马人”的喻体。长庆二年春天的立马人(诗人)借着景物——开元年间种植的,长庆二年春已经半朽了的临风树——来抒发自己的感慨。

比较而言,学术语体、公文语体中多采用有标志的衔接方式,文艺语体,特别是诗歌语体中更多的是无标志的衔接,即潜性衔接。

### 7.7.2 关联词语

衔接的手段是多种多样的。关联词语是最常用的衔接作用。连词和具有衔接作用的代词、副词和数词,以及具有关联功能的短语,通常叫作关联词语。汉语中的关联词语非常丰富,例如:如果……那么……,越……越……,还是……还是……,不是……就是……,与其……不如……,于是,虽然……但是……,即使……也……,尽管,本来……后来,哪怕是,因为……所以……,假如……就……,只有……才,只有……就……,除非,无论,纵然,哪怕,首先……其次,同时,最后,归根结底,总而言之,第一,一方面……另一方面……,还有,这就是说,换句话说,正如……所说……,一来……二来……,一则……二则……,如上所说,归根到底一句话,用……的话来说,一言以蔽之,等等。

关联词语的运用，从形式上把句子构成句群，把段落构成文章。在内容上，使语义关系更加明确。例如：

① 绍兴到西兴本有汽油船。我因急于来杭，又因年来逐逐于火车轮船之中，也想“回到”航船里，领略先代生活的异样的趣味；所以不顾亲戚们的坚留和劝说（他们说航船里是很苦的），毅然决然的于下午六时左右下了船。有了“物质文明”汽油船，却又有“精神文明”的航船，使我们徘徊其间，左右顾而乐之，真是二十世纪中国人的幸福了！（朱自清《航船中的文明》）

“汽油船”前加上“本有”的修饰语，就暗示了并未乘汽油船。这“本有”便把第一句和第二句串起来了。第二句是用“因为……所以……”串起的一个因果复句。其中原因又有三点，是用“因——又因——也”串起来的。第一句讲汽油船，第二句讲航船，第三句就汽油船和航船来发一通议论。汽油船和航船是靠“有了——又有”串起来的，也是靠“物质文明——精神文明”的对比串起来的。

关联词语的误用同滥用都是比较常见的语言毛病。关联词语不可太滥。口语中滥用关联词语，往往给人以装腔作势的感觉。书面语中滥用关联词语，常常令人乏味。关联词语有的是游离于句子结构之外的，例如，“在我看来”等。有的是句子的组成部分，例如副词和连词等。

汉语中数词具有关联功能，经常用来把分散的句子组织成相对的整体。例如：

② 一两句别人闲话，三四日不把门踏，五六日不来呵在谁家？七八遍买龟儿卦，久已后见他么？十分的憔悴煞。

（元散曲佚名《中吕·红绣鞋》）

③ 十字街，灯光灿烂；九重殿，香蔼钟鸣；七点皎星照碧汉，八方客旅卸行踪；六军营，隐隐的画角才吹；五鼓楼，点点的铜壶初滴；四边宿雾昏昏；三市寒烟蔼蔼；两夫妻归绣幕，一明月上东方。

（吴承恩《西游记》第八十四回）

④［小措大］喜的一宵恩爱，被功名二字惊开。好开怀这三杯

御酒,放着四婵娟人月在。立朝马五更门外,听六街里喧传人气概。七步才,蹬上了寒宫八宝台。沉醉了九重春色,便看花十里归来。[前腔]十年窗下,遇梅花冻九才开。夫贵妻荣八字安排。敢你七香车稳情载,六宫宣有你朝拜。五花诰封你非分外。论四德,似你那三从结愿谐。二指大泥金报喜,打一轮皂盖飞来。

(汤显祖《牡丹亭》第三十九出)

在话语中起关联作用的可以叫作广义的关联词语。

### 7.7.3 辞格的衔接功能

各种修辞格也是句子衔接的重要手段。比喻、对照、排比、反复、递进、顶针、回环、映衬等辞格都是句子衔接的常用的方法。

比喻就是一种很重要的衔接手法。在《珍珠赋》里,作者谢璞用"珍珠"一词本义和比喻义,把文章连成了一个整体:"滨湖人民利用天然水源,精心地养殖珍珠蚌,在很短时间内,就摸出了珍珠养殖的规律,获得了优质高产,并有所发明创造,我不禁赞为奇迹。然而,老渔人告诉我:'洞庭湖还有更美的珍珠!'"这个老渔人的话,其实是一个伏笔,把文章转入新议题的一个关节:

⑤ 正当我们返回的时候,天渐渐黑了。霎时间,四面八方,电灯明亮,就像万千颗珍珠飞上天!这排排串串的珍珠,叫天上银河失色,叫满湖碧水生辉!

文章的最后一节是:

⑥ 洞庭呵洞庭,你天上、地面、水下,处处闪耀着珍珠的异彩,你就是镶嵌在我们伟大祖国土地上的一颗大珍珠。

这些就是对那个伏笔的交代。伏笔和交代,可以使文章形成有机的整体。

# 八　插入语和反衔接

## 7.8.1 插入语

插入语不是句子的成分，是游离于句子结构之外的东西。同关联词语不同的是，关联词语不破坏句子的结构，其作用正在于连接词语、短语、句子成分和句子；但插入语往往是，或者说其实就是，要打乱句子的结构。例如司马迁《史记》写鸿门宴："项王项伯东向坐，亚父南向坐——亚父者范增也——，沛公北向坐，张良西向坐。"插入语"亚父者范增也"打乱了句群的结构。

插入语是对衔接的反动，破坏了常规结构。但是从表达意图和效果方面看，插入语的功能是不可忽视的。例如：

①(A)那和尚便道："师兄请坐，听小僧……"——智深睁着眼道："你说！你说！"——"说：在先……"

（施耐庵《水浒传》第五回，文化艺术出版社 1991 年）

(B)那和尚便道："师兄请坐，听小僧说，"智深睁着眼道："你说！你说！"那和尚道："在先……"　（第六回，岳麓书社 1988 年）

鲁智深的"你说！你说！"打乱了句子的结构，更鲜明地刻画了鲁智深的性急如火，比让那和尚说完了这句话更妙。

从形式上看，插入语破坏了句子结构的完整。但是，在内容上，它是不可缺少的组成部分，它使语义更丰富更完整。语法学家把归纳句型当作自己的最中心的任务，把插入语从自己的研究对象中排除出去。但是在修辞学上，插入语是不可忽视的。插入语具有严密思想、深化内涵等重要作用。例如《金瓶梅》第一回："这武松因酒醉打了童枢密，单身自逃在沧州横海郡小旋风柴进庄上——他那里招揽天下英雄豪杰，仗义疏财，人号他'小孟尝君'，柴大官人，乃周世宗嫡派子孙——那里躲逃。"

可以把插入语当作内容方面的一种特殊的衔接手段。

鲁迅特别喜欢也很善于运用插入语。例如：

② 至于我们——我相信：我和许多人——所最愿意看的，却在活无常。 (鲁迅《无常》)

③ 好！在礼义之邦里，连一个年幼——呜呼，"娥年十四"而已——的死孝女要和死父亲一同浮出，也有这么艰难！

(鲁迅《朝花夕拾·后记》)

④ 现在她知道，她以后所有的只是她的父亲——儿女的债主——的烈日一般的威严和旁人的赛过冰霜的冷眼。

(鲁迅《伤逝》)

⑤ 待到孤身枯坐，回忆从前，这才觉得大半年来，只为了爱，——盲目的爱，——而将别的人生要义全盘疏忽了。

(鲁迅《伤逝》)

⑥ 做工的人，傍午傍晚散了工，每每花四文铜钱，买一碗酒，——这是二十多年前的事，现在每碗要涨到十文，——靠柜外站着，热热的喝了休息…… (鲁迅《孔乙己》)

插入语可以看作是形式衔接和内容衔接之间的一种矛盾现象。例如："(展昭)悄悄开门，回手带好，仍然放下软帘，飞上房，离了寓所，来到花园，——白昼已然丈量过了——约略远近，在百宝囊中掏出如意绦来，用力往上一抛，——是练就准头——便落在墙头之上，用脚尖蹬住砖牙，飞身而上。"(《三侠五义》第十二回)作者服从思想内容方面的特殊需要——完整和丰富，有意识地突破了形式上衔接常规。

### 7.8.2 反衔接

反衔接，就是为了达到某种修辞目的，而有意识地偏离话语衔接规则。

话语衔接，关键在两点：第一，单位明确，第二，把不同的单位组合成更大的单位。反衔接的方法，就是故意混淆单位之间的界限。例如：

⑦ 农作物 的
旁边 还有
农作物 的
旁边 还有
农作物 的
旁边 还有
…… （林亨泰《风景》）

这首诗中的所有句子之间都有相互交错的单位，句子之间没有明确的界限。

“无标点”，是现代文学作品中广泛采用的一种手法。例如：

⑧“假如，”董客接着说下去，“三和弦的共振是消失在时空里只引起一个微妙的和谐幻想，假如你松开踏板你就找不到中断的思维与音程的延续像生命断裂，假如开平方你得出了一系列错误的音程平方根并以主观的形象使平方根无止境地演化，试想序列音乐中的逻辑是否可以把你的生命延续到理性机械化阶段与你日常思维产生抗衡与缓解并产生新的并非高度的高度并且你永远忘却了死亡与生存的逻辑还保持了幻想把思维牢牢困在一个无限与有限的结合中你永远也要追求并弄清你并且永远弄不清与追不到的还是要追求与弄清……” （刘索拉《你别无选择》）

⑨ 可是我根本记不清你的模样啦我使劲想也想不起来你的脸庞模样我真的认识你吗真的和你一块儿在秋天开满金色的金针花的草地上听你讲过那些话吗我想不起来了我只有一个印象一个强烈的炫目的光彩的印象。 （张承志《三岔口》）

话语衔接是以物理世界中事物之间的秩序为基础的，是受文化世界和心理世界的规则制约的。反衔接的方法就是同物理世界、文化世界和心理世界的秩序对着干，例如反时空、时空倒置等。

反衔接，是艺术修辞学要探索的问题，常规修辞学可以也应当适可而止。

## 九　时间和空间

### 7.9.1 时间和空间的普遍性

宇宙之"宇"指无限空间,"宙"指无限时间。"时间"的定义是:"物质运动中的一种存在方式,由过去、现在、将来构成的连绵不断的系统。是物质的运动、变化的持续性、顺序性的表现。"(《现代汉语词典》第6版)"空间"的定义是:"物质存在的一种客观形式,由长度、宽度、高度表现出来,是物质存在的广延性和伸张性的表现。"(《现代汉语词典》第6版)

人和万事万物都存在于时间和空间之中。人们的修辞活动都是在特定的空间,以及特定的时间中展开的。时间和空间也是修辞活动中最重要的因素。所谓语言环境,其核心就是时间和场景。

时间和空间都是话语的结构的重要因素。

### 7.9.2 时间和话语结构

时间是不可逆转的。交际活动是在时间里展开的,也是不可逆转的。按照时间的先后来安排话语是最常见的话语结构模式。无名氏《眼儿媚》:"惜分长怕君先去,直待醉时休。今宵眼底,明朝心上,后日眉头。"这就是顺叙,即按照过去、现在、将来的顺序来构造话语。

就时间因素区分结构模式,有三种:顺叙、倒叙、插叙。

顺叙是最常见的,例如蒋捷《虞美人·听雨》:"少年听雨歌楼上,红烛昏罗帐。壮年听雨客舟中,江阔云低,断雁叫西风。而今听雨僧庐下,鬓已星星也。悲欢离合总无情,一任阶前,点滴到天明。"二十五史记载历史事件和历史人物基本上是顺叙。《资治通鉴》类的编年史当然更是严格按顺叙的。

事件本身是不可逆转的。但是话语中是可以倒过来叙述的。这就是倒叙。倒叙是文学创作中的重要手法。倒叙并不是跟顺叙完全相反，其实只是从后面的某个时点开始，再回转到过去的某个时点。

插叙是在常规叙述中插入以后或以前的事件。插叙是话语变化美的常用手法。

时间也是构造对照和递进的因素，例如欧阳修《生查子·月夕》："去年元夜时，花街灯如昼。月上柳梢头，人约黄昏后。今年元夜时，月与灯依旧。不见去年人，泪湿春衫袖。"

今昔对照是怀古诗词最常用的表现手法。

### 7.9.3 空间

空间也是话语结构的重要因素。

宋玉的《招魂》，反复渲染强调的是东南西北四面八方都不是好地方，都是不可去不能待的地方，家是最好的，赶紧回来呀。

宋代平话《快嘴李翠莲》中描写李翠莲和张狼结婚仪式：

① 张狼在前，翠莲在后，先生捧着五谷随进房中，新人坐床，先生拿起五谷，念道：

撒帐东，帘幕深围烛影红，佳气郁葱长不散，画堂日日是春风。
撒帐西，锦带流苏四角垂，揭开便见姮娥面，输却仙郎捉带枝。
撒帐南，好合情怀乐且耽，凉月好风庭户爽，双双绣带佩宜男。
撒帐北，津津一点眉间色，芙蓉帐暖度春宵，月娥苦邀蟾宫客。
撒帐上，交颈鸳鸯成两两，从今好梦叶维熊，行见玭珠来入掌。
撒帐中，一双月里玉芙蓉，恍若今宵遇神女，红云簇拥下巫峰。
撒帐下，见说黄金光照社，今宵吉梦便相随，来岁生男定声价。
撒帐前，沉沉非雾亦非烟，香里金虬相隐映，文箫今遇彩鸾仙。
撒帐后，夫妇和谐长保守，从来夫唱妇相随，莫作河东狮子吼。

这一结构模式是人们喜闻乐见的。这种结构模式建立在民族心理之上，颇具审美功能。

汉语中，对照经常是在空间展开的：上——下、前——后、东——

西、南——北,等等。

## 思考与练习

(1) 孤立的句子和话语中的句子有什么不同?

(2) 举例说明句际关系在表达中的重要作用。

(3) 举例说明纵式结构的多样性。

(4) 举例说明横式结构的多样性。

观察横式结构次序的自由度。

理论上说横式结构的次序是任意的,然而却是受到一定制约的,是哪些因素制约着横式结构的次序?横式结构次序的改变对意义的表达有哪些影响?

(5) 举例说明整句和散句的不同修辞特色。

选择典型的整句,改写为散句。说说两个文本之间的异同。

选择典型的散句,改写为整句。说说两个文本之间的差别。

(6) 举例说明汉语中词序在表达中的特殊功能。

举例说明违背常规词序对表达效果的损害。

举例说明什么时候和什么条件下能使超常规词序增强表达效果。

(7) 举例说明汉语中语序在表达中的特殊功能。

举例说明超常规语序对表达效果的损害。

举例说明超常规语序在什么时候能够提高表达效果?有怎样的好效果?

(8) 举例说明超常话语衔接的丰富多彩的形式。

选择某个常规衔接的文本,制作不同的超常规衔接方式的文本。

(9) 冯梦龙《古今笑史》有一笑话:“吴江吴太学益之由富而贫。因县征逋急,诣县求宽。……县尹刘曰:‘何物吴相公?得非好丈人的女婿,好女婿的丈人乎?’盖吴为王荆石相公婿,而其女嫁沈进士也。”请分析此县尹的话语。

# 第八章　均衡

平衡对称和整齐一律是相关联的。……一致性与不一致性相结合，差异闯进这种单纯的同一性里来破坏它，于是产生平衡对称。……所以如果只是形式一致，同一性的重复，那就还不能组成平衡对称，要有平衡对称，就须有大小、地位、形状、颜色、音调之类定性方面的差异，这些差异还要以一致的方式结果起来。只有这种把彼此不一致的定性结合为一致的形式，才能产生平衡对称。(黑格尔《美学》第一卷)

对平衡所进行的最为普通的解释是：艺术家之所以追求平衡，乃是因为平衡本身是人所需要的东西。那么，人究竟为什么需要平衡呢？回答是："因为它能使人称心和愉快。"这是快乐说对平衡所作的解释。按照快乐说，人类的动机就是追求快乐和避免那些令人不快的感觉。(鲁道夫·阿恩海姆《艺术与视知觉》)

## 一　语言的均衡美

### 8.1.1 均衡美

均衡是宇宙间的基本法则。宇宙是对称的，又是不对称的。门捷列夫的《元素周期表》是宇宙的均衡法则对称规则的一种体现。

均衡对称是思维的法则。中国东方与南方是大海洋，可文化世界和语言世界中却说"四海、四海龙王"、"五湖四海"、"四海之内皆兄弟"。这是均衡思维的产物。

均衡是美学的基本原则之一。培根说："绝妙的美都显示出奇异的均衡关系。”海森堡说:“美是各种部分之间以及各部分与整体之间的固有的和谐。”[1]建筑、绘画、音乐、舞蹈等都追求均衡的美。中国传统文化尤其重视均衡美。中国传统建筑大都是一一对称的。

### 8.1.2 语言的均衡美

均衡是语言艺术的原则之一。例如:

① 云际客帆高挂,烟外酒旗低亚。　(孙浩然《离亭燕》)

② 屈平词赋悬日月,楚王台榭空山丘。　(李白《江上吟》)

③ 舞低杨柳楼心月,歌尽桃花扇底风。　(晏几道《鹧鸪天》)

④ 绿杨烟外晓寒轻,红杏枝头春意闹。　(宋祁《玉楼春》)

均衡是同义手段选择的基本原则。词语或句子并列时,词性或句式相同或相近,就是均衡的;如不相同,则失去平衡,显得别扭。例如:“一进仪凤门,除了一排低矮的平房,四周杂草丛生外,便可以看见学堂里矗着那根足有二十丈高的桅杆,和一个不知有多高的烟囱。”(《鲁迅——中国文化革命的主将》)“春秋时期,由于铁器的出现和使用牛耕,促进了生产力的发展,引起了生产关系的变革。”这里的“一排低矮的平房”和“四周杂草丛生”并列,“铁器的出现”和“使用牛耕”并列,结构方式不一样,不均衡,显得别扭。如作“一排低矮的平房,四周丛生的杂草”,“铁器的出现和牛耕的使用”,则整齐一致,具有均衡美。均衡不仅是词语选择、句式搭配的要求,也是组织篇章的原则。平行句式就是常见句式均衡方式,例如《西游记》第二十九回:“也有那太极殿、华盖殿、烧香殿、观文殿、延英殿,一殿殿的玉陛金阶,摆列着文冠武弁;也有那大明宫、昭阳宫、长乐宫、华清宫、建章宫、未央宫,一宫宫的钟鼓管籥,撒抹了闺怨春愁。”读上句,就预期着相同结构的下句,上句六座殿,下句六座宫。下句果然同上句相应,跟预期一致,就获得了听读的

---

① 转引自钱德拉塞卡《莎士比亚、牛顿和贝多芬——不同的创造模式》45页,湖南科技出版社。

快感。

作为语言的均衡美的最高体现的对偶，是汉语修辞格中最重要的修辞格之一。对偶精神贯穿在汉语修辞的全部之中。如宋清如的《夜半钟声》：

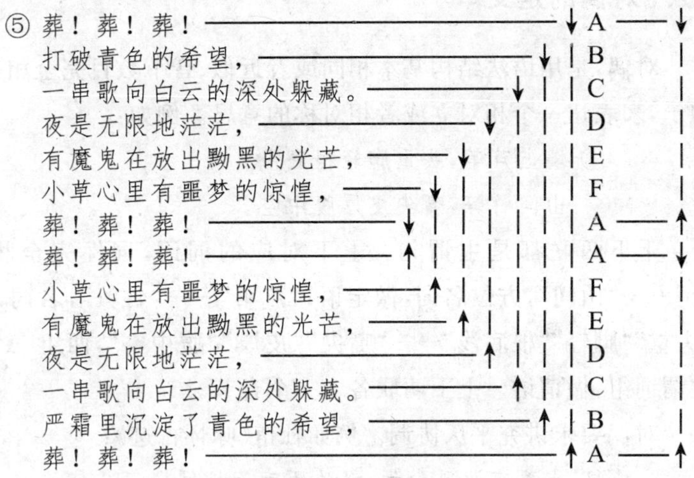


（《现代》1933 年第三卷第一期）

这首精心设计的诗歌所追求的就是语言均衡对称美。

### 8.1.3 汉语的均衡文化

均衡原则，对称手法，是一种写作手法，四六对仗是骈体文的特征。骈体文的灵魂就是均衡对称，是汉语中最能够体现语言文字形式美的一种文体。晋人束皙的《饼赋》："玄冬孟寒，清晨之会，涕冻鼻中，霜凝口外。充虚解战，糖饼为最，弱似春绵，白若秋练，气勃郁以扬布，香飞散而远遍。行人失涎于下风，童仆空嚍而斜眄，擎器者舔唇，立侍者干咽。"全文都是四六对偶句。

均衡对称可说是中国人处事的一种习惯的模式。也可以说对均衡对称的追求造就了汉语的均衡文化。

## 二　对偶

### 8.2.1 对偶的定义

对偶,是用语法结构基本相同或者近似、音节数目完全相等的一对句子,来表达一个相对立或者相对称的意思。例如:

① 墙上芦苇,头重脚轻根底浅。
山间竹笋,嘴尖皮厚腹中空。　（解缙）

上下两联都是主谓句。上下对应的词语,词性完全相同:"墙上"——"山间",方位名词,做定语;"芦苇"——"竹笋",名词,做主语;"头重""脚轻""根底浅"——"嘴尖""皮厚""腹中空",两组三个并列的主谓词组,做谓语。上下两联各十一个音节。

对偶要求讲究平仄协调。例如杜甫《咏怀古迹》:

② 支离东北风尘际,飘泊西南天地间。
三峡楼台淹日月,五溪衣服共云山。

它们的平仄是:

平平仄仄平平仄　仄仄平平仄仄平
仄仄平平平仄仄　平平仄仄仄平平

在这里,"支离"——"飘泊",都是联绵词;不仅"风尘"——"天地"相对,而且"风"——"尘","天"——"地"也相对;"三峡"——"五溪"不仅都是地名,而且都是以数字开头的。同时,上下两联中无一字是重复的。这是严式对偶。而宽式对偶,不强求平仄协调,也允许有重复。

对偶建立在汉语汉字的基础之上,最能够体现汉语汉字的特色,是汉语中最重要的修辞格之一。

对偶,协调匀称,整齐美观,节奏鲜明,铿锵有力,便于记诵;从内容上看,凝练、集中、缜密,正对可以相互补充,相得益彰,反对可以相互映衬,鲜明对照,有利于揭示事物的辩证关系。它是我国人民群众所喜闻乐见的一种修辞方式。运用范围极其广泛。不仅诗歌、词曲、小说、散文，甚至公文中也常使用。

黄永武说："骈文和律诗是中国文学中很别致的一种文体，也是中国文学中最美的文体，而对偶就是骈文和律诗的灵魂。"[①]沈谦说："对偶的运用，使得中国的骈文、律诗、对联等创造了光辉灿烂的成果。"[②]徐庭芹分析杜甫的《登高》说："中四句为对。此类华美之对局，在中国文学中处处可见。其声律之和谐，辞彩之华美，语句之整齐，为中国文学独有之特色，此他国文学所不及者也。"[③]

### 8.2.2 对偶的分类

刘勰《文心雕龙》中将对偶分为四类：言对、事对、反对、正对。日本留学中国的僧人学者遍照金刚在《文镜密府》中总结唐人对偶分类多到二十八种。现在通常分为正对、反对和串对。

正对，指的是上下两联运用对称的即类似的事物，相互补充，相互映衬。例如："绿树村边合，青山郭外斜。"（孟浩然《过故人庄》）"苔痕上阶绿，草色入帘青。"（刘禹锡《陋室铭》）"人情薄似云，风景疾如箭。"（吴西逸《[双调]雁儿落带过得胜令》）再如：

③ 两个黄鹂鸣翠柳，一行白鹭上青天。
窗含西岭千秋雪，门泊东吴万里船。　　（杜甫《绝句》）

④ 日出江花红胜火，春来江水绿如蓝。　（白居易《忆江南》）

反对，指的是上下两联运用相反的即相对的事物，形成强烈的对比。例如："守则不足，攻则有余。善守者藏于九地之下，善攻者动于九天之上。"（《孙子兵法・形篇》）"愚者谙于成事，知者见于未萌。"（《商君书・更法》）"生则天下歌，死则天下哭。"（《荀子・解蔽》）再如：

---

① 黄永武：《字句锻炼法》67页，台湾洪范书店2002年。
② 沈谦：《语言修辞艺术》370页，中国友谊出版公司1999年。
③ 徐庭芹：《修辞学发微》123页，台湾中华书局1984年。

⑤ 朱门酒肉臭,路有冻死骨。

(杜甫《自京赴奉先咏怀五百字》)

⑥ 暗尘随马去,明月逐人来。(苏味道《正月十五日夜》)

⑦ 横眉冷对千夫指,俯首甘为孺子牛。(鲁迅《自嘲》)

例⑤中的"酒肉臭"和"冻死骨",例⑥中的"暗尘"和"明月","来"和"去";例⑦中的"横眉"和"冷对",都是相互对立的。

正对和反对,上下两联之间的语义关系是并列的,通常叫"平对"。

串对,又叫"流水对",上下两联之间是顺承关系。例如:"春种一粒粟,秋收万颗子。"(李绅《古风》)"野火烧不尽,春风吹又生。"(白居易《古原草》)"即从巴峡穿巫峡,便下襄阳向洛阳。"(杜甫《闻官军收河南河北》)"山重水复疑无路,柳暗花明又一村。"(陆游《游山西村》)

串对中,上联和下联不能颠倒次序。正对和反对,上下两联的次序不那么重要,理论上说是可以颠倒的。

对偶,顾名思义是成双成对的,假如是三个项目如此整齐地并列,就是"鼎足对"。例如马致远《秋思》:"枯藤老树昏鸦,小桥流水人家,古道西风瘦马。夕阳西下,断肠人在天涯。"再如:

⑧ 山花红雨鹧鸪啼,院柳苍云燕子飞,池萍绿水鸳鸯睡。

(张可久《春思》)

⑨ 爱秋来那些:和露摘黄花,带霜烹紫蟹,煮酒烧红叶。

(马致远《夜行船·秋思》)

鼎足对可以看成是对偶的扩大,对偶的变体。

### 8.2.3 对联

由对偶方式构成了一种特殊的文体——对联。对联,也叫"楹联"。逢年过节要贴对联,这一风俗明初就有了。婚丧喜事也要有对联,名胜古迹、风景区也需要用对联来点缀。对联通常只有上下两联,字数不多,但却是一个完整的作品,有着极高的艺术价值。例如:

⑩ 风声,雨声,读书声,声声入耳。

家事，国事，天下事，事事关心。（明·顾宪成撰）

⑪ 能攻心则反侧自消，从古知兵非好战。

不审势即宽严皆误，后来治蜀要深思。

（清·赵藩题成都武侯祠）

⑫ 大肚能容，容天下难容之事。

开口便笑，笑世间可笑之人。（北京潭柘寺弥勒佛）

⑬ 一楼萃三楚精神，云鹤俱空横笛在。

二水汇百川支流，古今无尽大江流。（武昌黄鹤楼）

⑭ 门可通天，仰观碧落星辰近。

路承绝顶，俯瞰翠微峦屿低。（南岳衡山南天门）

⑮ 含远山，吞长江，其西南诸峰岭壑尤美。

送夕阳，迎素月，当春夏之交草木际天。（扬州平山堂）

⑯ 四面荷花三面柳，

一城山色半城湖。（济南大明湖）

⑰ 千朵莲花三尺水，

一弯明月半亭风。（苏州闲吟亭）

⑱ 万树梅花一潭水，

四时烟雨半山云。（云南黑龙潭）

⑲ 不雨山常润，

无云水自阴。（西湖孤山寺）

这些对联给风景名胜地增添了丰富的文化内涵。

### 8.2.4 对偶的复杂化和艺术化

对偶可以说是汉语中的围棋，规则很简单，但是变化无穷。夸张地说，汉语修辞的核心就是对偶。说汉语的人对对偶艺术化的追求是不遗余力的，对奇联绝对的兴趣有增无减。

最短的对联，据说是李白题岳阳楼的对联："水天一色，风月无边。"最长的对联当推清人孙髯翁题昆明大观楼的长联，180个字：

⑳ 五百里滇池,奔来眼底。披襟岸帻,喜茫茫空阔无边。看东骧神骏,西翥灵仪,北走蜿蜒,南翔缟素。高人韵士,何妨选胜登临。趁蟹屿螺洲,梳裹就风鬟雾鬓;更蘋天苇地,点缀些翠羽丹霞。莫辜负:四围香稻,万顷晴沙,九夏芙蓉,三春杨柳。

数千年往事,注到心头。把酒凌虚,叹滚滚英雄谁在?想汉习楼船,唐标铁柱,宋挥玉斧,元跨革囊。伟烈丰功,费尽移山心力。尽珠帘画栋,卷不及暮雨朝云。便断碣残碑,都付与苍烟落照。只赢得:几杵疏钟,半江渔火,两行秋雁,一枕清霜。

对偶的复杂化的方式是很多的。启功分析过刘禹锡《陋室铭》中对偶现象:

```
    山不、有仙|                    ├─苔痕├─谈笑|
              ├─斯是、惟吾|                     |
    水不、有龙|                    ├─草色├─往来|
          ├─调素├─无丝├─南阳|
  ──可以|       |       |       |
          ├─阅金├─无案├─西蜀|
```

他进一步抽象出一个模式:

```
          ├─③├─⑤|
  ①──②|     |     |⑦──⑧
          ├─④├─⑥|
```

对偶运用中常见的毛病是“合掌”。所谓合掌,指的是上下两联语意重复。如:“宣尼悲获麟,西狩涕孔丘。”(刘琨《重赠卢谌》)这里,“宣尼”和“孔丘”是同一个人,“悲”和“涕”同义,“获麟”和“西狩”指的是同一件事。

对偶不可不顾内容而生拼硬凑。宋人范正敏说,李廷彦献给上司的诗歌中写道:“舍弟江南殁,家兄塞北亡。”事后对上司说:“实无此事,但图对属亲切耳。”明代笑话说,有人叫儿子作对子。出上句:“门前绿水流将去。”儿子的对句是“屋里青山跳出来”。只顾对偶的形式要求,而全然忘记了物情事理。

# 三　对照

## 8.3.1 对照的定义

对照，就是把两个对立的事物或一个事物的两个对立的方面放在一起，加以比较。例如阮籍《咏怀》："朝为媚少年，夕暮成丑老。"《世说新语》："王文度、范荣期俱为简文所要。范年大而位小，王年小而位大。"刘希夷《春江花月夜》："年年岁岁花相似，岁岁年年人不同。"卢照邻《长安古意》："昔时金阶白玉堂，即今唯见青松在。"鲁迅《这样的战士》："有缺点的战士终竟是战士，完美的苍蝇也终竟不过是苍蝇。"

对照的手法可以使客观存在的这种对立统一关系更加集中、更加鲜明。例如："春种一粒粟，秋收万颗子。四海无闲田，农夫犹饿死。"（李绅《古风二首之二》）"垄上扶犁儿，手种腹长饥。窗前抛梭女，手织身无衣。"（于溃《苦辛吟》）

俗话说，"不比不知道，一比吓一跳"。对照是说服人感动人的一种有力手段。孟子特别喜欢运用对照来说理。例如："得道者多助，失道者寡助。寡助之至，亲戚叛之；多助之至，天下顺之。以天下之所顺，攻亲戚之所叛，故君子有不战，战必胜矣。"（《孟子·公孙丑下》）这可以说是夸张式对照。

对偶重在形式，对照重在内容。因此内容上具有对比关系的对偶，也就是对照。形式上符合对偶要求的对照，也就是对偶。

## 8.3.2 对照的分类

对照分为：两种事物之间的对比和同一事物的两个方面的对比。

两种事物之间进行对比的，例如："以大事小者，乐天者也；以小事大者，畏天者也。乐天者保天下，畏天者保其国。"（《孟子·梁惠王下》）这是乐天和畏天的对照。"人朝上走，水朝下流，流进虎山水库中，溪谷陪我们,一直陪到二天门。”(李健吾《雨中登泰山》)这是人同水的比较。

儒家学说中的君子和小人是两个对立的概念,所以《论语》中经常把君子同小人进行对照。例如:“君子喻于义,小人喻于利。”(《里仁》)“君子坦荡荡,小人长戚戚。”(《述而》)“君子周而不比,小人比而不周。”(《为政》)“君子和而不同,小人同而不和。”(《子路》)“君子泰而不骄,小人骄而不泰。”(《子路》)“君子上达,小人下达。”(《宪问》)“君子求诸己,小人求诸人。”(《卫灵公》)“君子怀德,小人怀土;君子怀刑,小人怀惠。”(《里仁》)“有德者必有言,有言者不必有德;仁者必有勇,勇者不必有仁。”(《宪问》)“古之学者为己,今之学者为人。”(《宪问》)

对同一事物的两个不同方面加以相互对照的,如《古文观止》中的《苏秦以连横说秦》:“说秦王书十上,而说不行,黑貂之裘弊,黄金百斤尽,资用乏绝,去秦而归。羸縢履蹻,负书担囊,形容枯槁,面目黧黑,状有愧色。归至家,妻子不下纫,嫂不为炊,父母不与言。”苏秦说赵王成功之后:“将说楚王,路过洛阳。父母闻之,清宫除道,张乐设宴,郊迎三十里;妻子侧目而视;嫂蛇行匍匐,四拜自跪而谢。”苏秦的父母妻子嫂子,在苏秦失败和成功的不同时点,是完全不同的两副嘴脸。当事人苏秦因此感概说:“嗟乎!贫穷则父母不子,富贵则亲戚畏惧,人生世上,势位富厚,盖可以忽乎哉!”

### 8.3.3 对照的复杂化与艺术化

对照也是一种文学描写手段。曹雪芹《红楼梦》第二十九回,林黛玉和贾宝玉闹矛盾的时候,宝玉砸宝玉,其丫鬟花袭人劝他说:“你和林姑娘拌嘴,不犯着砸他。倘或砸坏了,叫他心里脸上怎么过的去?”黛玉的丫鬟紫鹃劝黛玉说:“虽是生气,姑娘到底也该保重些。才吃了药,这会子因和宝二爷拌嘴又吐出来,倘或犯了病,宝二爷心里怎么过的去?”

对照看似简单而平常,却富于艺术魅力。例如曹禺的《日出》中有个人物叫王福升,他正接一个电话:

① 王福升:喂,你哪儿?你哪儿?你管我哪儿?……我问你

哪儿？你要哪儿？你管我哪儿？……你哪儿！你说你哪儿！……怎么，你出口伤人……你怎么骂人混蛋？……啊，我王八蛋！你混蛋！你才是……什么？你姓金？啊，……哪，……您老人家是金八爷！……是……是……是……我就是五十二号！……您别急；我实在有眼无珠，看不见，不知道是您老人家。……（赔着笑）您骂吧！×我妈吧！（当然耳机里面没有客气，福升听一句，点一次头，仿佛很光荣地听着对面刺耳的诟骂）是……是……您骂的对！您没错！骂的对！

"人物表"上说，这个王福升是上海某旅馆里的一个"茶房"，现在中国大陆叫"服务员"，港澳台地区叫"服务生"，洋化的叫"boy"。这个电话分为上下两段。在上段，王福升自以为是天下第一人——"老子"，南霸天！自以为是，张牙舞爪，蛮不讲理。而在下段，他把自己当作天下第一大奴才，他甚至"赔着笑"地请求对方——刚刚被自己骂为"混蛋"的家伙！——来"您骂吧！×我妈吧！"下流之极，无耻之极，简直不是一个人——一个赔着笑脸请他人来如此侮辱自己的妈妈的，当然绝不会是一个中国人！但是，他的确是中国人，是中国人中最卑鄙无耻的一类人。这种强烈的对照，不仅表现了金八的势力，也深刻地揭示了王福升这种人的灵魂。这个电话就是对照辞格的艺术魅力的一个表现。

对照是一种章法手段，也是文学描写的重要手段。著名的古典小说中，描写人物时都十分注重对照手法的运用。刘备与曹操，诸葛亮和周瑜，诸葛亮和司马懿，林黛玉和薛宝钗，孙悟空与猪八戒……都在对照中显示出他们各自鲜明的个性。

最具修辞色彩、最具艺术趣味的对照是实和虚的对照。例如："……灶王就急忙忙吃点关东糖，化为灰烬，飞上天宫。灶王爷上了天，我却落了地。"（老舍《正红旗下》）再如《北史》中的两个对话。"帝叹曰：'卿身乃短，虑何长也。'"（《陆佚传》）"灵太后谓曰：'卿年稍老矣。'（孙）绍曰：'臣年虽老，臣卿乃少。'"（《孙绍传》）

虚和实的对照，往往隐含着一个比喻。例如：

② 惜春冷笑道:“我虽年轻,这话却不年轻。”

(曹雪芹《红楼梦》七十六回)

③ 倘有风吹草动,武二眼里认得是嫂嫂,拳头却不认得是嫂嫂。(施耐庵《水浒传》二十四回)

④“他的眼睛有点近视,是吗?”

“他眼睛近视,思想可不近视。”(周立波《山乡巨变》)

“这话却不年轻”,“拳头却不认得是嫂嫂”,“眼睛近视,思想可不近视”,都是一种比喻的说法。这种虚和实的对照是人民群众所喜闻乐见的,谚语中很多,如“话是死的,人是活的”,“人老心不老”等。

对照可以同其他修辞手段相结合,例如:“广寒宫里好快活,碧天遥难问恒娥。我独对清光坐,闲将白雪歌,月儿你团圆我却如何!”(宋方壶《[双调]水仙子·居庸关中秋对月》)这是同比拟的结合对照。

对照也是组织整篇文章的重要手段。例如臧克家《有的人》:

⑤ 有的人活着
他已经死了;
有的人死了
他还活着。

有的人
骑在人民头上:“呵,我多伟大!”
有的人
俯下身子给人民当牛马。

有的人
把名字刻入石头,想“不朽”;
有的人
情愿作野草,等着地下的火烧。

有的人
他活着别人就不能活；
有的人
他活着为了多数人更好地活。

骑在人民头上的
人民把他摔垮；
给人民作牛马的
人民永远记住他！

把名字刻入石头的
名字比尸首烂得更早；
只要春风吹到的地方
到处是青青的野草。

他活着别人就不能活的人，
他的下场可以看到；
他活着为了多数人更好地活着的人，
群众把他抬举得很高，很高。

《世说新语》："庾道季云：'廉颇、蔺相如虽千载上死人，凛凛恒如有生气。曹蜍、李志虽见在，厌厌如九泉下人。'"诗人显然受到了庾道季的启示，运用艺术形象来强化了两种人的对比，深深地打动了读者，引起了强烈的共鸣，留下了深刻的印象。

# 四　排比

## 8.4.1 排比的定义

排比,是把三个以上结构相同或相似、意义相关、语气一致的词组或句子排列起来,形成一个整体。如:“天上星多月不明,塘里鱼多水不清,地里草多苗不长,小妹郎多乱了心。”(湖南民歌《小妹郎多乱了心》)再如朱生豪翻译的莎士比亚的《冬天的故事》:“颓唐了他的精神,消失了他的胃口,扰乱了他的睡眠,很快地憔悴下来。”

排比可以视为对偶的扩大和解放。对偶是成对的组织,排比是成串的组织。对偶只能有两个项目,排比不但可以而且必须是三个以上的项目。所谓鼎足对,严格地说并不是对偶,对偶只能两项;既然是三个以上的项目,就应当看作是排比。鼎足对其实是对偶与排比的过渡地带,是排比中形式上最整齐的一种,是最近似于对偶的排比。例如:“裹一顶半新不旧乌纱帽,穿一领半长不短黄麻罩,系一条半连不断皂环绦,做一个穷风月训导。”(钟嗣成《[正宫]醉太平》)“铺眉苫眼早三公,裸袖揎拳享万钟,胡言乱语成时用。……五眼鸡岐山鸣凤,两头蛇南阳卧龙,三脚猫渭水飞熊。”(张鸣善《水仙花·讥时》)

排比往往以相同的词语作为提示语,当然也可以不用相同的词语,而对偶一般都是避免相同的词语,虽然宽式对偶也允许有相同的词语。

## 8.4.2 排比的内部关系

排比的各个项目之间的关系,有的是并列的,有的是承接的,有的是递进的。

并列式排比,排比的项目之间的关系是平等的联合的关系。例如:

① 子墨子见王,曰:“今有人于此,舍其文轩,邻有敝舆而欲窃之;舍其锦绣,邻有短褐而欲窃之;舍其粱肉,邻有糟糠而欲窃之。

此为何若人?”王曰:“必为窃疾也。”　　　　　　(《墨子·公输》)

② 将不仁,则三军不亲;将不勇,则三军不锐;将不智,则三军大疑;将不明,则三军大倾;将不精微,则三军失其机;将不常戒,则三军失其备;将不强力,则三军失其职。　　　　　　(《六韬》)

例①,三个“舍其……”句的排比,例②中,七个“将不……则三军……”的排比,各项目之间的关系都是相对自由的,可以变动的。

承接式排比,排比的项目之间的关系有逻辑上先后之分,不可以随意变动。例如:

③ 知止而后有定,定而后能静,静而后能安,安而后能虑,虑而后能得。物有本末,事有终始,知所先后,则近道矣。古之欲明明德于天下者,先治其国;欲治其国者,先齐其家;欲齐其家者,先修其身;欲修其身者,先正其心;欲正其心者,先诚其意;欲诚其意者,先致其知,致知在格物。(《大学》)

这些排比项目是不能变动次序的。

递进式排比,排比的项目之间有阶梯式关系。例如:

④ 一年之计,莫如树谷;十年之计,莫如树木;终身之计,莫如树人。　　　　　　(《管子·权修》引古谚语)

⑤ 嫩绿的芽儿,
和青年说:
“发展你自己!”
淡白的花儿,
和青年说:
“贡献你自己!”
淡红的果儿,
和青年说:
“牺牲你自己!”　　　　　　(冰心《繁星》)

例①中,“一年——十年——终生”,“树谷——树木——树人”,是递进;例⑤中,“芽儿——花儿——果儿”,是递进,“发展你自己——贡献你自己——牺牲你自己”,是层层递进的。

排比的项目有时是句子的成分,有时是句子。例如:

⑥ 啥花开来节节高?

啥花开来像双刀?

啥花开在青草里?

啥花开在太湖梢?

芝麻花开来节节高。

扁豆花开来像双刀。

荠菜花开在青草里。

野菱花开在太湖梢。(江苏常熟民歌《啥花开来节节高》)

排比,可以是单句,也可以是复句。

### 8.4.3 排比的功能

排比在不同语体中的修辞作用也不同。在政论语体中,排比的运用可以使文章条理清晰,显得气势磅礴。例如:“这以后中国式的‘堂·吉诃德’的出现,是‘青年援马团’。不是兵,他们偏要上战场;政府要诉诸国联,他们偏要自己动手;政府不准去,他们偏要去;中国现在总算有了一点铁路,他们偏要一步一步地走过去;北方是冷的,他们偏只穿件夹袄;打仗的时候,兵器是顶要紧的,他们偏只着重精神。这一切等等,确是十分‘堂·吉诃德’的了。”(鲁迅《中华民国的新“堂·吉诃德”们》)六组复句并列排比,都起到了“壮文势,广文义”的作用。在文艺语体中,特别是在诗歌中,排比的运用可以使语言畅达明快,富于节奏感,适宜于强烈感情的抒发。

排比也是结构篇章的手段。例如:

⑦ 假如你是一只小鸡蛋,

我就变作一只飞鹰,

一下子就把你擒牢。

假如你是一池清水，
我就变作一条鲤鱼，
一跃就投进你的怀里。

假如你是一匹骏马，
我就变作一个勇士，
一下就把你跨在胯下。

（苗族民歌《情妹呀，假如你是……》）

整首诗是依靠排比组合起来的。

### 8.4.4 排比和对偶

在排比之间，有所谓鼎足对，三个项目都符合对偶的要求，但不是“偶”！

继续前进，就是四个项目的对偶句式，例如：

⑧ 春寻芳竹坞花溪边醉，夏乘船柳岸莲塘上醉，秋登高菊径枫林下醉，冬藏钩暖阁红炉前醉。（周文质《四景》）

⑨ 桃花开院宇中欢欢喜喜醉，芰荷香池沼边朝朝日日醉，金菊浓篱落畔醺醺沉沉醉，腊梅芳庾岭前来来往往醉。

（周文质《四景》）

⑩ 青袅袅垂杨近画楼，响溅溅暗水流花溪，轻飐飐香风翻翠幌，光辉辉银腊射雕楹。（汤式《卓文君花月瑞仙亭》）

⑪ 爱他时似爱初生月，喜他时似喜看梅梢月，想他时道几首《西江月》，盼他时似盼辰钩月。（无名氏《小令[正宫]叨叨令》）

这种最严格的排比是看作双料对偶，组合式对偶。

### 8.4.5 排比与反复

反复同排比有相通之处。间隔反复的各个单位如果具有相同或相

似的语法结构、意义相关、语气一致,或者如果排比的各个单位具有相同的词语,这时既是反复,同时也是排比。例如:

⑫ 这里,不再有虎啸,也不再有狼嚎;这里,不再是炊烟稀疏,也不再是山田瘠薄,现在,漫山遍谷盛开的油菜花和迎风鼓浪的麦苗,像黄金铺地,像碧海连天;这里,不再有纤夫在巉岩乱石头间拧断筋骨,现在,远航的轮船乘风破浪,汽笛声此呼彼应;这里,不再有密林中的孤烟,悬崖上的木屋,高峡间的石田,现在,红砖红瓦的建筑群,在入夜的灯海里,像千匹红绫,在朝日的东升中,像万道霞光。 (碧野《高山深峡出画图》)

这一类,称之为"排比式反复"或"反复式排比"都可以。

反复同排比的区别在于:第一,反复的各项并不要求语法结构上的相同或相似,排比则必须有语法结构上的相同或相似。第二,排比一定要有三个以上的项目,而反复可以只由两个项目构成。第三,反复一定要有相同的词语,排比则不一定非有相同的词语不可。试比较:"我记得你洪亮的声音,激昂的神情,飘拂的长髯,炯炯的目光,在每一次群众大会中,在每一次讲演中、座谈会中。"(《哭一多》)这是排比,不是反复。可是:

⑬ 啊!雷锋!
每一个思念,
你夜晚的
每一个梦境,
都是:
　　人民……
　　人民……
　　人民…… (贺敬之《雷锋之歌》)

这个例子不能看成是排比。

运用反复时,应当把反复同重复、啰唆区别开来。重复、啰唆,指的是不能传达信息,无助于提高表达效果的词语或句子的一再出现。如话剧《抓壮丁》中王保长，一开口就是“现在而今眼目光”，这样的话，如果出现在一般文章中，就是可笑的、不可取的了。

## 五　顶针

### 8.5.1 顶针的定义

顶针，又叫蝉联，就是邻近的句子首尾蝉联，上递下接，用前一句的结尾作下一句的开头。如《大学》：“古之欲明明德于天下者，先治其国；欲治其国者，先齐其家；欲齐其家者，先修其身；欲修其身者，先正其心；欲正其心者，先诚其意；欲诚其意者，先致其知；致知在格物。格物而后知至，知至而后意诚，意诚而后心正，心正而后身修，身修而后家齐，家齐而后国治，国治而后天下平。”

汉语的特点是音节分明，基本上每个音节都有意义，意义单位的组合非常灵活。这是顶针方式产生的形式基础。对事物之间的相互联系的重视，努力从整体上把握事物的思维方法，是顶针产生的思想基础。

顶针是客观事物之间关联性的反映，例如曹雪芹《红楼梦》第一回：“当日地陷东南，这东南有个姑苏城，城中阊门，最是红尘中一二等富贵风流之地。这阊门外有个十里街，街内有个仁清巷，巷内有个古庙，因地方狭窄，人皆呼作‘葫芦庙’。庙旁住着一家乡宦，姓甄名费，字士隐。”主要是连锁、承接、因果、递进等关系。宋玉《登徒子好色赋》：“天下之佳人，莫若楚国；楚国之丽者，莫若臣里；臣里之美者，莫若臣东家之子。”白居易《池上篇序》：“都城风土水木之胜，在东南偏；东南之胜，在履道里；里之胜，在西北隅；西闬北垣第一第，即白氏叟乐天退老之地。”这可以叫作递进式顶针或顶针式递进。

### 8.5.2 顶针的复杂化和艺术化

顶针的常规是单线的，同时也有复线的。如吴承恩《西游记》：

① 淅淅潇潇(a)飘飘荡荡(b)。淅淅潇潇飞落叶(a2),飘飘荡荡卷浮云(b2)。 (第三十七回)

② 潇潇洒洒(a),密密沉沉(b)。潇潇洒洒,如天边坠落星辰(a2);密密沉沉,似海口倒悬浪滚(b2)。 (第四十一回)

③ 湾环深涧下(a),孤峻陡崖边(b)。湾环深涧下,只听得唿喇喇戏水蟒翻身(a2);孤峻陡崖边,但见那崒嵂嵂出林虎剪尾(b2)。 (第三十二回)

④ 烟霞渺渺(a),松柏森森(b)。烟霞渺渺采盈门(a2),松柏森森青绕户(b2)。 (第十七回)

⑤ 烟波荡荡(a),巨浪悠悠(b)。烟波荡荡接天河(a2),巨浪悠悠通地脉(b2)。潮来汹涌(c),水浸湾环(d)。潮来汹涌,犹如霹雳吼三春(c2);水浸湾环,却似狂风吹九夏(d2)。 (第二十八回)

这是顶针同列举分承的结合,可叫作双蝉式顶针。

林语堂的《生活的艺术》:

⑥ 门内有径(a),径(a2)欲曲;径(a3)转有屏(b),屏(b2)欲小;屏(b3)进有阶(c),阶(c2)欲平;阶(c3)畔有花(d),花(d2)欲鲜;花(d3)外有墙(e),墙(e2)欲低;墙(e3)内有松(f),松(f2)欲直;松(f3)底有石(g),石(g2)欲怪;石(g3)面有亭(h),亭(h2)欲扑;亭(h3)后有竹(j),竹(j2)欲疏;竹(j3)尽有室(i),室(i2)欲幽;室(i3)旁有路(k),路(k2)欲分;路(k3)合有桥(l),桥(l2)欲危;桥(l3)边有树(m),树(m2)欲高;树(m3)荫有草(n),草(n2)欲青;草(n3)上有渠(o),渠(o2)欲细;渠(o3)引有泉(r),泉(r2)欲瀑;泉(r3)去有山(s),山(s2)欲深;山(s3)下有屋(t),屋(t2)欲方;屋(t3)角有圃(w),圃(w2)欲宽;圃(w3)中有鹤(x),鹤(x2)欲舞;鹤(x3)报有客(y),客(y2)不俗;客(y3)至有酒(z),酒(z2)欲不却;酒(z3)行有醉(A),醉(A2)欲不归。

这里的顶针复杂多变。变中保持着不变,是相同的格式反复运用。顶针反映出事物之间的内在联系,是一种衔接手段,篇章结构手段。顶针的运用,使话语更有整体感,结构严密,语气连绵,音律流畅。

顶针不仅可以是组织一篇文章的手法,也可以是组织长篇小说的一种手法。中外都有这样的长篇小说,若干个短篇故事,靠了顶针手法才组成一个整体。如:《水浒传》、《三国演义》、《西游记》、《儒林外史》、《一千零一夜》等。

此外,顶针还是语言文字游戏的手段。

## 六 回环

### 8.6.1 回环的定义

回环,就是重复前一句的结尾部分,作为后一句的开头部分,又回过头来用前一句开头部分作后一句结尾部分。例如苏轼的《菩萨蛮》:"翠鬟斜幔云垂耳,耳垂云幔斜鬟翠。春晚睡昏昏,昏昏睡晚春。细花梨雪坠,坠雪梨花细。颦浅念谁人,人谁念浅颦?"

回环建立在汉语特点的基础上:汉语没有形态,每个音节都有意义,词序是最重要的语法手段。回环的应用范围极其广泛。回环修辞格通过回环往复的形式,表现两种事物的相互依存或者相互排斥的辩证关系,以加深读者、听者对客观事物的认识和理解。回环可以给上下文增添一些特殊的含义。冰心《关于女人》:"在她,工作就是游戏,游戏就是工作。"茹志鹃《静静的产院》中写道:"谭婶婶学习一个月回来,挟了两个卫生包,身上被单一扎,她就是产院,产院就是她,到处给人接生,到处宣传科学,和旧的接生婆展开斗争。"人们这样形容无法无天者:"他就是法律,法律就是他!"

以回环为基本创作手段,产生了回文诗、回文词、回文曲、回文对联等。回环也是谚语常用的手法。例如:"人防虎,虎防人。""人欺病,病欺人。""开水不响,响水不开。""疑人不用,用人不疑。""真的假不了,假的真不了。""来者不善,善者不来。""革命不怕死,怕死不革命。""好事不瞒人,瞒人没好事。""成人不自在,自在不成人。""人误地一时,地误人一年。"

### 8.6.2 宽式回环、严式回环、变式回环

回环可分为严式回环、宽式回环、变式回环三种。上举苏轼《菩萨蛮》之例是严式回环的代表。宽式回环,要求不那么严格,可以有些变通。例如:

① 环境的艺术化和艺术的环境化

(标题。《文汇报》2002 年 4 月 7 日)

② 远远的街灯明了,
好像是闪着无数的明星。
天上的明星现了,
好像是点着无数的街灯。 (郭沫若《天上的街市》)

③ 看见了甘蔗林,我怎能不想起青纱帐!
北方的青纱帐啊,你至今还这样令人神往;
想起了青纱帐,我怎能不迷恋甘蔗林的风光!
南方的甘蔗林啊,你竟如此翻动我战士的衷肠。

(郭小川《青纱帐——甘蔗林》)

④ 摔碎了泥人再重和,
再捏一个你来再捏一个我:
哥哥身上有妹妹,
妹妹身上有哥哥。 (李季《王贵和李香香》)

以上各例中,或中间穿插了别的词语,或不严格地逆序,但就基本结构而言,仍然是回环手法。正序句和反序句之间的关系是对称的,同样合理的。正序和反序的对照,加强了语气,强调了普遍、绝对的意思。

所谓变式回环,指的是正序句和反序句不对称的回环,反序句是超常的。例如:

⑤ 可是他(财喜)实在已经用完了他的体力了,与其说他是摇

橹，还不如说橹在财喜手里变成一条活龙，在摇他。

（茅盾《水藻行》）

⑥ 到家以后。“左顾孺人，右弄稚子”，他不喜欢汉口的热闹，而汉口的热闹也从来不干涉他。（茅盾《烟云》）

⑦ 后来溴是被青年化学家巴拉德于一八二六年发现的。为此，李比喜感愧万分地说：“不是巴拉德发现了溴，而是溴发现了巴拉德。”（杜国正《在科学的入口处》）

反序句，橹“在摇他”；“汉口的热闹也从来不干涉他”；“溴发现了巴拉德”，都是超常的，不合情理，但是正反对照，揭示被常识所遮蔽了的道理，风趣幽默，给人以深刻的印象。

换序是一种局部的对照式回环。例如：

⑧ 小人有恶中之善，君子有善中之恶。（庄元臣《叔苴子》）

⑨ 我要赞美我祖国底花！

我要赞美我如花底祖国！（闻一多《忆菊》）

⑩ 让30万居民喝上洁净水

赣榆变水养鱼为鱼养水（《新华日报》2001年10月10日）

这些例子可以看成是回环的一种变式。

### 8.6.3 回环文化

汉语汉字适合于回环，以回环修辞格为主要手段形成了回环文化，如回文诗、回文词等。

宋人陈朝老的回文诗：

⑪ 纤纤乱草平滩，冉冉云归远山。

帘卷堂空日永，鸟啼花落春残。

颠倒词序读就是：

⑫ 残春落花啼鸟，永日空堂卷帘。

山远归云冉冉，滩平草乱纤纤。

清代词人纳兰容若的《菩萨蛮》：

⑬ 客中愁损催寒夕,夕寒催损愁中客。门掩月黄昏,昏黄月掩门。　翠衾孤拥醉,醉拥孤衾翠,醒莫更多情,情多更莫醒。

明代人蒋一葵的《咏春》全诗10个汉字:

⑭ 莺啼岸柳弄春晴晓月明

按照"前七后三"格式,顺读、叠读、倒读,就是一首七言绝句:

⑮ 莺啼岸柳弄春晴,柳弄春晴晓月明。
明月晓晴春弄柳,晴春弄柳岸啼莺。

回环文化也应用于日常生活中,如茶具,棋盘等。

### 8.6.4 回环绝品:苏惠《璇玑图》

前秦才女苏惠(字若兰)创作的《璇玑图》,共840个汉字,后人在中间增添一个"心",就成841个字。纵横各自29个字。循环往复地解读,可以得到许多首诗来。武则天在其序中说:"惠因织锦为回文,五彩相宜,莹心耀目。其锦纵横八寸,题二百余首,计八百四十一字。"宋元间诗僧起宗解读出三言、四言、五言、七言诗歌3752首。明代人康万民解读出4206首。现在据说有海外华人解读出近万首诗来。

其全文如下:

琴清流楚激弦商秦曲发声悲摧藏音和咏思惟空堂心忧增慕怀惨伤仁
芳廊东步阶西游王姿淑窕窈伯邵南周风兴自后妃荒经离所怀叹嗟智
兰休桃林阴翳桑怀归思广河女卫郑楚樊厉节中闱淫遐旷路伤中情怀
凋翔飞燕巢双鸠土迤逶路遐志咏歌长叹不能奋飞妄清帏房君无家德
茂流泉情水激扬眷颀其人硕兴齐商双发歌我衮衣想华饰容朗镜明圣
熙长君思悲好仇旧蕤葳粲翠荣曜流华观冶容为谁感英曜珠光纷葩虞
阳愁叹发容摧伤乡悲情我感伤情徵宫羽同声相追所多思感谁为荣唐
春方殊离仁君荣身苦惟艰生患多殷忧缠情将如何钦苍穹誓终笃志贞
墙禽心滨均深身加怀忧是婴藻文繁虎龙宁自感思岑形荧城荣明廷妙
面伯改汉物日我愁思何漫漫荣曜华雕旗孜孜伤情幽未犹倾苟难闱显
殊在者之品润乎愁苦艰是丁丽壮观饰容侧君在时岩在炎在不受乱华

意诚惑步育浸集悴我生何冤充颜曜绣衣梦想劳形峻慎盛戒义消作重
感故昵飘施愆殃少章时桑诗端无终始诗仁颜贞寒嵯深兴后姬源人荣
故遗亲飘生思愆精徽盛翳风比平始璇情贤丧物岁峨虑渐孽班祸谗章
新旧闻离天罪辜神恨昭感兴作苏心玑明别改知识深微至嬖女因奸臣
霜废远微地积何遐微业孟鹿丽氏诗图显行华终凋渊察大赵婕所佞贤
冰故离隔德怨因幽元倾宣鸣辞理兴义怨士容始松重远伐氏好恃凶惟
齐君殊乔贵其备旷悼思伤怀日往感年衰念是旧愆涯祸用飞辞恣害圣
洁子我木平根尝远叹水感悲思忧远劳情谁为独居经在昭燕辇极我配
志惟同谁均难苦离戚戚情哀慕岁殊叹时贱女怀叹网防青实汉骄忠英
清新衾阴匀寻辛凤知我者谁世异浮奇倾鄙贱何如罗萌青生成盈贞皇
纯贞志一专所当麟沙流颓逝异浮沉华英翳曜潜阳林西昭景薄榆桑伦
望微精感通明神龙驰若然倏逝惟时年殊白日西移光滋愚谗漫顽凶匹
谁云浮寄身轻飞昭亏不盈无倏必盛有衰无日不陂流蒙谦退休孝慈离
思辉光饬粲殊文德离忠体一违心意志殊愤激何施电疑危远家和雍飘
想群离散妾孤遗怀仪容仰俯荣华丽饰身将与谁为逝容节敦贞淑思浮
怀悲哀声殊乖分圣赀何情忧感惟哀志节上通神祇推持所贞记自恭江
所春伤应翔雁归皇辞成者作体下遗葑菲采者无差生从是敬孝为基湘
亲刚柔有女为贱人房幽处己悯微身长路悲旷感生民梁山殊塞隔河津

（苏蕙《璇玑图》）

可谓汉语文化中的绝品，可以看作人类文化的第 N 个奇迹，汉语之外，在其他任何语言中是不可能做到的。当然这些诗不可能是形式与内容俱佳的好诗。

## 七　互文

### 8.7.1 互文的定义与功能

互文，指的是两个短语或句子中，语义必须互相补充、互相拼合。

例如:“战城南,死郭北,野死不葬乌可食。”(汉乐府《战城南》)字面上的意义很不合理:在城南作战,怎么死到城北去了?但真正的含义是:战称南+(死城南)+(战城北)+死城北=战城南,死城南,战城北,死城北,战城西,死城西……。

互文是古代学者早就发现并加以阐述的一种辞格。郑玄在《毛诗笺》中称为“互言”、“互辞”。贾公彦在《仪礼》疏中说:“凡言互文者,是两物各举一边而省文,故曰互文。”俞樾在《古书疑义举例》中称为“互义”、“互见义”。

互文,作为一种修辞格,指的是对称的甲和乙之间的语义关系的相互交换。例如:

① 迢迢牵牛星,皎皎河汉女。　(《古诗十九首》)

② 烟笼寒水月笼沙,夜泊秦淮近酒家。　(杜牧《泊秦淮》)

这里有显性和潜性两种关系。其显性关系是:

(A)(迢迢+牵牛星)+(皎皎+河汉女)

(B)(烟笼+寒水)+(月笼+沙)

其潜性关系是:

(A)(迢迢+河汉女)+(皎皎+牵牛星)

(B)(烟笼+沙)+(月笼+寒水)。

话语的意义是显性关系和潜性关系的总和。只取表层的显性的关系,意义不完整,也不合情理:牵牛星和织女星是同样遥远而明亮的,不可能是一个遥远一个近,一个明亮一个暗淡的。烟和月是同时笼罩着寒水和岸边的沙子的,不可能是烟只笼罩着寒水,月只笼罩着岸边的沙子。

互文的修辞功能,首先是简洁精练,用最少的词语表达最丰富的内容。例如:“花径不曾缘客扫,蓬门今始为君开。”(杜甫《客至》)如果说成:“花径不曾缘客扫,蓬门不曾缘客开,花径今始为君扫,蓬门今始为君开。”显然太啰唆了。互文对,指的是上下两联中语义相互补充的对联。再如:“当窗理云鬓,对镜贴花黄。”(《木兰辞》)“思家步月清宵立,忆弟看云白日眠。”（杜甫《恨别》）“少妇今春意，良人昨夜情。”（沈佺期《杂诗》）“千村薜荔人遗矢，万户萧疏鬼唱歌。”（毛泽东《送瘟神》）

互文有避免单调，赋予话语以变化的美的功能。例如：“少妇今春意，良人昨夜情。”（沈佺期《杂诗》）如果写作：“少妇、良人今春意，少妇、良人昨夜情。”就淡而无味了。互文把两个不同的句子联结为一个整体，把单独的意象组合成一个复合意象。例如：“青青河畔草，郁郁园中柳。”（《古诗十九首》）互文还可以帮助调节音节的数量，例如：“战城南，死郭北，野战不葬乌可食。”（汉乐府《战城南》）采用互文格式，既保持了意义的完整，又符合诗歌格式的要求。

互文式的前后次序可以颠倒。例如“南辕北辙”是互文，理论上可以颠倒为“北辕南辙”。非互文式的，次序不能颠倒，例如：“南蛮北侉、夏扇冬炉、春兰秋菊”不能说成是“北蛮南侉、冬扇夏炉、秋兰春菊”。

### 8.7.2 互文的分类

互文可分句内互文、对句互文和多句互文三种。

句内互文指一个句子内部的互文。例如：

③ 陵阳佳地昔年游，谢朓青山李白楼。

（陆龟蒙《怀宛陵旧游》）

④ 秦时明月汉时关，万里长征人未还。 （王昌龄《出塞》）

对句互文指的是表现为对偶句式的互文。例如：

⑤ 枝枝相覆盖，叶叶相交通。 （《孔雀东南飞》）

⑥ 将军角弓不得控，都护铁衣冷难着。

（岑参《白雪歌送武判官归京》）

⑦ 思家步月清宵立，忆弟看云白日眠。 （杜甫《恨别》）

⑧ 当窗理云鬓，对镜贴花黄。 （《木兰辞》）

多句互文指的是三个以上的句子之间的互文现象。例如：“燕赵之收藏，韩魏之经营，齐楚之精英，几世几年，摽掠其人，倚叠如山。”（杜牧《阿房宫赋》）这里三个语音句之间相互交换了语义：（燕赵＋韩魏＋齐楚)——(收藏＋经营＋精英)。

宋人罗大经在《鹤林玉露》第七卷中讨论杜甫的诗句:“风含翠筱娟娟净,雨裛红蕖冉冉香。”(《狂夫》)认为“上句风中有日,下句日中有风”。同类的还有杨万里的诗句:“绿光风动麦,白碎日翻池。”周振甫在《诗词例话》中定名为“互体”,强调了“互文”和“互体”的区别,“互体的句子,不知道它是互体同样可以解释,如说风中翠竹美好洁净。互文的句子,不知道它是互文有时就不好解释,如‘秦时明月汉时关’,为什么明月属秦关属汉?”①互体可以看作是“弱式互文”(准互文)。

### 8.7.3《木兰辞》中的雌兔和雄兔

周振甫讨论互文的时候,说:“‘雄兔脚扑朔,雌兔眼迷离。’既然雄兔和雌兔这样不同,那么我们看它们的脚和眼就可以分出雌雄来,为什么说分不出雌雄呢? 不作互文,就不好讲了。”②

如果是互文,雄兔和雌兔毫无根据区别,一模一样,那么逻辑的结论就是谁也不能辨别它们的性别。同这个特定的上下文的意义不相符合。这是在木兰恢复女妆,充分显示出男女差别之后的话。是木兰在同伴们惊讶于木兰是女性不是男性的时候对同伴们的反问。这里的意思却是:本来是有区别的,但是,却无法区别! 男人和女人,本来是不同的,区别是很明显的,这正如雄兔和雌兔本是不同的,是很容易区别的。但是,这些年来,在战场上,你们(同伴们)哪里能够辨别出、想象到我是男是女呢? 这正如雄兔和雌兔,本是有区别的,很好分辨,但是一旦飞奔起来,你们哪里能够辨别它是雌是雄呢?

互文,往往被误认为是古代诗文中一种特殊的修辞方式,其实它也是现代言语活动中很常用的一种修辞方式。互文在日常生活中出现频率很高。例如:“这些人最喜欢的就是张家长李家短……”“看到东家发

---

① 周振甫:《诗词例话》311 页,中国青年出版社 1982 年。

② 同上。

了财，他眼红；听说西家升了官，他气不顺。”“他请她去跳舞，她请他去喝咖啡……”“水果就是他的命，今天是苹果，明天是葡萄……”“姓王的家丢了一只鸡，他高兴得合不拢嘴；姓李的家里失了火，他兴奋得笑弯了腰；姓张家的小孩没考上大学，他激动得三天没睡觉……”

互文还是一种构词格式。例如“南来北往”，“南来”是从南方来，“北往”是到北方去，为什么中国人都要从南向北运动呢？这不合理。其实是互文，意思是，从四面八方来，到四面八方去。再如：南辕北辙、千军万马、千家万户、千丝万缕、千头万绪、东鳞西爪、东劳西燕、东鸣西应，等等。互文式并列结构的成语，同非互文式并列结构的成语，不能混为一谈。例如：南蛮北侉、夏扇冬炉、春兰秋菊……都是并列结构，不是互文。介乎两者之间的是“花前月下”，花前同月下并不对立，也不需要都同时出现——白天在花前，或无花的月下。

## 八 列举分承

### 8.8.1 列举分承的定义

列举分承是两组或两组以上的并列项目前后照应彼此衔接。例如周恩来《伟大的十年》：“在一九五八年，我国的钢、煤、发电量和棉纱已经分别跃居世界的第七位、第三位、第十四位和第二位。”这里前后有两组并列项目，(1)钢、煤、发电量和棉纱；(2)第七位、第三位、第十四位和第二位。先一一列举这些项目，然后再分别接着上面各个项目加以论述。后面的并列项目是对前面的并列项目做阐述。两组并列项日之间相互对应：钢——第七位、煤——第三位、发电量——第十四位、棉纱——第二位。列举分承是横式结构和纵式结构相结合的一种表达方式。周恩来《政府工作报告》中说：“工业总产值一九七四年预计比一九六四年增长一点九倍。主要产品的产量都有大幅度增长。钢增长一点二倍，原煤增长百分之九十一，石油增长六点五倍，发电量增长两倍，化肥增长三点三倍,拖拉机增长五点二倍,棉纱增长百分之八十五,化学纤维增长三点三倍。”运用一连串的短句分别叙述,长处在于清楚、明白、易懂。前例是列举分承,简洁、严整、容量大。假如不用列举分承,改成:“在一九五八年,我国的钢已经跃居世界的第七位,煤已经跃居世界的第三位,发电量已经跃居世界的第十四位,棉纱已经跃居世界的第二位了。”就显得啰唆。再如:“1981 年世界冰球(c 组)锦标赛今天进入第二天,八支冰球劲旅又进行了四场比赛。法国队、中国队、丹麦队和奥地利队,分别战胜了英国队、保加利亚队、朝鲜队和匈牙利队。”这是四个项目的列举分承。也可以改为:“法国队战胜了英国队,中国队战胜了保加利亚队,丹麦队战胜了朝鲜队,奥地利队战胜了匈牙利队。”但不简洁。

列举分承也可以是多层次的。

运用列举分承,要注意各个项目的次序应当一一对应,不能错乱,避免会引起误解。

### 8.8.2 列举与双提、分承与单承

列举分承,以两个项目居多。例如吕叔湘《谈谈语言的学习和教学》:“语言这东西,可以说好似又简单,又复杂。简单,因为七八岁的儿童已经初步掌握了;复杂,因为可能几十年还掌握不好。”

口语中,列举的项目尤其不易太多,否则容易引起误解。书面语中列举的项目可以多些。公文、学术论文、政论文中可以多一些,而诗歌、散文中又不宜太多。事实是,口语书面语中最常见的是双提分承,尤其是诗歌中。例如:

① 山桃红花满上头,蜀江春水拍山流。
花红易衰似郎意,水流无限似侬愁。(刘禹锡《竹枝词》)

② 七月农村气象新,满场谷子像黄金。
看了谷子来看妹,谷串含笑妹含情。
(客家民歌《谷串含笑妹含情》)

③ 西藏的牦牛，内蒙的骆驼，

早像春风一般巡视过高原和沙漠。 （郭小川《春歌》）

一方面，两个项目之间的关系容易把握，另一方面双数是自足的，是中国人所喜欢的。

列举也可以单承，例如：

④ 渴不饮盗泉水，热不息恶木阴。

恶木岂无枝？志士多苦心。 （陆机《猛虎行》）

⑤ 生憎帐额绣孤鸾，好取门帘帖双燕。

双燕双飞绕画梁，罗帏翠被郁金香。（卢照邻《长安古意》）

⑥ 天若不爱酒，酒星不在天。

地若不爱酒，地应无酒泉。

天地既爱酒，爱酒不愧天。 （李白《月下独酌》）

例④，列举的是“盗泉、恶木”，继续谈论的却只是恶木，丢开了盗泉。这里的列举单承是诗歌音律局限所导致的。诗人留给读者去补充去“完形”。例⑤，列举的是“孤鸾、双燕”，却只续说“双燕”，丢了“孤鸾”。例⑥“天”“地”并提，却只提“天”，没说“地”。这是诗歌节奏制约的结果。

列举也可以总承的，例如：

⑦ 北堂夜夜人如月，南陌朝朝骑似云。

南陌北堂连北里，五剧三条控三市。（卢照邻《长安古意》）

上文列举的“北堂、南陌”，下文合并一起叙述。

### 8.8.3 列举分承的章法功能

列举分承，运用于更大的范围，使文章的各个部分彼此衔接，形成一个整体。例如：“凡为天下国家有九经，曰：修身也、尊贤也、亲亲也、敬大臣也、体群臣也、子庶民也、来百工也、柔远人也、怀诸侯也。修身则道立，尊贤则不惑，亲亲则诸父昆弟不怨，敬大臣则不眩，体群臣则士之报礼重，子庶民则百姓劝，来百工则财用足，柔远人则四方归之，怀诸侯则天下畏之。齐明盛服,非礼不动,所以修身也;去谗远色,贱货而贵德,所以劝贤也;尊其位,重其禄,同其好恶,所以劝亲亲也;官盛任使,所以劝大臣也;忠信重禄,所以劝士也;时使薄敛,所以劝百姓也;日省月试,既禀称事,所以劝百工也;送往迎来,嘉善而衿不能,所以柔远人也;继绝世,举废国,治乱持危,朝聘以时,厚往而薄来,所以怀诸侯也。”(《中庸》)先秦哲学家韩非经常采用列举分承式作为结构整篇文章的手段。《七术》、《六微》都是三个层次构成的,前者每个层次有七个项目,后者有六个项目,条理分明,思路严谨。

列举分承是民间歌谣经常采用的叙事手法。例如江苏淮安民歌:

⑧ 什么出笼四角方?
什么出笼一身疮?
什么出笼盘盘坐?
什么出笼脱衣裳?
方糕出笼四角方,
粉团出笼一身疮,
寿桃出笼盘盘坐,
粽子出笼脱衣裳。 (《出笼号子》)

这是中国老百姓所喜闻乐见的。

### 8.8.4 列举分承辨析

列举而不分承,只论述其中的一个项目,就是“列举单承”式。这是对均衡的偏离,是一种烘托手段。先列举多种项目,虽然单谈论其中之一,其他项目只是一种陪衬,这是侧重原则的表现。例如:“写文章有大题大作、大题小作、小题大作、小题小作等多种方式。这里我们只谈小题小作……”是说话写文章常用的方法。这也是一种强调格式,在众多的项目中突出其中一个。

列举单承是多种原因造成的。例如陆机《猛虎行》:“渴不饮盗泉水,热不息恶木阴。恶木岂无枝,志士多苦心。”理应当是:“渴不饮盗泉水，热不息恶木阴。盗泉岂无水，恶木岂无枝，——志士多苦心。”不是诗人忘记了“盗泉”，而是诗歌中音律（语音句）限制了作者。为了形式的整齐美观，诗放弃了“盗泉”，只说“恶木”。留给读者去补充，相信读者会补上“盗泉”的。

列举分承需要同交错列举区分开来。例如：“韩愈、柳宗元、刘禹锡都是唐代大诗人、散文家、哲学家。”这是交错式列举，如果分别叙述，则是：“韩愈是唐代大诗人。柳宗元是唐代大诗人。刘禹锡是唐代大诗人。韩愈是唐代散文家。柳宗元是唐代散文家。刘禹锡是唐代散文家。韩愈是唐代哲学家。柳宗元是唐代哲学家。刘禹锡是唐代哲学家。”可以图解如下：

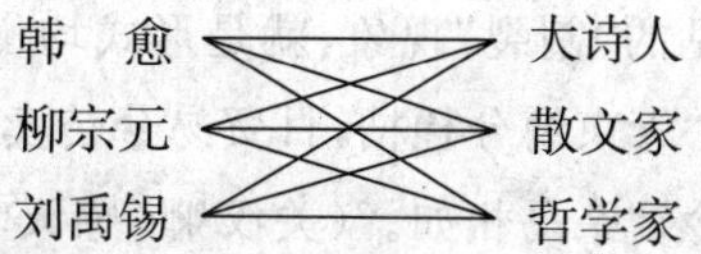


最后，要注意一种不严格的列举分承式或不完整的交错列举式。例如：“这里的每一块砖，每一寸土，桌子的每一个角，椅子的每一条腿，鲁迅都踏过，摸过，碰过。”（季羡林《访鲁迅故居》）这不是列举分承，“砖、土、觉、腿”四个名词同“踏、摸、碰”三个动词之间，没有分承关系，但也不是列举交错式关系。它的要求是四个名词中的每一个，至少得同三个动词中的一个发生关系，不能有一样同后面的动作没关系，三个动词中的每一个至少也要同其中的一个名词发生关系。更精确的关系，句子本身没有提供相应的信息。

这种格式是常见的，再如：“某教授，先后在A学院、B大学、C女子大学、D研究所、E科学院、F公司等单位担任过助教、讲师、副教授、教授、系主任、副院长、院长、副校长、校长、研究员、博士生导师、图书馆馆长等。”表达者本来就没有准备提供更精确的信息，所以读者也不需要、不应当从这个句子本身去寻找精确的信息。当然这样一来，就可能产生歧义和误解。但是责任不在表达者，而是听读者的一种过度阐释行为。

## 九　均衡的局限与超越

### 8.9.1 均衡的局限

世界上没有绝对完美的东西,任何事物都有一定的局限。内容和形式是一对矛盾。均衡是形式美的表现,是表现对称关系的最佳方式。但是内容的均衡同形式的均衡并不是一一对称的。均衡指的是语言形式,它要受到物理世界、文化世界和心理世界的制约。这四个世界之间的均衡不是一一对称的。

古代诗文中常见的"割裂"现象,就是形式均衡同内容的不均衡的矛盾的产物。例如:"管束缚兮桎梏,百贸易兮传卖。"(王逸《九思》)"读尽缥湘万卷书。可怜贫杀马相如。"(关汉卿《感天动地窦娥冤》)"这年愿奉西王宴,近侍惭无东朔才。"(赵彦昭《侍宴桃花园》)"管"指管仲,"百"指百里奚。"百里"是一个复姓,这里为了句子的整齐而简化作"百","司马相如"复姓"司马",为了均衡而压缩成"马"。把复姓"东方"说成"东",也是在迁就均衡的要求。

应当承认,形式上的均衡要求对内容来说,是一种束缚。"五四新文化运动"时,胡适提出打倒对偶的口号。还有人说旧体诗词的格律束缚人们的思想。但是不能因为形式的均衡对内容的表达有束缚性,就因此否定了形式均衡美的要求。对偶打不倒,就证明了胡适此说的片面性。芭蕾舞只准用脚尖落地,这是束缚,但也是一种艺术。均衡美是戴着镣铐的舞蹈,需要既能把握规则,又有冲破的胆识及超脱超越规则的技巧。

### 8.9.2 均衡的超越

均衡美的典范是骈体文。但是正因为过分追求均衡而走向走到了反面。"五四新文化运动"时,胡适在《文学改良刍议》中提出"七曰不讲对仗”:“今日而言文学改良,当先立乎其大者,不当枉废有用之精力于微细纤巧之末。此吾所以有废骈废律之说也。即不能废此两者,亦但当视为文学末技而已,非讲求之急务也。”

均衡需要适当的反均衡,在均衡与不均衡之间保持动态的平衡。就是说,均衡需要同变化相互制约。宇宙间的一切事物其实都处在均衡与非均衡之间,处于有序与无序之中。

**思考与练习**

(1) 观察语言世界中的对称和不对称现象。思索和寻找语言世界中不对称现象产生的原因。

(2) 观察在语言表达中对称的多种多样的表现形式。

(3) 思考对偶在其他领域的多种多样的表现形式。举例说明对偶(形式)和对照(内容)的区别,说说辞格之间的交错现象。

(4) 从回环思考汉语中词序的重要性和特殊作用,以及汉语的特点。

从骈文看对偶的美学效应及其局限性。

分析回文诗词,体会汉语的灵活性。

(5) 比较排比同错综的异同:排比一味求同,错综努力求异。

选择一个文本,分别用排比、错综和省略的方式来表达,看看效果的差异。例如:

(A) 有叶,却没有茎;有茎,却没有根;有根,却没有土。那是种野生植物,名字叫——华侨。(排比)

(B) 有叶子,却没有茎。茎是有的,但是无根。有根,然而没土。(错综)

(6) 举例说明顶针在话语衔接和篇章结构方面的功能。

举例说明语言文字游戏中的顶针手法。

思考顶针手法在其他领域中的运用。

(7) 分析互文,体会汉语的简洁性。

(8) 就列举分承来观察横式结构和纵式结构的联系。

(9) 举例说明语言表达中的均衡和反均衡之间的辩证关系。

(10) 胡适《文学改良刍议》:“七曰不讲对偶。”“今日而言文学改良,当先立乎其大者,不当枉废有用之精力于微细纤巧之末。此吾所以有废骈废律之说也。”请评说胡适的这一主张。

# 第九章　侧重

矛盾着的两个方面中，必有一个方面是主要的，他方面是次要的。其主要的方面，即所谓矛盾起作用的方面。事物的性质，主要也是由取得支配地位的矛盾的主要方面所规定的。（毛泽东《矛盾论》）

## 一　语言的侧重美

### 9.1.1 侧重与均衡互补

宇宙是既均衡对称又不均衡非对称的。左右两只手对称，但是，人们除了"左撇子"，都是右手优势者。侧重是均衡对称的突破与偏离大肆渲染的主体。

侧重，就是主宾有别，重点突出，不面面俱到，不搞一律平等，不吃大锅饭，不排排队吃果果。

### 9.1.2 言语表达的侧重美

侧重是美学的一个基本原则。侧重也是语言美的一个重要原则。说话写文章，主次不分，面面俱到，平均使用力量，不是好办法。主旨明确，重点突出，详略得当，表达效果才会好。侧重，是用词、造句、谋篇布局等方面都必须遵守的一个原则。

在用词方面，同义词语连用，大都是为了突出重点。《庄子·天下》："以谬悠之说，荒唐之言，无端崖之辞，时恣纵而不傥，不以觭见之也。""谬悠之说，荒唐之言，无端崖之辞"是同义的。贾谊的《过秦论》：

“秦孝公据崤函之固,拥雍州之地,君臣固守,以窥周室;有席卷天下、包举宇内、囊括四海之意,并吞八荒之心。”“席卷天下”、“包举宇内”、“囊括四海”和“并吞八荒”,“心”和“意”,也是同义的。

修辞方式,例如排比、反复和递进等,也是增强语势的有效手段。例如宋玉《对楚王问》:“客有歌于郢中者,其始曰《下里巴人》,国中属而和者数千人;其为《阳阿薤露》,国中属而和者数百人;其为《阳春白雪》,国中属而和者不过数十人;引商刻羽,杂以流徵,国中属而和者不过数人而已。是其曲弥高,其和弥寡。”

侧重在篇章方面采用层层递进的手法,例如:

① 今有一人,入人园圃,窃其桃李。众闻,则非之。上为政者得则罚之。此何也?以亏人自利也。

至攘人犬豕鸡豚者,其不义又甚入人园圃窃桃李。是何故也?以亏人愈多。苟亏人愈多,其不仁滋甚,罪益厚。

至入人栏厩取人马牛者,其不义又甚攘人犬豕鸡豚。此何故也?以其亏人愈多。苟亏人愈多,其不仁滋甚,罪益厚。

至杀不辜人,抴其衣裘,取戈剑者,其不义又甚入人栏厩取人马牛。此何故也?以其亏人愈多。苟亏人愈多,其不仁兹甚矣,罪益厚。

当此,天下之君子皆知而非之,谓之不义。今至大为攻国,则弗知非,从而誉之,谓之义,此可谓知义与不义之别乎?

(《墨子·非攻》)

从小到大,阶梯式地逐步推广,最后的结论具有不可反驳的说服力。

余光中《望海》:

② 比岸边的黑石更远,更远的是石外的晚潮
比翻滚的晚潮更远,更远的是潮外的灯塔
比孤立的灯塔更远,更远的是港外的货船
比出港的货船更远,更远的是船上的汽笛

比沉沉的汽笛更远，更远的是海上的长风
比浩浩的长风更远，更远的是天边的阴云
比黯黯的阴云更远，更远的是楼上的眼睛

七次反复"更远，更远"，"更远"被大大强调了。更远的程度又是递进的：黑石→晚潮→灯塔→货船→汽笛→长风→阴云→眼睛！眼睛的"遥远"，就被无限地夸张了。

## 二　反复

### 9.2.1 反复的定义与功能

反复，就是为了强调语义重点，加强语气和感情，加深对方的印象，造成一种特别的情调，重复相同的成分，如词、句、段。例如："吴山青，越山青，两岸青山相送迎。谁知离别情？"（林逋《长相思》）"相鼠有皮，人而无仪。人而无仪，不死何为？相鼠有齿，人而无止。人而无止，不死何俟？相鼠有体，人而无礼。人而无礼，胡不遄死？"（《诗经·相鼠》）说写者通过词与句式的反复来表达出一种强烈的愤慨之情。

李延寿《北史》八八六卷："及西魏将独孤信入洛，署为开府记室。晞称先被犬伤，困笃，不赴。有故人疑其所伤非猘，书劝令赴。晞复书曰：'辱告存念，见令起疾。循复眷旨，似疑吾所伤未必是猘。吾岂愿其必猘？但理契无疑耳。就足下疑之，亦有过说。足下既疑其非猘，亦可疑其是猘，其疑半矣。若疑其是猘而营护，虽非猘亦无损。疑其非猘而不疗，倘是猘则难救。然则过疗则致万全，过不疗或至于死。若王晞无可惜也，则不足取。既取之，便是可惜。奈何夺其万全，任其或死！'"（《王宪传》）一封短信，故意一口气连续运用了八个"猘"字。（猘，zhì，疯狗，猛狗。）说话写文章的常规是尽量避免重复。王晞这是故意偏离交际常规。

反复的主要功能是渲染、强调、着重、夸张。反复也有调节音节、增强节奏的作用。例如：

① 苹果树下那个小伙子，
你不要、不要再唱歌；
姑娘沿着水渠走来了，
年轻的心在胸中跳着。　　（闻捷《苹果树下》）

“不要”重复两次，是由于节奏的需要。

反复是诗歌中经常运用的一种手段，可以增加抒情效果。例如：“十亩之间兮，桑者闲闲兮。行，与子还兮！十亩之外兮，桑者泄泄兮。行，与子逝兮！”(《诗经·魏风·十亩之间》)一唱三叹，尽兴抒发，悠扬婉转，也有的是气势磅礴。

## 9.2.2 词句段的反复

反复的单位，常常是词语。例如鲁迅《阿Q正传的成因》：“其实‘大团圆’倒不是随意给他的；至于初写时可曾料到，那倒确乎也是一个疑问。我仿佛记得：没有料到。不过这也无法，谁能开首就料到人们的‘大团圆’？不但对于阿Q，连我自己将来的‘大团圆’，我就料不到究竟是怎样。终于是‘学者’，或‘教授’乎？还是‘学匪’或‘学棍’呢？‘官僚’乎，还是‘刀笔吏’呢？‘思想界之权威’乎，抑‘思想界先驱者’乎，抑又‘世故的老人’乎？‘艺术家’？‘战士’？抑又是见客不怕麻烦的特别‘亚拉籍夫’？乎？乎？乎？乎？乎？”鲁迅遭受过各种各样的攻击，谈到《阿Q正传》的成因时，说到阿Q的“大团圆”的结局，他列举了那些人加给他的各种各样的头衔，一连反复运用了五个虚词“乎”，就表现了他强烈的愤激之情。

反复的单位，还往往是句子。例如：

② 我骑着一匹拐腿的瞎马，
向着黑夜里加鞭；
向着黑夜里加鞭；
我骑着一匹拐腿的瞎马。

我冲入这黑绵绵的昏夜，

为要寻一颗明星；

为要寻一颗明星，

我冲入这黑绵绵的昏夜。 （徐志摩《为要寻一颗明星》）

例②，重复“我骑着一匹拐腿的瞎马”和“我冲入这黑绵绵的昏夜”，“向着黑夜里加鞭”和“为要寻一颗明星”，不仅加强了语气，也创造了话语的音乐美。

反复的单位，也可以是段落。例如在小说《出关》中，鲁迅写孔子两次去同老子见面和告别时的情景竟完全一样：

③“请……”

“先生，您好吗？”孔子极恭敬的行着礼，一面说。“我总是这样子，”老子道。……

大约过了八分钟，他深深的倒抽了一口气，就起身要告辞，一面照例很客气的致谢着老子的教训。

老子也并不挽留他，站起来扶着拄杖，一直送他到图书馆的大门外。孔子就要上车了，他才留声机似的说道：“您走了？您不喝点儿茶去吗？……”

孔子答应着“是是”，上了车，拱着两只手，极恭敬的靠在横板上；冉有把鞭子在空中一挥，嘴里喊一声“都”，车子就走动了。待到车子离开了大门十几步，老子才回进自己的屋里去。

这是前次，后一次是：

“请……”老子照例只说了这一个字。

“先生，您好吗？”孔子极恭敬的行着礼，一面说。

“我总是这样子。”老子答道。……

大约过了八分钟，孔子这才深深的呼出了一口气，就起身要告辞，一面照例很客气的致谢着老子的教训。

老子也并不挽留他。站起来扶着拄杖，一直送他到图书馆的大门外。孔子就要上车了，他才留声机似的说道：“您走了？您不喝点儿茶去吗? ……"

孔子答应着"是是",上了车,拱着两只手极恭敬的靠在横板上,冉有把鞭子在空中一挥,嘴里喊一声"都",车子就走动了。待到车子离开了大门十几步,老子才回到自己的屋里。

这一大段的反复,不仅是为了渲染老子这一大而无当的哲学家的枯燥、呆板的生活,更重要的是揭露了孔子所鼓吹的礼的虚伪。

### 9.2.3 连续反复和间隔反复

从形式看,反复可以分为:连续反复和间隔反复。

连续反复,就是反复的成分是连续出现的。例如:"唉! 七毛钱竟买了你的全生命——你的血肉之躯竟抵不上区区七个小银元么? 生命真太贱了! 生命真太贱了!"(朱自清《生命的价格——七毛钱》)连续反复"生命真太贱了! 生命真太贱了",表示语气的加重。再如:"朋友! 中国是生育我们的母亲。你们觉得这位母亲可爱吗? 我想你们是和我一样的见解,都觉得这位母亲蛮可爱蛮可爱的。"(方志敏《可爱的中国》)连续反复"蛮可爱蛮可爱",表现了作者对祖国的热爱是那么的强烈而深沉。

间隔反复,指作为反复的单位,被其他单位分割开了。例如:

④ 他走进无物之阵,所遇见的都对他一式点头。他知道这点头就是敌人的武器,是杀人不见血的武器,许多战士都在此灭亡,正如炮弹一般,使猛士无所用其力。

那些头上有各种旗帜,绣出各样好名称:慈善家、学者、文士、长者、青年、雅人、君子……。头下有各样外套,绣出各式好花样:学问、道德、国粹、民意、逻辑、公义、东方文明……。

但他举起了投枪。

但他们都同声立下了誓来讲说,他们的心都在胸膛的中央,和别的偏心的人类两样。他们都在胸前放着护心镜,就为自己也深信心在胸膛中央的事作证。

但他举起了投枪。

他微笑，偏侧一掷，却正中了他们的心窝。

一切都颓然倒地；——然而只有一件外套，其中无物。无物之物已经脱走，得了胜利，因为他这时成了戕害慈善家等类的罪人。

但他举起了投枪。

他在无物之阵中大踏步走，再见一式的点头，各种的旗帜，各样的外套……。

但他举起了投枪。

他终于在无物之阵中老衰，寿终。他终于不是战士，但无物之物则是胜者。

在这样的境地里，谁也不闻战叫：太平。

太平……。

但他举起了投枪。　　　　（鲁迅《这样的战士》）

例④，在五个段落之后，一再重复"但他举起了投枪"，有力地突出了这个战士的顽强的战斗精神。

连续反复和间隔反复可以结合起来使用。例如：

⑤ 请允许，允许我轻轻地
轻轻地掸去您仆仆的风尘吧！
呵！周总理！大好河山，
——今又红遍……

请允许，允许我郑重地
拂去您眉峰上当年的忧虑吧！
周总理！好让你欣慰地凝视
——祖国的春天！　　　　（柯岩《请允许……》）

⑥ 假如我是一朵雪花，
翩翩的在半空里潇洒，
我一定认清我的方向——

飞扬,飞扬,飞扬——
这地面上有我的方向。

不去那冷寞的幽谷,
不去那凄清的山麓,
也不上荒街去惆怅——
飞扬,飞扬,飞扬——
你看,我有我的方向。

在半空里娟娟的飞舞,
认清了那幽清的住处,
等她来花园里探望——
飞扬,飞扬,飞扬——
啊,她身上有朱砂梅的清香!　　(徐志摩《雪花的快乐》)

例⑤,“允许,允许”是连续反复,“请允许,允许我”是间隔反复。例⑥,每一节中的“飞扬,飞扬,飞扬”是连续反复,三节诗一再重复“飞扬,飞扬,飞扬”,这是间隔反复。这种连续反复和间隔反复的结合,使不同的诗句构成一个和谐统一的整体。

### 9.2.4 反复是章法手段

间隔反复也是连段成篇的一种手法。在每一段的开头或结尾,重复相同的词语或句子,可以把这一些段落组成一个整体。如:

⑦ 雪降落下来了,像柳絮一般的雪,像芦花一样的雪,像蒲公英的带绒毛的种子在风中飞,雪降落下来了。

雪降落在松坊溪上了,像芦花一般的雪,降落在溪中的大溪石上和小溪石上。那溪石都覆盖着白雪了。

好像有一群白色的小牛,在溪水中饮水了,好像有几只白色的熊,正准备从溪中冒雪走到覆雪的溪岸上了。

好像溪中生出好多白色的大蘑菇了。

雪降落在松坊溪的石桥上了，像柳絮一般的雪，像蒲公英的飞起来的种子般的雪，纷纷落在石桥上。桥上都覆盖着白雪了。

好像松坊村有一座白玉雕出来的桥，搭在松坊溪上了。

（郭风《松坊溪的冬天——写给孩子们》）

两次重复"雪降落下来了"，两次重复"雪降落在……"，两次重复"……都覆盖着白雪了"，一再重复"像……"和"好像……"，把一个个句子有机地组成了一个整体。

反复的词语或句子，也有用在每一段的结尾的。例如：

⑧ 月残星疏的清晨，挎着一个空荡荡的篮子，顺着田埂上的小路走去捡麦穗的时候，她想的是什么呢？

在那夜雾腾起的黄昏，趟（今应作"蹚"）着沾着露水的青草，挎着装满麦穗的篮子，走回破旧的窑洞的时候，她想的是什么呢？

（张洁《捡麦穗》）

反复的词语或句子，有的出现在全篇的开头和结尾。例如：

⑨ 生活是多么广阔，
生活是海洋。
凡有生活的地方就有快乐和宝藏。

去参加歌咏队，去演戏，
去建设铁路，去作飞行师，
去坐在实验室里，去写诗，
去高山上滑雪，去驾一只船颠簸在波涛上，
去北极探险，去热带搜集植物，
去带一个帐篷在星光下露宿。

去过寻常的日子，
去在平凡的事物中睁大你的眼睛，

去以自己的火点燃旁人的火,
去以心发现心。

生活是多么广阔,
生活又多么芬芳。
凡是有生活的地方就有快乐和宝藏。

(何其芳《生活是多么广阔》)

⑩ 忘掉她,像一朵忘掉的花,——
那朝霞在花瓣上,
那花心的一缕香——
忘掉她,像一朵忘掉的花!

忘掉她,像一朵忘掉的花!
像春风里一出梦,
像梦里的一声钟,
忘掉她,像一朵忘掉的花!　　(闻一多《忘掉她》)

首尾反复的运用,使全诗成为和谐统一的有机整体。

### 9.2.5 同语

同语是反复的一种特例。同语,就是对称地、不连续地、两次性反复。区别于其他反复的是,重复出现的成分是对称性的。例如,"学问是学问,行政命令、手腕权术解决不了学术问题。""学术就是学术,权术就是权术,两者是完全不同的事情!"这种逻辑上的同语反复,似乎是废话,没有信息量,但是废话不废,强调了学问的特殊性和重要性,强调了学术和权术之间的区别。

同语可以分为:主宾语同语、修饰语同语、修饰性同语。

主宾语同语,指的是主语和宾语完全相同的句子。例如:

⑪ 相声总该是相声,它说多么高深的道理,也须以幽默出之,

使人在笑中领悟，潜移默化。　　(老舍《谈〈阴阳五行〉》)

⑫ 中国人就是中国人！黄皮肤就是黄皮肤！

(王西彦《在卡麦尔镇》)

⑬ 嘴唇就是嘴唇
即使没有一个字
呼吸也会在山谷里
找到共同的回声

黄昏就是黄昏
即使有重叠影
阳光也会同样落入
他们每个人心中　　(北岛《黄昏，丁家滩》)

修饰语同语，指的是相关短语的修饰语对称的相同。例如："昨夜星辰昨夜风，画楼西畔桂堂东。"(李商隐《无题》)"春心莫共花争发，一寸相思一寸灰。"(李商隐《无题》)"此去与师谁共到，一船明月一帆风。"(韦庄《送日本国僧敬龙归》)"薄幸的自古逢着薄幸，志诚的逢着志诚。"(无名氏《[双调]水仙子·杂咏》)再如：

⑭ 尴尬人难免尴尬事　鸳鸯女誓绝鸳鸯偶(曹雪芹《红楼梦》)

⑮ 薄命女偏逢薄命郎　葫芦僧乱判葫芦案(曹雪芹《红楼梦》)

⑯ 然而现在呢，他莫名其妙地坐了好长时间的车，要按一个莫名其妙的地址去找一个莫名其妙的人办一件莫名其妙的事。

(王蒙《布礼》)

修饰性同语可分肯定和否定两种格式。肯定修饰性同语，例如："前线里的前线"，"后方的后方"，"英雄中的英雄"，"聪明人里的聪明人"，"糊涂虫里的糊涂虫"，"男子汉中男子汉"，"姑娘中的姑娘"。否定式的，例如："不是教授的教授"，"没有思想的思想家"，"没有办法的办法"，"不是劝告的劝告"，"不是故乡的故乡"，"不是理由的理由"，"没有希望的希望"，"没有烦恼的烦恼"，"不是厂长的厂长"，"不是'千里马'

的千里马”,“不是千里马的‘千里马’”等。

### 9.2.6 反复过度

有一位诗人有一首诗,题目叫作《静物》,全诗如下:

⑰ 黑的　是荡在面前的被阉割了的
黑的　是荡在面前的被阉割了的

是的
黑的黑的黑的黑的黑的黑的黑的黑的
黑的黑的黑的黑的黑的黑的黑的黑的
黑的黑的黑的黑的黑的黑的黑的黑的
黑的黑的黑的黑的黑的黑的黑的黑的
黑的黑的黑的黑的黑的黑的黑的黑的
黑的黑的黑的黑的黑的黑的黑的黑的
黑的黑的黑的黑的黑的黑的黑的黑的
黑的黑的黑的黑的黑的黑的黑的黑的
黑的黑的黑的黑的黑的黑的黑的黑的
黑的黑的黑的黑的黑的黑的黑的黑的

白的　是荡在前面的被阉割了的
白的　是荡在前面的被阉割了的

白的白的白的白的白的白的白的白的
白的白的白的白的白的白的白的白的
白的白的白的白的白的白的白的白的
白的白的白的白的白的白的白的白的
白的白的白的白的白的白的白的白的
白的白的白的白的白的白的白的白的

白的白的白的白的白的白的白的白的
白的白的白的白的白的白的白的白的
白的白的白的白的白的白的白的白的
白的白的白的白的白的白的白的白的

白的
黑的也许就是白的。白的也许就是黑的
白的也许就是黑的。黑的也许就是白的

被阉割了的
树被阉割了。房子被阉割了。眼被阉割了。
街被阉割了。手脚被阉割了。云被阉割了。
花被阉割了。鱼被阉割了。门被阉割了。
椅子被阉割了。
大地被阉割了。
哈哈
我偏是一只未被阉割了的抽屉

这首是反复修辞格的一个极品。诗人忘记了"适度",走向了反面。其实任何修辞格的运用,如果违背了适度原则,都必将走向反面。

## 三　递进

### 9.3.1 递进的定义

丰子恺在散文《渐》中写道:"使人生圆滑进行的微妙的要素,莫如'渐';造物主骗人的手段也莫如'渐'。在不知不觉中,天真烂漫的孩子'渐渐'变成野心勃勃的青年;慷慨豪侠的青年,'渐渐'变成冷酷的成人;血气方刚的成人'渐渐'变成顽固的老头子。因为其变更是渐进的,一年一年地、一月一月地、一日一日地、一时一时地、一分一分地、一秒一秒地渐进，犹如从斜度极缓的长远的山坡上走下来，使人不察其递降的痕迹，不见其各阶段的境界，而似乎觉得常在同样的地位，恒久不变，又无时不有生的乐趣与价值，于是人生就被确定肯定，而圆滑地进行了。假使人生的进行不像山坡而像风琴的键板，由 do 到 re，即如昨夜的孩子今朝忽然变成青年；或者像旋律的‘接离进行’地由 do 忽然跳到 mi，即如朝为青年而夕暮忽成老人，人一定要惊讶、感慨、悲伤，或痛感人生的无常，而不乐为人了。故可知人生是由‘渐’维持的。”这就是递进。

递进，又叫“层递”，就是采用阶梯式关系来排列句子，表达客观事物之间逐步发展的关系。常常是由浅入深，从小到大，从轻到重，从低到高，层层深入，逐次加码。例如《孙子·谋攻》：“孙子曰：凡用兵之法，全国为上，破国次之；全军为上，破军次之；全旅为上，破旅次之；全卒为上，破卒次之；全伍为上，破伍次之。”这是层层深入、逐次加码的。

递进和排比的区别在于，递进的各个项目之间的关系一定是纵式的、阶梯式的；排比的各个项目之间的关系大都是横式的、并列的，但也可以是纵式的、阶梯式的，即承接排比。排比要求语法结构的相同或相似，递进可以只由语义上有递进关系的词或词组并列而成。

### 9.3.2 递进的种类

递进，常从时间上着眼。孔子说：“吾十有五而志于学，三十而立，四十而不惑，五十而知天命，六十而耳顺，七十而从心不逾矩。”(《论语·为政》)人生就是一个积极进取的递进的过程。

递进，也常着眼于空间。例如：“旦辞爷娘去，暮宿黄河边。不闻爷娘唤女声，但闻黄河流水鸣溅溅。旦辞黄河去，暮至黑山头，不闻爷娘唤女声，但闻燕山胡骑鸣啾啾。”(《木兰辞》)从木兰的家，到黄河边，再到黑山头，这在空间上是越来越远了。从纯形式上说，本当是：“旦辞爷娘去，暮宿黄河边。不闻爷娘唤女声，但闻黄河流水鸣溅溅。旦辞黄河去，暮至黑山头，不闻黄河流水鸣溅溅，但闻燕山胡骑鸣啾啾。”却用“爷娘唤女声”来代替“黄河流水鸣溅溅”，这是木兰的感情因素在起作用，对女儿来说，“爷娘唤女声”比“黄河流水鸣溅溅”，更为重要。

递进，也常着眼于数量。例如：

① 杀一人，谓之不义，必有一死罪矣。若以此说往，杀十人，十重不义，必有十死罪矣；杀百人，百重不义，必有百死罪矣。

（《墨子·非攻上》）

这里的“一、十、百”就是数量上的递进。

递进也可以着眼于程度或范围。从排列的顺序看，递进有从大到小的，也有从大到小的。从大到小的，例如：

② 战争的规律——这是任何指导战争的人不能不研究和不能不解决的问题。

革命战争的规律——这是任何指导革命战争的人不能不研究和不能不解决的问题。

中国革命战争的规律——这是任何指导中国革命战争的人不能不研究和不能不解决的问题。

（毛泽东《中国革命战争的战略问题》）

“战争——革命战争——中国革命战争”，范围是在逐步缩小的。

### 9.3.3 递进和并列

递进是属于语义内容的。并列是属于语法结构范畴的。递进经常采用并列结构，如词的并列、短语的并列、句子的并列、段落的并列。例如：

③ 在这个问题上，钟亦成充满了火热的希望，从那个时候起，许多的黑夜和白天，许多星期，许多的月，许多的年都过去了。

（王蒙《布礼》）

形式上是并列，内容上是递进。

### 9.3.4 递进构思法

递进也是一种构思手法。例如余光中《望海》:

④ 比岸边的石更远,更远的是石外的晚潮
比翻滚的晚潮更远,更远的是潮外的灯塔
比孤立的灯塔更远,更远的是港外的货船
比出港的货船更远,更远的是船上的汽笛
比沉沉的汽笛更远,更远的是海上的长风
比浩浩的长风更远,更远的是无边的阴云
比黯黯的阴云更远,更远的是楼上的眼睛

递进是这首诗的灵魂,是其魅力之所在。

## 四　映衬

### 9.4.1 映衬的定义

映衬,就是为了突出本体,用相似的、相关的或者相反的东西作为背景加以对照。这样,表达上含蓄婉转一些,本体却更鲜明。童燕齐的《花》:"世界上有各种各样的花。我见过雍容华丽的牡丹,也见过高贵清雅的菊花;见过婀娜多姿的水仙,也见过出泥不染的荷花;见过朴实无华的小麦花、高粱花;也见过光彩照人的英雄花……。然而在我的记忆深处,使我终身难忘的却是这样一种花:它不是开在阳春三月,而是开在寒冬腊月;它不是开在花坛暖房,而是开在冰天雪地;迎接它出土的不是和煦的春风,而是凛冽的北风;滋育它成长的不是春雨秋露,而是人们的眼泪和心血——它,就是献给周总理的花。"作者用世界上各种各样的花来反衬1976年天安门前献给周恩来总理的花。

映衬是各种文学作品中常用的手法。小说中常用正衬或反衬的方法来写景。如鲁迅的《故乡》:"时候既然是深冬;渐近故乡时,天气又阴晦了，冷风吹进船舱中，呜呜的响，从篷隙向外一望，苍黄的天底下，远近横着几个萧索的荒村，没有一些活气。我的心禁不住悲凉起来了。”这样描写为的是要用那阴晦、苦涩、昏暗、悲凉的天气来正衬作品中的“我”的“悲凉”的心情。在《祝福》中，鲁迅写道：“我在蒙胧中，又隐约听到远处的爆竹声联绵不断，似乎合成一天音响的浓云，夹着团团飞舞的雪花，拥抱了全市镇。我在这繁响的拥抱中，也懒散而且舒适，从白天以至初夜的疑虑，全给祝福的空气一扫而空了，只觉得天地圣众歆享了牲醴和香烟，都醉醺醺的在空中蹒跚，豫备给鲁镇的人们以无限的幸福。”大肆渲染鲁镇除夕的热闹的气氛和声响，来烘托出祥林嫂的悲惨命运。

### 9.4.2 映衬的类型

映衬可分为：正衬和反衬。

正衬，也就是常说的“烘云托月”法。“红花还需绿叶扶持”，有了相似的相关的“绿叶”，主体“红花”就更鲜明了。例如：

> ① 第二天，是个阴湿的日子，灰色的云层，压得挺低，下着蒙蒙的牛毛细雨，石板路上湿滑滑的。朱老忠和江涛踩着满路的泥泞，到模范监狱去。　　（梁斌《红旗谱》）

用“阴湿的日子”、“灰色的云层”等这样一个坏天气衬托朱老忠和江涛探监时的心情。

反衬就是用相反的事物来做背景，烘托主体。例如：

> ② 李排长不是个怯懦的人。虽然在惊天动地的大战争中，他依旧笔直地梗着脖子，挺起胸脯，不慌不忙地同敌人周旋。但在这样的大自然所掀起的情况中，他带领一班骑兵转来转去，却终于疑惑地勒住了马。　　（杨朔《月黑夜》）

用李排长过去的大胆，反衬他现在的迟疑，表现自然环境是何等的恶劣。

映衬的手法在诗歌中更是常见。例如：“无边落木萧萧下，不尽长江滚滚来。万里悲秋常作客，百年多病独登台。”（杜甫《登高》）这是正衬。再如:“花瓣儿在潭里,人在镜里;她在我的心里,只愁我不在她的心里?”(康白情《疑问》)这是反衬。中国传统美学十分重视映衬的手法。中国文化传统中,诗画同源,“山欲高,尽出之则不高;烟霞锁其腰则高矣。水欲远,尽出之则不远;掩映断其脉则远矣。”(《林泉高致》)“密叶偶间枯槎,顿添生致;纽干或生剥蚀,愈见苍颜。”(《画筌》)说的是绘画,其实同样适用于诗歌和散文。

## 五 撇语和抑扬

### 9.5.1 撇语的定义和类型

撇语,就是为了明确A,避免“A”同“非A”的混淆,先把同“A”有某种程度的相似之处的“非A”一一加以排除,强调这个“A”的特殊性。辨别真假,通过撇除假的,强调真的,烘托真的。例如长篇吴歌《五姑娘》:“勿要买粗来针,亦勿要买月来针,亦勿要买调龙里引线软条针,亦勿要买嘉善引线橄榄针,粗勿要买扎底针,细勿要买棉绸针,倷到苏州城里观前街浪弯几弯,牛角浜里转几转,碰鼻头转弯,大街浪朝南,小街浪落北,铜匠电对门,铁匠店斜角,要买百花三姐屋里格小炉灶浪格只绣花针。”

撇语,排除的目的是要加强所要表达的意义。例如:“那火不是天上火,不是炉中火,也不是山头火,也不是灶底火,乃是五行中自然取出的一点灵光火。这扇也不是凡间常有之物,也不是人工造就之物,乃是自开天辟地混沌以来产成的珍宝之物。”(《西游记》第三十五回)

撇语可以分为逻辑的和非逻辑的两种。

毛泽东的《人的正确思想是从哪里来的?》开头就说:“人的正确思想是从哪里来的?是从天上掉下来的吗?不是。是自己的头脑固有的吗?不是。人的正确思想,只能从社会实践中来,只能从社会的生产斗争、阶级斗争和科学实验中来。”这是符合逻辑的、很逻辑的一种表达方式。这一类撇语经常运用于学术语体。

作为强烈感情的一种表现形式，撇语可以是非逻辑的。例如：

① 周萍：你没有权说这种话，你是冲弟弟的母亲。

周繁漪：我不是！我不是！自从我把我的生命名誉，交给你我什么都不顾了。我不是他的母亲，不是，我也不是周朴园的妻子！

（曹禺《雷雨》）

周繁漪故意混淆了"A"和"非 A"的界限，她明明是周冲的母亲，周朴园的妻子，这是千真万确的不可更改的事实。她的心中有两个世界：现实的世界和感情的世界，她维护自己内心世界，撇除、否定了一切现实世界的关系，强调的是她只属于自己感情世界，这一撇除是说话人的感情世界对现实世界的蔑视和否定。这种非逻辑的、反逻辑的表达形式是一种心理世界的现象，是一种强烈的感情，甚至是非理性的感情。

### 9.5.2 抑扬的定义和类型

抑扬是一种强调的格式，为了突出主题，就先做出铺垫，从反面说起，明明是一心想否定的反而先加以肯定，内心的确是要否定的，嘴巴上笔头上却先大加肯定。例如茅盾《白杨礼赞》："它没有婆娑的姿态，没有弯曲盘旋的虬枝。也许你要说它不美。如果美专指'婆娑'和'旁逸'之类而言，那么，白杨树算不得树中的好女子。但是它伟岸、正直、朴质、严肃，也不缺乏温和，更不用提它的坚强与挺拔，它是树中的伟丈夫。"题作"白杨礼赞"，却先贬白杨。这就使得贬抑后的赞扬更加有力量，正如同堵住了不让水流动，一旦打开了，水流更加猛烈。贬抑之后的赞美是一种强势赞美。

抑扬是日常生活中经常运用的。在商店里，顾客大加赞美商品多么多么好，最后只一个字："贵。"结论："不买。"营业员一听赞美言辞，立马回过头去，因为知道多半没戏。反之，顾客一而再再而三地批评商品这不好那也不好，营业员心里乐滋滋的，因为这位顾客是一心想购买商品的，否定的目的在于想杀价。

抑扬修辞格可以分为四种：1.先抑后扬，2.先扬后抑，3.明抑暗扬，4.暗抑明扬。

前举茅盾的《白杨礼赞》之例，运用的便是先抑后扬。

先扬后抑是经常运用的修辞手法。批评一个人，先赞美他，说他有许多许多优点，"你这个人呢，一表人才，风度翩翩，聪明能干，见多识广，能说会道，做事麻利，……就是，偶然会说点儿小小不言的谎。"陶铸《松树的风格》："我常想：柳树婀娜多姿，可谓妩媚极了；桃李绚丽多彩，可谓鲜艳极了，但它们给人们的印象只是一种'好看'的外表，不能给人以力量。"是先扬后抑。

明抑暗扬、暗抑明扬的，如《红楼梦》第三回，贾宝玉出场时，曹雪芹写道："无故寻愁觅恨，有时似傻如狂。纵然生得好皮囊，腹内原来草莽。""潦倒不通庶务，愚顽怕读文章。行为偏僻性乖张，那管世人诽谤？""天下无能第一，古今不肖无双。寄言纨绔与膏粱，莫效此儿形状。"全无好话，其实是明里贬抑，骨子里赞美。而同书中，对花袭人则是：

> ② 袭人悲伤不已，又不敢违命：心里想起宝玉那年到他家去，回来说的死也不回去的话，"如今太太硬作主张，若说我守着，又叫人说我不害臊；若是去了，实不是我的心愿！"便哭得哽咽难言。又被薛姨妈、宝钗等苦劝，回过头想道："我若是死在这里，倒把太太的好心肠弄坏了，我该死在家里才是。"于是袭人含悲叩辞了众人。……
>
> 袭人此时更难开口，住了两天，细想起来："哥哥办事不错。若是死在哥哥家里，岂不又害了哥哥呢？"千思万想，左右为难；真是一缕柔肠，几乎牵断。……
>
> 袭人此时欲要死在这里，又恐害了人家，辜负了一番好意。

作者曹雪芹是明里赞扬，暗中贬抑。

# 六　问语

## 9.6.1 问语的定义与分类

作为修辞格的问语与疑问句不同之处在于，问语是无疑而问，"问"是提高表达效果的手段。李白《金陵酒肆留别》："风吹柳花满店香，吴姬压酒劝客尝。金陵子弟来相送，欲行不行各尽觞。请君试问东流水，别意与之谁短长？"其艺术魅力就在最后两句的问话上。

问语是本无疑问，也不要求回答。例如："春眠不觉晓，处处闻啼鸟。夜来风雨声，花落知多少？"（孟浩然《春晓》）"巴水急如箭，巴船去若飞。十日三千里，郎去几岁归？"（李白《巴女词》）"春风不相识，何事入罗帏？"（李白《春思》）"夜台无李白，沽酒与何人？"（李白《哭宣城善酿纪叟》）"但见宵从海上来，宁知晓向云间没？白兔捣药秋复春，嫦娥孤栖与谁邻？"（李白《把酒问月》）

采用问而不答式，是因为答案已经在问语之中了。例如：

① 村东有一个水库，
可以瞧见飞鸟的影子。
善良的姑娘啊，
那是不是你的镜子？　　（傣族民歌《村东有一个水库》）

答案是：水库是姑娘的镜子。

问语分为两种：设问，反问。

## 9.6.2 自问自答与问答体

设问有自问自答的，例如：

② 日暮乡关何处是？烟波江上使人愁。　　（崔颢《黄鹤楼》）

③ 欲问行人去那边？眉眼盈盈处。　　（王观《卜算子》）

④ 万里青天，姮娥何处？驾此一轮玉。　　（黄庭坚《念奴娇》）

⑤ 何人此路得生还？回首夕阳红尽处，应是长安。

（张舜民《卖花声·题岳阳楼》）

诗歌中的自问自答，所答经常是含混的朦胧的形象的，甚至是所答非所问的。学术语体和公文事务语体中的设问基本上是自问自答，而且是真正的回答，标准答案。问而不答，让读者自己去猜想，这不符合学术语体和公文事务语体的原则。

设问也是构造整篇文章的一种手法。

以设问为基本方式，通篇先设问，后回答，形成了一种文体：问答体。这是一种颇有吸引力、很受欢迎的文体。例如：

⑥ 什么弯弯升上天？
什么弯弯分两边？
什么弯弯能割稻？
什么弯弯会种田？

月亮弯弯升上天，
牛角弯弯分两边，
镰刀弯弯能割稻，
双手弯弯会种田。（江苏宜兴民歌《什么弯弯升上天》）

⑦ 桃花开，
一片霞，
新娶的媳妇走娘家。
穿啥哩？
月白裤子花夹袄。
戴啥呢？
鬓角戴朵白梨花。
谁送她？
哥送她。
谁见啦？

我见啦。

我还听见体己话…… (河南民歌《新媳妇走娘家》)

设问的运用增加了诗文的层次,显得波澜起伏、引人入胜。如果改为直陈的方式,那就淡而无味了。

### 9.6.3 反问

反问,也叫反诘、诘问、激问,也是无疑而问,不要求回答,也不做回答,也不需要回答。这种疑问的形式表示的是确定的意思,而且语气更强烈。例如:

⑧ 没有耕耘,
哪来收获?
没播革命的种子,
却盼共产花开!
梦想那赤色的旗儿飞扬,
却不用血来染他,
天下哪有这类便宜事? (周恩来《生别死离》)

这里的反问方式显然比直陈方式多了一个层次。形式上是疑问的,实质上是肯定的,语气也更为有力,更引人注意。这种反问,在政论文中极为常见,其他各种语体也有使用。例如:

⑨ 但是我的血液究竟是中国的血液,
我的言语究竟是中国的言语,
如果我这个说中国话的诗人,
不为国,而为谁个歌吟呢? (蒋光慈《我应当归去》)

⑩ 大海呵,
哪一颗星没有光?
哪一朵花没有香?
哪一次我的思潮里
没有你波涛的清响? (冰心《繁星》)

在形式上,反问方式常用是非问句,并常将“难道”等语气副词和句尾语气词“吗”连用;也可以用选择问句、正反问句或特指问句。这里就不一一介绍了。

## 七 类聚语

### 9.7.1 类聚语的定义

词语同时处在聚合关系和组合关系之中,例如:

| | A | B | C |
|---|---|---|---|
| a | 我 | 读 | 小说 |
| b | 你 | 看 | 电视 |
| c | 他 | 开 | 出租车 |
| d | 我们 | 打 | 扑克牌 |
| e | 你们 | 踢 | 足球 |
| f | 他们 | 爬 | 紫金山 |

横向,a,b,c,d,e,f,各行中各个词语的关系是组合关系,词语是前后连续出现的,不能同时出现。纵向,A、B、C 三行中,所有词语之间的关系是聚合关系,它们具有共同的语义和语法特征,形成一个集合。说话写文章时说写者从具有聚合关系的集合中选择所需要的词语,来构成组合关系,说写者从词语库的类聚系统中只选择自己选择需要的那些词语。类聚语是对这一常规的一种偏离。

类聚语,指的是为了达到修辞目的,故意超量罗列具有聚合关系的词或短语。例如有时有的人故意说:“而今现在时下目前此刻间……。”有人开玩笑地说:“我正在看、瞟、瞥、瞪、盯、读、阅读、欣赏、鉴赏、浏览、查看、翻阅、朗读、咏诵、张望、注目、瞩目、目击、远望、近观、观摩、观察、观赏、观望、目睹、目测着他。”这就是类聚语。再如:

① 假僧(按:孙悟空)将那些心,血淋淋的,一个个捡开与众观

看，却都是些红心、白心、黄心、悭贪心、利名心、嫉妒心、计较心、好胜心、望高心、侮慢心、杀害心、狠毒心、恐怖心、谨慎心、邪妄心、无名隐暗之心、种种不善之心，更无一个黑心。

（吴承恩《西游记》七十九回）

② 你不与我，我到家里去叫娘做一件青苹色、断肠色、绿杨色、比翼色、晚霞色、燕青色、酱色、天玄色、桃红色、玉色、莲肉色、青莲色、银青色、鱼肚白色、水墨色、石蓝色、芦花色、绿色、五色、锦色、荔枝色、珊瑚色、鸭头绿色、回文锦色、相思锦色的百家衣，我也不要你一色百家衣。（董说《西游补》三回）

心，有各种各样的心，《佩文韵府》中列举了许许多多的心，常规只能从许多心中选择其中的一种，或说“各色各样的心”，例①却故意不厌其烦地一一列举许多不同的心。颜色有许许多多种，常规交际只要选择其中一种，或说“多种多样的颜色”，但例②却故意罗列了许许多多的不同的颜色，这并不是写作者故意卖弄才华，而是为了达到某种特殊效果，传递附加信息，创造特殊的情调。这就是“类聚”手法。

### 9.7.2 类聚语的话语含义

吴承恩《西游记》中类聚语特别多。例如：

③ 次日，众猴果去采仙桃，摘异果，刨山药，劚黄精，芝兰香蕙，瑶草奇花，般般件件，整整齐齐，摆开石凳石桌，排列仙酒仙肴。但见那：

金丸珠弹，红绽黄肥。金丸珠弹腊樱桃，色真味甘；红绽黄肥熟梅子，味果香酸。鲜龙眼，肉甜皮薄；火荔枝，核小囊红。林檎碧实连枝献，枇杷缃苞带叶擎。兔头梨子鸭心枣，消渴除烦更解酲。香桃烂杏，美甘甘似玉液琼浆；脆李杨梅，酸荫荫如脂酥膏酪。红囊黑子熟西瓜，四瓣黄皮大柿子。石榴裂破，丹砂粒现火晶珠；芋栗剖开，坚硬肉团金玛瑙。胡桃银杏可穿茶，椰子葡萄能做酒。榛松榧柰满盘盛，橘蔗柑橙盈案摆。熟煨山药，烂煮黄精，捣碎茯苓并薏苡，石锅微火慢炊羹。人间纵有珍肴味，怎比山猴乐更宁？

（第一回）

作者吴承恩把他所想得到的美味佳肴全部开列了出来。猴子的饮食习惯能同人们一样么？花果山上有如此丰富的食物么？这根本不必多想。作者如此描写是别有含义的，读者是不会当真的。

因为完全没有这么一一列举的必要性，说写者却偏偏不厌其烦地尽量铺陈，于是就必然产生出特殊的话语含义来。类聚语可以生成多种多样的话语含义。

有些类聚语大大超越了逻辑上的类，故意杂七杂八、杂乱无章，例如：

④ 我检讨了我的个人英雄主义、个人主义、自由主义、温情主义、虚荣心、片面性、盲动性、小资产阶级知识分子的罄竹难书的成千种劣根性，我成为一个真正的特殊材料制成的无产阶级先锋队的17岁的战士，一个新的、决非周耀祖的周克。（王蒙《深的湖》）

⑤ 在这四面八方明亮耀眼的大镜子和头顶上的日光、白炽灯的辉映之中，在梳头油、洗发香波、花露水、杏仁蜜、菠萝蜜、44776雪花膏的芬芳里、在剪子的喊喊喳喳、推子的格隆格隆、吹风机的嗡嗡、电推子的咝咝、放水的哗哗的交响伴奏下边，转眼已经快三十年，人生竟然能够这样简单、这样短促、这样平常又这样幸福，这使我惭愧，使我满足，也使我惶恐。（王蒙《悠悠寸草心》）

这在王蒙小说中是比较常见的。再如："我知道他刚从北京回来。我知道他是到北京机场送他的女友、他的恋人、他的未婚妻、他的性伙伴、他的可供思念的张丽去了，就在今天的早晨。"(吴若增《世界已不再确实》)"'都是什么关系？''夫妻关系，兄妹关系，父子关系，朋友关系，邻里关系，同事关系，上下级关系，明里关系，暗里关系，过去关系，现在关系，法律关系，单位关系……'"(吴若增《大鸟》)

新感觉派小说家穆时英等常用这种表现手段。这种超越逻辑的类的聚合，适合表现超常的心态。

类聚语不是汉语中所特有的。许多语言中都有，如法国拉伯雷的《巨人传》中就好多有类聚语。作者写游戏时罗列了217种游戏名称，提到书籍，罗列了八十多种书籍，其中有：《社交场合出小恭之研究》、《坦坦尔出恭法》、《罗马吹牛律》、《寡妇光臀写真》、《修士会之翻筋斗史》等。美国惠特曼的诗歌也运用了类聚语的表现手法。类聚在意识流小说、魔幻小说中也十分常见。

运用类聚语的文本，翻译成其他语言是不困难的。

## 八　名词语

### 9.8.1 名词语的定义

马致远《秋思》："枯藤老树昏鸦，小桥流水人家，古道西风瘦马。夕阳西下，断肠人在天涯。"前三个语音句"枯藤老树昏鸦，小桥流水人家，古道西风瘦马"是九个名词的组合。可以看作九个语法句，每一个语法句都是一个名词句。印欧语系的语言里，句子必须有动词，名词不能成句。汉语中，名词可以充当句子的谓语，甚至单独成句——名词句。这里是三个复句构成的一个句群：1.枯藤老树昏鸦，2.小桥流水人家，3.古道西风瘦马。每一个分句都由三个分句组成。我们把这种名词组合句群称为"名词语"。"名词语"表面上似乎是名词的并列组合，其实是名词句的组合，是名词句的句群。

吕叔湘在《中国文法要略》中提出这个问题，指出奇特之处在于：没有动词，由若干名词或名词性词组连缀而成，尽管没有谓语动词，却能写景叙事抒情述怀，富于表现力。吕叔湘称之为"词组代句"。名词语建立在汉语的特质之上，也是中国人的审美观念的体现。但是中国古典诗词中的名词语却很难翻译成其他语言。

名词语同类聚的区别是：类聚不限于名词，可以有各种短语，甚至句子。名词语则是名词句（名词性偏正短语句）的组合，动宾短语的组合、主谓句的组合等不属于名词语修辞格的范围。我们不采用“列锦”的名称,因为所列的名词不一定就是“锦”,“枯藤”、“老树”、“昏鸦”、“古道”、“西风”、“瘦马”也难以说是“锦”。以往所谓的“列锦”的例子有:“怕的事情多了!呼啸的风,雨打落叶的声音,不知名的野兽的哀嚎,空寂里猛然的电话;还有,看不见也听不见的,但却紧紧纠缠着我的思亲之念!”可怕的野兽的哀嚎恐怕很难叫作“锦”。所谓列锦中的经典例子——《水浒传》中的“林教头风雪山神庙”,其实不是列锦,而是类聚。因为它不是名词句组合成的句群。这是省略的主谓句:主语——林教头,时间——风雪夜,地点——山神庙。主要动词省略了,可以补充出来的:“风雪夜,林教头复仇山神庙。”而名词句组合成的句群之间的关系应是并列关系。

### 9.8.2 名词语和民族审美情趣

作为一种修辞格的名词语,指的是名词或名词性短语独立成句,而且是两个或两个以上的名词句联合成为句群,表示某种复合的意象。因此并非所有名词的简单地并列,就是名组修辞格。苏轼《自题金山画像》:“心似已灰之木,身如不系之舟。问汝平生事业,黄州惠州儋州。”“黄州惠州儋州”三个地名的并列,是诗人平生事业的象征——关键词,不是三个名词句组合的句群,没构成一个符合意象,所以不是名词语修辞格。再如:

① 卢家少妇郁金堂,海燕双栖玳瑁梁。

(沈佺期《古意呈乔补阙知之》)

② 采菱女子木兰船,翠裾红裙青玉钿,摇光荡影惜婵娟。

(刘基《江南春》)

③ 陵阳佳地昔日游,谢朓青山李白楼。

(陆龟蒙《怀宛陵旧游》)

例①,“卢家少妇”和“郁金堂”都不构成独立的名词句,“郁金堂”是卢家少妇的所在处,省略了动词。“卢家少妇”跟“海燕”相对,“郁金堂”

同“玳瑁梁”相对。与“(双)栖”的动词承下省略了,这是音节的制约。例②,“翠裾红裙青玉钿”并不构成三个名词句,而是“采菱女子”的后置修饰语。例③,“谢朓青山李白楼”是“陵阳佳地”的后补说明语。

名词语是古典诗词中特有的一种修辞手法,例如:

④ 鸡声茅店月,人迹板桥霜。 (温庭筠《商山早行》)

⑤ 细草微风岸,危樯独夜舟。 (杜甫《旅夜书怀》)

⑥ 楼船夜雪瓜洲渡,铁马秋风大散关。 (陆游《书愤》)

⑦ 试问闲愁都几许?一川烟草,满城风絮,梅子黄时雨。 (贺铸《青玉案》)

⑧ 今宵酒醒何处?杨柳岸晓风残月。 (柳永《雨霖铃》)

这些体现的是中国人特殊的审美情调。名词语其实是一种意象复合模式,也是一种形象思维的技巧。

## 九 谬语

### 9.9.1 谬语的定义与分类

汉代乐府诗《有所思》:“上邪!我欲与君相知,长命无绝止。山无陵,江水为竭,冬雷震震夏雨雪,——乃敢与君绝!”山绝不可能无陵,江水也绝不会为竭,冬雷震震夏雨雪是绝对不可能的事情,但是诗人偏偏要这样说。

敦煌曲子词《菩萨蛮》:“枕前发尽千般愿,要休且待青山烂,水面上秤锤浮,直待黄河彻底枯。白日惨辰现,北斗回南面。休即未能休,且待三更出日头。”这里的六个条件:(1)青山烂,(2)水面上秤锤浮,(3)黄河彻底枯,(4)白日惨辰现,(5)北斗回南面,(6)三更出日头,都是绝对不可能的事情。正是因为这是绝对不可能的,才这样说话。这些都是一种修辞技巧。

这种提高话语表达效果的手段,可以命名为“谬语”修辞格。谬语是一种语义修辞格,是一种语义偏离现象。

《燕丹子》一开头就写道:"燕太子丹质于秦……不得意,欲求归。秦王不听,谬言曰:'令乌白头,马生角,乃可许耳。'"(卷上)"天下乌鸦一般黑",乌鸦白头,马生角,这是根本不可能的事情,所以是"谬言"。《燕丹子》中又说"丹仰天叹,乌即白头,俯而嗟,马生角",这是编造故事。

谬语,是为了提高表达效果,故意说写根本不存在的、完全不可能的事情。说写者不但不要求接受者信以为真,而就是要接受者明白这是根本不可能的,其交际效果就是在听读者认为绝对不可能的时候才能够实现。日常生活中,人们经常说:"那你就等到三十晚上出月亮的时候吧!""看呀,太阳从西边出来吧!""怪呀,大盐生蛆了,洗脚水烧糊啦!"其表达效果就在于没有人会当真的。

谬语修辞格不同于弄虚作假、胡说八道、造谣生事、妖言惑众,就在于弄虚作假、胡说八道、造谣生事、妖言惑众的目的是要求他人信以为真,以达到欺骗愚弄对方的效果。例如:

① 丈人道:"你每日在外测字,也还寻得几十文钱,只买了猪头肉、飘汤烧饼,自己搗嗓子,一个钱也不拿了来家,难道你的老婆要我替你养着?这个还说是我女儿,也罢了。你赊了猪头肉的钱不还,也来问我要,终日吵闹这事,那里来的晦气!"

陈和甫的儿子道:"老爹,假使这猪头肉是你老人家自己吃了,你也要还钱。"

丈人道:"胡说!我若吃了,我自然还。这都是你吃的!"

陈和甫的儿子道:"设或我这钱已经还过老爹,老爹用了,而今也要还人。"

丈人道:"放屁!你是该人的钱,怎是我用你的?"

陈和甫的儿子道:"万一猪不生这个头,难道他也来问我要钱?"

丈人见他十分胡说，拾起个叉子棍赶着他打。

（吴敬梓《儒林外史》第五十四回）

陈和甫知道他的丈人不会相信他的话，他也不需要丈人相信他的这番话，不过是赖债的一种手段。这是谬语修辞格？是。但这可是一种十足的无赖行径。所有的修辞格都是中性的，不同的人可以运用于不同的目的。

谬语有三种功能、三种类型：一、执行赌咒发誓的功能，可叫"咒誓语"；二、发挥的是调侃功能，可叫作"调侃语"。三、执行的是语言的社交功能，拿对方不相信的话来做借口，可以叫作"遁托语"。

### 9.9.2 咒誓语

谬语的第一种是咒誓语，就是说写狠话、过头话、绝头话，是赌咒发誓的手段。运用极度夸张的荒谬的话语来加强语势，表示绝对不可能，毫无商量的余地。咒誓语是一种最严重的强调格式。咒誓语的功能就是赌咒发誓，表达的是说写者的极端偏离常规的坚定而顽固的态度。

咒誓语所表示的是一种绝对不可商量的态度。民间故事中，少女回绝逼婚的时候就经常使用这种修辞格。东北二人转《杨八姐游春》中：

② 我要你一两星星二两月，
三两清风四两云，
五两炭烟六两气，
七两火苗八两光明，
火烧龙须要九两，
冰溜子烧灰要一斤，
井里的塌灰要斤半，
长虫汗毛要七斤，
苍蝇心来蚊子胆，
兔子的犄角蛤蟆鳞，

四愣鸡蛋要八个，
三搂粗的牛毛要九根，
天鹅绒毛织手巾。

这几乎成为一种模式，《西游记》第六十九回，孙悟空给国王治病时，有这样的描写：

③ 多官又问道："用何引子？"行者道："药引儿两般都下得，有一般易取者，乃六物煎汤送下。"多官问："是何六物？"行者道：——

"半空飞的老鸦屁，紧水负的鲤鱼尿，王母娘娘擦脸粉，老君炉里炼丹灰，玉皇戴破的头巾要三块，还要五根困龙须，六物煎汤送此药，你王忧病等时除。"

对孙悟空而言，这是寻开心。

### 9.9.3 调侃语

第二种谬语是调侃语，半真半假的话，嬉皮笑脸的话，开玩笑的话，做游戏寻开心的话。调侃语的特色是诙谐，充分发挥了语言的游戏功能、娱乐功能。调侃语是幽默言语的构成手段之一。

调侃语是日常生活中、民间歌谣中经常使用的手法。

④ 说我疯我就疯，
迎面撞见一老翁，
年纪不过七八岁，
雪白胡子拖到胸。

骑着大刀扛着马，
马头朝南往北冲，
一直冲到绣楼上，
大火烧了水晶宫。

两个和尚来打架，

小辫子揪在手当中，
河里骑马撵兔子，
山上撑船打毕封[①]。　　　　（淮安民歌）

⑤ 稀奇稀奇真稀奇，
蚂蚁踏杀老婆鸡，
猪猡猡养拉鸟笼里，
八十公公坐拉坐车里。　　　　（吴歌，儿歌）

许多地区都流行说谎歌、颠倒歌，其他民族也有说谎歌、颠倒歌。

调侃语是民间故事、笑话，以及相声等曲艺中，经常运用的手法。现在的网络和影视中很是流行，所谓“戏说”其实也是一种调侃。

### 9.9.4 遁托语

遁托语，就是用对方不相信的话语来掩盖真相真心意，通常情况下对方也不说破，接受了这个推托词语，维持彼此的颜面。如果硬是要指出这话语的不真实，强逼对方说出真正的意思，那样一来，后果就不堪设想了。例如：

⑥ 操曰：“夫英雄者，胸怀大志，腹有良谋，有包藏宇宙之机，吞吐天地之志者也。”玄德曰：“谁能当之?”操以手指玄德，后自指，曰：“今天下英雄，惟使君与操耳!”玄德闻言，吃了一惊，手中所执匙箸，不觉落于地下。时正值大雨将至，雷声大作。玄德乃从容俯首拾箸，曰：“一震之威，乃至于此。”操笑曰：“丈夫亦畏雷乎?”玄德曰：“圣人迅雷风烈必变，安得不畏?”将闻言失箸缘故，轻轻掩饰过了。操遂不疑玄德。　　（罗贯中《三国演义》第二十一回）

《三国演义》的作者说“操遂不疑玄德”，这未免小看了曹操。又如京剧《沙家浜》：

⑦ 刁德一：适才听得司令讲，阿庆嫂真是不寻常，我佩服你的

---

① 注：毕封，一种捕鱼工具。

沉着机智有胆量，竟敢在鬼子面前耍花枪，若无爱国抗日的好思想，焉能够舍己救人不慌张？

阿庆嫂：参谋长休得谬夸奖，舍己救人不敢当，开茶馆，盼兴旺，江湖义气第一桩，司令常来又常往，我有心背靠大树好乘凉。也是司令的洪福大，方能够遇难又呈祥。

阿庆嫂的这番话虽然冠冕堂皇，可却是不真实的，狡猾的刁德一当然不相信。

运用遁托语，接受遁托语，是生活的艺术。有一首江南民歌：

⑧ 黄昏狗咬叫汪汪，定是情郎把我张。

开仔扇门娘骂我，“娘啊，我花鞋未收怕落霜。”

“我花鞋未收怕落霜”就是一个遁托性的言辞。

遁托语还是外交语言的一个重要手法。

## 思考与练习

(1) 侧重，可以从内容和形式两个方面着手。举例说明内容上的侧重同形式上的侧重之间的区别。
(2) 谈谈说话写文章时，侧重表现形式的多样性。
(3) 举例说明反复的多样性及其与重复的区别。
(4) 举例说明递进同排比的区别。
(5) 谈谈修辞格的映衬同写作学中的烘云托月法之间的关系。
(6) 设问与反问的区别何在？
(7) 修辞学上的同语修辞格与逻辑学中的同语反复有什么不同？
(8) 谈谈谬语同谎言、谣言、流言蜚语的本质区别。

# 第十章　变化

乾道变化，各正性命。（《周易·乾卦》）

万物变化兮，固无休息。（贾谊《鹏鸟赋》）

变化也是使人愉快的，因为变化意味着恢复自然状态，老做同一件事，意味着过于固定，所以诗人说：变化是最愉快的事情。（亚里士多德《修辞学》）

## 一　语言的变化美

### 10.1.1 变化美

变化，是美学的一个基本原则。康德说："单调（诸感觉完全一模一样）最终使感觉松弛（对周围环境注意力的疲惫），而官感则被削弱。变化则使感官更新。"[①]变化，也是语言美的一个基本原则。语言艺术中，均衡和变化是对立统一的。过分均衡，将导致单调、枯燥。在追求均衡的同时，大胆探索语言的变化美，才有可能获得最佳的表达效果。如果说，均衡是求同，变化是求异，那么语言艺术则是求同和求异的统一。

同义词语的交替运用，是语言变化美的常用方式，例如："郎船安两桨，侬舸动双桡。"（李商隐《又效江南曲》）"原先他就不喜欢说话，现在更不爱开口了。"（老舍《骆驼祥子》）"不管春夏秋冬，不顾风雨霜雪，一天也没有间断过。"（《西湖民间故事·一线天》）"英雄（指武松）走进店内，穿店堂，过屏风，进腰门。"（王少堂《武松》）如果都用"伤心"或"不痛

① 康德：《康德文集》476 页，改革出版社 1997 年。

快”,“不喜欢说话”或“不爱开口”,“不管”或“不顾”,说成“走进店内,走过店堂,走过屏风,走进腰门”,那就有点儿单调枯燥。稍加变化,则生动活泼,富于情趣。这就是常说的“避复”。

语言的变化美,也常常通过句式的多样化来实现。例如:“射箭要看靶子,弹琴要看听众,写文章做演说倒可以不看读者不看听众么?”(毛泽东《反对党八股》)“科学的道路不平坦啊,生活的道路也不是一帆风顺的!”(陆文夫《献身》)前例,前两句用陈述句,后一句是反问句,活泼而有力量。如果后一句也用陈述句,则显得呆板而平淡。后例,前一句是形容词谓语句,描写句。后一句是动词谓语句:“是……的”,判断句。两种句式的交错,避免单调枯燥,活泼而有情趣。

语言的变化美要求修辞方式的多样化。例如:

① 堂屋锅屋房,板凳桌子床,
纳头毛巾被,钵头面桶缸。(江苏启东、海门民歌《穷人家》)

② 大户人家吃顿饭,
前门关,后门关,
只有窗户未曾关,
苍蝇衔去一颗米,
一直追到太阳山,
不是桥神菩萨来拦路,
险些追到鬼门关。 (江苏盐城民歌《险些追到鬼门关》)

例①,穷人的穷,穷到每一样东西都要派上几样用场。通篇没有一个“穷”字,也没说“家具少,房子少”。这里是同一性并列,同一事物都具有多种功能:同一空间,既是堂屋,又是锅屋,也是房(卧室)。是板凳,又是桌子,也是床。同一用具,是纳头,又是毛巾,也是被。钵头,面桶,缸,其实是同一个东西! 例②,描写富人的贪婪、凶狠,到“一直追到太阳山”,本可以结束,但又突然出来了一位桥神菩萨,最后却又似乎留有余地说什么“险些追到鬼门关”。曲折而有波澜,令人拍案叫绝。

### 10.1.2 常规的突破

为了达到语言变化美，可以打破语言的和语用的常规。例如：

③ 西风吹老洞庭波，一夜湘君白发多。

（唐珙《题龙阳县青草湖》）

④ 杨先生是上海人，杨太太是天津人，杨二太太是苏州人。一位先生，两位太太，南腔北调的不知生了多少孩子。

（老舍《骆驼祥子》）

例③，“老”是形容词，这里当作动词来用。“老”本指湘君（白发多），却说是洞庭波。明说湘君，其实是说诗人自己。例④，“南腔北调”的应当是杨先生和他的两位太太，但却用作为动词“生”的修饰语。

俗话说，“一样话百样说”。这就是普通老百姓对语言变化美的追求。可见语言变化美并不神秘，只能注意些，努力点，是可以达到的。

### 10.1.3 错综

错综，陈望道《修辞学发凡》定义说：“凡把反复、对偶、排比或其他可有整齐形式，共同词面的语言，说成形式参差，词面别异的，我们称为错综。”[①]这个定义难以把握，因为整齐的语言其实是说写者的创作，从理论上说，在善于写作四六对偶的骈体文高手那里，都可以说成写成“反复、对偶、排比”等“整齐形式”的。错综就可能扩大到一切非“反复、对偶、排比”等“整齐形式”的语言上。

广义的错综，作为一种修辞方式，可以表现在许多修辞格中。狭义的错综，作为一种修辞格，可以局限于句式上，故意把不能相互匹配的句式组合在一起。例如晏殊《浣溪沙》：“一曲新词酒一杯，去年天气旧亭台，夕阳西下几时回？”这本可以采用整齐的格式：

（1）一曲新词一杯酒，去年天气旧亭台，夕阳西下几时回？

---

① 陈望道：《修辞学发凡》45 页，上海教育出版社 1976 年。

(2) 新词一曲酒一杯,天气如昔亭台旧,夕阳西下几时回?

(3) 一曲新词酒一杯,去年天气亭台旧,夕阳西下几时回?

诗人在均衡中求变化:"一曲新词"和"去年天气"、"旧亭台"都是偏正结构的短语,"酒一杯"是一个主谓结构的短句。

杜甫《曲江》:"一片花飞减却春,风飘万点正愁人。"本可以是、也应当是:

(1) 一片花飞减却春,万点飘风正愁人。

(2) 花飞一片减却春,风飘万点正愁人。

这样是均衡对称的。诗人却故意不均衡对称,采用错综的方式增加了变化美。

错综在古代诗词中常用。唐代诗人许浑《谢亭送别》:"劳歌一曲解行舟,红叶青山水急流。""红叶青山"是名词性并列结构,"劳歌一曲"、"解行舟"、"水急流"都是短句,在三个短句中插入一个并列短语,在整齐中追求适当的变化。

错综修辞格,在学术语体和公文事务语体中是很少甚至不可能出现的。

## 二　视点

### 10.2.1 视点的定义

视点,就是人们在观察事物、认识世界的过程中,在运用语言表达时所处的位置、立足点、出发点。苏轼的《题西林壁》诗:"横看成岭侧成峰,远近高低各不同。不识庐山真面目,只缘身在此山中。"同一对象,横着看和侧着看,形象大不一样;从远处看和近处看,形象大不一样;从高处看和低处看,形象也大不一样。其原因就在于视点,视点变换了,同义事物就呈现出完全不同的形态。《庄子·秋水》:"以道观之,物无贵贱;以物观之,自贵而相贱;以俗观之,贵贱不在己。以差观之,因其所大而大之，则万物莫不大；因其所小而小之，则万物莫不小。”庄子早就强调了视点的重要性。

北宋画家郭熙说：“山近看如此，远数里看又如此。每远每异。所谓山形步步移也。山正面如此，侧面又如此，背面又如此。每看每异。所谓山形面面看也。如此是一山兼数十百山之形状，可得而不悉乎。山，春夏看如此，秋冬看如此，所谓四时之景不同也。山朝看如此，暮看又如此。阴晴看又如此。所谓朝暮之变态不同。如此是一山而兼数十百山之意态。可得而不究乎？”（郭思编述《林泉高致》）这是对视点的最佳阐述。特别需要注意的是其中的“变态”一词。“变态”是相对于“常态”而言的，“变态”（变体）是对“常态”（常体）的偏离，或者是对零度形式的偏离。仿造歌德的说法，零度形式是灰色的，而偏离形式（变态、变体）之树长青。变态之所以能够丰富多彩、光怪陆离，其关键就在于视点。郭熙运用视点创立了“三远取景法”：“山有三远，自山下而仰山巅，谓之‘高远’；自山前而窥山后，谓之‘深远’；自近山而望远山，谓之‘平远’。”

古代诗歌特讲究视点。王维《送梓州李使君》：“山中一夜雨，树杪百重泉。”白居易《曲江》：“楼台在花杪，鸥鹭下烟中。”苏轼《叶教授和溽字韵诗复次韵为戏记龙井游》：“高亭石排衙，木杪挂飞屋。”苏轼《坟茔归真寺》：“会看千字诔，木杪见龟趺。”之所以是合理的而且是艺术的就在于其独特的视点。再如白居易《南池》：“秋声依树色，月影在蒲根。”齐己《题东林白莲》：“秋风明月下，斋日影堂前。”齐己《过西山施肩吾旧居》：“床前倒秋壑，枕上过春雷。”齐己《寄江西幕中孙鲂员外》：“茶影中残月，松声里落泉。”其审美价值就在视点的选择上。

### 10.2.2 语言的视点与言语的视点

视点可以分为：语言的视点和言语的视点。语言的视点是全社会所共同的，个人不能随意改变。例如“河南河北”、“湖南湖北”、“江南江北江东江阴”、“淮南淮北”是以黄河、洞庭湖、长江、淮河为视点的。至于“远东、中东、近东”则是以欧洲人的眼光为视点。

言语的视点是交际活动中的事情，是临时的，可以改变的。语言体系中称呼语的视点是我：“爸爸、妈妈、哥哥、姐姐、爷爷、奶奶”等都就“我”的视点而言的。在言语交际中，做父母的，可以“从儿”称呼自己的父母为“爷爷奶奶”，也可以借用配偶的视点，称呼岳父母、公公婆婆为“爸爸、妈妈”，甚至是必须如此，否则不会做人。

《世说新语》中记载：“张苍梧是张凭之祖，尝语凭父曰：‘我不如汝。’凭父未解所以，苍梧曰：‘汝有佳儿。’凭时年数岁，敛手曰：‘阿翁，讵宜以子戏父？’”(《排调》)张凭的祖父张镇(苍梧)对儿子说：“我不如你。”儿子一时没有明白父亲的意思。张镇就说：“你有个好儿子。”当时张凭才几岁，就对爷爷说：“爷爷，怎么可以拿儿子来戏弄父亲呢？”类似的故事是，祖父对儿子说：“我的儿子不如你的儿子。”回答：“我儿子的父亲不如我的父亲。”这是因为交际双方是父子关系，父子的不同视点的巧妙利用才赋予话语以特殊的意味。

### 10.2.3 视点与表达效果

摄影的时候，镜头摇晃不定，会使图像模糊不清。在语言表达中，视点的暗中移动，会造成歧义和误解。班固的《汉书》常直接抄司马迁的《史记》，《史记》中《陈涉世家》后司马迁说“至今血食”，这个“至今”司马迁生活的汉武帝时代，是司马迁亲眼所见。班固抄录进《汉书》，其“至今”则是东汉时期了，是否还“血食”就值得考虑了。

视点混乱是经常出现的问题，如：“14 年前，他差点成为阿富汗的首位宇航员；14 年后，他被任命为阿富汗目前的空军司令，尽管这支‘空军’实际上连一架战斗机都没有。”(《北京晚报》2002 年 2 月 24 日)14 年前，是以现在的时刻为视点的，说到 14 年后时，显然是以过去为视点的。由于同时运用了两个不同的视点便造成了表达的混乱。

搞错了说写者的视点，也会造成误解。例如杜牧《江南春》：“千里莺啼绿映红，水村山郭酒旗风。南朝四百八十寺，多少楼台烟雨中。”明人杨慎指责说:“千里莺啼,谁人听得?千里绿映红,谁人见得?若作十里,则莺啼绿红之景,村郭、楼台、僧寺、酒旗,皆在其中矣。”(《升庵诗话》卷八)何文焕反驳杨慎说:“余谓即作十里,亦未必尽听得着看得见。题云《江南春》,江南方广千里,千里之中莺啼而绿映红焉,水村山郭无处无酒旗,四百八十寺楼台多在烟雨中也。此诗之意,意谓广不得专指一处,故总而命曰《江南春》,诗家善立题者也。”[①]杨慎误会了杜牧的视点,何文焕正确地把握了杜牧的视点。

表达时,词语和句式的选择,时间和地点的交代,人物的称谓,景物的描写,语言变体的选择,这一切都和说写者的视点大有关系。例如张天翼《包氏父子》:“可是开课的第二天包国维到底买来了那瓶什么‘康’。留级不用买书,老包留着的十多块钱就办了这些东西。老头一直不知道那‘康’花了几个钱,只知道那新买来的一双硬底皮鞋是八块半。……包国维眼珠子生了根似地盯在墙上,耳朵边一块青的。可是头发还很亮:他搽过那什么‘康’,只是没那么整齐。”这是作者叙述的语言,但一再说“什么‘康’”,“那‘康’”,“那什么‘康’”,而不说“司丹康”。作者是明明知道叫司丹康的。这是在模拟包国维父亲老包的视点,他始终搞不清楚儿子所要的搽头发油司丹康是什么。

### 10.2.4 视点的艺术

视点的选择是语言表达重要问题。时间和地点是相对的,例如:从前、现在、将来、早先、当初、后来、如今、最后、东、南、西、北、中、左、右、上、下、前、后、远、近、大、小……所以在时间和空间的坐标上,说写者首先得明确自己的视点,才能把时间和地点表达得准确明白。

对人的称谓,通常都是以说写者自己的视点为基点的。但有了孩子的人,常借用自己孩子的视点来称呼亲人,“孩子他爷爷”,“孩子他姑姑”,或者说成“他爷爷”、“他姑姑”,甚至干脆称“爷爷”、“姑姑”。夫妻

---

① 《历代诗话》下册 823 页,中华书局 1981 年。

之间有时借用对方的视点来称呼对方的亲属:男子称岳父为“爸爸”,这是借用妻子的视点;女子称婆婆为“妈妈”,这是在借用丈夫的视点。由于视点不同,对同一个人便可以用不同的称呼。

语言表达时,视点要明确。同时出现两个视点,会造成歧义和误解。但是一段长篇言辞中,从头到尾把视点固定在一个地方,则显得单调、呆板。这正如始终从一个视点来拍摄一部电影,这样的电影会叫人厌倦。在电影中,视点是不断变换的:全景、中景、近景、特写镜头等。多种视点有规则地交替,统一而不矛盾。在语言表达中,也应当灵活地使用多种视点,而且视点的变换应当有规则,统一而不矛盾。

在叙事时,交替使用说写者的视点和描述对象的视点,这可以增加语言的变化美。如:

①“这毛虫!”

“癞皮狗,你骂谁?”王胡轻蔑地抬起眼来说。

阿Q近来虽然比较地受人尊敬,自己也更高傲些,但和那些打惯的闲人见面还胆怯,独有这回却非常武勇了。这样满脸胡子的东西,也敢出言无状么?　　(鲁迅《阿Q正传》)

② 任老四可是大变了呀!一早剃了头发和胡子,亮光脑袋上包着新头巾。嘿!腰带早不是一年前的稻草绳了。梁三老汉奇怪:他啥时新扯的蓝布腰带呢?新的装束,新的心情,要办新的事情。哟哟!任老四简直变成一个新人了嘛!社里照顾到他的小孩多,劳力少,把饲养员的职务分配给他,好把他那群娃子喂大。

(柳青《创业史》)

③ 他看着、看着,忽然有个什么东西爬在他的腿上,吓得他打了个颤颤,忽地站起身来,呵,原来是个大螃蟹,好极啦!他连忙把它逮住,再一转身,啊!四周那么多的螃蟹都在爬动着,嘿,这比大沽河的螃蟹又多又大,家去放在水缸里养着,该多好,多棒!他一时什么都不顾了,便东一头、西一头地开始捉螃蟹。

(姜树茂《渔岛怒潮》)

例①,在作者的叙述语言中,又插入阿Q的内心独白。例②中对任老四的介绍,作者借用了作品中另一个人物梁三老汉的视点,通过梁三老汉的眼睛来描写任老四,通过梁三老汉的内心独白来表现任老四的变化。例③中,作者叙述的语言和人物的内心独白——一个叫作春栓的孩子的内心独白,交错在一起,融为一个整体。

我国传统的小说常常把作者的视点引入人物语言之中的。如:"吴学究道:'我想要破高廉妖法,只除非依我如此如此。若不去请这个人来,柴大官人性命,也是难救。高唐州城子,永不能得。'"(施耐庵《水浒传》五十二回)吴用当时是不会说"如此如此"的。这个"如此如此",是作者为了行文的简洁、情节的起伏而虚拟的,它用的是作者的视点。

李季的《王贵与李香香》中有一句:"活像个剥了皮的牛不老。"诗人后来改为:"皮开肉烂不忍瞧。"这句诗描写的是王贵被恶霸地主崔二爷吊打的情形。"牛不老"就是小牛。原句很形象。诗人为什么要改呢?因为原句诗人采取的是冷眼旁观的第三者的视点,而改句中诗人采取的是革命群众的视点,是站在王贵的亲人和朋友的立场上叙述事件的。诗人的视点的变换增加了诗的思想性和艺术性。

视点的重要,就在于它是解决语言表达的基本矛盾的最重要的手段之一。语言表达的基本矛盾:客观事物是无限多的,人的主观思想是无限复杂的,但是语言符号却是有限的。以有限的语言符号来表现无限多的客观事物、无限复杂的主观世界,当然是困难重重的。视点可以使语言符号以一当十,以十当百,以百当千,有限的符号便可以获得无限多的用法,满足了交际活动中多种多样的需求。

视点是创造艺术化语言的重要手段。元睢景臣套曲《般涉调哨遍·高祖还乡》就是运用视点的成功的例子:

④[耍孩儿]瞎王留引定伙乔男女,胡踢蹬吹笛擂鼓。见一彪人马到庄门,匹头里几百旗舒。一面旗白胡阑套住个迎霜兔,一面旗红曲连打着个毕月乌,一面旗鸡学舞,一面旗狗生双翅,一面旗蛇缠葫芦。

［五煞］红漆了叉，银铮了斧，甜瓜苦瓜黄金镀。明晃晃马镫枪尖上挑，白雪雪鹅毛扇上铺。这几个乔人物，拿着些不曾见的器仗，穿着些大作怪的衣服。

［四煞］辕条上都是马，套顶上不见驴。黄罗伞柄天生的曲。车前八个天曹判，车后若干递送夫。更几个多娇女，一般穿着，一样妆梳。

这里通过一个农民的眼睛在描写皇帝的仪仗队，所以不用"日旗"、"月旗"等术语，反而把凤凰说成鸡，把龙说成蛇。

## 三　双关

### 10.3.1 双关的定义

《祖堂集》第四卷记载："经一二载余，石头大师明晨欲与落发，今夜童行参时，大师曰：'佛殿前一搭草，明晨粥后铲却。'来晨诸童竞持锹镬，唯有师独持刀、水，于大师前跪拜揩洗。大师笑而剃发。"[①]马祖大师所说"佛殿前一搭草"，其他人当作实话实说，"草"就是草。"明晨粥后铲却"，就是割草除草。丹霞和尚知道是马祖大师话中有话，"草"非草，头发也。不是除草，是剃度——落发为僧。这就是双关。

双关，就是有意识地使同一个词语、同一句话，在同一个上下文中，同时兼有两层(或两层以上)的意思。例如："春蚕到死丝方尽，蜡炬成灰泪始干。"(李商隐《无题》)"丝"指蚕吐的丝，兼指人的相思，这是对常规表达的一种偏离。双关是一种正偏离，它能够提高表达效果。例如："杨柳青青江水平，闻郎江上唱歌声。东边日出西边雨，道是无晴却有晴。"(刘禹锡《竹枝词》)其中的"晴"字兼指：天气阴晴的"晴"和"爱情"的"情"，这种一语双关使它成为脍炙人口的名句。

① 静筠二禅师：《祖堂集》上册210页，中华书局2007年。

常规交际要求保持话语的单义性。语言中有许多多义的语言材料，但是常规交际中，话语不能是多义的。话语的多义，往往妨碍信息的交流、降低表达效果，是一种负偏离、语言错误。常规交际不但要避免多义语言材料的多义性的干扰，而且要防止单义的语言材料在话语中也可能产生的多种含义。双关则是对常规的一种偏离，表达者故意让话语具有两种含义，司马光《资治通鉴》第二四一卷："上见夏州观察判官柳公权书迹，爱之。辛酉，以公权为右拾遗、翰林侍书学士。上问公权：'卿书何能如是之善？'对曰：'用笔在心，心正则笔正。'上默然改容，知其以笔谏也。"柳公权表面上说的是书法艺术，骨子里讲的却是治国大道理。紧接着记载："上在东宫，闻宫人诵(元)稹歌诗而善之；及即位，(崔)潭峻归朝，献(元)稹歌诗百余篇。上问：'稹安在？'对曰：'今为散郎。'夏，五月，庚戌，以稹为祠部郎中、知制诰，朝论鄙之。会同僚食瓜于阁下，有青蝇集其上，中书舍人武儒衡以扇挥之曰：'适从何来？遽集于此！"'武儒衡表面上是在骂苍蝇，其实是一语双关，指责挖苦嘲笑了元稹。双关的表里两层意思之间不是平等的，说写者的重点、本意不是表面上的、字面的意思，甚至要舍弃字面意思，要求听读者把握隐藏在深处的那层意思。但是，也有表里两层意思并重的。

双关的意义不限于两层，还可以更多。《一花五叶传天下——张大千先生逸事》中记载，"席间，他(张大千)首先向梅兰芳敬酒说：'梅先生，你是君子，我是小人，我先敬你一杯！'此说一出，听者愕然，众人不解其意，还以为梅兰芳什么地方得罪人过张大千。梅兰芳也感到突然，他笑着问道：'张先生有何解释？'张大千笑着答道：'不是嘛，您是动口(唱)的君子，我是动手(画)的小人！'"(《参考消息》2003 年 3 月 11 日)张大千对戏剧艺术家梅兰芳说的这句话。含义有好几种：(1)你是演员，靠嗓子(动口)，我是画家靠手(动手)。(2)在这里，你的任务是喝酒(动口)，我的任务是斟酒(动手)。(3)你可以说不喝(动口)，我可以不客气地逼迫你喝(动手)。这个例子也说明，双关不一定只是两种意思，也可以有多种意义。

双关可以分为:谐音双关、语义双关、语法双关、情景双关。

### 10.3.2 谐音双关和语义双关

谐音双关,就是利用同音现象构成双关语。例如:“愁见蜘蛛起,寻丝直到明。”(《读曲歌》)“别后常相思,顿书千丈阙,题碑无罢时。”(《华山畿》)“我也知道重和轻,只要针心对针心。”(安徽民歌《只要针心对针心》)“寻丝”,实质上指“寻思”;“题碑”,其实是指“啼悲”;“针心”的话语含义是指“真心”。

谐音双关是民歌、民谣、歇后语中常用的一种修辞手法。例如歇后语:“孔夫子搬家——净是书(输)。”“四两棉花——弹(谈)不上。”“外甥打灯笼——照舅(旧)。”“小葱拌豆腐——一青(清)二白。”“山顶滚石头——石(实)打石(实)。”“老虎拉车——谁赶(敢)。”“猪八戒的脊背——悟能之背(无能之辈)。”“飞机上吹喇叭——响(想)得高。”“癞蛤蟆跳井——扑通(不懂)。”

谐音双关广泛运用于社会生活的各种领域,形成了一种谐音文化。例如:鱼——富裕,糕——高升,苹果——平平安安,枣子——早生贵子,花生——花着生、有男有女,五只蝙蝠——五福齐全,等等。

语义双关,是利用词语和句子的语言的多义现象而构成的,也可以是利用言语意义的多义来构成。例如:“她们的死,不过像无边的人海里添几粒盐,虽然使扯淡的嘴巴们觉得有些味道,但是不久还是淡、淡、淡。”(鲁迅《论人言可畏》)《现代汉语词典》中说,“淡”有“味道不浓,不咸”和“冷淡”两种意义。“淡”,表面上是指“味道不浓,不咸”的“淡”,实际上是指“冷淡”的“淡”。这是语言的多义词语所构成的双关。这里的“她们”指电影明星阮玲玉等。但是,这个例子中:“周繁漪:好,你去吧!小心,现在,(望窗外,自语,暗示着恶劣征兆地)风暴就要起来了!”(曹禺《雷雨》)周繁漪,表面上是指自然界的风暴,其实她关心的不是自然界的风暴。骨子里,她用的是“风暴”一词的比喻义,即生死搏斗。这是言语多义构成的双关。

### 10.3.3 语法双关

语法双关,是利用语法结构的多种可能性造成的。例如广告语:"做女人美好","做女人挺好","乳房,'挺'有讲究"。"做女人美好"可分析为:

A. 表层:单句。

"做女人"——动宾短语,做主语。

"美好"——形容词,做谓语。

B. 深层:(1) 单句。

"做女人"——动宾短语,做主语。

"美好"——主谓短语做谓语。

(2) 复句。"美好"——主谓句。

"美"——形容词,做主语。

"好"——形容词,做谓语。

"做女人挺好"可这样分析:

A. 表层:单句。

"做女人"——动宾短语,做主语。

"挺好"——形容词短语,做谓语。"挺"是副词。

B. 深层:(1) 单句。

"做女人"——动宾短语,做主语。

"挺好"——主谓短语做谓语。

(2) 复句。

"挺好"——主谓句。

"挺"——形容词,做主语。

"好"——形容词做谓语。

汉语没有或者是缺乏形态,句法组合非常灵活。这种双关建立在汉语句法的灵活性上,只有没有或者缺乏形态的汉语中才能出现这样的双关语。

### 10.3.4 情景双关

唐代诗人朱庆余的七言绝句:

① 洞房昨夜停红烛,待晓堂前拜舅姑。

妆罢低声问夫婿:"画眉深浅入时无?"

这诗描画的是新婚次日早晨的新娘子。可是诗题是:《闺意呈张水部》,又题为《近试上张水部》。张水部就是担任水部郎中的诗人张籍。张籍收到这首诗之后,回答了一首诗《酬朱庆余》:

② 越女新妆出镜心,自知明艳更沉吟。

齐纨未足时人贵,一曲菱歌敌万金。

如果去掉了题目,而且不是在考试前夕,交际双方不是考生和考官的关系,那就只是两首漂亮的爱情诗。事实是,前者是考生在考试前夕给主考官的诗,后者是主考官给考生的回答。

这两首诗可以看作情景双关的典范。寓言、咏物诗文等就是情景双关的文体。明于谦的《石灰吟》:

③ 千锤万击出深山,烈火焚烧若等闲。

粉身碎骨全不顾,要留清白在人间。

表面描写的是石灰,骨子里说的人,是诗人自己,是诗人为人的自我表白,是其人格宣言。《红楼梦》第七十回,暮春之际,大观园里的才子佳人起吟诗填词,探春的作品是:

④ 空挂纤纤缕,徒垂络络丝,也难绾系也难羁,一任东西南北各分离。

薛宝钗写的是《临江仙》:

⑤ 白玉堂前春解舞,东风卷得均匀。蜂围蝶阵乱纷纷,几曾随逝水,岂必委芳尘? 万缕千丝终不改,任他随聚随分。韶华休笑本无根,好风凭借力,送我上青云。

林黛玉的是《唐多令》:

⑥ 粉堕百花洲,香残燕子楼。一团团逐队成毬。飘泊亦如人

命薄，空缱绻，说风流！　草木也知愁，韶华竟白头！叹今生，谁舍谁收？嫁与东风春不管，凭尔去，忍淹留！

这是贾探春、薛宝钗、林黛玉等的无意识的流露，或是自觉的表白（述怀言志）；但就小说作者曹雪芹而言，这是双关。

《红楼梦》第二十二回，贾元春制作的谜语是："能使妖魔胆尽摧，身如束帛气如雷。一声震得人方恐，回首相看已化灰。——打一玩物。"（谜底：爆竹）林黛玉的谜语是："朝罢谁携两袖烟？琴边衾里两无缘。晓筹不用鸡人报，五夜无烦侍女添。焦首朝朝还暮暮，煎心日日复年年。光阴荏苒须当惜，风雨阴晴任变迁。——打一用物。"（谜底：更香。）薛宝钗的谜语是："有眼无珠腹内空，荷花出水喜相逢。梧桐叶落分离别，恩爱夫妻不到冬。——打一用物。"曹雪芹写道："贾政看完，心内自忖道：'此物还倒有限，只是小小年纪，作此等言语，更觉不祥。看来皆非福寿之辈！'"贾政解读出这些谜语的另外一层含义，那么对贾政可是双关语吗？我们把双关定义为说写者的有意为之，那么在谜语的制作者，都不是双关语。这只是小说作者曹雪芹的双关语。

情景双关还是开玩笑、说相声的经常使用的手法。

## 四　反语和夸张

### 10.4.1 反语的定义

反语，就是说反话，或反话正说，或正话反说。例如，对使你生气的人说："你真好，你最好，世界上谁也没你好！"心里的意思正好相反，是坏。女性对自己喜欢的男性常说："你真坏！你最坏！你坏死了！我再也不理你了！你滚吧！"表示的意思却是喜欢。

反语也有表里两层意思。表层意思，是词语和句子本身所固有的，即话语的字面意思。骨子里的含义，是这个特定上下文和交际情景所赋予的，是说写者的真正含义之所在。这是反语同双关相同的地方，反

语区别于双关语的是,它的表里两层意思永远是正好相反的。例如:

① 丁四:你干什么去啦?

四嫂:我找儿子去啦。找了七开八得,也找不着他!

丁四:对,再把儿子丢了,够多么好啊! (老舍《龙须沟》)

"再把儿子丢了",当然是非常糟糕的,但却偏要说"够多么好啊",显然是反语。李斯在狱中上书秦二世说:

② 臣为丞相治民,三十余年矣,逮秦地之狭隘,先王之时,秦地不过千里,兵数十万。臣尽薄材,谨奉法令,阴行谋臣,资之金玉,使游说诸侯,阴修甲兵,饰政教,官斗士,尊功臣,盛其爵禄。故终以胁韩弱魏,破燕赵,夷齐楚,卒兼六国,虏其王,立秦为天子。罪一矣。

地非不广,又北逐胡貉,南定百越,以见秦之强。罪二矣。

尊大臣,盛其爵位,以固其亲。罪三矣。

立社稷,修宗庙,以明主之贤。罪四矣。

更克画,平斗斛度量,文章布之天下,以树秦之名。罪五矣。

治驰道,兴游观,以见主之得意。罪六矣。

缓刑罚,薄赋敛,以遂主得众之心,万民戴主,死而不忘。罪七矣。

若斯之为臣者,罪足以死固久矣。

上幸得尽其能力,乃得至今,愿陛下察之!

李斯所说的"罪",其实正是功劳。

### 10.4.2 反语的类型

反语可以分为讽刺反语和愉快反语两种。

讽刺反语表示讽刺和嘲弄。盛成《我的母亲》:

③ 联军到处杀人,不问死不死,好像杀死了一个中国人,并不是杀了一个人一样。杀死一个中国人,好拿他的辫子来作耍。砍死一个中国妇女,好拿她的小脚,解开来闻闻。文明人杀人,好像

有目的，也好像是玩耍。哦！杀人的文明。北京的井里，都是女尸，沟水全是血。复仇复仇，杀一个，杀七个。联军咧，要七十七个，这是《圣约全书》的复仇法。奸淫抢劫，更是神圣庄严不可不行的。……

哦！自从那一个“庚子”，到这一个“庚子”，中国老百姓，添了十万万赔款，还有不平等条约的剥削，那更不知其数了。谢谢鞑子太后，谢谢洋鬼子大人，我的祖母与西太后，一面在那里骂洋鬼子，一面拜佛，口中念道：“南无救苦救难观世音菩萨！”

“文明、神圣庄严、谢谢”等，都是美好的字眼，作者的真正的含意恰恰相反，是指：真正的十足的野蛮、残忍、凶暴、卑鄙、无耻、可恨、可憎。嘲讽反语比正面说更有力量。京剧《红灯记》中李玉和运用嘲讽反语对鸠山说：“是啊，听听歌曲，喝点美酒，真是神仙过的日子。鸠山先生，但愿你天天如此，‘长命百岁’。”鸠山便坐不住了。

愉快反语，主要不在讽刺嘲弄，而是调侃，追求的是轻松活泼的调子、幽默诙谐的情趣。如：

④ 丁四：（穿）怎样？

娘子：挺好！挺合身儿！

大妈：就怕呀，一下水就得抽一大块！

丁四：大妈！您专会说吉祥话儿！ （老舍《龙须沟》）

本是不吉利的话，却说什么“专会说吉祥话儿”，这也是反语。这是为了造成一种轻松活泼的气氛。

反语可以用于讽刺，但讽刺并不全由反语构成，也并不是所有的反语都有讽刺意味。讽刺反语大都用于对敌斗争，愉快反语大都用于人民内部，但是亲人和朋友之间也可以使用讽刺反语。运用反语时要分清敌友，注意分寸，避免伤害亲人和朋友。

运用反语时必须让人明白这是正话反说或反话正说，否则，对方按字面意思来理解，那就适得其反了。口语中，有表情、语气、语调来帮助，一般不会使人误解。书面语中，可以在上下文中适当点明本意，或用相反的词语点出来,或使用引号、着重号来暗示。

### 10.4.3 夸张

夸张,就是故意言过其实,或夸大事实,或缩小事实,目的是让对方对于说写者所要表达的内容有一个更深刻的印象。例如:“白发三千丈,缘愁似个长。”(李白《秋浦歌》)白发绝不会有三千丈长,诗人也并不要求读者相信白发真有三千丈长。这是为了渲染主观感受,表达强烈的感情,强调愁的深沉。再如谚语:“天无三日晴,地无三尺平。”说的是贵州的天气和地形特点,当然是大大地夸张了。

爱好夸张的心理倾向是一种普遍存在的社会现象。汉代王充在《论衡》中说:“世俗所患,患言事增其实,著文垂辞,辞出溢其真,称美过其善,进恶没其罪。何则?俗人好奇,不奇,言不用也。故誉人不增其美,则闻者不快其意;毁人不益其恶,则听者不惬于心。”所以,从古到今,人们都喜欢夸张。

### 10.4.4 直接夸张和间接夸张

夸张可以分为直接夸张和间接夸张。直接夸张,不借助于其他修辞方式,如:“低头向暗壁,千唤不一回。”(李白《长干行》)“千呼万唤始出来,犹抱琵琶半遮面。”(白居易《琵琶行》)

间接夸张,是通过比喻、比拟等修辞方式来实现的。例如:“屁股大的地方”和“巴掌大的地方”,“比针尖还要小的心”,“老鼠一样的胆子”等,都是通过比喻在夸张。再如:“这是一种什么样的梨啊!它不是梨,简直是糖葫芦;不,糖葫芦又怎么能比得上它呢!”(峻青《海燕》)再如:“夺泥燕口,削铁针头,刮金佛面细搜求:无中觅有。鹌鹑嗉里寻豌豆,鹭鸶腿上劈精肉,蚊子腹内刳脂油。亏老先生下手!”(无名氏《[正宫]端正好·讥贪小利者》)这一夸张是通过一连串的比喻而实现的。

夸张也可以分为:扩大夸张和缩小夸张。

扩大夸张,就是尽量向大处扩展。《战国策》中描写齐国的强盛和人口的众多："临淄之涂，车毂击，人肩摩，连衽成帷，举袂成幕，挥汗成雨。"白居易在《长恨歌》中说："回眸一笑百媚生，六宫粉黛无颜色。"

缩小夸张，就是尽量往小处说。例如："一片树叶掉下来也怕打破头"，"灰尘掉下来都怕把自己砸死"等。再如："遥望齐州九点烟，一泓海水杯中泻。"（李贺《梦天》）"五岭逶迤腾细浪，乌蒙磅礴走泥丸。"（毛泽东《七律·长征》）"齐州"指中国，古代中国分为九州，这里说小得像九点烟，是从天上向下看的，"泓"形容水的深广，这里指一片汪洋大海，说大海像从杯子里倒出来的一点水。把五岭缩小为细浪，乌蒙山说成是泥丸，表现了诗人及红军战士的革命乐观主义精神。汉语文化中，缩小夸张的常用喻体是：芝麻、绿豆、鸡毛、蒜皮、巴掌、屁股，等等。例如周立波《湘江一夜》："芝麻大的官，一开口，就是命令，命令，回去命令你的马儿们去吧，你这臭马倌。"任大星《某甲和某乙》："陶正平很贪玩，算术、语文在他的心里，只占芝麻绿豆般的地位。"

扩大夸张同缩小夸张，同时使用，就更有艺术魅力。例如："杨子取为我，拔一毛而利天下，不为也。"（《孟子·尽心上》）

运用夸张时要注意必须合乎情理。鲁迅说："'燕山雪花大如席'，是夸张，但燕山究竟有雪花，就含有一点诚实在里面，使我们立刻知道燕山原来有这么冷。如果说'广州雪花大如席'，那可就变成笑话了。"[①]夸张的运用，要使人一听一看就知道是夸张而不是写实，如形容出力多，说"把吃奶的力气都用出来了"；形容骄傲自大，说"眼睛长在头顶上"，等等，都不会引起人们的误解。所以刘勰在《文心雕龙·夸饰》中说，"辞虽已甚，其义无害"，就是这个意思。如果明明是夸张，却让人误以为是写实，那就不好了。

---

① 鲁迅：《鲁迅全集》第六卷 234 页，人民文学出版社 1982 年。

# 五 婉曲

## 10.5.1 婉曲的定义

婉曲是一种传统的修辞格,是各种语言中都有的一种修辞格。

婉曲,指的是对于不雅的或有刺激性的事物,不直截了当地说出来,而闪烁其词,拐弯抹角,迂回曲折,用与本义相关或相类的话来代替。《旧唐书》记载:“二十一年,太宗幸翠微宫,授司农卿李纬为民部尚书。(房)玄龄时在京城留守,会有自京师来者,太宗问:‘玄龄闻李纬拜尚书如何?’对曰:‘玄龄但云:“李纬好髭须。”更无他语。’太宗遽改授纬洛州刺史。其为当时准的如此。”(《房玄龄传》)房玄龄没有直接说李纬不适宜担任民部尚书,没有明白地指出李纬缺乏才干,用夸奖他髭须美好来委婉地否定了其能力。唐太宗听话听音,而且善于、勇于听取大臣的意见,兼听则明,真乃一代英主。

鲁迅在《阿长与〈山海经〉》中写道:

① 一到夏天,睡觉时她又伸开两脚两手,在床中间摆成一个“大”字,挤得我没有余地翻身,久睡在一角的席子上,又已经烤得那么热。推她呢,不动;叫她呢,也不闻。

“长妈妈,生得那么胖,一定很怕热罢?晚上的睡相,怕不见得很好罢?……”

母亲听到我多回诉苦之后,曾经这样地问她。我也知道这意思是要她多给我一些空席。

鲁迅母亲的话,用的是婉曲的方法。鲁迅接着写道:“她(指阿长)教给我的道理还很多,例如说人死了,不该说死掉,必须说‘老掉了’;……”阿长教鲁迅的就是婉曲的修辞方式。

同双关、反语类似,婉曲也有表里两层意思:字面意义和骨子里的意思。两者也是不一致的,重点也在骨子里的那层意思。同反语不同的是，它的两层意思之间并没有对立关系。同双关的区别在于，它的表里两层意思中，一层具有刺激性，另一层比较平和而文雅。例如："我原来在农场的时候，有一个青年指导员给我写信，表示了那个意思。"（张抗抗《夏》）"那个意思"，其实就是指：谈朋友、谈对象、谈恋爱、建立恋爱关系。把恋爱问题、婚姻问题，叫作"个人问题"，把男女关系问题叫作"作风问题"等，都是婉曲。

婉曲的出发点是为了减少对立情绪，坚持礼貌原则，体现自我的风度和教养，所采用的具体手法是多种多样的。因此，婉曲经常采用其他修辞格，结果婉曲的许多例子可以归入其他修辞格之中去。由于婉曲内部缺乏一个统一的格式，把它分解到其他修辞格中去，也说得过去。不过，婉曲是传统的修辞格，是世界上所有的语言中都有的一种修辞格，婉曲蕴含着丰富的文化内涵，是社会和个人文明的标志，是人们早已习惯了的一种修辞格，因此应当保留，作为一个独立的修辞格，而且是一个基本修辞格。

### 10.5.2 婉曲的功能

婉曲的功能是文明文雅礼貌，避免刺激对方引发矛盾冲突。赵树理《孟祥英翻身》："（孟祥英的婆婆）年轻时候外边朋友们多一点，老汉虽然不赞成，可是也惹不起她——说也说不过她，骂更骂不过她。"什么叫"外边朋友们多一点"？"外面的朋友"，是男人，情夫。还加上一个"们"，不止一个，这是乱搞男女关系。这样说可以避免一些刺激。性是全人类普遍性的忌讳对象，是婉曲的主题之一，例如：

② 起初，她只认为李永恩有"恩"于她，碍于面子，不得不任其"方便"。（《法制文学选刊》1985年7期）

③ 奶奶想，自己和这个强悍的男人素不相识，但已经鱼水相喋，一场遭遇战也匆匆，似梦非梦，似醒非醒，神魂迷乱，见鬼见魅。（莫言《红高粱家族》）

④ 他把自己的那个玩意儿割掉了。/你为什么要把制造孩子

的玩意儿切掉? （莫言《你的行为使我们感到恐怖》）

“方便、鱼水相喋、遭遇战、玩意儿”等都是婉曲语。

对死亡的恐惧和忌讳,也是全人类的普遍现象。因此各种语言中都有许多关于死亡的婉曲语。汉语中“死亡”的婉曲语特别丰富。例如北京话中:“过去了、回去了、踹腿了、吹台了、完蛋了、撂挑子了、翻白眼了、没熬过来、骆驼上画了、伸腿瞪眼儿了、听蛐蛐儿叫唤去了、听拉拉蛄叫唤去了”等。

婉曲有维护社会等级制度的功能。在等级森严、繁文缛节的社会里,说话写文章时都要求婉言曲达。汉代人贾谊在《治安策》中写道:“古者大臣有坐不廉而废者,不谓‘不廉’,曰‘簠簋不饰’;坐污秽淫乱男女无别者,不曰‘污秽’,曰‘帷薄不修’;坐罢软不胜任者,不谓‘罢软’,曰‘下官不职’。”大臣犯了贪污罪而被处罚,不说“贪污”,而说“放祭品的篮子没有遮盖好”;犯了淫荡乱搞男女关系罪而被处罚的,只能说是“障隔内外的帐幕不加整饬”;因为软弱无能不胜任职守而被撤职的,不说“软弱无能”,而说“下属官员不称职”。

掌握婉曲,有助于更好地阅读古代文献。例如:

⑤ 公使阳处父追之。及诸河,则在舟中矣。释左骖,以公命赠孟明。孟明稽首曰:“君之惠,不以累臣衅鼓,使归就戮于秦,寡君之以为戮,死且不朽!若从君惠而免之,三年,将拜君赐!”

（《左传·秦晋殽之战》）

⑥ 秦王不肯击缶。相如曰:“五步之内,相如请得以颈血溅大王矣!” （司马迁《史记·廉颇蔺相如列传》）

⑦ 曹操遗权书,曰:“近者奉辞伐罪,旌麾南指,刘琮束手。今治水军八十万众,方与将军会猎于吴。”权以示群下,莫不响震失色。 （司马光等《资治通鉴·赤壁之战》）

⑧ (陈)橐疏谓:“金人多诈,和不可信,且二圣远狩沙漠,百姓肝脑涂地,天下痛心疾首。” （《宋史·陈橐传》）

例⑤,打了败仗而被晋军俘获的秦军统帅孟明说“将要拜谢晋君的恩赐”，其实正是“一定来报仇”的意思。例⑥，蔺相如的实际意思是：如果你不击缶，在这么近的距离内，你的卫士是无法保护你的，我就要和你拼个你死我活，让你我两人的血一同喷溅出来吧！例⑦，曹操信中的“会猎”只是一个外交辞令，意思是要向东吴起进攻。这个“会猎”就是“打仗”、“进攻”的婉曲说法。例⑧，“远狩”指的是皇帝被金人俘虏了。

婉曲，是社会文明的需要。婉曲的运用，是个人文明的表现形式。在大庭广众中，说“大便、小便、屁股”等词语，总是不文明的粗俗的，就需要用“上一号”、“去打电话”、“臀部”等说法来代替。有一篇小说中，两个乡村妇女是这样对话的：“七婶绕弯子问：‘哎，你来身上是哪一日？’大嫂翻翻嘴唇，倾下头答：‘初三初四，月芽挑刺。’‘这个月又来过了？’‘来过了。’七婶指头戳戳大嫂两腿中央：‘你和宝山“不”吗？’大嫂红了脸，夹紧大腿：‘不“不”。’七婶指头望上移，指指小肚子：‘你们不“不”，那咋还不哩？’大嫂扭扭身子，缩缩肚子：‘谁知道哩，不，不，它就不嘛。’”婉曲的运用，显示了两个乡村妇女的良好的教养。

婉曲，有淡化语意的作用，也是人际关系的润滑油，可以减少话语的刺激性，调整相互关系，增进感情。例如，你专门去看一个人，却对他说：“我是顺便来看你的。”真心诚意地送人一件非常珍贵的礼品，却说：“这不值什么钱的，你可别当回事儿。”“这东西我不喜欢，对我也没用，扔到垃圾箱去吧，又可惜了。你不在乎的话，就留着吧。”中国人请客吃饭时说：“没准备，没有菜，菜不好，您就随便凑合着吃点吧。”

婉曲也是一种构词手段，一种词义演变方式，词有婉曲词，词义有婉曲义。“长眠、圆房、后进、待业、做爱、男朋友、个人问题、不受欢迎的人”等是婉曲词，外交辞令是典型的婉曲词。

婉曲的运用，不应当一味追求奇巧，不可耍花腔，不能哗众取宠，要避免使人摸不着头脑，或产生误解。还应当把婉曲同虚伪区别开来，婉曲不是说谎，不是骗人。

## 六 析字

### 10.6.1 析字的定义

析字就是分析与利用汉字的形体来作为提高话语的表达效果的一种修辞格式。例如分解字形并重新组合。这是一种造词方法,例如:丘八——兵。破瓜——“瓜”字分解为两个“八”字,8 × 2=16,“破瓜”指十六岁。“处世须存心土刃,修身切记寸边而。”(《西游记》)其中,心+刃→“忍”,寸+而→“耐”。再如“心上秋”,心+秋→“愁”。

析字的基础是汉字的构造。合体字是由两个以上的部件构成的,是析字产生和发达的基础。汉字形体重新组合,可以构造出许多临时性的同义手段。

作为修辞方式,析字可以分化汉语的同音词,避免同音误会。例如:“我姓王,三横一竖的‘王’,不是草头‘黄’。他姓李,十八子的‘李’。她姓陈,是耳东‘陈’。那位张先生,是弓长‘张’,不是立早‘章’。”现代汉语同音字同音词特别多,汉字区分同音字词的功能是不可忽视的。析字是使言语风趣的重要手段。

### 10.6.2 析字的类型

析字的方式是多种多样的。可以直接分析汉字的字形。例如,“‘官’字两个‘口’,做官的有两张嘴。‘兵’两条腿。当官的动嘴,当兵的动腿。”“你‘官’字两个‘口’,吃空额,我们‘兵’字两只脚,开小差。”“他叫张岚,是山上的风,一阵风,谁也抓不住的。”

析字的方式很多,常见的是,分解汉字的形体、增减部件、部件重组,例如东汉末童谣:“千里草,何青青。十日卜,不得生。”(范晔《后汉书·五行志》引)“千里草”,是“董”字。“十日卜”,是“卓”字。两者合在一起即是“董卓”。再如《世说新语》记载:

① 杨德祖为魏武主簿，时作相国门，始构榱桷，魏武自出看，使人题门“活”字，便去。杨见，即令坏之，既竟，曰：“‘门’中‘活’，‘阔’字，王正嫌门大也。”　（《捷悟》）

② 人饷魏武一杯酪，魏武噉少许，盖头上题“合”字以示众，众莫能解。次至杨修，修便噉，曰：“公教人噉一口也，复何疑？”（《捷悟》）

析字修辞格的运用不但需要交际双方都熟悉汉字的结构，而且还要都是思维灵敏的人。

析字是汉语文艺语体中常用的手法。如李白《永王东巡歌（八）》：“长风挂席势难回，海动山倾古月摧。”“古月”即“胡”字，即胡人，指安禄山、史思明等叛军。吴敬梓《儒林外史》：“胡子老官，这事在你作法便了。做成了，少不得‘言身寸’。”“言身寸”，即“谢”字。曹雪芹《红楼梦》第五回：“凡鸟偏从末世来，都知爱慕此生才。一从二令三人木，哭向金陵事更哀。”“凡鸟”即“凤”字。“一从二令”即“冷”。“三人木”即“休”字，暗示贾琏对王熙凤的态度将要变为“冷淡”，最后休弃。

### 10.6.3 析字文化

汉字是世界文化的奇迹。析字修辞格颇受国人的喜爱。析字文化是汉语文化的一大特色。运用拼音文字的语言是很难想象的。

析字构造的对联，就是析字联，例如：

③ 一“明”分：“日”、“月”；
五“岳”共：“山”、“丘”。

④ 长巾帐内“女”“子”——“好”，“少”“女”为“妙”；
山石岩中“古”“木”——“枯”，“此”“木”为“柴”。

⑤ “人”“曾”为“僧”，“人”“弗”为“佛”；
“女”“卑”为“婢”，“女”“又”称“奴”。

⑥ 品“泉”茶三口“白”“水”，
竺“仙”庵两个“山”“人”。

⑦ 笑指竹林，一犬眠竹下，

闲看幽户,孤木立门中。

日＋月＝明。山＋丘＝岳。女＋子＝好。少＋女＝妙。木＋古＝枯。此＋木＝柴。人＋曾＝僧。人＋弗＝佛。女＋卑＝婢。女＋又＝奴。白＋水＝泉。人＋山＝仙。竹＋犬＝笑,门＋木＝闲。

析字也是文字游戏的重要手段。析字游戏是中国传统文人的一种生活方式。许多辞格都具有游戏功能。人是游戏的动物,游戏是人生的重要组成部分。不能因为某些辞格具有游戏功能就否定了它,应当积极地开发辞格的游戏功能。

析字在中国的神秘文化中也占据着独特的地位。

### 10.6.4 黄绢幼妇

学习一个修辞格,可以也应当从其定义出发,但是定义总是灰色的,例子才是常青的。因此,学习一种修辞格,可以、也应当从例子,尤其是典型的例子开始,分析它,把握它。"黄绢幼妇"就是析字修辞格的最典型的例子。《世说新语》:

⑧ 魏武尝过曹娥碑下,杨修从。碑背上见题作"黄绢幼妇,外孙齑臼"八字。魏武谓杨修曰:"解不?"答曰:"解。"魏武曰:"卿未可言,待我思之。"行三十里,魏武乃曰:"吾已得。"令修别记所知。修曰:"'黄绢',色丝也,于字为'绝';'幼妇',少女也,于字为'妙';'外孙',女子也,于字为'好';'齑臼',受辛也,于字为'辞'。所谓'绝妙好辞'也。"魏武亦记之,与修同,乃叹曰:"我才不及卿,乃觉三十里。"

小说《三国演义》中第七十一回:

⑨ 操读八字云:"黄绢幼妇,外孙齑臼。"……众谋士均不能解。主簿杨修对曰:"此隐语耳。'黄绢'乃颜色之丝也,'色'旁加'丝'是'绝'字;'幼妇'者,少女也,'女'旁加'少'是'妙';'外孙'乃女之子也,'女'旁'子'是'好'字,'齑臼'乃受五辛之器具也,'受'旁加'辛'是'辞'字。总而言之,是'绝妙好辞'四字。"操大惊曰:

"正合孤意。"众皆叹羡杨修才识之敏。

曹娥碑是汉桓帝元嘉二年(公元 152 年)县令度尚所立,碑文是其弟子邯郸子礼所作。曹娥碑在会稽。曹操并未到过会稽,此说不是历史事实。但反映的是一种文化现象。

# 七　析词

## 10.7.1 析词的定义

析词,就是利用分析、分解、瓦解词的结构和意义,重新组合,建构新的结构,制造临时的新词,用来提高话语的表达效果的一种修辞格式。例如:"要说当奴才也不容易,'奴'而不'才'不行,'才'而不'奴'也不行,当奴才要有当奴才之'才',否则也当不成。"(《八小时之外》1980 年第 6 期)为了修辞目的,作者故意把词拆开来用,也就是把不能独立运用的语素临时当作词来独立运用。

析词,可以是用同它相关或相等的说法来代替它。例如,用"眼睛里流出来的那种液体"来代替"眼泪"一词。这种析词也可以说是借代的一种特殊格式。

析词的方式之多种多样的。主要有:1.拆词,2.释词,3.析数,4.返源,5.顾名思义,等等。

## 10.7.2 拆词

拆词,是对词的完整性的一种偏离。例如鲁迅《谈金圣叹》:"虽说因为痛恨'流寇'的缘故,但他是究竟近于官绅的,他到底想不到小百姓的对于'流寇',只痛恨着一半:不在于'寇'而在于'流'。"把"流寇"一词分解为"流"和"寇"。鲁迅《且介亭杂文二集·序言》:"编完以后,也没有什么大感想,要感的感过了,要写的也写过了,例如'以华制华'之说罢,我在前年的《自由谈》上发表时,曾大受傅公红蓼之流的攻击,今年才又有人提出来,却是风平浪静。”把“感想”分解为“感”和“想”。郭沫若《我的童年》:“他的讲义模仿的是章太炎的笔法,写些古而怪之怪而古之的奇字,用些颠而倒之倒而颠之的奇句。”把“古怪”、“颠倒”分解了。徐迟《黄山记》:“从未见过这鲜红如此之红;也未见过这鲜红如此之鲜。”再如:

　　① 尽管店主“包涵”不离口,但即使他说上一千零一个,这样的地方也真难叫人“涵”得下。　　(金河《大车店一夜》)

例①把“包涵”分解为“包”和“涵”,还把不能单独运用的语素“涵”临时当作词来运用。这本是常规所不能允许的。但如此使用却有语言文字和社会心理的依据。现代汉语双音节词占优势,可单音节词还很活跃。双音节词中的大多数单音节语素不但本来就是词,而且人们在记忆中并未忘记这一点。使用汉语的人又十分喜欢给每一个单音节找出一个意义来。汉语中词和短语的界限又是很模糊的。这是拆词得以产生的基础,也是它受到广泛欢迎的原因。

### 10.7.3 释词

释词,就是为了达到某种修辞效果,采用词语解释的方式,偏离词语的意义,借题发挥,大做文章。陆文夫《临街的窗口》:“演戏你是内行,抓戏得让我来教你。剧本剧本,那是一剧之本。”这就是修辞学上的释词,不是词义解释。

鲁迅《说“面子”》:

　　② 但“面子”究竟是怎么一回事呢?不想还好,一想可就觉得胡涂。它像是很有好几种的,每一种身份,就有一种“面子”,也就是所谓“脸”。这“脸”有一条界线,如果落到这线的下面去了,即失了面子,也叫作“丢脸”。不怕“丢脸”,便是“不要脸”。

这不是词语解释,是释词的修辞手法。再如鲁迅《唐朝的钉梢》:“上海的摩登少年要勾搭摩登小姐,首先第一步,是追随不舍,术语谓之‘钉梢’。‘钉’者,坚附而不可拔也,‘梢’者,末也,后也,译成文言,大约可以说是'追蹑'。""面子"、"丢脸"和"钉梢"是不需要解释的，作者是借题发挥，创造一种幽默诙谐的调子。

释词，不是词语的词汇意义的解释，也不采用词语解释的方式。释词所阐述的是词语的非词汇意义，常常是词语的社会文化联想意义，而且是具有强烈个人色彩的、偏离了常规的联想意义，往往是一般人意料之外的联想。如："勇敢：四下看清楚肯定没危险时所表现的美德。""高尚：坚持不在泳池中(只在海中)小便。""活泼：弱智者的短暂兴奋。""交际：对说谎面不改容的能耐。""不屈不挠：为人处世欠反弹力的失败表现。""笑容：面部肌肉不由自主地痉挛。""眉钳：小巧的人力去杂草机。""香水：狐臭的姐妹。——分别是需要付费。"[①]作者跳出常规思维，对词语的这些别出心裁地发挥，能够激发人们的想象力，造成一种活泼、风趣、幽默的情调，满足了人们心理消费的需要。

### 10.7.4 析数

析数，是利用分析、分解、重组数词来提高表达效果的修辞格式。例如：二八——十六(二八佳人：十六岁的女孩)，三五——十五(三五之夜：十五日晚上)。"暗问夫婿年几何？五十年前二十三。"(《诗人玉屑》)23＋50＝73。这是对数字的分解。

析数也指把数字换成比较具体的说法，例如秦牧《蜜蜂的赞美》：

③ 蜜蜂采蜜的辛勤，可以从这样一个有趣的统计里看出来：一只蜜蜂要酿造一公斤蜂蜜，必须在一百万朵花上采集原料。假如蜜蜂采蜜的花丛同蜂房的距离平均是一公里半，那么采一公斤蜜，就得飞上四十五万公里，差不多等于绕地球赤道飞行十一圈。

四十五万公里，很抽象，很难把握。作者用"差不多等于绕地球赤道飞行十一圈"来表示"四十五万公里"，很具体，鲜明生动，叫人难忘。这也可以叫作"换算"。

---

① 李碧华：《女巫词典》3页、4页、6页、27页、28页，花城出版社2001年。

### 10.7.5 返源

返源,指的是故意偏离词语的通行意义,返回到词语的构成语素的意义,或词语的原始意义。例如:

④ 追求时尚从"头"开始　　(《扬子晚报》2000 年 6 月 29 日)

⑤ 常"吃醋"可治疗妇科疾病

(扬子晚报网 2009 年 12 月 12 日)

⑥ 场站口被挡,偏偏交警还管不了 "霸道"车让公交车没了出路　　(《现代快报》2012 年 3 月 1 日)

例④的"头"就是人头,不是事情的开始、开端。例⑤的醋就是调味品中的醋。例⑥的"道",就是道路。

张南庄《何典》中常用返源格。如:"从此雌鬼便怀了鬼胎,到了十月满足,生下一个小鬼来。"(第一回)"就在新庙前搭起一座大鬼棚来,挂了许多招架羊角灯,排下无数冷板凳。"(第二回)"那臭花娘已去把家常便饭端正,一总和盘托出。"(第七回)"臭花娘红着鬼脸,不好意思。"(第七回)"看见路旁有一大堆柴料,便心生一计,上前放了把无名火。"(第九回)"马鬼道:'可惜你们迟来脚短,马已经卖完了。'地里鬼见门槛底下露出马脚来……"(第十回)这里的"鬼胎"是鬼怀的胎,"鬼棚"是鬼搭的棚子,"冷板凳"就是冷的板凳,"和盘托出"是用盘子全部端出来,"鬼脸"是鬼的脸,"无名火"是火(没有名义的火),"露出马脚"真的是露出一匹马的脚。这些用法都不是这些词语的通行意义。这种用法为的是达到某种特殊的修辞效果,大都具有幽默风趣的色彩。

### 10.7.6 顾名思义

马克思在《资本论》说:"物的名称对于物的本性来说完全是外在的。即使我知道一个人的名字叫雅各,我对他还是一点不了解。同样,在磅、塔勒、法郎、杜卡特等货币名称上，价值关系的任何痕迹都消失了。"①

顾名思义，指的是为了提高表达效果而利用名称的字面意义的一种修辞手段。如："惶恐滩头说惶恐，零丁洋里叹零丁。"（文天祥《过零丁洋》）惶恐滩在今江西万安，零丁洋在今广东珠江口。

顾名思义大都有语义双关、幽默诙谐的特点。如：

⑦《文化列车》破格的开到我的书桌上面，是十二月十日开车的第三期，托福使我知道了近来有这样一种杂志，并且使我看见了杨邨人先生给我的公开信，还要求着答复。

（鲁迅《答杨邨人先生公开信的公开信》）

⑧"陈先晋"，当时她笑道，"这名字多好，想必他很先进吧！"李主席笑道："不，他最保守。""怎么名字叫先进？实际很落后？""是呀，这叫有其名，无其实。"（周立波《山乡巨变》）

⑨ 小飞蛾在各街道上飞了一遍也回去了。（赵树理《登记》）

例⑦中《文化列车》本是一种杂志，是不能"开到"的；说"开到"，是用的"列车"的字面意义。例⑧中先将人名"陈先晋"谐音为"陈先进"，然后在"先进"的字面意义上做文章。例⑨中，在人名"小飞蛾"的"飞"字的字面做文章。以上各例都带有幽默诙谐的色彩。再如：《一汽工人对洋劳模理查德的赞语"这老外其实不外"》（《报刊文摘》1992 年 3 月 9 日）"老外"是中国人对外国人的称呼。这个"老外不外"中的"不外"，讲的是"把中国当成自己的家，一点不见外了"。2000 年 12 月《扬子晚报》上有个标题，叫作《老外不外》，说的是某老外不像外国人。"老外"也有外行的意思，那么"老外不外"，也可以指被当作是外行的某人其实并不外行，甚至也可以有某外国人并不外行的意思。

顾名思义常被用来构造文章的标题。如：《田间的诗深入田间》（《中国青年报》1958 年 4 月 5 日），《〈子夜〉在子夜拍摄》（《厦门日报》

---

① 马克思、恩格斯：《马克思恩格斯全集》第 23 卷 119 页，人民出版社 1956 年。

1981年12月13日),《无为县大有可为》(《人民日报》1973年11月6日),《没有风波的"球场风波"》(《中国电影》1958年5月),《连城地瓜价"连城"》(《华东信息报》1999年10月21日),等等。

名字虽然只是一个符号,但能引起人们多方面的联想,因此文艺作品中很注意人物的名字。如《红楼梦》中的"贾雨村"——假语村言,"甄事隐"——真事隐,等等。给作品中的人名、地名命名时,考虑到内容上的需要,也可以看成是顾名思义。

顾名思义也可以用来构造整篇文章。如:

⑩ 当归,这祖国常见的药材,
在台湾却变得分外珍奇,
不仅因为它有奇异的疗效,
更因为它有亲切的名字。

少见啊,祖国的当归,
人们耐心地四方寻觅,
谁能想方设法买到一点点,
顿时传开好消息……

今天,权把当归作赠礼,
用红线捆扎,用红绸包起,
当归,当归,不用细说,
就会明白这名字的涵义。

红炉炭火煮当归,
水气蒸腾飘香气。
深深地吸几口呵,浓郁的乡土味,
能不勾起万缕情思?

当归，当归，当归呵，

人同此心，心同此理，

这是历史的潮流——

台湾一定要归到祖国的怀抱里。（柯原《当归谣》）

这首诗就靠中药“当归”的名称顾名思义而构成，语义双关，含蓄婉转。

## 八　拟误、顿跌和相反相成

### 10.8.1 拟误的定义

拟误，是对语言文字运用的常规的偏离，是有意识地利用语言的或逻辑的错误来提高表达效果的一种手段。它不是语言错误。语言错误，是使用者不知道是错、以错为对的一种行为，而且要求交际对方也把错误当作正确的东西来接受。这是语言文字修养不高、不到家的表现。

拟误是说写者明知其错而故意利用错误说法来达到某种修辞效果的一种积极有效的手段。说写者的目的，并不是要对方把表层的错误当作正确的东西来接受，而是希望对方走出表层形式的错误，并积极引导对方把握真正的含义。例如小孩子故意称呼父母为“piapia”或“miamia”，熟人之间开玩笑时说“心不在马”、“吹毛求屁”和“原来如彼”或“风度扁扁”等。因为有了特定的语言环境，不但不妨碍表达效果，还能提高表达效果，造成一种特殊的气氛。

### 10.8.2 拟误的分类

拟误，有四种格式：设误、仿误、推误和存误。

设误，是说写者自己设计出一个错误的说法来。例如：“这个老太不是人，王母娘娘下凡尘。三个儿子都是贼，偷来蟠桃献母亲。”第一、

第三句话，是拟误，但其正确形式是对方所不明白的，而且是非常规的。所以必须加以必要的补充说明。第二、第四句，就是必要的补充。再如知识分子之间相互开玩笑时，说："几天不见，你老兄的造旨大大提高了呀！""快，让开您的殿部，否则对不起了！"

仿误，是故意重复或模仿他人的语言错误。例如："(明)景泰中，有一荫生，作苏州监郡，不甚晓文义，一日呼'翁仲'为'仲翁'。或作倒字诗诮之曰：'翁仲将来作仲翁，也缘书读少夫工，马金堂玉如何人，只好州苏作判通。'"(褚人获《坚瓠七集》)因为这个监郡把"翁仲"错误地说成"仲翁"，颠倒了词语内部语素的次序。于是这颠倒诗歌中，就把"读书、工夫、金马、玉堂、苏州、通判"等词语都一一颠倒。"书读、夫工、马金、堂玉、州苏、判通"，都是对"仲翁"的仿拟。仿误，其实是仿拟中的一种特殊格式。区别在于，仿拟对象通常是正确格式或话语。仿误是专门模仿错误的话语。例如有个中学毕业生给老师写信说："罗老师，您走了，害得我们痛失良师。""痛失良师"指的是老师去世。罗老师回信说："我很好，现在还音容宛在。""音容宛在"是对已经去世的人的一种形容，罗老师是模仿对方的错误，是嘲讽和挖苦。

推误，就是把他人话语扩大夸张，进一步引发开去，推导出一种荒谬的说法，目的是推翻对方的意见，或开个玩笑。如北宋王安石说，扬雄是大儒，不会写歌颂王莽的文章的。苏轼不同意，就说：其实，我看来，汉代本没有扬雄这个人。苏轼用的就是推谬法。推谬是一种修辞手段，同逻辑学上的归谬法不是一回事情。逻辑学上的归谬法，又叫反证法，是证明定理的一种方法，即先提出一个同定理中的结论相反的假定，然后从这个假定中得出和已知条件相矛盾的结果来，这样否定了原来的假定，而肯定了定理。

推误，是一种说话的技巧，就是把自己不相信的、认为是错误的观点进一步扩大，推出一个更加荒谬的说法来，往往故意不遵守逻辑规则。例如，有个笑话说，有人宣扬佛教的轮回报应，说杀猪杀牛的人来世将会变为猪或牛。反驳者说：那么就杀人！这样一来，来世就可以做人了！对于推误，无论前提还是结论，往往都不能太认真的。例如：

①甲：我妈说，她怀我时，常吃苹果，所以我的脸很像苹果。

乙：我妈妈很爱吃鸡蛋，难怪我有张鸡蛋脸。

丙：天啊！我得阻止我妈妈，不要再吃苦瓜了。

（黄丽贞《修辞学》用例）

妇女怀孕时的饮食，同孩子的长相之间可能是有某种关系的。但是吃苹果孩子就是苹果脸，这太玄乎了，是没有科学依据的。退一步说，即便这是真理，但是，对于已经长大成人的丙来说，母亲再怎么吃苦瓜也不能给他一张苦瓜脸了。丙运用推误法来否定甲和乙的观点。

推误是一种很好的娱乐方式。例如：

②甲：你说那么大点儿的蛤蟆，它为什么叫出来的声音那么大："呱儿呱儿……"这家伙！啊？那么点儿东西叫那么大嗓门儿，这个原因何在呀？

乙：当然有道理啦。

甲：您谈谈。

乙：蛤蟆这种东西，它是嘴大脖子顸。

甲：嗯。

乙：所以它叫唤出来的声音大。

甲：是啊！

乙：唉，只要是嘴大脖子顸，叫唤出来的声音就大。

甲：我们家有个字纸篓，那东西也是嘴大脖子顸，它怎么一回都没叫唤过呀？

乙：字纸篓它是竹子编的呀。

甲：竹子的不响？

乙：那是呀。

甲：那和尚、老道吹的笙管笛箫不也是竹子的？怎么一吹直响啊？

乙：它上面不是有眼儿吗？

甲:有眼儿啊,对呀!

乙:非得有眼儿的东西才响呢。

甲:那我们那筛子上面有几百个眼儿,它怎么不响呢?

(传统相声《蛤蟆鼓儿》)

双方都没有、也不需要遵守逻辑规则,因为只是在逗趣。

存误,指的是为了提高表达效果,记述他人言语时,明知其错,而有意保存其错误说法。正常情况下,记述他人言语,目的是传递信息,对其中的言语错误,都会自觉或不自觉地加以修正。存误,是对记述常规的偏离,例如鲁迅的《鸭的喜剧》中:

③“伊和希珂先,没有了,虾蟆的儿子。”傍晚时候,孩子们一见他回来,最小的一个便赶紧说。

“唔,虾蟆?”

仲密夫人也出来了,报告了小鸭吃完蝌蚪的故事。

俄国盲诗人名字叫“爱罗先科”,被小鸭吃了的是“蝌蚪”。如实记录,形象逼真地再现了孩子们的天真幼稚和急不可待的神态。

存误,是小说中刻画人物、创造个性化的人物语言的常用手段,也是制造风趣幽默情调的修辞手法。例如:

④ 胖脸的庄七光已经放开喉咙嚷起来了——

“……这灯还是梁武帝点起的……”

她(灰五婶)又用手背抹去一些嘴角上的白沫,更快地说:“……那灯不是梁五弟点起来的么?” (鲁迅《长明灯》)

⑤“哥儿,有画儿的‘三哼经’,我给你买来了!”

(鲁迅《阿长与〈山海经〉》)

例④,灰五婶把梁武帝说成“梁五弟”,例⑤,长妈妈错误地把《山海经》说成是《三哼经》,小说和戏剧作者是把这些言语错误,当作是描写人物形象的手段来运用的。语言错误,往往同一个人的文化教养、经历、个性密切相关,所以才成为文学作品中再现生活、刻画人物的一种手段。曹雪芹《红楼梦》第七回:“不是焦大一个人,你们就做官儿享荣华富贵？你祖宗九死一生挣下这家业，到如今了，不报我的恩，反和我充起主子来了。不和我说别的还可，若再说别的，咱们红刀子进去白刀子出来！”“红刀子进去白刀子出来！”这当然不合逻辑。焦大也只有在醉了酒之后，才能说出这样的话来。小说家运用存误手法成功地描写了一个醉汉的形象。

### 10.8.3 顿跌

顿跌，就是本可以一口气说完的话，故意不让它顺顺当当地说出来，或拆成几句话，形成递进关系，或先从反面来衬垫，造成对立关系。这样一来，语势反而更为强烈。这正如把水闸关住，提高水位之后再让水落下来，水势更急更猛一样。

顿跌可分为：正顿和反顿。

正顿，就是把本可以一口气说完的话，分作几次说。如：

⑥ 所以革命前夜的纸张上的革命家，而且是极彻底，极激烈的革命家，临革命时，便能够撕掉他先前的假面，——不自觉的假面。 （鲁迅《非革命的急进革命论者》）

⑦ 但也还仿佛记得她脸色变成青白，后来又渐渐转作绯红——没有见过，也没有再见的绯红。 （鲁迅《伤逝》）

⑧ 三只五只白鸥轻轻地掠过，翅膀扑着波浪，——一点一点躁怒起来的波浪。 （茅盾《黄昏》）

这些话本来都是可以一口气说完的，如：“所以革命前夜的纸张上的革命家，而且是极彻底，极激烈的革命家，临革命时，便能够撕掉他先前的不自觉的假面。”“她脸色变成青白，后来又渐渐转作没有见过也没有再见的绯红。”“翅膀扑着一点一点躁怒起来的波浪。”两者一比，一口气说出来的，显得平淡一些；而运用顿跌手法的，语气则强烈一些，而且意味深长。

反顿，是先从反面来衬垫一下，目的是造成对比关系。例如：

⑨ 他口里的阎罗天子仿佛也不大高明，竟会误解他的人

格,——不,鬼格。(鲁迅《无常》)

⑩ 从帝国主义的眼睛看来,惟有他们是最要紧的奴才,有用的鹰犬,能尽殖民地人民非尽不可的任务:一面靠着帝国主义的暴力,一面利用本国的传统之力,以除去"害群之马",不安本分的"莠民"。所以,这流氓,是殖民地上洋大人的宠儿——不,宠犬。

(鲁迅《"民族主义文学"的任务和命运》)

⑪ 希腊人所用的火,听说是在一直先前,普洛美修斯从天上偷来的,但中国的却和它不同,是燧人氏自家所发见——或者该说是发明罢。(鲁迅《关于中国的二三事》)

故意先从反面说起,先反后正,先抑后扬,又是肯定又是否定,不仅语气更为强烈,而且也具有幽默诙谐的情调。

顿跌,无论是正顿还是反顿,都能增加讲话和文章的变化美。例如:

⑫ 这是一种什么样的梨啊!它不是梨,简直是糖葫芦;不,糖葫芦又怎么能比得上它呢!(峻青《海燕》)

⑬ 她是怎样的一个演员哪!不,她不是演员,是英雄;而且,她不是戏剧中扮演的英雄,是生活中真正的英雄。(峻青《海燕》)

顿跌的运用,造成了多层次、多波澜的话语,丰富多彩,引人入胜,发人深思。

### 10.8.4 相反相成

《吕氏春秋》第二十五卷"似顺论"中说:"事多似倒而顺,多似顺而倒。有知顺之为倒、倒之为顺者,则可与言化矣。至长反短,至短反长,天之道也。"修辞学中相反相成修辞格就是这种现象的反映。相反相成,就是发现和利用客观中的相反相成的现象,或者故意"制造矛盾",有意识地偏离逻辑上的同一律,把通常相互对立、相互排斥的两个概念或判断,临时地有条件地巧妙地联系在一起,表达复杂的思想感情或意味深长的哲理。杨朔《龙马赞》:"现在相隔十二年,又是初春,旧地重来，我觉得每个人，每座山，每棵树，都十分熟悉，可又一点都不熟悉。”“十分熟悉”和“一点都不熟悉”，是相互对立、相互排斥的，不通的，不对的。但是，既然是“旧地”，当然是“十分熟悉”；可是“相隔十二年”，在日新月异的年代里，说“一点都不熟悉”，就是合情合理的。这时，相互对立、相互排斥的判断，便是相辅相成的，即矛盾的双方在特定的条件下临时性地统一了。

相反相成，常表现在主语和谓语的关系上。例如：“怪人不怪”、“傻瓜不傻”、“吃亏是福”、“受苦也就是享乐”“这宁静的夜，并不宁静”，等等。怪人的怪，其实是不了解他的人对他的误解，事实是，怪人不一定就怪，也有其不怪的一面。把受苦看作享乐，是这种人崇高思想境界的表现。主语“宁静的夜”中的“宁静”指的是大自然的宁静，外部生活的宁静。但是从社会斗争、人和人的种种矛盾的角度看，就“并不宁静”了。

相反相成，也常出现在修饰语和中心词之间。张南庄《何典》中的“蚂蚁大官”（第十回），偏偏要用表示小的喻体蚂蚁来形容“大官”。修饰语“蚂蚁”的小同“大官”的“大”表面上是矛盾的，这种自相矛盾是一种反讽。再如：

⑭ 任重能背
道远不退，
快快儿地慢慢走，
——不睡！（黎锦熙《龟德颂》）

⑮ 战士的深情，你小小的团泊洼怎能包容得下！
不能用声音，只能用没有声音的“声音”加以表达……
（郭小川《团泊洼的秋天》）

⑯ 大自然似乎用了无声的语言对他诉说了一些什么。
（茅盾《水藻行》）

例⑭，“快快儿”和“慢慢”是矛盾的，但无数的“慢”，就是最后的“快快儿”。例⑮，诗人在后一个“声音”上打上引号，就是说：已不是通常意义的声音，而是指一种特殊的表达形式，这种思想感情是语言所难以表达的。例⑯，语言是语音和语义的统一体，都是有声的，无声就不成其为语言了。但这里的“语言”，其实是一种比喻。

相反相成，也常出现在并列成分之间。例如：

⑰ 刘福子是个又讨人厌又叫人喜欢的人，什么话从他嘴里说出来都有滋有味……。（张志民《再等待》）

⑱ 邓拓同志离开我们已经十三年了。那逝去的时日啊，好似短促却又漫长。（剑清《空谷回音——回忆邓拓同志》）

⑲ 这座熟悉而又陌生的城市，引起我多少缅想。

（魏钢焰《艳阳散步》）

相反相成的并列成分也可以出现在句子之间。例如：

⑳ 当我沉默着的时候，我觉得充实，我将开口，同时感到空虚。（鲁迅《野草·题辞》）

㉑ 两岸何其冷，又何其热！两岸何其近，又何其远！

（《参考消息》2002 年 2 月 5 日）

㉒ 我含着眼泪，走向那缀着白花的柏树丛。一朵普通的纸花，下面是一张纸条：悼念敬爱的周总理——您的儿女。这是最普通的花，但又是最珍贵的花。它像牡丹一样华美，它像菊花一样高雅，它像水仙一样情深，它像荷花一样纯洁。这是没有生命的花，是纸做的，但又是最富有生命力的花，它跳动着八亿人民的脉搏，它抚慰着周总理不朽的英灵，它具有着火山爆发的能量！敌人怕它，人民爱它！这是怀念之花，更是斗争之花，骄傲之花！

（童燕齐《花》）

这些并列的句子之间，都是相反相成的关系。

相反相成是以对比为基础的。通过强烈的对比，对立的两个方面的统一，使文意更为强烈鲜明，更加意味深长。例如：

㉓ 人们啊，往往如此，有时在一起工作几十年，却依然形同陌

路；有时，才碰头，就好像几辈子之前就相知了。

（黄宗英《大雁情》）

对比加强了对立和差异，矛盾的统一就更深刻和生动，意味深长而富于哲理性。所以许多格言、警句、歇后语，都采用相反相成式来构成。例如："一斗米养个恩人，一石米养个仇人。""尺有所短，寸有所长。""当局者迷，旁观者清。""不打不相识。""不是冤家不聚头。"

### 10.8.5 相反相成式对照

英国小说家狄更斯在《双城记》的开始写道："It was the best of times, it was the worst of times; it was the age wisdom, it was the age of foolishness; it was the epoch of belief, it was the epoch of incredulity; it was the scason of Light, it was the season of Darkness; it was the spring of Hope, it was the winter of Despair; we had everything before us, we had nothing before us; we were all going direct to Heaven, we were all going direct the the other way. "中译为："这是最美好的时期，这是最坏的时期；这是智慧的时期，这是愚蠢的时期；这是充满信仰的时代，这是顾虑重重的时代；这是光明的季节，这是黑暗的季节；这是富有希望的春天，这是充满绝望的寒冬；我们拥有一切，我们一无所有；我们正笔直走向天堂，我们正笔直走向地狱。"这在逻辑上显然是自相矛盾的。合理的说法应当是："这是最美好的时期，那是最坏的时期；这是智慧的时期，那是愚蠢的时期；这是充满信仰的时代，那是顾虑重重的时代；这是光明的季节，那是黑暗的季节；这是富有希望的春天，那是充满绝望的寒冬；我们拥有一切，他们一无所有；我们正笔直走向天堂，他们正笔直走向地狱。"这才是一个常规的对照。但是，后者很一般，甚至平庸。成为妙语对的是前者，其所以讨人喜欢，可就在于它的自相矛盾——"相反相成"，是"相反相成式对照"。

我们可以仿造说："语言是世界上最简单的东西，语言又是世界上最复杂的东西；语言是世界上最平凡的东西，语言又是世界上最神奇的东西;语言是世界上最没有用处的、一文不值的东西,语言又是世界上最贵重的、价值连城、一字千金、一言九鼎的东西!”

## 九　藏词与歇后

### 10.9.1 藏词

藏词,就是对人所共知的现成话,只说出其中的一部分,故意隐藏了最重要的部分。它同偏取正好相反,偏取把不需要的部分也说出了,藏词把最重要的部分藏起、偏偏不说出来。例如国学大师章太炎写过这样一副对联:

① 国之将兴必有
　老而不死是为

“国之将兴必有妖”,“老而不死是为贼”,现成话。这里故意把最后两个汉字隐藏起来,借助于心理联想,读者将不出所料猜出最后两个汉字:“妖”和“贼”。这一对联其实是在指责某人是妖是贼。

藏词,可以分为藏头、藏腰、藏尾三种。例如:

② 上联:二三四五
　下联:六七八九
　横批:南北

上联藏头:一。下联藏尾:十。“一”谐音为“衣服”之“衣”,“十”谐音为“食物”之“食”。意思是“缺衣”和“少食”。横批是藏尾,本是“南北东西”,藏了个“东西”,或说缺少了“东西”二字,意思是“没有东西”——没有财产!

藏腰的,例如:“又楚人屈原,含忠履洁,君非从流,臣进逆耳,深思远虑,遂放湘南。”(萧统《〈昭明文选〉序》)“臣进逆耳”,是藏尾:“之言”。“君非从流”是藏腰。“从善如流”是现成话,故意藏了中间的“善”字。

藏词是语言文字游戏的常用手法。例如一个故事中说:

③ 书生：扬子江中仅若何？

酒店服务员：北方壬癸早调和。

书生：有钱不买金生丽。

酒店服务员：前面青山绿更多。

“扬子江中水”、“金生丽水”、“青山绿水”中的最后一个字“水”都故意没说出来，其实最重要的是这个“水”。如果全部说出来，就是偏取，意在最后一个字，前面的字是多余的，陪衬而已。偏偏说出陪衬物，而隐藏了最重要的字眼，这是藏词中的藏尾。中华传统文化中，五行学说把万事万物联系起来，“北方壬癸”同水相对应。用“北方壬癸”来代替“水”，这是借代用法。

### 10.9.2 歇后

歇后，指的是故意不说出最后的部分，即省略了最重要的内容，留给对方去思索。这是对交际常规的偏离。常规交际要求把最重要的信息表达出来，而且要加以强调。

歇后有两种：婉曲式歇后和悬念式歇后。

婉曲式歇后，指的是避免刺激而把最重要的话语省略了去。例如，“这套西装，款式新潮，做工考究，料子一等，也非常适合我穿，不过价钱……”“你这个人，一表人才，风度翩翩，头脑灵活，办事麻利，佩服佩服，不过有那么一点……”

悬念式歇后，说的是故意不把最重要的信息说出来，目的是引起对方的重视。也就是俗话说的“卖关子”。古典章回体小说中，每回结尾处，喜欢用这种手法。今天的电视节目报上介绍电视节目时也常常使用这种方法。

修辞手段的歇后不同于歇后语和歇后语的运用。运用歇后语来提高表达效果不是修辞格的歇后。

## 十 镶嵌

### 10.10.1 镶嵌的定义

镶嵌,指的是把某些现成的字、词、短语插入话语(文本)之中,构造表里两层含义。施耐庵的《水浒传》第六十一回中,梁山军师智多星吴用题写了一首诗:

① 芦花丛里一扁舟,
俊杰俄从此地游。
义士若能知此理,
反躬逃难可无忧。

只取这四句诗的每一句第一个字,连起来,就成了:“芦(即卢)俊义反”。于是卢俊义被打入大牢。换句话说,吴用把“芦俊义反”四个汉字镶嵌在一首诗歌中了。吴用不是一个诗人,他的兴趣不在这首平庸的诗歌,而在于“芦俊义反”四个大字。这样说来,镶嵌之后就构成表里两层意思,因此可以看作是一种特殊形式的双关。唐代诗人皮日休和陆龟蒙写了不少所谓离合诗,其实就是镶嵌体诗歌。例如陆龟蒙《和龚美怀鹿门县名离合二首之一》:

② 云容覆枕无非白,水色侵矶直是蓝。田种紫芝餐可寿,春来何事恋江南。

作为一首诗,其中的“白”和“水”、“蓝”和“田”、“寿”和“春”,不是直接成分,两者之间不发生组合关系。这就像其中的“容覆、色侵、矶直、芝餐、来何”等,其实并不是直接组成成分!但是诗人在题目中要求读者把它们构成一个语义单位——县名:白水、蓝田、寿春。

在康有为迁葬仪式上,刘海粟说他很喜欢自己拟的碑文:

③ “尤其是最后几句,”他对扶着他的那位报社记者说:“我很满意,你看,‘公生于南海,归之于黄海。吾从公兮上海,吾铭公兮

历沧海，文章功业，彪炳千载。’我的名字里有一个‘海’字，所以我几乎一句写进一个‘海’……说完，海粟老人笑了……”

（李洁《康有为遗颅沉浮记》）

刘海粟得意的是他运用镶嵌的修辞格在碑文里夹带了“私货”——暗中连续把他的名字中的“海”放进了碑文之中了。

汉语的单音节大都是语素，汉语的词序是重要的语法手段，汉语没有形态，词和语素的组合非常灵活，这给镶嵌提供了广阔的天地，说写汉语的人又特喜欢镶嵌等游戏色彩浓厚的修辞格。

## 10.10.2 镶嵌的游戏功能

镶嵌常常被指责为文字游戏，其实所有的修辞格都具有游戏的功能。而人本是游戏的动物。人不能没有游戏。顶针是游戏手段。隐喻是谜语的重要手法。不能因为镶嵌具有游戏功能，经常运用于游戏，就否定它。

元人王仲元的《套数[中吕]粉蝶儿□集曲名题情》[①]：

④ 金盏儿里倦饮香醪，盼到那《赏花时》甚实曾欢笑。别人都喜春来唯我心焦，出得那《庆东园》，《离亭宴》，暗伤怀抱，贪看那喜游蜂《蝶恋花》梢，想起《贺新郎》不知消耗。

[醉春风]何日愿成双，几时能够《端正好》，只除是《忆王孙》合《小桃红》，怎消得这恼，恼，恼，直吃得《沉醉东风》，《武陵溪》畔，《后庭花》落。

[迎仙客]樱桃般《点绛唇》，杨柳般《翠裙腰》，《红绣鞋》轻移动莲步小，柳眉颦一半儿娇，端的有《络丝娘》的妖娆，似一朵《红芍药》。

[红绣鞋]《上平西》看看日落，《念奴娇》梦断魂劳，《鹊踏枝》黄昏里《哨遍林梢》，《双雁儿》呀呀叫，《牧羊关》外野猿号，《怨别离》难睡着。

---

① 隋树森编：《全元散曲》下册 1101—1102 页，中华书局 1984 年。

[石榴花]绿窗人去闷难煞,《哭皇天》和泪《洒芭蕉》,《人月园》最好。愁杀我也凤友鸾交,两相思真病难医疗,只除是《倘秀才》赴蓝桥。

[斗鹌鹑]想起那《拨不断》恩情,《元和令》下梢,《上马娇》郎君,《看花回》最好。归塞北恩情恨未消,呆古朵怎放脱了。《石榴花》裙儿,《绵答絮》睡着。

[普天乐]《卖花声》,还惊觉,把一朵《雪里梅》,生扭的粉碎烟焦,《骂玉郎》,伤怀抱,几时捱得《金鸡叫》,凭栏人恨杀才敲,《一枝花》瘦了,穿窗月底,《虞美人》难熬。

[尾]《醉扶归》入画堂,轻移《步步娇》,《阮郎归》一去无音耗,空踏遍堂前《寄生草》。

具有游戏功能的镶嵌也可以用于正经的大事。例如章太炎的《讽曹锟》的对联:

⑤ 民犹是也,国犹是也,何分南北?

总而言之,统而言之,不是东西!

从语法结构上说,"民"和"国","总"和"统"等,都不是直接成分,不发生任何语义关系。但镶嵌的手法,要求读者解读为:"民国总统,不是东西!"

### 10.10.3 镶嵌绝品:《陈子矜传》

宋代学者罗大经《鹤林玉露》乙编第三卷《陈子矜传》①,全文如下:

⑥ 先友李衍进之有隽才,于书无所不读,不幸年逾二十而死。吾党惜之,以比王逢原、邢居实。进之尝以《三百五篇》诗名作《陈子矜传》。其辞曰:

陈子矜,《宛丘》《北门》人也。其先居《甫田》,世有《清人》,当汉时,《缁衣》为县令者甚众。及为进士设科,《绿衣》登第,累累而

① 罗大经:《鹤林玉露》159—162页,中华书局1983年。

有，于《都人士》中为最盛，雍雍如也。《子矜》母名《静女》，封《硕人》，尝《采蘋》《汝坟》。《风雨》暴至，殷《殷其雷》，有《小星》坠于怀，《载驰》而归。《出车》《思齐》，祷于《清庙》，遂生《子矜》，正《十月之交》也。生时《东方未明》，设《庭燎》以举之，《鼓钟》于宫，以飨贺客，《宾之初筵》，《晨风》和畅，瓶列《白华》，盘有《木瓜》，纫《芄兰》，焚《蓼萧》，《绸缪》霑洽。《有客》《既醉》，《击鼓》歌曰：

“《椒聊》之繁衍兮，《葛藟》之《绵》绵，《猗嗟》盛哉，其大君门。惊人瑞世，《驺虞》《麟趾》。”

歌阕，主人谢曰：

“今日之集，薄具《无羊》，幸《南有嘉鱼》，荐俎《式微》，诸君亮之。”

客皆《假乐》，至《鸡鸣》乃罢。

《硕人》教养《子矜》，欲令三才并通，故试之《泮水》，使学《烈文》；置之《灵台》，使观《云汉》；出之《旄丘》，使知《民劳》；行则《君子阳阳》，《狡童》不得伍；居则《衡门》《闷宫》，《巧言》无从入。《日月》既久，问学《大明》。《硕人》卒，《子矜》哀毁甚，《素冠》庐《墓门》，朝夕《瞻卬》。读《劬劳》之诗，三复哀恸，门人为之废《蓼莪》。于是念《烈祖》之绪，覃思文典，而家窭《无衣》，《丰年》乏食，《葛屦》履霜。门人或为之《伐木》，或为之《采葛》，或为之《采菽》《采苓》，以供衣食薪烝，尝喟然叹曰：

“《噫嘻》！非《天保》我，其谁《闵予小子》乎？《我将》《时迈》四方，冀昌厥志，必不获遂，则《采薇》首阳，追踪夷、齐耳。”

乃《正月》《吉日》，《出其东门》，《载驱》而行，《遵大路》，过《株林》，度《陂泽》。《褰裳》以济《溱洧》，则思子产之乘舆，《狼跋》而登《终南》，则念杜陵之秀句，《信南山》之雾豹，想《崧高》之降神。《瞻彼洛矣》，则慨然有击楫之志；杭彼《河广》，则跃然有焚身之思。过《东山》而想谢傅之风流；涉《渭阳》而叹西平之勋烈。《访落》帽于龙山，吊《文王》于毕郢。登高怀远，凄然无归，因著《青蝇》赋以讥切当世。乃济《沔水》,逾《韩奕》,复入《南山》,《节南山》而西,寄食于《公刘》之家,《南山有台》,下墩《大田》;彼《黍离》离,延及《南陔》;《楚茨》《棫朴》,《樛木》《蒹葭》,蓊密罗结;《黄鸟》《玄鸟》,《绵蛮》差池。《桑扈》《鸳鸯》,飞鸣自适。《葛生》其中,《载芟》载刈,规为《小宛》,以供游观。《破斧》《伐檀》,《大东》方之地。以筑《新台》,植以《桃夭》,樊以《菀柳》,罗以《甘棠》,环以《泉水》,东则《东门之杨》,《东门之枌》,骈翠交青;北则《山有扶苏》,《野有蔓草》,葱蔚可爱;俯视则《隰有苌楚》,《瓠有苦叶》,《菁菁者莪》,《皇皇者华》,纷红骇绿,错布如锦。其《桑中》则桑叶可拈,《采绿》之女,《行露》沾衣,其《下泉》则《鱼藻》交加,《凫鹥》上下,《振鹭》《鸿雁》,或集或翔。又有《渐渐之石》,可以《考槃》。《扬之水》则清流激湍,多《采蘩》之《氓》,《竹竿》垂纶,《鱼丽》于钓,《东门之池》,《葛覃》其上,《芣苢》《卷耳》,《瓠叶》《杕杜》之属尤多。其《中谷有蓷》,其《丘中有麻》,其《防有鹊巢》,其《墙有茨》,其《园有桃》,其《摽有梅》,其《汾沮洳》,则有《裳裳者华》,与《苕之华》隐映于《行苇》之间。其中野则《鹿鸣》呦呦,《鹤鸣》革革,终日不绝。其《隰桑》之下,则《棠棣》《黍苗》,敷荣秀实,《有杕之杜》,幢幢如盖,《匪风》而凉。《公刘》日与其友《召旻》,旻弟《小旻》、《小弁》、及《子矜》,号“五公子”,酣饮其中。《子矜》虽羁穷,《公刘》心知其非《烝民》比,敬爱无斁,《采芑》杀《羔羊》,射鸠雉,《泂酌》流泉,所以奉《子矜》者甚至。顷之《子矜》欲有所适,《公刘》赠以《白驹》,送以《候人》。《子矜》乃历《东门之墠》,入《旱麓》,过《北山》,山之神移文招之,《子衿》亦乐其幽邃,往从其招,作歌曰:

“《北山》有枢,为吾之居;《北山》有竹,箨兮窣窣;山之《卷阿》,《凯风》何多;山之《崇丘》,《谷风》翛翛;《何草不黄》,阴翕而藏;《何彼襛矣》,青阳韶美。”

朝夕歌之,声满天地。山多鸟兽《草虫》,有《关雎》、《鸨羽》、《鸤鸠》、《鸱鸮》、《螽斯》、《蜉蝣》、《硕鼠》之类,杂出其间。其《野有死麕》，其有《兔爰》爰，其《鹑之奔奔》，俄而有《鹊巢》其屋，《有狐》出其窦，《子衿》怃然曰："鸟兽不可与同群！"

于是，还魏，《陟岵》山适楚。至《江有汜》，得《柏舟》济《汉广》，与楚人《巷伯》、《祈父》、《二子乘舟》。二子知《子衿》抱负不群，谓之曰：

"《君子于役》，既乏《臣工》，又无《车辇》，《羔裘》将敝，《頍弁》萧条，《般桓》《江汉》，只影无俦。泛观《生民》，莫不有《十亩之间》以耕，一《版》之屋以处。方春之时，《蝃蝀》载见，膏雨将降，《东方之日》《小明》，则《女曰鸡鸣》，士曰'昧旦'，或《将仲子》，与《叔于田》，或《伯兮》居守，或《大叔于田》，簑笠在身，《良耜》在手，长幼暨暨，或馌或耘，《四月》《六月》，《雨无正》时，引渠灌输，俾苗怒长，《七月》既秋，《华黍》将收，《大车》以载，《月出》方归，及夫《定之方中》，农隙多暇，则呼《卢令》，携《兔罝》，挟《角弓》，张《九罭》，施《敝笱》，以猎以渔。其富者，或驾《驷驖》，乘《四牡》，《有车辚辚》，《有駜》驷驷，《车攻》原野，网交《淇奥》，酾风《湛露》，角胜校获，何其乐也！至有得时遇主，取相封侯，入赉《彤弓》，出建《干旄》，被《丝衣》，曳纨绔，《武》夫前呵，莫敢《执竞》，《有女同车》，有手其姿，窈窕《由仪》，思与《君子偕老》。如《燕燕》于飞，彼《何人斯》，踵其《常武》，岂子之所难哉！夫盖世勋名，《权舆》一念，傅说胥靡相《殷武》丁，《天作》尚父，《文王有声》，虽《维天之命》，亦有志竟成，今子幸遭时清平，《下武》右文，不能《小毖》于心，奋取富贵，而《维清》泉白石以自洁，《终风》苦露以自隐，不与贤登于朝，而顾与《我行其野》，徒叹《昊天有成命》之不可易，而不知所欲之必从也，以期于世，不亦左乎！借曰无意斯世，则《相鼠》有穴，况于人乎！一区未辩，脱有《小戎》寇，子将奚归，唯君《简兮》，毋谓我生流坎，由庚甲之利不利也。"

《子衿》曰："诺哉！二子行矣，我将思之。"

赞曰：异哉！《子衿》之为人也。其孔北海、李太白之流乎？观其抗志青云之上，睥睨宇宙，犹以为小，而不免为旅人。谚曰："用之则为虎，不用则为鼠。"若《子衿》者，岂以用不用异其心哉！

这是镶嵌的绝妙作品，正可与才女苏蕙的《璇玑图》比美。

## 思考与练习

(1) 说说变化美和人们求异的心态之间的关系。

思考一下为什么语言文字的变化格式是语言文字游戏中最常运用的手段。

举例说明语言表达中的超常形式的修辞功能和美学功能。

(2) 思考语言表达中变化的多种多样的可能性，及其正和反两方面的后果。

(3) 思考双关的语言基础。

举例说明双关的多样性。

思考双关同歧义和模糊及误解、曲解之间的区别。

举例说明双关的民族特色。

(4) 冯梦龙《古今笑史》中一则笑话《靳阁老子》，全文如下：丹徒靳阁老有子不肖，而其子之子却登第。阁老每督责之。曰："翁父不如我父，翁子不如我子，我何不肖？"阁老大笑而止。

请阐释一下阁老之子的话语妙在何处？

(5) 说说婉曲和社会文明的关系。

(6)《世说新语》载，蔡邕在《曹娥碑》上的题字是"黄绢幼妇外孙齑臼"。杨修解释为"绝妙好辞"。这八个汉字是怎样才组合成为"绝妙好辞"的？

(7) 说说相反相成同自相矛盾、顾名思义同望文生义之间的区别。

(8) 从拟误和存误说开去，谈谈语言错误同语言艺术之间的相互转化关系。

(9) 2013 年 9 月 2 日《现代快报》：曾是为国捐机的爱国学生，曾奋力抵抗过日军暴行，也曾做过官太太，一名 95 岁南京"小女子"的不凡人生。

请分析这一标题的修辞技巧。

# 第十一章　联系

语已多，情未了，回首犹重道：记得绿罗裙，处处怜芳草。（牛希济《生查子》）

哈姆雷特：你看见那片像骆驼一样的云吗？

波斯涅斯：嗳哟，它真的像一头骆驼。

哈姆雷特：我想它还是像一头鼬鼠。

波斯涅斯：它拱起了背，正像一头鼬鼠。

哈姆雷特：还是像一条鲸鱼吧？

波斯涅斯：很像一条鲸鱼。　　（莎士比亚《哈姆雷特》）

## 一　语言的联系美

### 11.1.1 美在联系中

美在联系中。联系中的事物才显示出真正的美。世界上的万事万物都是相互联系的。事物之间的规则的合理的联系，就能产生美感。“黄金分割”就是联系美的典型。从事物的联系之中发现美、阐释美，这是美学的一个基本原则。

1983 年我出版了《语言的美和言语的美》（山东教育出版社），如果说语言的美是静态的，是指语言自身的美，那么言语的美则是动态的联系的美。

唐代王勃的名句：“落霞与孤鹜齐飞，秋水共长天一色。”（《滕王阁序》）千古传诵，原因就在于创造性的联想，“落霞”和“孤鹜”、“秋水”和“长天”的联系，出乎人们的意料，但又合情合理。话语的联系，有内容和形式两个方面。内容中的各个项目之间,形式中的各个项目之间,内容和形式之间,相互联系,做到自然、合理、巧妙,是语言美的一个重要标志。

内容和形式上的联系,有常规和超常之分。超常是对常规的偏离,偏离分为好的偏离和坏的偏离。坏的偏离损害了表达效果,是应当克服的,这是消极修辞的任务。例如:“天山连绵几千里,不论高山、深谷,不论草原、湖泊,不论森林、溪流,处处都有丰饶的物品。”(碧野《天山景物记》)作者修改为:“不论草原、森林,不论溪流、湖泊”。“草原”和“湖泊”,“森林”和“溪流”并列,不如“草原”和“森林”、“溪流”和“湖泊”。好的偏离能够提高表达效果,这是积极修辞的研究对象。

修辞学的任务是,寻求和建立话语形式和内容两个方面的联系规则,并积极探索有助于提高表达效果的种种偏离常规的联系方式。均衡、照应、衔接、指代等手段,是常规的联系方式。比喻、借代、反复、顶针、回环、双关、映衬、婉曲等修辞格,是超常联系的手段。实现语言联系美的方式是多种多样的,可以从内容和形式两个方面着手。比喻、借代等主要是从语言所反映的客观事物方面着眼的。韵脚、平仄、对偶、反复、仿拟等,主要着眼于语言自身的语音或语法结构。

### 11.1.2 联系的零度和偏离

联系可分为零度联系(常规联系)和偏离联系(超常联系)。修辞学更重视对偏离的联系,即超常联系的考察。例如:

① 我见青山多妩媚,料青山见我应如是。

(辛弃疾《贺新郎·甚矣吾衰》)

② 不恨古人吾不见,恨古人不见吾狂耳。

(辛弃疾《贺新郎·甚矣吾衰》)

“青山看我应如是”,是荒谬的,青山没有眼睛。但是同“我看青山多妩媚”相配搭,是动词“料”的宾语,表现的是诗人的心理活动,“料青山看我应如是”不仅不荒谬,还是绝妙的诗句。类似的是:“奥林是天然饮料,天然饮料是奥林。”孤立的“天然饮料是奥林”是荒谬的,但有了上句的配合,就是一个很好的广告词了。“古人不见吾狂”,这是废话、傻话,但是,同“不恨古人吾不见”相呼应,就是“废话不废”。诗人打破常规,破除日常生活的逻辑,把不可能的东西同可能的事情联系在一起,形成强烈的对比,绝妙地敞亮了自己内心世界中的非常人所能理解的那一面。再如:

③ 有叶,<br>
却没有茎;<br>
有茎,<br>
却没有根;<br>
有根,<br>
却没有土。<br>
那是种野生植物,<br>
名字叫<br>
——华侨。　　（云鹏《野生植物》）

这首诗,语言朴实无华,其艺术魅力来自于诗人的独特的联想。

交际活动中充满了辩证法,其中最重要的因素是“条件”。具有必要充分条件之后,不合理的联系有时也能够取得好的表达效果。例如:

④ 乙:都喜欢什么舞蹈?

甲:集体舞、交际舞、芭蕾舞、单人舞、双人舞、二百五……

（王存立、石林《冰上舞蹈》）

⑤ 乙:现在是原子时代,人类都会飞上天空去了,到宇宙空间去了,人家研究原子、核子、电子、离子……

甲:这我懂,原子、电子、饺子、包子……（侯宝林《阴阳五行》）

“二百五”同“集体舞、交际舞、芭蕾舞、单人舞、双人舞”,“饺子、包子”同“原子、核子、电子、离子”,原本联系不起来,风马牛不相及。但相声利用这种荒谬的联系来制造笑料,取得了好的表达效果。再如:“你别看他们现在是孩子,他们是未来的球星,你知道贝利吗?还有马拉多纳、贝肯鲍尔、克鲁伊夫、阿司匹林……”(许多、郎德祥《惊险球赛》)“马拉多纳、贝肯鲍尔、克鲁伊夫”是人,球星;“阿司匹林”是药品！两者的并列,不合逻辑,荒谬,杂乱无章;却具有新奇感,怪异美。

## 二 比喻

### 11.2.1 比喻的定义和结构

比喻,又叫“譬喻”,俗称“打比方”,就是在心理联想的基础上,抓住并利用两种或两种以上的不同事物之间的相似点,用其中一个事物来展现、阐释、描绘相关事物,交相辉映,混为一体。例如慧能《坛经》:“身是菩提树,心如明镜台。时时勤拂拭,莫使有尘埃。”人不是植物。人是万物之灵。人心不是明镜台。人心是思维的器官——古代人的认识。但是在接受污染这一点上,它们颇为相似。人经常洗浴,就是因为污染了。之所以需要修身养性,就是因为人心经常会被外界所污染。于是,菩提树和明镜台、人身和人心,都需要“时时勤拂拭”,才能够免除尘埃。神秀抓住了这个相似之处,用菩提树和明镜台分别指人身和人心。

比喻的结构有深层与表层之分。比喻的深层结构,需要有两个成分、两个条件。两个成分是:(一)所描绘的对象,叫作“本体”;(二)用来比方的事物,叫作“喻体”。两个条件是:(一)本体和喻体不同质,有差异之处;(二)两者之间有相似点。通常情况下,本体比较抽象、深奥,是交际对象感到生疏的;而喻体则比较具体、浅显,是交际对象所熟悉的。

比喻的表层结构是直接呈现出来的结构,听读者听到的或看到的结构。比喻的表层结构是具体的丰富的复杂多变的。比喻的生成是从其深层结构转化为表层结构的一个动态过程。

### 11.2.2 比喻的分类

比喻一般分为:明喻、暗喻和借喻。

明喻，就是说清楚这是在打比方。例如苏轼的名句："欲把西湖比西子，浓妆淡抹总相宜。"(《饮湖上初晴后雨二首》之二)"希望是本无所谓有，无所谓无的。这正如地上的路；其实地上本没有路，走的人多了，也便成了路。"(鲁迅《故乡》)

明喻的本体和喻体之间，常常用"像"、"好像"、"如"、"如同"、"好比"、"似的"、"一样"、"一般"、"犹如"、"像……似的"、"像……一样"等词语来连接。这些词语叫作"比喻词"。例如："一人之兵，如狼如虎，如风如霆，震震冥冥，天下皆惊。胜兵似水，夫水至柔弱者也，然所触之陵必崩，无异也，性专而触诚也。"(《尉缭子》)用"如"表明是比喻。"问君能有几多愁，恰似一江春水向东流。"(李煜《虞美人》)用"恰似"表明是比喻，具体而形象的春水来描述不可名状的愁，别致新颖。再如："所以我想，在要求天才的产生之前，应该先要求可使天才生长的民众。——譬如想有乔木，想看好花，一定要有好土；没有土，便没有花木了；所以土实在比花木重要。"(鲁迅《未有天才之前》)

暗喻，就是不把比喻当作比喻，而当作实有其事来陈述。换言之，暗喻就是不用比喻词的比喻。例如：

①……全淀的芦苇收割了，垛起垛来，在白洋淀周围的广场上就成了一条苇子的长城。　　(孙犁《荷花淀》)

②适当春天来临，牧场、田边、山腰、湖畔、高山、草坪，到处盛开了美丽的杜鹃花，万紫千红，一直开到春夏之间，只见大自然抖开了丝绸，甩开了锦缎，大幅大幅地铺在中国大地上，使整座整座山峰穿上了剪裁合身的最时新的艳丽衣衫和裙子。

(徐迟《生命之树常绿》)

③这是梅花，有红梅、白梅、绿梅，还有朱砂梅，一树一树的，每一树梅花都是一树诗。　　(杨朔《茶花赋》)

④当我在人的密林中分不清南北东西
时间是一个陀螺和一根鞭子　　(罗洛《我和时间》)

暗喻常常用"是、做、为、变为、变成、等于、当作是"等词语来连接本体和喻体。

暗喻,也可以采用并列对举的形式,或用省略号。例如谚语:“钟不敲不响,话不说不明。”“海水不可斗量,人不可貌相。”“灯不拨不亮,眼不擦不明。”“长江后浪推前浪,一代更比一代强。”再如:“人生活在空气里,不知道空气的存在;鱼游在水里,不知道水的存在;人们按照自己语言的结构规律说话,但是一般都不知道这些结构规律的存在。”(邢公畹《语法和语法学》)

借喻,是本体不出现,用喻体直接代替本体的比喻。例如:“微风忽起吹莲叶,青玉盘中泻水银。”(施肩吾《夏雨后题青荷兰若》)“骤雨过,珍珠乱撒,打遍新荷。”(元好问《骤雨打新荷》)“晓妆新,高绾起乌云。”(杨果《赏花时》)“青玉盘”是莲叶的喻体,“珍珠”是雨点的喻体,“乌云”是黑发的喻体。再如:“我总觉得周围有长城围绕。这长城的构成材料,是旧有的古砖和补添的新砖。两种东西联为一气造成了城壁,将人们包围。”(鲁迅《长城》)“这个鬼地方,一阴天,我心里就堵上个大疙疸!”(老舍《龙须沟》)“长城”、“大疙疸”都是喻体。“长城”比喻某种障碍物,“大疙疸”比喻的是一种不痛快的心情。这里既没有比喻词,也没有出现本体。

同明喻相比,暗喻和借喻增加了解码难度。增加解码难度,一方面增强了艺术魅力,但另一方面也带来了误解的可能。

比喻的变式是多种多样的。

(一)倒喻,就是把本体和喻体的关系倒过来。一般的比喻,思维路线是:本体→比喻词→喻体。倒喻就是对这种格式的反动:喻体→比喻词→本体。一切对常规的偏离,都有强调的作用,都能给人新奇感。所以倒喻比一般比喻更有艺术魅力。

倒喻有两种格式。甲式倒喻的格式是:喻体——像——本体。例如:

⑤ 上海人叫小瘪三的那批角色,也很像我们的党八股,干瘪得很,样子十分难看。 (毛泽东《反对党八股》)

⑥ 李明嚼了一阵，大发感慨地说："真是怪味豆，甜酸苦辣，什么味道都有。真像眼前这生活。"　　（王友生《漩涡》）

⑦ 我强迫自己静下来翻阅植物学方面的书籍，并认真地做着阅读摘记：

纤维素分子对植物极为有用，假如没有纤维素，所有植物都会像胶状物那样柔软。它起源于依靠太阳能所进行的光合作用。就像老秦，在党的阳光下……（呀，怎么拿老秦和植物类比？）

我接着阅读：植物生长发育的必须元素是：碳，氢，氧，氮，磷，钾，钙，镁，硫，铁，锰，铜，锌，钼，硼，必须元素在十五种以上，而有些人只会给植物"二二三"，"六六六"，"DDV"，天天打除虫剂还了得。（思想别开小差……）缺少某一元素时，植物体就会出现某种病症。秦官属缺少哪种必须元素呢？她为什么过早地白了头发？她的性格为什么变了？她本来在学校里爱唱歌，爱打球，爱傻笑……（哎，我干嘛又连上她？）

我继续阅读——自来水：不被植物细胞内的胶体所束缚，束缚水则反之。抗热性，抗旱性和抗寒性较强的植物，体内束缚水较多。老秦束缚水较多……（糟糕，老秦不肯退出我的"植物生理学笔记了"！）　　（黄宗英《大雁情》）

这可以看作比喻的换位，新、奇、巧，使人耳目一新。

乙式倒喻的格式是：本体——的——喻体。例如：

⑧ 互相交流一下，
心灵深处情感的温泉！　　（郭小川《赠友人》）

⑨ 在人类生活的矿层里，有些东西也会结成光芒四射的宝石。　　（杨朔《宝石》）

⑩ 犁尖划开水中冷月，黎明的脚步轻轻，轻轻。
（宗鄂《瑶寨黎明》）

本体作为喻体的修饰语，它的特点：一是新奇别致，二是极其简洁，三是突出喻体。

(二)反喻,就是用否定语气构成的比喻。例如:

⑪ 秋并不是名花,也并不是美酒,那一种半开、半醉的状态,在领略秋的过程上,是不合适的。 (郁达夫《故都的秋天》)

⑫ 谁的身子也不是铁打的,几天以后,他就病倒了。

(峻青《老水牛爷爷》)

⑬ 我的耳朵又不是棉花做的,光听他们的?

(周立波《山乡巨变》)

一般比喻用肯定语气从正面说明本体,强调的是本体和喻体的相似之处。反喻却从反面来说明本体,采用"本体——不像(不是)——喻体"的格式。强调的是本体和喻体的相异之处。

(三)强喻,就是用比较的方式来打比喻。例如:"桃花潭水深千尺,不及汪伦送我情。"(李白《赠汪伦》)"请君试问东流水,别意与之谁短长。"(李白《金陵酒肆留别》)"江南好,风景旧曾谙;日出江花红胜火,春来江水绿如蓝。"(白居易《忆江南》)"白玉兰花略微有点儿残,娇黄的迎春却正当时,那一片春色啊,比起滇池的水来还要深多少倍。"(杨朔《茶花赋》)这种比喻比一般比喻语气更强烈。在本体和喻体的相似之处再加以比较,指出本体还要胜过喻体,这样的说法是很耐人寻味的。

(四)迂喻,就是采取迂回的办法——或否定本体,或否定喻体——的比喻。例如:

⑭ 半空一片云,
遮住邙山身。
猛听芈芈叫,
原是羊一群。 (河南民歌《白云》)

⑮ 站在高山上向西看,
一条白带绕丛山。
不是带,
原是新开公路上岭来。 (青海民歌《站在高山上》)

这里的"云"和"白带",都是喻体,但是很快就被否定了。

迂喻也有否定本体的。例如："水天，风雾，浑然融为一体，好像不是一只船，而是你自己正和江流搏斗而前。"（刘白羽《长江三日》）"船"是本体，但却被全部否定了。

（五）曲喻，就是绕了一个或几个弯子，隐晦曲折地打比方。如："莺啼如有泪，为湿最高花。"（李商隐《天涯》）"莺啼"的"啼"本是歌唱的意思，通过谐音联想到"啼哭"的"啼"，这样才引出了泪，并且哭湿了最高处的花，用来比喻诗人的悲苦的心情。"记得绿罗裙，处处怜芳草。"（牛希济《生查子》）通过罗裙的"绿"同芳草的"绿"的联想，用"怜芳草"来比喻对穿着绿罗裙的爱人的思念。"已同白驹去，复类红花热。"（庾肩吾《八关斋夜赋四城门第一赋韵》）通过"红花"的"红"，想到"火"，再由"火"想到"热"。再如：

⑯ 他不说的话，你把手伸进他的喉咙里，也掏不出一句话来。

（柳青《创业史》）

⑰ 两个碌碡也压不出他一个屁来，问他干吗？

（李英儒《战斗在滹沱河上》）

例⑯，先把话比喻成一件放在喉咙里的具体的东西，再比喻可以用手去掏。例⑰，先把话比喻成一个屁，然后说用碌碡也压不出屁来。

（六）博喻，就是一口气说出若干个比喻。例如：

⑱ 这《孩儿塔》的出世并非要和现在一般的诗人争一日之长，是有别一种意义在。这是东方的微光，是林中的响箭，是冬末的萌芽，是进军的第一步，是对于前驱者的爱的大纛，也是对于摧残者的憎的丰碑。（鲁迅《白莽作〈孩儿塔〉序》）

⑲ 南国之秋，……比起北国的秋来，正像是黄酒之与白干，稀饭之与馍馍，鲈鱼之与大蟹，黄犬之与骆驼。（郁达夫《故都的秋》）

⑳ 青少年，是蕾叶怒放的花枝，是跳跃山涧的乳虎，活力充沛，热情奔放，正像万里航程，扬帆待发，所向无前。

（吴伯箫《趁年青的时候》）

这里用若干喻体来比喻同一个本体。也有用同一个喻体的不同的方面来比喻同一本体的。例如：

㉑ 恨君不似江楼月，南北东西，南北东西，只有相随无别离。

恨君却似江楼月，暂满还亏，暂满还亏，待得团圆是几时？

（吕本中《采桑子》）

㉒ 爱他时似爱初生月，喜他时似喜看梅梢月，想他时道几首西江月，盼他时似盼辰钩月。当初意儿别，今日相抛撇，要相逢似水底捞明月。（无名氏《[正宫]塞鸿秋》）

例㉑，先用江楼月比喻"只有相随无别离"，又用江楼月比喻难得团圆——"待到团圆是几时"。例㉒，本体的"他"同喻体的月亮之间有多种相似点。这可以叫作"多相似点比喻"。本体和喻体之间的相似点本是多种多样的，但通常比喻只选择其中之一。多相似点比喻就是对本体和喻体之间的多种多样的相似点同时开发和利用。

博喻的各个喻体之间，同一个喻体的各个方面之间，是横式关系、并列关系。

（七）连锁喻：指的是纵式的、层层深入的、连环式的比喻。例如：

㉓ 假如整个内蒙是游牧民族的历史舞台，那么这个草原就是这个历史舞台的后台。很多的游牧民族都是在呼伦贝尔草原打扮好了，或者说在这个草原里装备好了，然后才走出马门。

（翦伯赞《内蒙访古》）

㉔ 所以我们要运用脑髓，放出眼光，自己来拿！

譬如罢，我们之中的一个穷青年，因为祖上的阴功（姑且让我这么说说罢），得了一所大宅子，且不问他是骗来的，抢来的，或合法继承的，或是做了女婿换来的。那么，怎么办呢？我想，首先是不管三七二十一，"拿来"！但是，如果反对这宅子的旧主人，怕给他的东西染污了，徘徊不敢走进门，是孱头；勃然大怒，放一把火烧光，算是保存自己的清白，则是昏蛋。不过因为原是羡慕这宅子的旧主人的，而这回接受一切，欣欣然的蹩进卧室，大吸剩下的鸦片，那当然更是废物。"拿来主义"者是全不这样的。

他占有,挑选。看见鱼翅,并不就抛在路上以显其“平民化”,只要有养料,也和朋友们像萝卜白菜一样的吃掉,只不用它来宴大宾;看见鸦片,也不当众摔在毛厕里,以见其彻底革命,只送到药房里去,以供治病之用,却不弄“出售存膏,售完即止”的玄虚。只有烟枪和烟灯,虽然形式和印度,波斯,阿刺伯的烟具都不同,确可以算是一种国粹,倘使背着周游世界,一定会有人看,但我想,除了送一点进博物馆之外,其余的是大可以毁掉的了。还有一群姨太太,也大可以请她们各自走散为是,要不然,“拿来主义”怕未免有些危机。

总之,我们要拿来。我们要或使用,或存放,或毁灭。那么,主人是新主人,宅子也就会成为新宅子。然而首先要这人沉着,勇猛,有辨别,不自私。没有拿来的,人不能自成为新人,没有拿来的,文艺不能自成为新文艺。 (鲁迅《拿来主义》)

这些比喻是连环的,后一个是以前一个作为存在的条件的。

比喻也是构思方式、创作整个文本的手段。例如:

㉕ 从我有记忆的时候起,直到现在,凡我所曾经到过的地方,在空地上,常常看见有“变把戏”的,也叫作“变戏法”的。

这变戏法的,大概只有两种——

一种,是教一个猴子戴起假面,穿上衣服,耍一通刀枪;骑了羊跑几圈。还有一匹用稀粥养活,已经瘦得皮包骨头的狗熊玩一些把戏。末后是向大家要钱。

一种,是将一块石头放在空盒子里,用手巾左盖右盖,变出一只白鸽来;还有将纸塞在嘴巴里,点上火,从嘴角鼻孔里冒出烟焰。其次是向大家要钱。要了钱之后,一个人嫌少,装腔作势的不肯变了,一个人来劝他,对大家说再五个。果然有人抛钱了,于是再四个,三个……

抛足之后,戏法就又开了场。这回是将一个孩子装进小口的坛子里面去,只见一条小辫子,要他再出来,又要钱。收足之后,不知怎么一来,大人用尖刀将孩子刺死了,盖上被单,直挺挺躺着,要他活过来,又要钱。

"在家靠父母,出家靠朋友……Huazaa! Huazaa!"变戏法的装出撒钱的手势,严肃而悲哀的说。

别的孩子,如果走近去想仔细的看,他是要骂的;再不听,他就会打。

果然有许多人 Huazaa 了。待到数目和预料的差不多,他们就捡起钱来,收拾家伙,死孩子也自己爬起来,一同走掉了。

看客们也就呆头呆脑的走散。

这空地上,暂时是沉寂了。过了些时,就又来这一套。俗话说,"戏法人人会变,各有巧妙不同。"其实是许多年间,总是这一套,也总有人看,总有人 Huazaa,不过其间必须经过沉寂的几日。

我的话说完了,意思也浅得很,不过说大家 HuazaaHuazaa 一通之后,又要静几天了,然后再来这一套。

到这里我才记得写错了题目,这真是成了"不死不活"的东西。

(鲁迅《现代史》)

用变戏法来比喻中国的现代史,新颖、别致、形象、寓意深刻、发人深省。作者没有说这是一个比喻,反而说是"写错了题目",这也是一种比喻的技巧。

### 11.2.3 比喻的运用

比喻的运用,要新鲜、贴切、不落俗套;但又不能为追求奇巧而晦涩费解,妨碍意义的表达。喻体应为广大群众,特别是交际对象所熟知。这样的比喻,才是好的比喻。例如:"不错,半农确是浅。但他的浅,却如一条清溪,澄澈见底,纵有多少沉渣和腐草,也不掩其大体的清。倘使装的是烂泥,一时就看不出它的深浅来了;如果是烂泥的深渊呢,那就更不如浅一点的好。"(鲁迅《忆刘半农君》)

比喻可以提高话语表达效果,但是不可滥用比喻。例如:"'修辞',

是人们依据情境(包括内容、时间、地点、对象,具体上下文等),运用各种语文材料和这种表现手法,恰当地表达思想感情的一种语用行为。它就像大象。'修辞学'是研究修辞行为的科学,人们研究修辞就像盲人认识大象一样,也许因为不同的人而出现不同的体系的'修辞学'。"①把修辞学研究比喻为盲人摸象,不很恰当。

打比喻应当要注意色彩。色彩,包括感情色彩、民族色彩、时代色彩、地域色彩等。感情色彩,指的是褒或贬。例如:"从走廊的那一头,走出白求恩和奥布莱安。记者们像捕获野兽似地扑上前去,七嘴八舌问长问短,照相机的闪光闪烁着。"(《人民英雄》)"他干着干着,猛地感到指头火烧火燎痛,一看,原来先前叫毛刺刮破的地方,又冒出了红玛瑙似的血珠。"(《青春闪光》)"猴子爱猢狲,穷人爱穷人,咱与大富心连心。"(《赤叶河》)把受人尊敬的白求恩大夫比作被捕获的野兽,用猴子、猢狲来比喻"咱们穷人",感情上叫人难以接受。人家的手刮破了,用"红玛瑙"来做比喻,这岂不是幸灾乐祸?

语言艺术家对比喻的感情色彩是很注意的。例如:"她爱你如一只饿了三天的狗咬着它最喜爱的骨头,她恨起你来也会像只恶狗狺狺地,不,多不声不响地狠狠的吃了你的。"(曹禺《雷雨》)"革命青年一结婚,便比老鼠还老实……"(老舍《离婚》)作者修改时,删去了这两个比喻,因为狗和老鼠都是贬义的。但是,郑板桥为自己刻过一枚图章——"徐青藤门下一走狗"。齐白石也为自己刻过一个印章:"青藤雪个远凡胎,老缶衰年别有才,我欲九泉为走狗,三家门下轮转来。"②这是对常规的突破。

民族色彩,指的是由各个民族的文化背景、共同的心理、风俗习惯而造成的比喻的特殊性。夏丏尊翻译的意大利亚米契斯的《六千里寻母记》:"他悲哀得很,心乱得像旋风一样,各种忧虑同时涌上心头。"这

---

① 康家珑:《趣味修辞学》7页,上海古籍出版社2006年。

② 青藤:徐渭。雪个:朱耷。老缶:吴昌硕。

个“心乱得像旋风一样”,汉语中是不说的。我们说“心乱如麻”。英国比喻:“你像猴子一样忧郁”,“我的手臂像鲱鱼一样的柔软”,“饥饿如马”,“愉快如蟋蟀”,“顽固如驴”,“像思想一样快”,“像 ABC 一样简单”,“像教堂里的老鼠一样贫穷”,都不是汉语的说法。“丧家犬”、“落汤鸡”、“热锅上的蚂蚁”等,也是别的民族不说的。

时代色彩,指的是由于各个时代的文化背景、共同心理、风俗习惯等造成的比喻的特殊性。比如说,“日月如梭”,“光阴似箭”;又如:“睡如弓,坐如钟,站如松,走如风。”今天,梭、箭、弓、钟(古代的钟)都已少见了,随着这些事物的消失,这些比喻也逐渐失去了生命力。《诗经·卫风·硕人》中有“领如蝤蛴”之句。领,就是颈。蝤蛴,音囚齐,就是天牛的幼虫。在《诗经》产生的年代,说一个年轻漂亮的姑娘的脖子像天牛的幼虫一样白,这是赞美。如果今天谁还这么打比方,那就是听读者所不能接受的了。《诗经·卫风·有狐》:“有狐绥绥,在彼淇梁,心之忧矣,之子无裳。”这位女子把自己心爱的人比喻为小狐狸:小狐狸呀,你在淇水岸边徘徊个啥呢?我心里正为你发愁啦:没有为你缝补衣裳!这个比喻现代也是不用的。

语言的地域色彩也应当注意。我国地域广阔,自然环境、风俗习惯、文化背景、共同心理都有不同程度的差异。这就构成了比喻的地域特色。比如说,“船到桥头自然直”,这个比喻出自于水乡;“车到山前自有路”,这句谚语则出于山区。北方多用冰、雪、霜来做比喻;而南方,如广州,没有或较少冰、雪、霜,自然就少用或不用这些喻体。

运用比喻应当注意到风格的协调。风格的协调,指的是要照顾到语境、对象、内容、表现手法等。例如:“他们(水兵)的制服像海水那样的深蓝……”(郭风《水兵》)“一个月前,爸爸带园园去看爷爷和奶奶。爷爷、奶奶住在离哈尔滨很远的南海边。园园还是第一次看见海,晶莹的海水就像园园的眼睛一样透亮,大海嬉笑的涛声比幼儿园里小朋友们的歌唱还热闹,还有海滩上色彩斑斓的贝壳,在园园看来,也比幼儿园的玩具要好得多,好得多……”(陆康勤《园园的心事》)“你瞧他不像个小山羊一般欢快的少年吗?”(玛拉沁夫《花的草原上》)“当他一看到这三头牛的可怜模样,听着这哀哀的啼叫声,老人的心,就像一疙瘩酥油掉在热火上,自然而然就化了。”(赵燕翼《三头牦牛的下落》)用海水比喻制服,因为这是水兵的制服。用园园的眼睛和小朋友的歌声来比喻大海,因为描写的对象是一个幼儿园的小朋友——园园。用山羊比喻少年,因为是蒙古族少年。用酥油来打比喻,因为描写的对象是藏族老牧民。喻体和描写对象协调一致,就显得和谐、优美。

郭沫若的《湘累》:“我的脑袋便成了一个灶头;我的眼耳口鼻就好像一些烟筒的出口,都在冒起烟雾,飞起火星来,我的耳孔里还烘烘地只听着火在叫;灶下挂着一个土瓶——我的心脏——里面的血水沸腾着好像干了的一般,只迸得我的土瓶不住的跳跳跳。”这里的一连串比喻,同屈原当时的精神状态一致,与郭沫若的浪漫主义的创作手法也是一致的。

比喻的基本矛盾是:相似点越明显,解读越容易,但新奇感、审美感越低;相反,相似点越晦涩,解读越困难,新奇感、审美感越高。比喻运用的得体性原则要求:在两者之间保持动态的平衡。过分追求新奇感、审美感,解读的困难让读者无法承受,甚至导致歧义误解,这不可取。过分讨好读者,一味追求解读的方便,丧失了新奇感,降低了审美感,也是不可取的。

## 三　比拟

### 11.3.1 比拟的定义

经济学家邓克生的《商品自传》是这样开始的:

一　我们是世家往来

——商品是历史的范畴

亲爱的读者:我——(商品)现在第一次以我自己的名义,和你们作恳切的交谈,这对我自己来说,一方面感到非常荣幸,一方面却又感到十分为难。使我荣幸的,因为有了这个机会,我就可以把我的身世、我的性质、我的作用、我的前途,总之,包括我的一切,向读者作一个简单的自我介绍,从而得到大家对我的认识与了解,这是我所十分愿意的事情。使我为难的,因为我自己本身,根本是一个无知之物,我不会讲话,也不能讲话,叫我如何开口和你们交谈呢?可是,本书的作者一定叫我自己出面讲话,我只得在作者的笔下,勉为其难,出面自述了。①

商品本是物,没有意识,不会说话,作者却把不是人的物——商品当作是人,让不会说话的商品来说话,来自我介绍,生动形象通俗易懂。这叫作拟人化手法。拟人是比拟中的一种。

比拟,就是利用心理联想机制,把甲事物当作乙事物来描写。例如:"岸花飞送客,樯燕语留人。"(杜甫《发潭州》)把植物和动物,都当作是人了。秦观《春日》:"有情芍药含春泪,无力蔷薇卧晓枝。"把花当作人——多情善感娇柔伤春的女人了。

比拟,从差异角度上说,同比喻、借代是不同的:比喻要求两个本质不同的事物有相似之处;借代要求两个事物之间有相关关系;比拟是将两个事物进行类比,不特别重视相似关系或相关关系。比喻重点在"喻",借代重点在"代",比拟则是一种移情寄意的手法。从同的角度上说,比拟也可以看作是广义的比喻,所以比拟同比喻有时界限很难区分。

运用比拟,要注意语言环境,必须同文章的主题思想、描述对象的特点、人物心情的变化等配合起来。要注意被比拟事物的特点,最好有某些相似的相关的地方。也要注意感情色彩,运用比拟为的是更好地抒发感情,因此比拟的感情色彩必须鲜明。

---

① 诸文、赵宁乐编:《丹枫傲霜——经济学家邓克生》195—196页,南京大学出版社2001年。

比拟，可分为：拟人、拟物、拟言。

### 11.3.2 拟人

2011年11月2日，《参考消息》头版大字标题：

"神八"飞天追吻"天宫一号"

《环球时报》头版标题：

"天外拥吻"是最大看点

"太空中国"被广泛解读

中国"太空雄心"引众议

《扬子晚报》A16版标题：

"拥吻"10分钟，今夜神八会天宫

《现代汉语词典》(第6版)说"吻"："用嘴唇接触人或物，表示喜爱。"这"嘴唇"不言而喻是人的嘴唇，起码也必须是高等动物的嘴唇。可神八和天宫都是物，不是人，没有嘴唇。用"追吻、拥吻"是拟人化手法。拟人，就是把生物或无生物当作人，给它们以人的思想感情，具有人的声情笑貌。朱光潜说："因为类似联想的结果，物固然可以变成人，人也可变成物。物变成人通常叫'拟人'。"[①]这就是"人格化"，使没有生命的东西栩栩如生，使有生命的东西可爱可憎，如同人类一样，引起读者的共鸣。李商隐的《无题》："春蚕到死丝方尽，蜡炬成灰泪始干。"把蜡炬当作有情有义的人了。再如朱自清《春》："盼望着，盼望着，东风来了，春天的脚步近了。一切都像刚睡醒的样子，欣欣然张开了眼。山朗润起来了，水涨起来了，太阳的脸红起来了。小草偷偷地从土里钻出来，嫩嫩的，绿绿的。"把春天当作一个少女了。

人是人类认识世界的出发点、一个最常见最常用的参考框架。把无生命的物当作人，是修辞活动中常用的手法。例如脍炙人口的诗句："叵耐灵鹊多谩语，送喜何曾有凭据？几度飞来活捉取，锁上金笼休共

① 朱光潜：《朱光潜全集》第二卷63页，安徽教育出版社1987年。

语。'比拟好心来送喜,谁知锁我在金笼里,欲他征夫早归来,腾身却放我向青云里。'"(无名氏《鹊踏枝》)

拟人是新闻标题中经常运用的一种修辞格,例如:

① 南京餐饮业今年多数"歇夏"

(《服务导报》1995 年 8 月 1 日)

② 中国稻穗"笑"弯了腰　我国绘制的水稻第四号染色体序列图登上《自然》封面,揭开了水稻"基因天书"一角

(《文汇报》2002 年 11 月 22 日)

③ 岁月像把杀猪刀　妇女节前女星围脖上纷纷晒旧照,感慨岁月无声　(《现代快报》2012 年 3 月 8 日)

④ 泗洪泗阳两地执法纷争背后　洪泽湖遭遇"刮痧"之痛

(《现代快报》2011 年 1 月 29 日)

⑤ 家用冰箱要瘦身　(《扬子晚报》2011 年 1 月 26 日)

⑥ 广州空调市场"打摆子"价格　忽儿狂跌　忽儿骤升

(《中国青年报》1994 年 7 月 25 日)

⑦ 路况差,车况破,气温高　郊区公交车不时"中暑"

(《现代快报》2010 年 7 月 15 日)

⑧ 江宁 5 条公交线集体"安乐死"　长期吃不饱早成"植物人",停运后都有可替代线路　(《现代快报》2011 年 1 月 6 日)

"们"是专门用于人的,表示不定量多数。如果用于非人,例如:

⑨ 这些眼睛们似乎连成一气,已经在那里咬他的灵魂。

(鲁迅《阿 Q 正传》)

⑩ 她们(注:指阮玲玉等女明星)的死,不过像在天边的人海里添了几粒盐,虽然使扯淡的嘴巴们觉得很有些味道,但不久也还是淡,淡,淡。　(鲁迅《论"人言可畏"》)

⑪ 这一帮"鱼儿"们,加上花花草草们,为数相当可观,完全形成一股可以与"XX 子"们相伯仲的力量。　(公刘《白花花》)

⑫ 就说那些粉红的、浅黄的额、奶白的"蜜"们、"霜"们、"露"

们，看一眼，好像也和见了妇女用品商店橱窗里那些越做越招人胡思乱想的乳罩们、连袜裤们一样，心里有难以形容的感觉。

（陈建功《卷毛》）

⑬ 瞳子们，相思浓甚。

嚼一些额角乱云，当

星们沉沦之际，一对麋鹿正

跳跃而来，遗回音于夜之谷　（羊令野《贝叶》）

⑭ 和多姿的花儿们恋爱整个夏天，不料气温正在上升，装在蒲包里的大鲤鱼们发出了臭味。（张一弓《流星在寻找失去的轨迹》）

"们"字这样使用，就是把非人的物当作人来看待了。把专门用于人的词直接用到非人上，这是最简单的拟人化手法。

拟人，也是一种构词方式。运用拟人手法创造出来的词语是很多的。例如：山腰、山脚、床腿、针眼、计算机，等等。拟人，也是人类认识世界的一种方式，是把人当作万物的尺度了。

### 11.3.3 拟物

拟物，就是当作为物，一种是把人当作物，一种是把这一事物当作另一事物。

认识世界的时候，要求把不同事物区别开来，不可以混为一谈。交际活动中，允许把一个事物当作另一事物。柔石《为奴隶的母亲》中说："春天的口子咬住了冬天的尾巴，而夏天底脚又常是紧随着在春天底身后；这样，谁都将孩子底母亲底三年快到的问题横放在心上。""春天的口子"和"冬天的尾巴"及"咬住了"，表明是把春天和冬天当作狗之类的动物了。孔捷生《绿色的蜜月》："我把青春栽种在这里，尽管时值严冬，却终于蔚然成林。"用"栽种"一词，就是把青春当作植物了。孟晓云《天空与大地之间》："一句话溅去了全堂的掌声。"话能"溅"，是把话当作水一样的液体了。《扬子晚报》1999 年 8 月 16 日的一则标题：刚下手术台又被电梯"咬"。把电梯当作会咬人的狗了。

量词的超常运用是拟人和拟物的重要手段。或者说,量词的超常用法是拟人和拟物的重要标志。不同的事物名词需要与不同的量词相配搭。例如:一名专家、一位学者、一匹马、一口井、一把葱、一棵树、一束鲜花、一缕轻烟、一串葡萄……把适用于人的量词用于物,把适用于物的量词用于人,或把适用于甲事物的量词临时运用于乙事物,一般情况下,是一个语言失误,是一种负偏离现象。但在具备必要条件之后,这种用法也可以成为正偏离现象。例如:

⑮ 就连小小的一株企望
也不能投入　　　　　　(方莘《开着门的电话间》)

⑯ 你在摩娜丽莎的背影中
唇间含一朵美丽的沉默　　　　(张健《梦是长长的斜坡》)

⑰ 我不追思一缕梦的失落　　　　(沉冬《栖留》)

⑱ 八月金秋蝉儿鸣
老丫新枝枣儿红
挂一串小灯笼,
牵一串儿的梦。　　　　(梁如云《故乡八月枣儿红》)

例⑮,“株”是适用于植物的量词,用于“企望”,是把抽象概念“企望”当作是植物了;例⑯,“朵”是名词“花”的量词,用于“沉默”,是把“沉默”当作花了;例⑰中的“缕”,例⑱中的“串”,是适用于有形物体的量词,而梦是无形的,这里是把梦当作有形物体了。这些例子都是拟物,把甲物当作乙看待,这时这些量词就成了拟物的标志。

### 11.3.4 拟言

2010年2月5日《现代快报》B12版刊登一幅照片,画面上是两条狗站着巴在窗台上,往外面看,标题是《看美女》。说明文字是:

⑲ “嗨,哥们,看啥呢,这么专注。”
“嘘,别吵,外面有美女哦!”

狗是不会说话的。这里的对白是摄影者代狗设计的,而且狗并没有请他们这样做。这可以叫作“拟言”。

拟言，就是为无生命的物体，为动物设计台词，也可以为他人设计台词。如2011年1月7日《现代快报》说“2012年，有颗‘危险’小行星亲近地球”，说明词是：“放心，我只是从你身边绕过。”这是给物体——小行星设计的台词。《现代快报》2010年2月25日刊发了一张麻雀的照片，文字说明是：“麻雀聚餐　专供画眉的美食，咱麻雀也来尝尝鲜，哟，30元一斤呢，绝对有营养！那边还有12块钱一斤的，咱都看不上眼！”

拟言是现在媒体很流行的修辞手法。2011年1月20日《现代快报》封7版用《“孙悟空”大闹酒店》的题目，报导一只逃跑的猴子的故事。醒目的大字是：

⑳ 爱自由，爱香蕉
爱上大酒店
这里有吃有喝有玩乐，我打算长住
锅炉房真暖和，可以上蹿下跳一点不输花果山
爱随地大小便，爱乱开水龙头
爱偷看人洗澡，就是不爱被人追着跑
我是大圣我怕谁
不信你们放马过来

《现代快报》2011年5月7日B16版，有三张宠物狗的照片，其说明是：

㉑ (1) 不许笑
主人在锻炼，我们也不闲着，跟着学两下子！
不许笑，不许说我们是“人模狗样”！
(2) 无奈啊
拜托，能不能把牌子上的字改成了“汪汪汪 汪汪汪”？我看懂了，自然就不会带主人进公园了！
(3) 无奈！

狗狗被铁链锁住,一脸无奈。猫咪给了它一个拥抱:冤家,看你下次还敢欺负我不?一会儿喊人给你解开。

麻雀、宠物狗、猴子,都不会说话。这是作者为他们设计的台词。

拟言是拟人中的一种特殊格式。所拟的对象,有人,有动物,有植物,有无生命的物体。仿言现在多起来了,也可独立出来。

## 四　借代及图示

### 11.4.1 借代的定义和功能

借代,就是借彼代此,不用人或事物的本来名称,借用同它具有相关关系的人或事物的名称来称呼它。借代有形象具体、生动活泼的特点。例如:"这时候,小朋友们便不再原谅我会读'秩秩斯干',却全都嘲笑起来了。"(鲁迅《社戏》)用《诗经·小雅·斯干》开头的一句,来代替《诗经》及古书。这里本体和代体之间具有某种相关关系。再如:《"阿拉"购物到香港》(《扬子晚报》2003 年 1 月 29 日)用了上海方言中的人称代词"阿拉",来称呼上海人,因为"阿拉"是上海人的口头语,是上海人的标志。

借代的出现也是因为,世界上的某些事物还没有名称,或者虽然有名称,但说话者此时并不知道。例如,对一个偶然相遇的陌生人,在不便、不必请教尊姓大名时,可以用同他相关的事物来称呼他。

借代同比喻的区别在于:比喻的本体同喻体之间必须具有相似关系,借代的本体同代体之间的关系是相关关系。比喻的本体和喻体可以同时出现;借代只出现代体,本体不出现。相关关系,是客观世界中所固有的,也是人类的一种认识。修辞学中的相关关系,主要是指在特定文化中被认可的相关关系,所以是一种特定的文化现象。中华传统文化中,阴阳五行观念是认识世界的一个普遍模式,万事万物都纳入了这一模式中。在阴阳五行模式之下,产生了许多特有的借代。例如:玄武门——北门，因为北方同黑色、同水相对应。金秋门——西门，因为西方同金、同秋相对应。朱雀门——南门，因为南方同朱（红色）、同雀相对应。云龙门——东门，因为东方同龙相对应，而“云从龙”。

借代是一种传统的修辞手法，古代诗文中十分常见。借代不仅可以使句子避免重复，还可以增加语言的形象性，或使语言具有婉曲的色彩，或协调语言的韵律。例如：“汉皇重色思倾国，御宇多年求不得。”（白居易《长恨歌》）“银钏金钗来负水，长刀短笠去烧畬。”（刘禹锡《竹枝词》）“年少万兜鍪，坐断东南战未休。”（辛弃疾《南乡子》）用“汉皇”指称唐皇即玄宗，为的是要委婉一些。用首饰、工具分别指称妇女和男子；用“兜鍪”来指称战士，代体是本体的特征、标志等，具体而形象。再如，梁山好汉中的赤发鬼刘唐、九纹龙史进、美髯公朱仝、大刀关胜、双鞭呼延灼、双枪将董平、金枪手徐宁、没羽箭张清，红头发、漂亮的胡子、文身（九条龙）等是典型特征，大刀、双枪、双鞭、石头（没羽箭）、金枪等是他们的武器。

### 11.4.2 借代的类型和运用

事物之间的相关关系是多种多样的，每一种相关关系都可以构成借代。常用的是：特征、标志、部分和整体，等等。例如：

① “一年一次？”长辫子很有把握地问。　（王友生《漩涡》）

② 老麦为避开这些四个轮子，把自己的两个轮子随手一拐，进了一条小马路。　（林斤澜《头像》）

③ 先生，给现钱，袁世凯，不行么？（叶圣陶《多收了三五斗》）

④ 我是豁上这百十斤啦，你说咱怎么干吧？

（姜树茂《渔岛怒潮》）

例①，“长辫子”指打着长辫子叫李明的人。小说已先交代了：“她把两条长长的匀称的脚迅速地伸进毛毯中去，把两根乌黑发亮的长辫往肩后一甩。”例②，“四个轮子”指小汽车、吉普车，“两个轮子”指自行车。例③，用“袁世凯”指称当时通用的铸有袁世凯头像的银元。例④，用一个人的重量来表示一个人。

董季棠《修辞析论》归纳出七种借代:1.以事物的特征或标志借代事物,2.以事物的所在或所属借代事物,3.以事物的作者或产地借代事物,4.以事物的资料或工具借代事物,5.部分和全体相代,6.特定和普通相代,7.具体和抽象相代。徐芹庭《修辞学发微》提出13种借代:1.借事物之特征相代,2.借事物之所属相代,3.借人地相代,4.借物质相代,5.借部分代全体,6.借全体代部分,7.借特定之词代普通之词,8.以普通代特定,9.以特定代不定数,10.借具体代抽象,11.借抽象代具体,12.借原因结果相代,13.借前代代后代。

学者常按照借代的内容来分类,分为:工具代、材料代、处所代、作者代、特征代、别称代、所属代、标志代、属相(生肖)代、产地代,等等。

借代的运用,要有发展的观点,要注意时代的差异。古典诗文中的许多借代,在今天已失去了存在的价值,就不应当乱搬滥用。如用"刺绣"代"女工",用"铜"代"镜",用"漏"代"钟",用"簪笏缨绥"代"仕宦",用"干戈弓矢"代"武器"等。

传统文化中,借代是构成高雅风格的常用手法。为追求高雅而滥用借代是古代部介诗文中的一种毛病。现代文化中,随着反传统反文化倾向的出现,借代有了粗俗化的倾向。借代的过分高雅化和极度粗俗化,都是不可取的。

### 11.4.3 图示

图示,指用图形符号代替语言中的词语,例如:

⑤《"……""□□□□"论补》　　(鲁迅杂文标题)

⑥ ……现在我将《张资平全集》和"小说学"的精华,提炼在下面,遥献这些崇拜家,算是"望梅止渴"云。

那就是——△　　(鲁迅《张资平氏的"小说学"》)

⑦ △△△△

△△△△

她们么？

是我情天底流星，

倏然起灭于蔚蓝空里。 （宗白华《赠童时女友》）

⑧ 初七那天上午，双双又上工地，她担心自己回来晚，临走时在门上写着：

在老地方

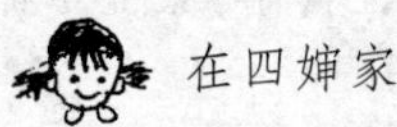
在四婶家

你要回来，可先把火打开，添上锅，面和和。

（李准《李双双小传》）

运用这些图形来代替语言中的词语，虽然读不出声音来，但是却别有风味，具有词语所不能有的效果。这种以图形符号代替词语的方式，也可以认为是广义的借代。

学术语体中经常运用的图标等不是图示修辞格。例如：

⑨例如 10×5＝50 的运算手续可表示如下：

```
      1010(10)
×      101(5)
--------------
      1010
     0000
+   1010
--------------
    110010(50)
```

（刘涌泉等《机器翻译浅说》）

这是常规表达方式，不算是图示修辞格。图示修辞格是属于文艺语体的，口头语体中也不存在这个问题。可以类比的是口头语体中的动作语言。

图形在网络语体中得到了广泛的运用，从临时的修辞用法逐步固定化，修辞手段逐步词汇化，成为网络语体的常规手段。

# 五　象征和暗示

## 11.5.1 象征

象征,就是不直接描绘事物,而根据事物之间的相互联系,借助联想,说的是乙,叫人联想到甲。例如:红色象征喜事,象征革命;鸽子和橄榄枝象征和平;大棒象征武力,等等。

象征,是文艺作品中常用的修辞手法,如茅盾《白杨礼赞》中用白杨树象征北方农民,高尔基《海燕》中用海燕象征革命者。不少文艺作品的题目都是用象征手法构成的。如:《橘颂》(屈原),《百合花》(茹志鹃),《苦菜花》和《迎春花》(冯德英),《巍巍太行山》(刘白羽),《茶花赋》(杨朔),《井冈翠竹》(袁鹰),等等。

事物的象征关系,有的来自自然界,如太阳象征光和热,松树象征坚韧;有的来自神话传说,如银河象征夫妻分离;有的来自社会习俗,如有的民族以白色象征哀悼,有的民族以黑色象征哀悼;有的来自历史事实,如希特勒象征法西斯统治。一般说来,来自自然界的象征关系,带有较大的普遍性,其余的则往往因时因地而异。

象征手法的运用,能使作品显得委婉含蓄,能激起读者的联想。例如:

① 再往上仔细看时,却不觉也吃了一惊;——分明有一圈红白的花,围着那尖圆的坟顶。

他们的眼睛已经老花多年了,但望这红白的花,却还能明白看见。花也不很多,圆圆的排成一个圈,不很精神,倒也整齐。华大妈忙看他儿子和别人的坟,却只有不怕冷的几点青白小花,零星开着;便觉得心里忽然感到一种不足和空虚,不愿意根究。那老女人又走进几步,细看了一遍,自言自语地说:“这没有根,不像自己开的。——这地方有谁来呢?小孩子不会来玩;——亲戚本家早不

来了。——这是怎么一回事呢?”　　　　　　　（鲁迅《药》）

在烈士夏瑜的坟上平空添上了一个花环，它象征着烈士永远活在人们心间，革命自有后来人。正如鲁迅自己在《〈呐喊〉自序》中说，这是“用了曲笔”。再如：

② 在月光下，我看见他眼睛里晶莹发亮，我也看见那条枣红色上洒满白色百合花的被子，这象征纯洁与感情的花，盖上了这位平常的、拖毛竹的青年的脸。　　　　　　　（茹志鹃《百合花》）

用百合花象征这个战士，赞美了他的纯洁与感情。

### 11.5.2 暗示

暗示，同象征有共同之处：目的是要说甲，但却不直接讲甲，只讲乙，因为乙和甲有关系，读者借助于联想可以从乙想到甲。暗示同象征的区别在于：象征所指的范围窄一些，一般只指用具体的东西表示抽象的意义；暗示所指的范围较宽，凡是以乙示甲的说法都可以称作为暗示。例如：“那屋子里面，正在窸窸窣窣的响，接着便是一通咳嗽。”（鲁迅《药》）用“一通咳嗽”暗示小栓在生病，而且是“痨病”。

暗示，虽然没有明说，但是听读者是能够体会出来的，例如：

③ 水生小声说：

“明天我就到大部队上去了。”

女人的手指震动了一下，想是叫苇眉子划破了手，她把一个手指放到嘴里吮了一下。　　　　　　　（孙犁《荷花淀》）

④ 我走过去拿起那两个干硬的馒头，看见他背的枪筒里不知在什么时候又多了一枝野菊花。　　　　　　　（茹志鹃《百合花》）

例③，用“手指震动”来暗示水生女人的精神上的震动。例④，用“又多了一枝野菊花”来暗示这个青年的战士纯洁美好的精神世界。

# 六　拈连

## 11.6 拈连的定义

拈连,指的是当甲乙两件事情并提或连续出现时,故意把只适用于甲事物的词语,顺势也用于乙事物上去。而在一般情况下,乙事物同这个词语是联系不上的。例如:"绕到乙君的寓所前,便打门,打出了一个小使来。"(鲁迅《马上日记》)打门,是用手去敲击。但这个"小使"(人)却不是用手去敲出来的,这里说"打出一个小使来",是因为上文是"打门"。可见,拈连必须依赖于特定的上下文。

拈连中的两件事物,往往甲比较具体,乙比较抽象。运用拈连手法,便赋予了抽象事物以具体形象,增加了语言的艺术美。例如闻一多《红烛》:

① 红烛啊!
既制了,便烧着!
烧罢!烧罢!
烧破世人的梦,
烧沸世人的血——
也救出他们的灵魂,
也捣破他们的监狱!

动词"烧"可以同"红烛"组合,但不能同"梦"和"血"相结合。如果诗歌的题目不是《红烛》,而是《暴风雨》,开头是:"暴风雨啊!既然来临了,便呼啸着!呼啸罢!呼啸罢!"接着写道:"烧破世人的梦,烧沸世人的血——",那就是十分荒谬的了!这两句诗,紧接在"便烧着!烧罢!烧罢!"之后,获得了特殊的形象,显得很生动,这就是艺术的语言。这艺术的魅力也来自于对常规的突破,常规情况下,梦只能被惊醒,血液也不能燃烧。

拈连可以造成幽默诙谐的情调。例如：

② 你爹摸了几十年鸭屁股，还摸不出张书记那点道理，还发什么牢骚？（陈残云《鸭寮纪事》）

③ 我娘家姓赵，我小名叫二鳗，出嫁了，把名字也嫁掉了，人家叫我阿洪家的。（汝青《海岛女民兵》）

④ 用小烟锅在羊皮烟包里挖着，挖着，仿佛要挖出悲惨生活的原因，挖出抗拒“命运”的法子……（杜鹏程《飞跃》）

这种拈连用法，其实是日常生活中经常运用的。

如果甲、乙两件事在内容上有某方面的联系，但语言表达上却没有共同之点，通过拈连，把适用于甲的词也用于乙，暂时求得一个共同形式。这种形式上的联系是临时的。这些词大都是动词，用于甲时，是用它的本义；用于乙时，则用的是一种比喻义、引申义。例如：

⑤ 天寒热泪冻成冰。<br>冻不住心头的爱和憎。（阮章竞《送别》）

⑥ 我只好静静地，<br>静静地坐在这里，<br>用针线——<br>牵引出我心底的思念。（柯岩《请允许……》）

⑦ 从小就会推车，可那时是赤臂滚丁板，推的腰弓背弯，推不完的冤深仇重，推不完的苦难；如今推的是啥？推的是胜利，推的是希望，越推腰背越直，越推心越甜。（王颖《车轮滚滚》）

其实，拈连可以看成是比拟中的一种特殊格式，本质上就是把乙物当作甲来看待的。不同的是，一般的比拟没有拈连这样明确的形式标志，对上下文的依赖也没有拈连那样强。

# 七 移就

## 11.7 移就的定义

移就,就是有意识地把适用于甲事物的词直接运用于乙事物。不同于拈连的是,移就不需要两件事相提并论或同时出现,也不限于动词。例如:

① 我也没有研究过小乘佛教的经典,但据耳食之谈,则在印度的佛经里,焰摩天是有的,牛首阿旁也是有的,都在地狱里做主任。 (鲁迅《无常》)

② 但是,孔夫子在本国的不遇,也并不是始于二十世纪的。孟子批评他为"圣之时者也",倘翻成现代语,除了"摩登圣人"实在也没有别的法。为他自己计,这固然是没有危险的尊号,但也不是十分值得欢迎的头衔。不过在实际上,却也许并不这样子。孔夫子的做定了"摩登圣人"是死了以后的事,活着的时候却是颇吃苦头的。 (鲁迅《在现代中国的孔夫子》)

地狱中并没有"主任","摩登"是现代汉语的词,而且是外来词,英语 modern 的音译,是时髦的意思,形容人的装束衣着或其他事物入时。把"主任"和"地狱"联系起来,把"摩登"和"圣人"联系起来,就显得活泼、生动、风趣。

移就,从形式上着眼,可以看成是"词语换位"。所谓词语换位,指的是把适用于甲种事物或场合的词用于乙种事物或场合,例如:大词小用,小词大用,古词今用,今词古用,褒词贬用,贬词褒用,洋词中用,土词洋用,等等。有的还把政治术语用于日常生活,把庄重色彩的词语用于鸡毛蒜皮的琐事上,如:"作娘的,又难免要把自己当作处理女儿婚姻问题上的'负责干部'了。"(康濯《春种秋收》)"由于闺女最后肯定接受了生活顾问的指导,改霞她妈更敬重郭振山了。"(柳青《创业史》)"平素日子里，碰到联组或互助组的什么会，他总是派遣他的二崽子学文做他的全权代表。”（周立波《山乡巨变》）再如：

③ 据我后来调查，姑母的说法（指说“我的母亲是因生我而昏迷过去的”）颇为正确，因为自从她中年居孀以后，就搬到我家来住，不可能不掌握些第一手的消息与资料。　（老舍《正红旗下》）

④ 不论大家怎么想，孟祥英的婆婆总觉得孟祥英越来越不顺眼，打不得骂不得，一肚子气没处发作，就想找牛差差老婆开个座谈会。　（赵树理《孟祥英翻身》）

⑤ 他在他自己的身上也投了点资，搞了点“基本建设”，看上去再不像夹着皮包满街乱窜的跑街，而颇有点像个经理的模样儿了。　（马识途《最有办法的人》）

⑥ 甲：第一，是我有了孩子；第二，是我当了爸爸；第三，是我已经接受了爸爸这个官衔。

乙：好啊，那您就宣誓就职，赶快发表谈话吧。

（侯宝林《给您道喜》）

形式上的矛盾便造成了幽默风趣的情调。

从内容方面看，移就可归入文学上常说的“移情”手法，就是把人的感受用于事物。例如：“寂寞富春水，英气方在斯。”（柳宗元《哭连州凌员司马》）“寂寞”的本是人，却移用于富春水了。“明日重寻石头路，醉鞍谁与共联翩。”（陆游《过采石有感》）“醉”的当然是人，却移用于马鞍了。“怒发冲冠，凭栏处，潇潇雨歇。”（岳飞《满江红》）“怒”的是人，却移用于头发了。朱光潜说：“一切制情作用都起类似联想，都是‘拟人’实例。例如‘感时花溅泪，恨别鸟惊心’和‘水是眼波横，山是眉峰聚’一类诗句都是以物拟人。”①

移就和比拟相类似，有时很难区分。

① 朱光潜：《朱光潜全集》第一卷 64 页，安徽教育出版社 1987 年。

# 八 转类

## 11.8.1 转类的定义

王安石的《泊船瓜洲》:“京口瓜洲一水间,钟山只隔数重山。春风又绿江南岸,明月何时照我还。”据说诗人最初用的是“到”。后改为“过”,再改为“入”,再改为“满”等。(见洪迈《容斋续笔》卷八)“绿”是形容词,不能带宾语,这里却带了个“江南岸”的宾语,诗人把形容词的“绿”临时当作动词来运用了。把形容词的“绿”当作动词来运用,是许多诗人的最爱。例如:

① 凄凄四月阑,千里一时绿。 (李贺《长歌续短歌》)

② 细草绿汀洲,王孙耐薄游。 (李嘉祐《送王牧往吉州》)

③ 东风何时至?已绿湖上山。 (丘为《题农夫庐舍》)

④ 东风已绿瀛洲山。

(李白《侍从宜春苑奉诏赋龙池柳色初青听新莺百啭歌》)

明知“绿”是形容词,却偏偏要做动词用,这就是转类。

转类,又叫“转品”,也叫“词类活用”,就是把甲类词临时性地有条件地当作乙类词来运用。例如,鲁迅在《厦门通讯》中写道:“我到此快要一个月了,懒在一所三层楼上,对于各处都不大写信。”“懒”本是一个形容词,这里临时当作动词来用。再如臧克家的《自己的写照》中:“吃一踢马刺”,“踢”本是动词,这里临时当作量词运用了。

把甲类词当作乙类词来运用,本是一种语法错误。是误解词的语法特征的结果,词性误用的后果是句不成句、不可理解。曹禺《日出》中的顾八奶奶说:“(很自负地)所以我顶悲剧,顶热烈,顶没有法子办。”这个“顶悲剧”,是一个语法错误。“顶”是副词,“悲剧”是名词。副词只能修饰动词和形容词,不能修饰名词。“顶悲剧”是不合语法的,是病句。但是戏剧家的目的是用这个语法错误来塑造人物形象,是人物语言个性化的戏剧语言。这就是说，在顾八奶奶，是病句；在曹禺，是艺术语言。

转类，因为有了必要的和充分的条件，甲类词当作乙类词来运用之后，能够取得更好的表达效果。例如：

⑤ 牛马同是哺乳动物，为了要"顺"，固然混用一回也不关紧要，但究竟马是奇蹄类，牛是偶蹄类，有些不同，还是分别了好，不必"出到最后的一册"的时候，偏要"牛"一下的。（鲁迅《风马牛》）

⑥ 同时，他要是和所长有一腿的话，我不是收拾他，就得狗着他点，先狗着他一下试试。（老舍《离婚》）

⑦ 在他心的深处，他似乎很怕变成张大号第二，——科员了一辈子自己受了冤屈也不敢豪横。（老舍《离婚》）

"牛"，"狗"，"科员"，都是名词，都临时当作动词来运用了。再如：

⑧ 这一年的春天特别玫瑰。（铁凝《玫瑰门》）

⑨ 一只低飞的海鸟便很尼采地凄立在观音竹高呼。（陈绍磻《观音竹的岁月》）

⑩ 其实我平时没这么绅士。（池莉《绿水长流》）

⑪ 立刻有一种很母亲的感觉笼罩了全身。（丁楠《小镇》）

这些例子，把名词（专有名词和普通名词）当作形容词来运用了。

转类，常见的是名词当作动词或形容词来运用。把名词当作形容词来运用，其实就是开发名词所指称的事物的性质、状态、意义，任何事物都是有自己的性质状态的。例如"军阀"是名词，不能接受副词修饰。"很军阀、非常军阀"等，不合语法规则。社会生活中，人们一想到军阀，就想到"霸道、专横、残忍……"的性质状态，"很军阀、非常军阀"等中的"军阀"，同副词（程度）相结合的"军阀"，其实指的是军阀所具有的这些性质状态特征。这是古典诗歌中常用的一种手法，例如：

⑫ 十年戎马暗万国，异域宾客老孤城。（杜甫《愁》）

⑬ 泉声咽危石，日色冷青松。（王维《过香积寺》）

⑭ 山光悦鸟性，潭影空人心。（常建《题破山寺后禅院》）

⑮ 流光容易把人抛，红了樱桃，绿了芭蕉。

(蒋捷《一剪梅·舟过吴江》)

⑯ 夜来能有几多寒？已瘦了梨花一半。 (黄升《鹊桥仙》)

转类，一是很经济，二是用表层的不合理给人一个惊诧，再以深层的合理性来给人以意料之外情理之中的感受。

### 11.8.2 转类和兼类

转类同兼类应当区别开来。兼类是属于语言系统的，是集体的稳定的，不以个人意志为转移的，不取决于上下文和交际情景。兼类是一种语法现象。兼类指同一个词本来就兼有两类词的语法特征，它不是上下文中的临时现象。例如：

纯洁：(A)形容词(一个纯洁而可爱的好孩子)。

(B)动词(最重要的是纯洁我们的队伍)。

健全：(A)形容词(我们的组织很健全)。

(B)动词(需要进一步健全我们的组织)。

挺：(A)动词(抬起头，挺起胸，大踏步向前进)。

(B)副词(态度是挺重要的因素)。

转类是词的修辞用法，是一种修辞手段，属于言语活动，是个人的、临时的，需要依赖一定的上下文和交际情景。例如：

⑰ 为什么不可以"小说"一下？为什么不可以"五重奏"一回？

(骆晓《结局》)

⑱ 她们这种青春得一塌糊涂的女孩子，城市得一塌糊涂的女孩子，不能…… (邓一光《怀念一个没有去过的地方》)

"小说"、"青春"、"城市"、"五重奏"等，是名词，不是动词。做动词来用，是修辞上的转类，它们的动词身份是临时的、有条件的。离开了这些上下文，这些名词就不再是动词了，换句话说，它们的动词词性只是言语活动中的事情，没有进入语法系统，不是一种语言事实。

### 11.8.3 转类的节制

转类的运用,应当有所控制,不可太滥。对文学创作中滥用转类的现象,骆寒超评论说:“第三个问题是意象化词语中反语法反逻辑的无节制。这是这一代诗人高举反约定俗成旗帜进行新诗语言创新中太醒目的矫枉过正。具体表现是词性转化失控。所谓失控,既包括词性滥用,也包括词性乱用。所谓滥转,表现为同一类型的词性转化路子成为流行现象,或是在某一个诗人笔下一而再、再而三出现,使人生厌。”①骆寒超还举例:

卓文君死了二十个世纪,春天还是春天
还是云很天鹅,女孩子们很孔雀
还是云很潇洒,女孩子们很四月　　　　(余光中《大度山》)

骆寒超说:“如果我们没有读过余光中其他的诗,只读这一首,碰上‘女孩子很孔雀’、‘女孩子们很四月’,确会感到新鲜,能启动一点间接的理性联想,却也谈不上直接的情性联想;如果我们读过这位诗人‘最美最母亲的国度’之类名词转化为形容词后,那么‘很天鹅’、‘很孔雀’、‘很四月’也就不会感到新鲜,以致生厌。”②

## 九 仿拟

### 11.9.1 仿拟的定义

仿拟,就是模仿现有的格式,临时新创一种说法。例如:“第二天早起,她们的头发上都结了霜,男同志们笑她们说:‘嘿,你们演《白毛女》都不用化装了!’她们也笑男同志:‘还说哩,你看,你们不是“白毛男”

① 骆寒超:《20世纪新诗综论》599页,学林出版社2001年。
② 同上,600页。

吗?’”(魏巍《年轻人,让你的青春更美丽吧》)“白毛男”是根据“白毛女”一词临时新创的。再如侯宝林《给您道喜》:

① 乙:你不会跳舞?

甲:我会跳六。

“跳六”是根据“跳舞”(谐音为一二三四五的“五”)一词临时新创的。仿拟时,替换的语素和原语素之间的关系常常是反义、对义、顺序等。例如:

| A 原语素 | B 替换语素 | C 语义关系 |
| --- | --- | --- |
| 阔(人) | 狭(人) | 反义 |
| (白毛)女 | (白毛)男 | 对义 |
| (跳)舞(五) | (跳)六 | 顺序 |

仿拟是新词产生的方式之一,但是修辞的仿拟不同于新词。新词,使用者不必溯本穷源,寻求它所依据的格式是什么;而仿拟,只有在同原有的格式相对照之后才能够取得预期的效果。失去了同原格式的对照,仿拟不能出现,也不能生存;没有这个对照,仿拟的幽默、风趣等情调也就不复存在。可见,仿拟,只是作为原格式的临时替身而已。

### 11.9.2 仿拟的类型多样性:从词到篇章

最常见的仿似是仿词。例如:

② 一个阔人说要读经,嗡的一阵一群狭人也说要读经。岂但“读”而已矣哉,据说还可以“救国”哩。　(鲁迅《这个与那个》)

③ 后来这终于从浅闺传进深闺里去了。(鲁迅《阿Q正传》)

④ 无论你所做的事是文化还是武化。

(鲁迅《〈这回是第三次〉案语》)

⑤ 假使这也算一种“信”,那也只能说中国人曾经有过“他信力”,自从对国联失望之后,便把这他信力都失掉了。

(鲁迅《中国人失掉自信力了吗?》)

鲁迅作品中还有:“梅兰芳‘艺员’”(《厦门通信》)、“绿林大学”(《这个与那个》)、“公理维持家”(《为半农题记〈何典〉后,作》)、“美点”(《两封通信》)、“高等做官学”、“高等做官教科书”(《谈所谓“大内档案”》)、“超乎‘无耻’与‘有耻’之外”(《新的蔷薇》),等等。

仿拟,也可以仿现有的格式或语调等。例如:

⑥ 费话不如少说,只剥崔颢《黄鹤楼》诗以吊之,曰——

阔人已骑文化去,此地空余文化城。

文化一去不复返,古城千载冷清清。

专车队队前门站,晦气重重大学生。

日薄榆关何处抗,烟花场上没人惊。　　(鲁迅《崇实》)

这里,可以对比崔颢《黄鹤楼》诗:

昔人已乘黄鹤去,此地空余黄鹤楼。

黄鹤一去不复返,白云千载空悠悠。

晴川历历汉阳树,芳草萋萋鹦鹉洲。

日暮乡关何处是?烟波江上使人愁。

如果没有这个对比,那就体会不到鲁迅的诗歌的意味。

## 十　引用和集句

### 11.10.1 引用的定义

《庄子·寓言》:“寓言十九,重言十七,卮言日出,和以天倪。”庄子总结自己的创作(修辞)活动所说的“寓言”,是运用他人的对话来表达自己的观念,增强说服力。其中是真真假假相杂,假的(编造的,创作的)是现在所定义的寓言,真的则是我们所说的引用修辞格。“重言”指引用以前的名人的言论,大体上就是现代修辞学中的引用格。

引用,就是为了提高表达效果在自己的话语中插入现成话语或故事等的一种修辞方式。例如鲁迅在《读书杂谈》中写道:

① 凡中国的批评文字,我总是越看越糊涂,如果当真,就要无

路可走。印度人是早知道的,有一个很普通的比喻。他们说:一个老翁和一个孩子用一匹驴子驮着货物去出卖,货卖去了,孩子骑驴回来,老翁跟着走。但路人责备他了,说是不晓事,叫老年人徒步。他们便换了一个地位,而旁人又说老人忍心;老人忙将孩子抱到鞍鞒上,后来看见的人却说他们残酷;于是都下来,走了不久,可又有人笑他们了,说他们是呆子,空着现成的驴子却不骑。于是老人对孩子叹息道,我们只剩下一个办法了,是我们两人抬着驴子走。无论读,无论做,倘若旁征博访,结果是往往会弄到抬驴子走的。

鲁迅引用了一个古印度的故事,来增强语言的感染力。

### 11.10.2 引用的类型

引用,可以分为:明引和暗引、正引和反引等。

明引,就是公开声明是引用,例如:

② 鲁迅的两句诗,"横眉冷对千夫指,俯首甘为孺子牛",应该成为我们的座右铭。 (毛泽东《在延安文艺座谈会上的讲话》)

例②引用鲁迅的两句诗,作者做了明白的交代。

暗引,就是悄悄地引用,不做公开的说明。例如:

③ 叹门外楼头,悲恨相续。
千古凭高对此,谩嗟荣辱。
六朝旧事随流水,但寒烟衰草凝绿。
至今商女,时时犹唱,《后庭》遗曲。

(王安石《桂枝香·金陵怀古》)

④ 我想三五明月之夜,疏影横斜,暗香浮动,梅花映月,月笼梅花,漫山遍野都是晶莹朗澈,真可谓玉山照夜哩。

(周瘦鹃《苏州游踪》)

前例中的"门外楼头",暗用了杜牧《台城》诗中的两句:"门外韩擒虎,楼头张丽华。""……商女,时时犹唱,《后庭》遗曲",暗用了杜牧《夜泊秦淮》诗中的两句:"商女不知亡国恨,隔江犹唱后庭花。"后例中的

“疏影横斜，暗香浮动”，引用自宋人林逋的《梅花》：“疏影横斜水清浅，暗香浮动月黄昏。”暗引，不交代出处，往往对原文又进行了适当的加工变化，把引文同自己的言语融为一体。

正引，基本上不改变引用语的意义，例如：

⑤“蝼蚁尚知贪生”，中国百姓向来自称“蚁民”，我为暂时保全自己的生命计，时常留心着比较安全的处所，除英雄豪杰之外，想必不至于讥笑我的罢。　（鲁迅《中国人的生命圈》）

这里引文的意思同作者本人的意思是一致的。

反引，就是同引用语反其道而行之的引用。例如：

⑥千丝万缕生便好，剪刀谁说胜春风。　（金农《柳》）

这里，引文的意思同作者本人的意思正好相反。作者暗用唐贺知章《咏柳》诗：“碧玉妆成一树高，万条垂下绿丝绦。不知细叶谁裁出，二月春风似剪刀。”但金农的意思同贺知章的意思却正好相反。

变引，就是对所引用的话语，做出一些变通。节引，就是对所引用的话语有所选择，有所节缩。引用者通常把引用语同自己的话语明确区别开来，但也有的把引用语同自己的话语交错在一起。

引用，是一种传统的修辞手法，是古代文人所爱用的一种修辞方法。根据引用语的内容，也可以把古代的引用，分为“引经”与“稽古”两大类。引经，就是引用权威性的或有说服力的话来证明自己的观点。稽古，就是引用前人的事迹或历史故事来证明自己的观点。

### 11.10.3 集句

引用的进一步发展，就是集句。集句是写作（创作）方式，作为名词的集句是这种写作（创作方式）的成果：集句诗、集句词。

作为一种修辞方式、一种文学创作形式的集句，指的是摘取前人作品中的诗句，重新组合，构建新作品。例如清人黄之隽的《采莲棹歌》：

⑦一行白鹭上青天，　（杜甫《绝句》）
一只鸳鸯下渡船。　（司空图《华下》）

轻舟过去真如画，（陆龟蒙《北渡》）
越艳荆姝惯采莲。（徐玄之《采莲》）

荷叶如钱水面平，（元稹《过襄阳楼呈上府主严司空》）
荷花莲子傍江生。（王适《江上有怀》）
唱尽新词看不见，（刘禹锡《踏歌行》）
水边花里有人声。（顾况《安仁港口望仙人城》）

摘录前人诗文中现成的句子，重新组合而成新的诗歌，其实并不比自己创作容易，甚至难度更大。因为必须在特定的范围之内进行选择。非常熟悉前人的诗词是必要的条件。熟悉前人的诗词也是欣赏集句的必要条件。引用是大众修辞格，集句是少数文人的修辞格，贵族性很强。集句是高雅风雅的事，是才子佳人的最爱与专利。古代小说戏剧中经常有集句创作的描写，例如《牡丹亭》：

⑧（旦）秀才，等你不来，俺集唐诗一首。（生）（洗耳）（旦念介）“拟托良媒亦自伤，月寒山色两苍苍。不知谁唱春归曲？又向人间魅阮郎。”（第三十三出）

杜丽娘集唐人诗句成一首诗，向情人柳梦梅表白自己的心迹。

集句有以某个人为所集对象的，当然得是大家，如：杜甫、李白、苏轼、陶潜等。集句可以是个人的，也可以是集体的。例如《浣溪沙·后湖夜泛连句》：

⑨ 北渚风光属此宵（季刚），
人随明月上兰桡（旭初）。
水宫帷箔卷鲛绡（晓湘用义山句）。
两部蛙声供鼓吹，
一轮蟾影助萧寥（季刚）。
薄寒残醉不禁销（小石）。

青嶂收岚水静波（季刚），

迎船孤月镜新磨(小石)。

微风还让柳边多(季刚)。

如此清游能几度(奎垣),

只应对酒复高歌(旭初)。

闲愁英气两蹉跎(小石)。

(中央大学半月刊第十五期第147页《禊社诗钞》)

这是教授们的一次集体创作活动。

集句是一种特殊的创作方式,一种特殊的文体,中国文化的一道风景线。

**思考与练习**

(1) 语言的联系美同人的心理联想之间有什么关系?

(2) 联系美可以分为内容的联系和形式的联系两大方面,两者之间有哪些区别和联系?

(3) 联想的基本类型是相关联想和相似联系,举例说明内容和形式两个方面的相关联系和相似联系。

(4) 举例说明汉语修辞中比喻形式的多样性。

中华民族文化是怎样制约喻体和相似点的选择的?

修辞活动中的比喻同词汇现象中的比喻(比喻构词、词语的比喻义)之间的区别何在?

比喻在人们的认识活动中有哪些作用?

(5) 人是万物之灵,拟人是人类认识世界的方式,举例说明拟人在文化中的多种多样的表现。

(6) 举例说明借代的多样性及其广阔的可能性。

修辞活动中的借代同词汇现象中的借代(借代构词和词语的借代义)之间的区别何在?

借代与传统文论诗话中所说的“借代语”是一回事吗?

(7) 就转类说说语法和修辞的联系和区别。

举例说明修辞学中兼类词和语法学上转类现象的区分。

举例说明转类同词性误用之间的区别。

(8) 仿拟的效果是怎样产生的？人们为什么喜欢仿拟？

(9) 中国古代小说里经常穿插一点诗词。冯梦龙《喻世明言》第十五卷“史弘肇龙虎君臣会”中说：“这洪内翰令左右取文房四宝来，诸妓女供侍于面前，对众官乘兴，一时文不加点，扫一只词，唤做《虞美人》。”这词是：“忽闻碧玉楼头笛，声透晴空碧。宫商角羽任西东，映我奇观惊起碧潭龙。　数声呜咽青霄去，不舍《梁州序》。穿云裂石响无踪，惊动梅花初谢玉玲珑。”自己先进行分析，然后看看冯梦龙的分析。

(10) 冯梦龙《警世通言》第十四卷：“杏花过雨，渐残红、零落胭脂颜色。流水飘香，人渐远，难托春心脉脉。恨别王孙，墙阴目断，谁把青梅摘？金鞍何处，绿杨依旧南陌。　消散云雨须臾，多情因甚有轻离轻折？燕语千般，争解说些子伊家消息。厚约深盟，除非重见，见了方端的。而今无奈，寸肠千恨堆积。”自己先进行分析，然后看看冯梦龙的分析。

# 第十二章 风格

立身之道与文章异。立身先须谨重，文章且须放荡。（萧纲《诫当阳公大心书》）

风格即人。（布封《论风格》）

这样一来，就产生了风格，这是艺术所能企及的最高境界，艺术可以向人类最崇高的努力相抗衡的境界。（歌德《自然的单纯模仿·作风·风格》）

定义风格的途径之一就是将风格看作是与上下文语境（context）和情景相关的语言变体。（恩克韦斯特《语言风格学》）

## 一 风格和风格学

### 12.1.1 风格的定义

苏联学者穆拉特说："风格（style）这一术语是语言学和其他科学中广泛运用而且互相矛盾的术语之一。"[①]我们最初简单定义说："风格，就是作风，是各种特点的综合。""语言风格，是指语言运用所表现出来的各种特点的综合。"[②]这个定义简明可行。

风格，《现代汉语词典》（第 6 版）中释为："一个时代、一个民族、一个流派或一个人的文艺作品所表现的主要的思想特点和艺术特点。"这其实指的是文艺作品的风格。

---

① 苏璇等译：《语言风格与风格学论文选译》180 页，科学出版社 1960 年。

② 王希杰：《汉语修辞学》82 页，北京出版社 1983 年。

《现代汉语词典》所定义的“风格”是狭义的“风格”,专指文学艺术作品。广义的“风格”,指某个事物区别于其他事物的(特别是相关事物)特征的总和。不但文学艺术作品有风格问题,作家、艺术家本身也有风格问题。非作家、非艺术家也有风格,政治家、企业家、科学家等都有风格,即便是不识字的普通人也会有自己的风格。更进一步说,国家、民族、社团等也有风格。

风格是区别性特征的总和。区别性特征的特征就是风格的构成要素。某个特征,即使具有区别性,还不是风格,风格是全部的区别性特征的总和。区别性特征在同义手段选择时表现尤为突出。所以,“在任何情况下,对于相关的、并行的或同义的表达方式的分化意义及其表情色彩进行研究,总是属于风格学范围的。”(维诺格拉陀夫《风格学问题讨论的总结》)①

### 12.1.2 文艺风格学和语言风格学

我们认为,应当区分文艺风格学和语言风格学。《现代汉语词典》所说的风格学,是文艺风格学。语言学家所讲的风格学是语言风格学。

修辞学中的风格是语言风格,即运用语言的区别性特征的总和。研究语言运用的区别性特征的风格学是一门独立的科学,不是修辞学的下属单位。修辞学只从表达效果角度切入语言风格问题。

## 二　言语风格和言语风格学

### 12.2.1 语言风格和言语风格

广义的语言风格是语言自身的特征或语言运用的特征的总和。其中一个是语言自身的风格;一个是语言运用的风格,运用中的、运用结

① 苏璇等译:《语言风格与风格学论文选译》145页,科学出版社1960年。

果的语言的风格。前者客观的，全社会的；后者是个人的，主观的。前者可以叫作“语言风格”，后者为“言语风格”。

汉语有汉语的风格，它区别于英语、俄语、德语、法语，区别于藏语、彝语、苗语、蒙古语、维吾尔语、哈萨克语。例如《西厢记》，法语译为：《热恋中的少女——中国十三世纪的爱情故事》。《镜花缘》，俄语译为：《镜子里的姻缘》。《聊斋志异》，英语译为：《人妖之恋》。《贵妃醉酒》，英语译为：《一个妃子的烦恼》。《打渔杀家》，英语译为：《渔家姑娘复仇记》。同一部外国作品，有时有两个以上不同的汉语译名：(1)《等着我吧》和《望穿秋水》，(2)《低下的小东西》和《乳燕出谷》，(3)《风中女人》和《群莺乱舞》，(4)《一个女人反对一个女人》和《桃李争春》，(5)《月亮下去了》和《月落乌啼霜满天》，(6)《红舞鞋》和《红菱艳》，(7)《血与沙》和《碧血黄沙》，(8)《麦迪逊县的桥》和《廊桥遗梦》。这些不同的风格，就是语言的民族风格的体现。

言语风格是语言使用者的语言运用中所形成的风格。理论上说，每一个使用语言的人都有自己的言语风格，不过是语言艺术家的语言风格尤其突出、鲜明、稳定罢了。司马迁和班固、李白和杜甫、吴承恩和曹雪芹、鲁迅和茅盾、朱自清和赵树理、闻一多和徐志摩，在语言运用方面是大不一样的，就是说他们各自具有独特的言语风格。事实并非所有的诗人小说家戏剧家都有自己独特的语言风格，有许多诗人小说家戏剧家缺乏的就是独特的言语风格。从严看，只有大语言艺术家才具有自己的独特的言语风格。

### 12.2.2 言语风格学

语言风格学是以语言的风格现象为其研究对象的语言学。语言风格学可以分为两种，研究语言自身风格现象的是语言风格学，研究运用的语言的是言语风格学。通常所说的语言风格学主要是指研究言语风格，本当叫作“言语风格学”，但是已经习惯，可以含糊点。

言语风格学可研究两个方面的问题，一是语体的风格，一是表现的风格。语体的风格是社会的、客观的、相对稳定的、规范的、保守的,具有求同性。表现风格则是个人的,即个人风格。通常所说的“风格”就是这种个人风格。个人风格是复杂多变的、创新的、求新求异的。

### 12.2.3 语言风格学和修辞学

修辞学要研究语言的风格现象,但是并不研究语言风格现象中的全部问题。修辞学只是站在表达者的立场上,研究风格同表达效果之间的关系问题,即风格对表达效果的制约作用问题。至于风格形成的原因、划分风格类型的标准、分析风格现象的方法论原则和具体方法,等等,并不是修辞学所关注的中心问题,那是语言风格学所要解决的。修辞学中的风格论,立足在风格学的研究成果的基础上,从风格学的结论开始自己的研究工作,站在表达者的立场上,考察风格同表达效果之间的相互关系,目的是帮助人们提高表达的效果。因此,语言风格学是一门独立的学科,不是修辞学的一个组成部分。修辞学也不是语言风格学的一个组成部分。

纯科学的风格学,是描写的,不是规范的。因此区分好的风格和坏的风格并不重要。修辞学的风格论是规范性的。它必须区分好的风格和坏的风格,向人们推荐好的风格,促使坏的风格的消亡。

索绪尔在《关于成立修辞学教研室的报告》中说:“修辞学的目的也不在于造就一种风格,虽然造就一种风格本身很重要。”[①]在我们看来,修辞学是不能完全承担造就一种言语风格的重任的。但的确是修辞学的最高追求。修辞学的任务是阐述风格选择的原则。

① 索绪尔:《关于成立修辞学教研室的报告》,《修辞学习》1992年第2期。

# 三　言语风格的特点与类型

## 12.3.1 言语风格的复杂性与简单性

言语风格是神秘的，很容易感受到，但却很难说明白。其实，语言风格是通过对语言材料和修辞方式的选择和运用而表现出来的，这种选择和运用是有形的，可以分析的。

言语风格是复杂的。刘勰说："各师成心，其异如面。"（《文心雕龙·体性》）写作者按照各自本性进行创作，他们的作品的风格就如同他们的面孔一样各自不同。而且，任何一个作家、艺术家，其风格都是多样的。不同时期，不同题材，不同体裁，不同心态，同一个作者的作品，其言语风格也并不完全相同。甚至同一部作品中也可能呈现出多种风格来。但是，任何复杂的事物都是可以分析的。复杂与简单其实是对立而统一的，任何复杂的事物必然有简单的一面。分析研究复杂的风格现象，可以运用最简单性原则，善于简化，从简单到复杂。

分析言语风格，要抓住三个特点：1.反复性，2.特异性，3.整体性。

## 12.3.2 言语风格的反复性

只有多次反复的因素，才具有稳定性，才能作为一个特点，而偶然出现的因素，不具备稳定性，就不能作为一个特点。语言风格只能是多次反复的特点的总和，而不能是那些偶然出现的因素的总和。这就是语言风格的反复性。朱自清《荷塘月色》中写道："今晚在院子里坐着乘凉，忽然想起日日走过的荷塘，在这满月的光里，总该另有一番样子吧。""乘凉"、"样子"，都是口语词。在整篇文章中，大量运用了文言词语，这类口语词的数量是极其有限的。因此，"乘凉"、"样子"等口语词的运用，在这篇文章中是偶然因素，不能形成特点，我们也就不能因此说这篇文章有口语化的特色。

转折多而且快，而且自然，这是鲁迅杂文语言风格的一个特点。这是从许多杂文中总结出来的。例如鲁迅《崇实》：

①大学生虽然是“中坚分子”，然而没有市价，假使欧美的市场上值到五百美金一名口，也一定会装了箱子，用专车和古物一同运出北平，在租界上外国银行的保险柜子里藏起来的。

但大学生却多而新，惜哉！

仅仅几句话，就转了四个弯子，“虽然——然而——假使——但——”，不可谓不多矣。“虽然——然而——”，是一个小转折；“假使——”，是一个大转折；“但——”，是一个奇峰突起，一个出乎意外的转折。但是，这个“多而新”正和“没有市价”相呼应，所以仔细想一想，却又很自然。这样的转折，在鲁迅的杂文中是多次出现的、稳定的，这是鲁迅杂文语言风格的特点之一。

语言风格有反复性的特点，分析语言风格时，应当分清一般和个别、常例和特例，排除偶然性因素，抓住稳定性要素。

### 12.3.3 言语风格的特异性

言语风格是特异性的总和。所谓特异性，就是区别性特征，这些表现方式是这里特有，此外所无，至少是不多不常出现的。日常生活中某些人特别偏爱某个词语，出现频率是其他词语的若干倍，于是他人就用这个词语来作为此人的代称。戏剧舞台上，剧作家就用这类词语作为某些角色的标签。

新加坡学者林万菁研究鲁迅的言语风格，提出了曲逆律。他说：“‘曲逆’是与‘直顺’相对的一个概念。词汇曲逆，则语意亦随之曲逆，如鲁迅用倒词，不说‘命运’而说‘运命’，不说‘灵魂’而说‘魂灵’，不说‘诅咒’而说‘咒诅’，词形异乎直顺，语意亦为之一转。句法曲逆，如鲁迅故用反复，可简处故繁，不避复沓，语意于是随之回荡。设若词汇、句法一并曲逆化，语意必更趋曲逆。"[①]这的确是鲁迅作品特有的，是茅盾、郭沫若、朱自清、徐志摩、叶圣陶等所不具有的。

### 12.3.4 言语风格的整体性

语言风格指的是运用语言的各种特点的总和，而不是其中的某一个特点，也不是所运用的某一个语言材料或修辞方式的特点。因此，只有从全局出发，从整体上把握对象，才有可能谈语言风格；如果只看到所运用的某个语言材料或修辞方式，只抓住某一个特点，就无法谈论语言风格。如果说，语法分析只局限于句子，而且只局限于词的组合规则和造句的规则；那么，风格只能以整篇讲话、整篇文章为最小的单位，而且也不限于语法的分析，应包括语音和语义、词汇和语法，还有修辞方式等多方面因素的分析。这就是语言风格的整体性特点。

因为语言风格的整体性，在分析语言风格时，不能简单地一一罗列，而应当分清主次，看到各个特点之间的相互关系，抓住主要倾向。鲁迅《为了忘却的记念》中有这样一段："我们第三次相见，我记得是在一个热天，有人打门了，我去开门时，来的就是白莽，却穿着一件厚棉袍，汗流满面，彼此都不禁失笑。这时他才告诉我他是一个革命者，刚由被捕而释出，衣服和书籍全被没收了，连我送他的那两本；身上的袍子是从朋友那里借来的，没有夹衫，而必须穿长衣，所以只好这么出汗。"这一段当然是很明快的，有什么说什么。而这篇文章的结尾：

> ② 要写下去，在中国的现在，还是没有写处的。年青时读向子期《思旧赋》，很怪他为什么只有寥寥的几行，刚开头却又煞了尾。然而，现在我懂得了。
>
> 不是年青的为年老的写记念，而在这三十年中，却使我目睹许多青年的血，层层淤积起来，将我埋得不能呼吸，我只能用这样的笔墨，写几句文章，算是从泥土中挖一个小孔，自己延口残喘，这是

---

① 林万菁：《论鲁迅修辞：从技巧到规律》359页，新加坡万里书局1986年。

怎样的世界呢。夜正长，路也正长，我不如忘却，不说的好罢。但我知道，即使不是我，将来总会有记起他们，再说他们的时候的。……

这结尾是那样的含蓄：关于向子期《思旧赋》的几句话，实质上是在用魏晋时代来比方当时现实；“夜正长，路也正长”，指的是革命斗争的长期性、艰苦性；“将来总会有记起他们，再说他们的时候的”，表现的是作者对革命必胜的坚定信念。《为了忘却的记念》中有明快的段落，也有含蓄的段落，那么能不能说它的语言风格是既明快又含蓄呢？不能。因为根据全篇总的倾向，它是含蓄的，而不是明快的。

### 12.3.5 言语风格类型

《文心雕龙》的作者刘勰在《体性》篇中，看到了言语风格的复杂性：“各师成心，其异如面。”却不为复杂性所迷惑，倡导“八体”学说：“若总其归涂，则数穷八体：一曰典雅，二曰远奥，三曰精约，四曰显附，五曰繁缛，六曰壮丽，七曰新奇，八曰轻靡。”

刘勰的“体”就是我们现在说的“风格”，“八体”就是八种风格类型。刘勰对这八体做了具体阐述：“典雅者，镕式经诰，方轨儒门者也；远奥者，馥采典文，经理玄宗者也；精约者，核字省句，剖析毫厘者也；显附者，辞直义畅，切理厌心者也；繁缛者，博喻酿采，炜烨枝派者也；壮丽者，高论宏裁，卓烁异采者也；新奇者，摈古竞今，危侧趣诡者也；轻靡者，浮文弱植，缥缈附俗者也。”陆侃如、牟世金译注的《文心雕龙》的《引论》中阐释说：

一曰典雅：特点是向儒家经典学习，和儒家走相同的道路。

二曰远奥：特点是比较含蓄而有法度，大多本于道家哲理。

三曰精约：特点是字句简练而分析精细。

四曰显附：特点是辞句质直，意义明畅，符合事理而令人满意。

五曰繁缛：特点是比喻多，文采富，善于铺陈，写得光华四溢。

六曰壮丽：特点是议论高超，文采不凡。

七曰新奇：特点是厌旧趋新，追求诡奇怪异。

八曰轻靡：特点是辞藻浮华，趋向庸俗。[①]

这八种风格是很有概括性的，去掉他联系儒道等的具体阐释，现在依然具有其生命力。

刘勰进一步阐释八体之间的关系："故雅与奇反，奥与显殊，繁与约舛，壮与轻乖，文辞根叶，苑囿其中矣。"刘勰说的"文辞根叶，苑囿其中"，意思是，这八种风格已经概括所有的风格了。更难能可贵的是刘勰已经注意到"八体屡迁"，认识到风格是在发展演变之中的。

我们借鉴刘勰的八体学说，把风格分为以下五组相互对立的十种类型：藻丽——平实、明快——含蓄、简洁——繁丰、典雅——通俗、庄重——诙谐。这十种风格类型的搭配组合，可以构成各种各样的风格。如：平实明快而简洁的风格，藻丽明快而繁丰的风格，简洁又含蓄的风格，简洁而明快的风格，繁丰又典雅的风格，等等。

## 四　言语风格的形成

### 12.4.1 言语风格形成的复杂性

刘勰在《文心雕龙·体性》中说："夫情动而言形，理发而文见；盖沿隐以至显，因内而符外者也。然才有庸俊，气有刚柔，学有浅深，习有雅郑；并情性所铄，陶染所凝，是以笔区云谲，文苑波诡者矣。故辞理庸俊，莫能翻其才；风趣刚柔，宁或改其气；事义浅深，未闻乖其学；体式雅郑，鲜有反其习：各师成心，其异如面。"刘勰认为一个作家的言语风格是有其才、气、学、习所决定的。如果学和习是显性，还好把握的话，才和气则是潜性，是较难把握的。

刘勰所说的是形成个人的言语风格中的主观因素。风格形成中的

① 陆侃如、牟世金译注：《文心雕龙》58—59页，齐鲁书社1995年。

主观因素主要指使用语言的人的心理、气质、文化教养、语言能力等。人们的思想作风、生活经历和语言修养就是不同的言语风格得以形成的主观因素。这正如用同样的宣纸和墨,不同的画家能够画出不同艺术风格的国画来,画家的思想作风、生活经历和艺术修养往往决定了不同艺术风格的形成。人们对语言材料和修辞方式的选择,是受到他的思想作风制约的。一个深思熟虑、严肃谨慎、一丝不苟的人,他的言语风格势必是谨严、细密而周详的;而才思敏捷、为人豪放的人,他的言语风格往往是疏放的。例如郭沫若的《天狗》:

① 我是一条天狗呀!
我把月来吞了,
我把日来吞了,
我把一切星球吞了,
我把全宇宙吞了。
……
我剥我的皮,
我食我的肉,
我吸我的血,
我啮我的心肝,
我在我的神经上飞跑,
我在我的脊髓上飞跑,
我在我的脑筋上飞跑,
我便是我呀!
我要爆了!

这是鲁迅、茅盾、叶圣陶等所以绝对写不出的。

一个人的生活经历,同他的言语风格之间的关系也是十分密切的。鲁迅在《"大雪纷飞"》一文中说过:"一个人从学校跳到社会的上层,思想和言语，都一步一步的和大众离开，那当然是‘势所不免’的事。”[1]这里讲的就是一个人的生活经历和他的言语风格之间的关系。

一个人的语言修养，是构成他的言语风格的各种因素中最活跃的一个因素。任何一个人都不可能掌握一种语言中的一切词、一切句式，也不可能对一切同义形式没有一点儿偏爱。人们总会或多或少地给全民词语带来一些个人的理解，增加一些个人的色彩，在选择语言材料和修辞方式时总有一些个人的习惯。这在个人言语风格的形成中具有特别重要的作用。只有熟练自如地运用一种语言的人，才有可能创造出好的言语风格。

个人言语风格的形成，也取决于各种的客观因素。形成言语风格的客观因素主要指语言材料和修辞方式的特点与其风格色彩，以及交际环境等。

### 12.4.2 语言材料的风格色彩

语言材料的特点及其风格色彩，是语言风格得以形成的一个基础。这正如石头和泥巴是形成雕塑的不同艺术风格的客观基础，画布和宣纸是形成绘画的不同艺术风格的基础一样。

每一种语言，在语音、词汇、语法方面，都有一些自己特有的区别于其他语言的地方。现代汉语的主要特点是：语音方面——韵多声少，响亮悦耳；声调抑扬，优美动听；音节匀称，成双成对。词汇方面——造词灵活，词源雄厚；词义精细，形象具体；成语丰富，言简意深。语法方面——结构简明，辨义清晰；词序固定，句式精确；虚词多样，生动传神。这些特点就是现代汉语多种多样的语言风格得以形成的一个客观基础。比如说，由于各种语法关系主要靠词序和虚词来表达，句子的长度就受到一定限制。一般说来，汉语的句子不很长，特长的句子不多，不像某些印欧语那样长句偏多，汉语中通常是短句多于长句。尤其是在

① 鲁迅：《鲁迅全集》第五卷 553 页，人民文学出版社 1982 年。

书面语体中,短句多于长句的文章,比起以长句为主的文章,更合乎汉语的语言风格,更为中国老百姓所喜闻乐见。

语言材料的风格色彩,在语言风格的形成中作用尤其重要。比如说,文言句式、口语句式、欧化句式、方言句式,都各有不同的风格色彩。文言虚词、口语虚词、方言虚词,也各有不同的风格色彩。科技术语、方言词、外来词、古语词,也各有不同的风格色彩。这些具有一定的风格色彩的句式和词组,都是在语言的历史发展过程中形成的,是构成不同语言风格的十分重要的客观因素。例如:

② 我是月底光,
我是日底光,
我是一切星球底光,
我是X光线底光,
我是全宇宙底 Energy 底总量! (郭沫若《天狗》)

③ 大海啊,
哪一颗星没有光?
哪一朵花没有香?
哪一次我的思潮里
没有你波涛的清响? (冰心《繁星》)

《天狗》中用了拉丁字母X,用了外语词 Energy——物理学名词"能"。《繁星》则全由现代汉语的通用词构成。所以两者相比,《繁星》比《天狗》更合乎汉语的语言风格。

### 12.4.3 修辞方式的修辞色彩

修辞方式,是提高语言表达效果的手段。修辞方式同语言材料的关系是很密切的,许多修辞方式都是在语言材料的基础上产生的,受语言材料的特点的制约。比如,汉语的词都以单音节为基础,音节都由声、韵两个部分组成,音节的长度差异甚小,这就是对偶这一修辞方式产生的基础。汉语的音节都有声调的区别,声调又可分为平声和仄声两大类，这就是汉语格律的平仄律产生的基础。

修辞方式是为提高语言的表达效果服务的，有助于语言的艺术化。所以它同语言风格的关系就尤为密切。比如说，排比、反复，能增加语言的节奏感；押韵、平仄，能增加语言的音乐美；双关、婉曲，具有含蓄的风格色彩；拈连、释词，具有幽默风趣的风格色彩。把这些具有不同风格色彩的修辞方式运用到恰当的地方去，使它们和语言表达的总的调子协调起来，这是好的语言风格得以形成的一个重要的环节。例如：

④ 啊，这宇宙中的伟大的诗！你们风，你们雷，你们电，你们在这黑暗中咆哮着的，闪耀着的一切的一切，你们都是诗，都是音乐，都是跳舞。你们宇宙中伟大的艺人们呀，尽量发挥你们的力量吧。发泄出无边无际的怒火把这黑暗的宇宙，阴惨惨的宇宙，爆炸了吧！爆炸了吧！（郭沫若《屈原》）

⑤ 直到看座的电棒中的电已使净，大家才一狠心找到了座。不过，还不能这么马马虎虎的坐下。大家总不能忘了谦恭呀，况且是在公共场所，二姥姥年高有德，当然往里坐。可是二姥姥当着四姨怎肯倚老卖老，四姨是姑奶奶呀；而二姐又是姐姐兼主人；而三舅妈到底是媳妇，而小顺等是孩子；一部伦理从何说起？大家打架似的推让，甚至把前后左右的观众都感化得直叫老天爷。好容易大家觉得让的已够上相当程度，一齐坐下。（老舍《有声电影》）

例④，运用呼语这一修辞方式，兼用比拟、反复等修辞方式，形成了抒情的调子，具有庄重风格。例⑤，描写旧时代一群很少出家门的妇女第一次看有声电影的事，由于谦让、拖沓、无聊的习气，结果什么也没看到什么也没听到。作者主要采用了仿拟和反语的修辞方式，他们相互推让的理由都是用仿拟的方式表现出来的，“甚至把前后左右的观众都感化得直叫老天爷”，这里的“感化”是反语，构成了幽默诙谐的风格。

### 12.4.4 交际环境

交际活动是在一定的环境中进行的。环境制约着人们对语言材料和修辞方式的选择,是语言风格得以形成的客观因素。

人们总是生活在一定的自然环境之中,运用语言的活动也总是在一定的自然环境中进行的。这自然环境对于语言材料和修辞方式的选择,是有一定制约作用的。比如说,比喻要求以近喻远,以具体喻抽象,以已知喻未知。在草原上进行的交际活动,喻体总离不开牛羊;而在海洋上进行的交际活动,可能会言必称海鸥。在交际活动中,近在眼前的自然景物,往往会被抹上一层主观色彩。

社会环境对语言风格的形成作用更大。人不能离开一定的社会环境而生活,交际活动也必须在一定的社会环境中进行。社会环境制约着人们对语言材料和修辞方式的选择。

交际对象也制约着人们对语言材料和修辞方式的选择,也是语言风格得以形成的一个重要因素。例如儿童读物,词汇数量要少,避免成语、典故、生僻词语,以及太长的句子。为了便于儿童接受,某些词和句可以适当地反复出现;应当避免过多的抽象的论述,尽可能多地采用形象化的语言。如:"小朋友!海上半月,湖上也过半月了,若问我爱哪一个更甚,这却难说。——海好像我的母亲,湖是我的朋友。我和海亲近在童年,和湖亲近是现在。海是深阔无际,不着一字,她的爱是神秘而伟大的。我对她的爱是归心低首的。湖是红叶绿枝,有许多衬托,她的爱是温和妩媚的。我对她的爱是清淡相照的。这也许太抽象,然而我没有别的话来形容了!"(冰心《寄小读者(七)》)作者照顾到了儿童的特点,形成了清新明白流畅的语言风格。

## 五　藻丽风格和平实风格

### 12.5.1 藻丽风格

藻丽和平实,是对立的,各有自己的特点和适用范围。古人说:"言而无文,行之不远。"所谓文,就是文彩,也就是藻丽的语言风格。藻丽的风格，多用形容词之类的附加成分，多用比喻、夸张等修辞方式，力求华丽绚烂、生动细致。例如张若虚的《春江花月夜》：

①春江潮水连海平，海上明月共潮生。
滟滟随波千万里，何处春江无月明？
江流宛转绕芳甸，月照花林皆似霰。
空里流霜不觉飞，汀上白沙看不见。
江天一色无纤尘，皎皎空中孤月轮。
江畔何人初见月？江月何年初照人？
人生代代无穷已，江月年年只相似。
不知江月待何人，但见长江送流水。
白云一片去悠悠，青枫浦上不胜愁。
谁家今夜扁舟子？何处相思明月楼？
可怜楼上月徘徊，应照离人妆镜台。
玉户帘中卷不去，捣衣砧上拂还来。
此时相望不相闻，愿逐月华流照君。
鸿雁长飞光不度，鱼龙潜跃水成文。
昨夜闲潭梦落花，可怜春半不还家。
江水流春去欲尽，江潭落月复西斜。
斜月沉沉藏海雾，碣石潇湘无限路。
不知乘月几人归，落月摇情满江树。

这首诗，闻一多称之为"诗中之诗，顶峰的顶峰"（《宫体诗的自赎》）。

在文艺语体中，特别是抒情作品中，藻丽风格是常见的。现当代作家中，以藻丽为特色的有茅盾、朱自清、吴伯箫、刘白羽等。朱自清的《荷塘月色》的语言风格就是藻丽的。例如：

②曲曲折折的荷塘上面，弥望的是田田的叶子。叶子出水很高，像亭亭的舞女的裙。层层的叶子中间，零星地点缀着些白花，有袅娜地开着的，有羞涩地打着朵儿的；正如一粒粒的明珠，又如

碧天里的星星，又如刚出浴的美人。微风过处，送来缕缕清香，仿佛远处高楼上渺茫的歌声似的。这时候叶子与花也有一丝的颤动，像闪电般，霎时传过荷塘的那边去了。叶子本是肩并肩密密地挨着，这便宛然有了一道凝碧的波痕。叶子底下是脉脉的流水，遮住了，不能见一些颜色；而叶子却更见风致了。

月光如流水一般，静静地泻在这一片叶子和花上。薄薄的青雾浮起在荷塘里。叶子和花仿佛在牛乳中流过一样；又像笼着轻纱的梦。虽然是满月，天上却有一层淡淡的云，所以不能朗照；但我以为这恰是到了好处——酣眠固不可少，小睡也别有风味的。月光是隔了树照过来的，高处丛生的灌木，落下参差的斑驳的黑影，峭楞楞如鬼一般；弯弯的杨柳的稀疏的倩影，却又像是画在荷叶上。塘中的月色并不均匀；但光与影有着和谐的旋律，如梵婀玲上奏着的名曲。

前一段，描写了"荷塘"、"叶子"、"白花"、"流水"，描写了花的"朵儿"、"清香"，每一个事物都带有形容词之类的附加成分。如：曲曲折折的(荷塘)、田田的、层层的(叶子)、缕缕的(清香)、脉脉的(流水)，等等。"打着"、"开着"这些动词都带有大量的附加成分：袅娜地(开着)、羞涩地(打着)。古语词——如"袅娜"、"凝碧"、"渺茫"、"宛然"、"风致"等与重叠词——如"曲曲折折"、"田田"、"亭亭"、"缕缕"、"层层"、"脉脉"等，增加了语言的音乐美，富于诗情画意。

这一段文字中，用了六个比喻：叶子——像舞女的裙；白花——正如明珠，又如星星，又如美人；清香——仿佛歌声似的；颤动——像闪电般。三次运用比拟的手法：白花——有袅娜地开着的，有羞涩地打着朵儿的；叶子——肩并肩密密地挨着。"叶子"、"白花"都是物，作者却用描绘人的词语来描绘它们："袅娜"是形容妇女体态柔美的形容词；"羞涩"是形容人的情态的形容词；"肩并肩"也是适用于人的词语。这里是把白花和叶子当作人来描绘的，采用的是比拟。

后一段用了六个比喻：月光——如流水一般；叶子和花——仿佛在

牛乳中洗过一样，又像笼着轻纱的梦；黑影——如鬼一般；倩影——像是画在荷叶上；旋律——如梵婀玲上奏着的名曲。同时，也有“参差”、“倩影”等古语词，以及“薄薄”、“淡淡”、“弯弯”等重叠词。

这里的比喻和描写，大都带有夸张的色彩。如：“这时候叶子与花也有一丝的颤动，像闪电般，霎时传过荷塘的那边去了”；“叶子和花仿佛在牛乳中洗过一样”。

这个片段中所表现出来的选择语言材料和修辞方式方面的特点，贯穿在《荷塘月色》整篇文章之中，也贯穿在朱自清的全部散文创作中。这些特点便构成了朱自清散文的藻丽的风格。

茅盾《春蚕》的言语风格也是藻丽的。例如：

③“真是天也变了！”

老通宝心里说，就吐一口浓厚的唾沫。在他面前那条“官河”内，水是绿油油的，来往的船也不多，镜子一样的水面这里那里起了几道皱纹或是小小的涡旋，那时候，倒影在水里的泥岸和岸边成排的桑树，都晃乱成灰暗的一片。可是不会很长久的。渐渐儿那些树影又在水面上显现，一弯一曲地蠕动，像是醉汉，再过一会儿，终于站定了，依然是很清晰的倒影。那拳头模样的丫枝顶都已经簇生着小手指儿那么大的嫩绿叶。这密密层层的桑树，沿着那“官河”一直望去，好像没有尽头。田里现在还只有干裂的泥块，这一带，现在是桑树的势力！在老通宝背后，也是大片的桑林，矮矮的，静穆的，在热烘烘的太阳光下，似乎那“桑拳”上的嫩绿叶过一秒钟就会大一些。

在这里，水中的倒影，丫枝顶的嫩绿叶，都被描绘得细致入微、活灵活现。“水是绿油油的”，倒影“一弯一曲地蠕动，像是醉汉”，“嫩绿叶过一秒钟就会大一些”等，都是十分形象的说法。一些句式的搭配，尤其可以看出作者精雕细刻的一番苦心。例如将“也是大片的桑林，矮矮的，静穆的”与“也是大片的，矮矮的，静穆的桑林”相比较，在这个上下文中，后者显然不如前者。前者将定语后置，语义加强了，两个三音节的词语并列，十分和谐，使整个句子别具一格、意味深长。整篇文章是绚丽多彩的，表现出藻丽的风格特点。

藻丽风格，常见于文艺语体，尤其是诗歌之中。东汉末开始，诗歌就开始崇尚绮丽了。曹丕在《典论·论文》中说："诗赋欲丽。"陆机《文赋》中主张："诗缘情而绮靡。"政论语体中的文艺政论体、公文语体中的鼓动文体及学术语体中的通俗学术体，也会有藻丽的风格。

人们大都喜爱藻丽风格，但也有轻视并斥责它的。李白《古风》："自从建安来，绮丽不足珍！"蔡梦弼《杜工部草堂诗话》引述的《诗眼》中说："世俗喜绮丽，知文者能轻之；后生好风花，老大即厌之。然文章论当理不当理耳，苟当于理，则绮丽风花同入于妙；苟不当理，则一切皆为长语(作者按：指多余的话)。上自齐梁诸公，下至刘梦得、温飞卿辈，往往以绮丽风花累其正气，其过在于理不胜而词有余也。"

同内容相称的藻丽，是好的。有了"文"，或者说"文"了，藻丽了，才能远，内容才能得到广泛地传播。如果华丽的辞藻淹没了思想内容，辞藻成了掩饰空虚的内容或内容的空虚的幌子，是不好的。

藻丽并不是做作、堆砌、油滑、哗众取宠，在没有必要的地方硬是滥用上一些形容词之类的附加成分，写大家熟悉的事却硬要凑上一些不贴切的比喻，或是在应当严肃的场合大说俏皮话，那就很不好了。过分追求藻丽，往往适得其反。例如："何等动人的篇页！这些是人类思维的花朵。这些是空谷幽兰，高寒杜鹃，老林中的人参，雪岭上的雪莲，绝顶上的灵芝，抽象思维的牡丹。"(徐迟《哥德巴赫猜想》)这里多少是有些做作的。

### 12.5.2 平实风格

老子说："信言不美，美言不信。"孔子说："辞达而已。"孔安国说："凡事莫过于实，辞达则足矣，不烦文艳之辞。"平实风格，厚实而大方。其特点是：不用或少用形容词之类的附加成分，不用或少用比喻、夸张之类的修辞方式，老老实实地叙述事实，铺陈景物，解剖事理。宋葛立方在《韵语阳秋》中说："陶潜、谢朓诗皆平淡有思致，非后来诗人怵心刿目雕琢者所为也。老杜（杜甫）云'陶谢不枝梧，风骚共推激，紫燕自超诣，翠驳谁剪剔'是也。"胡仔在《苕溪渔隐丛话·后集》中说："（梅）圣俞诗工于平淡，自成一家。如《东溪》云：'野凫眠岸有闲意，老树著花无丑枝。'《山行》云：'人家在何许，云外一声鸡。'《春阴》云：'鸠鸣桑叶吐，村暗杏花残。'《杜鹃》云：'月树啼方急，山房人未眠。'似此等句，须细味之，方见其用意也。"朱熹说："欧公（欧阳修）文章及三苏（苏洵、苏轼、苏辙）文，好处只在平易。"

鲁迅、赵树理等人的语言风格都是以平实著称的。如赵树理的《小经理》的言语便是平实的：

> ④ 小经理叫三喜，是村里合作社的经理。说他"小"有三个原因，第一是他的年纪小，才二十三岁；第二是小村子的小合作社，只有一个经理和一个掌柜；第三是掌柜王忠瞧不起他——有人找掌柜谈什么生意里边的问题，掌柜常好说："不很清楚就回来问一问俺那小经理。"说了就吐一吐舌头做个鬼脸。
>
> 这三喜从小就是个伶俐孩子，爱做个巧活：过年过节，搭个彩棚，糊个花灯，比别人玩得高；说个话，编个歌，都是出口成章，非常得劲；什么活一看就懂，木匠，石匠，铁匠缺了人他都能配手；村里人都说他是个"百家子弟"。因为家穷，从小没念过书，不识字，长大了不甘心，逢人便好问个字，也认了好多。不过字太多了，学起来跟学别的一样，他东问西问，数起数来也识了好几百，可是一翻开书，自己认得的那些字都不集中，一张上碰不到几个；这是他最不满意的一件事。

通篇很少用形容词之类的附加成分，也没有什么华丽的辞藻，都是一些平平常常的词语。也很少用修辞方式，一个比喻都没有，也没有夸张的说法，有的只是普普通通的叙述。这一特点贯穿在赵树理的全部创作品中，这就构成了赵树理的平实的语言风格。

曹靖华《小米的回忆》的言语风格也是平实的。如：

⑤ 小米古称“禾”、“稷”、“谷”、“粟”，北方通称“谷子”，去壳后称“小米”。原产我国，在我国种植已有六七千年历史，为我国北方主要粮食作物之一。在我的故乡是把它列为细粮的。记得当年祖母每逢冬天，爱用砂罐放到炕洞里熬小米稀饭。那时，这就是“高级食品”了。

谷子有防潮，防热，防虫，不易霉烂等优点。自古就有“五谷尽藏，以粟为主”的贮粮备荒做法。在一般情况下，谷子可保存十几年，甚至几十年，是理想的备战备荒粮食。

如果说《小经理》具有口语化的特色，那么《小米的回忆》的书面语色彩就浓一些。但是《小米的回忆》也同《小经理》一样，很少用形容词之类的附加成分，也很少用比喻之类的修辞方式——也是连一个比喻也没有！

一般来说，公文语体(尤其是事务公文体)，学术语体(尤其是专门科技体)大都采用平实风格。

但平实并非贫乏、呆板、单调。宋周必大说：“香山(白居易)诗语平易……疑若信手而成者，间观遗稿，则窜定甚多。”(《跋宋景文唐史稿》)元陈秀明说：“东坡尝有书与其侄云：大凡为文，当使气象峥嵘，五色绚烂，渐老渐熟，乃造平淡。”(《东坡诗话录》)金王若虚说：“凡为文章，须是典实过于浮华，平易多于奇险.始为知本。世之作者，往往致力于其末，而终身不返，其颠倒亦甚矣。”(《滹南遗老集·文辨曰》)宋葛立方说：“大抵欲造平淡，当自组丽中来，落其华芬，然后可造平淡之境。”“今之人多作拙易诗而自以为平淡，识者未尝不绝倒也。梅圣俞《和晏相》诗云：‘固令适性情，稍欲到平淡。苦词未圆熟，刺口剧菱芡。’言到平淡处甚难也。所以《赠杜挺之》诗，有‘作诗无古今，欲造平淡难’之句。李白云：‘清水出芙蓉，天然去雕饰。’平淡而到天然处，则善矣。”(《韵语阳秋》)

叶圣陶《黄山三日》中写道：

⑥ 云谷寺没有寺了，只留寺基。台阶前有一棵异罗松，说是树上长着两种不同形状的叶子。我们仔细察看，只见一枝上长着

长圆形的小叶子，跟绝大部分的叶子不同。就绝大部分的叶子形状和翠绿色看来，那该是柏树，不知道为什么叫它松。年纪总有几百岁了。

清凉台和始信峰的顶部都是稍微向外突出的悬崖，下边是树木茂密的深壑。站脚处很窄，只能容七八个人，要不是有石栏杆，站在那儿不免心慌。如果风力猛，恐怕也不容易站稳。文殊院前边的文殊台比较宽阔些，可是靠南突出的东西两块大石，顶部凿平，留着边缘作自然的栏杆，那地位更窄了，只能容两三个人。光明顶虽是黄山最高处，却比较开阔平坦，到那里就像在平地上走一样。

我们就在前边说的几处地方看"云海"。望出去全是云，大体上可以说铺平，可是分别开来看，这边荡漾着又细又缓的波纹，那边却涌起汹涌澎湃的浪头，千姿万态，尽够你作种种想象。所有的山全在云底下，只有几座高峰露顶，作暗绿色，暗到几乎黑，那自然可以想象作海上的小岛。

表面上看，是信笔写来，平淡无奇，其实作者是反复推敲的——孤立地看其中的一个句子，一个词，还没有什么，但从整体来看，却是完美的，值得玩味的。第一段共五句，一环套一环，形成了一个整体。第二句中有一个"说是"，第三句中有个"我们仔细察看，只见"，这不仅把两个句子串连了起来，也突出了"异罗松"的"异"字。第二段写悬崖时，并没有什么惊人之笔，只说"站在那儿不免要心慌。如果风力猛，恐怕也不容易站稳"。具体形象，使人如临其境，比用上一大堆形容词更有说服力。读着这样的句子，读者感到和作者的心是相通的。第三段把"云海"写得有声有色。比起前两段来，要华丽一些。但是依然是在老老实实地叙述和描写，宁可说"可以想象作海上的小岛"，而不说"就像海上的小岛"，也不说"就是海上的小岛"。虽然用了"那边却涌起汹涌澎湃的浪头"这样的暗喻，但是总的风格还是平实的、厚重大方的。

# 六　明快风格和含蓄风格

## 12.6.1 明快风格

明快和含蓄,是两种对立的表现风格。它们各有各的适用范围。

明快,就是有什么说什么,有多少说多少,正如东汉王充在《论衡·自纪》中所说:“口则务在明言,笔则务在露文。”使人一听就懂,一看就明白,给人以明朗、舒畅的感觉。

刘白羽《早晨的花》的结尾:

① 不知为什么,自己亲手埋下的种子,看它冒芽,绽叶,而后甩蔓,而后开花,也许由于这一个小小的新生命,是由自己劳动抚养而开始生长的吧,因此对它总有一种特殊的喜爱。但我在那时又恢复了灯下工作,因而睡得较晚,每天起来看时,牵牛花往往已过了盛开的时间。花朵在晨光之中热烈而尽情的开放之后,已经疲倦萎缩,失去那青春的美丽了。没想到我很快又进入了医院,便不知自己窗外的牵牛花该怎样了。可是最近起得特别早,并且又能够在医院的花园中散步,于是在一个僻静角落,我突然发现一架繁荣茂盛的牵牛花。我仔细观赏着,我觉得最好看的是那种深蓝颜色的,它十分淡雅,而又有着最活跃的青春的颜色。花瓣上闪着钻石一样亮晶晶的露珠,整个儿就像一个蓝色晴空的缩影。我站在牵牛花架前,这时空气清新,朝阳乍露,一切都令人欣然喜悦。是的,早晨是多么美好呀!牵牛花是早晨的花,这紫的、蓝的、白的、红的花,是专门开给那些和黎明、和早霞、和朝阳一起开始生活与工作的人看的,是为早起的人祝福的。

每一句话都是清清楚楚、明明白白的,全文的意思也是清清楚楚,明明白白的。作者多么坦率,向读者无保留地摊开了一切,使读者毫不费力就看到了他的内心世界。这就是明快的风格。

公文语体和学术语体大都是明快的。例如：

②第一条　森林是国家的重要资源，能够提供木材和各种木材产品，满足国家经济建设和人民生活的需要；能够调节气候，涵养水源，保持水土，防风固沙，保障农业、牧业的发展；能够防治空气污染，保护和美化环境，增强人民身心健康。为了加快造林速度，加强森林保护管理，合理开发利用森林资源，特制定森林法。

（《中华人民共和国森林法（试行）》）

这里明快是和平实结合在一起的。

明快也可以和藻丽结合在一起，如方志敏的《可爱的中国》：

③ 朋友！中国是生育我们的母亲。你们觉得这位母亲可爱吗？我想你们是和我一样的见解，都觉得这位母亲是蛮可爱蛮可爱的。以言气候，中国处于温带，不十分热，也不十分冷，好像我们母亲的体温，不高不低，最适宜孩子们的偎依。以言国土，中国土地广大，纵横万数千里，好像我们的母亲是一个身体魁大、胸宽背阔的妇人，不像日本姑娘那样苗条瘦小。中国许多有名的崇山大岭，长江巨河，以及大小湖泊，岂不象征着我们母亲丰满坚实的肥肤上之健美的肉纹和肉窝？中国土地的生产力是无限的；地底蕴藏着未开发的宝藏也是无限的；废置而未曾利用起来的天然力，更是无限的，这又岂不象征着我们的母亲，保有着无穷的乳汁，无穷的力量，以养她四万万的孩儿？我想世界上再没有比她养得更多的孩子的母亲吧？至于说到中国天然风景的美丽，我可以说，不但是雄伟的峨眉，妩媚的西湖，幽雅的雁荡，与夫"秀丽甲天下"的桂林山水，可以傲睨一世，令人称羡；其实中国是无地不美，到处皆景，自城市以至乡村，一山一水，一丘一壑，只要稍加修饰和培植，都可以成流连难舍的胜景；这好像我们的母亲，她是一个天姿玉质的美人，她的身体的每一部分，都有令人爱慕之美。中国海岸线之长而且弯曲，照现代艺术家说来，这象征我们母亲富有曲线美吧！

作者的意思读者一看就懂得。为了打动读者，引起共鸣，作者大量运用比喻、反复、呼语等修辞方式，所以整个语言风格是明快而藻丽的。

### 12.6.2 含蓄风格

含蓄，就是要说的话不直接说出来，或不全部说出来，使对方不得不揣摩揣摩，而且越揣摩含义越多，可谓言有尽而意无穷，使作品显得深沉、厚重、有味儿。

含蓄的风格，历来就受到人们的推崇。孟轲说："言近而指远者，善言也。"(《孟子·尽心下》)苏轼说："意尽而言止者，天下之至言也。然而言止而意不尽，尤为极致。"(见宋王楙《野客丛书》及吕居仁《童蒙训》)清刘大櫆在《论文偶记》中说："文贵远，远必含蓄。或句上有句，或句下有句，或句中有句，或句外有句，说出者少，不说出者多，乃可谓之远。"刘熙载说："词之妙，莫妙于以不言言之。非不言也，寄言也。如寄深于浅，寄厚于轻，寄劲于婉，寄直于曲，寄实于虚，寄正于余，皆是。"(《艺概·词曲概》)沈祥龙在《论词随笔》中说："含蓄无穷，词之要诀。含蓄者，意不浅露，语不穷尽，句中有余味，篇中有余意，其妙不外寄言而已。"吴乔在《围炉诗话》中说："诗贵有含蓄不尽之意，尤以不著意见声色故事议论者为最上。"袁枚在《随园诗话》中说："诗无言外之意，便同嚼蜡。"

鲁迅《故乡》的结尾：

> ④ 我在蒙胧中，眼前展开一片海边碧绿的沙地来，上面深蓝的天空中挂着一轮金黄的圆月。我想：希望是本无所谓有，无所谓无的。这正如地上的路；其实地上本没有路，走的人多了，也便成了路。

这里，作者曲折地表达了对开拓新生活的坚定信心，含义深邃，耐人寻味。鲁迅的杂文尤其含蓄。

闻一多的《死水》：

> ⑤ 这是一沟绝望的死水，
> 　清风吹不起半点漪沦。

不如多扔些破铜烂铁，
爽性泼你的剩菜残羹。

也许铜的要绿成翡翠，
铁罐上锈出几瓣桃花，
再让油腻织一层罗绮，
霉菌给他蒸出些云霞。

让死水酵成一沟绿酒，
飘满了珍珠似的白沫；
小珠笑一声变成大珠，
又被偷酒的花蚊咬破。

那么一沟绝望的死水，
也就夸得上几分鲜明。
如果青蛙耐不住寂寞，
又算死水叫出了歌声。

这是一沟绝望的死水，
这里断不是美的所在，
不如让给丑恶来开垦，
看他造出个什么世界。

这首诗写于 1925 年 4 月。在这首诗中，作者用“一沟绝望的死水”来比喻半殖民地半封建的中国；指出它“断不是美的所在”，表现了诗人对旧中国黑暗现实的不满；但又说“不如让给丑恶来开垦，看他造出个什么世界”，表现了诗人的消极、旁观态度。诗人主观的感情，并没有直接说出来，而是通过对客观景物的描绘，曲折地表达出来的。

茹志鹃的小说《百合花》的结尾很是含蓄：

⑥ 她低着头,正一针一针的在缝他的衣肩上那个破洞。医生听了听通讯员的心脏,默默的站起身来:“不用打针了。”我过去一摸,果然手都冰冷了。新媳妇却像什么也没看见,什么也没听到,依然拿着针,细细的、密密的缝那个破洞。我实在看不下去了,低声地说:“不要缝了。”她却对我异样的瞟了一眼,低下头,还是一针一针的缝。我想拉开她,我想推开这沉重的氛围,我想看见他坐起来,看见他羞涩的笑。但我无意中碰到身边一个什么东西,伸手一摸,是他给我开的饭,两个干硬的馒头。……

卫生员让人抬了一口棺材来,动手揭掉他身上的被子,要把他放进棺材去。新媳妇这时脸发白,劈手夺过被子,狠狠的瞪了他们一眼。自己动手把半条被子平展展的铺在棺材底,半条盖在他身上。卫生员为难的说:“被子……是借老百姓的。”

“是我的——”她气汹汹的嚷了半句,就扭过脸去。在月光下,我看见她眼里晶莹发亮,我也看见那条枣红底色、洒满白色百合花被子,这象征纯洁与感情的花,盖上了这位平常的、拖毛竹的青年人的脸。

新媳妇和作品中的“我”及作者本人对这个牺牲了的青年战士的崇敬心情,都没有直接说出来。“在月光下,我看见她眼里晶莹发亮,我也看见那条枣红底色、洒满白色百合花被子,这象征纯洁与感情的花,盖上了这位平常的、拖毛竹的青年的脸。”这几句话含蓄地表达了这种崇敬的感情,也点出了这篇小说的主题。

司空图在《诗品》中是这样阐明含蓄风格的:“不著一字,尽得风流,语不涉己,若不堪忧。是有真宰,与之沉浮,如渌满酒,花时返秋。悠悠空尘,忽忽海沤,浅深聚散,万取一收。”这段话如果译作现代汉语,就是:

在字面上不露一丝痕迹,
却已完全显示出事物的精神,
出语似乎没有牵涉到苦难,

而读来却有难忍的忧虑。
是因为有真实主宰心中，
便引导我们去同它漂流。
好像酒在杯中起泡将溢，
好像花要开放又被收住。
广阔的天空布满微尘，
浩瀚的大海浮动浪沫，
它们聚散流动虽有万数，
收入笔端的只须想象中的一粒。①

以上所举各例，都是符合司空图的这一要求的。

值得注意的是，含蓄和难懂不是一回事。含蓄并不一定晦涩难懂，晦涩难懂并不一定含蓄。追求含蓄而使文章晦涩难懂是不好的。

## 七　繁丰风格和简洁风格

### 12.7.1 繁丰风格

繁丰和简洁这一组对立的表现风格也是各有各的适用范围。

繁丰，就是毫不吝惜笔墨，有话通通说出来，甚至反反复复地说，并且尽量往细处说。

郭沫若《凤凰涅槃》就是繁丰的。如它的结尾：

① 我们欢唱，我们翱翔。
我们翱翔，我们欢唱。
一切的一，常在欢唱。
一的一切，常在欢唱。
是你在欢唱？是我在欢唱？

---

① 蔡其矫：《司空图〈诗品〉选译》，《诗刊》1980年第1期。

是他在欢唱？是火在欢唱？
欢唱在欢唱！
欢唱在欢唱！
只有欢唱！
只有欢唱！
欢唱！
　欢唱！
　　欢唱！

在这里，反复和排比的修辞方式的运用，是形成这首诗的繁丰风格的一个重要的因素。

吴伯箫的《记一辆纺车》也是繁丰的。如其中的一段：

② 纺线也需要技术。车摇慢了，线抽快了，线会断头；车摇快了，线抽慢了，毛卷、棉条会拧成绳，线会打成结。摇车，抽线，配合恰当，成为熟练的技巧，可不简单，需要用很大的耐心和毅力下一番功夫。初学纺线，往往不知道劲往哪儿使。一会儿毛卷拧成绳了，一会儿棉纱打成结了，纺手急得满头大汗。性子躁一些的人甚至为断头接不好生纺车的气，摔摔打打，恨不得把纺车砸碎。可是那关纺车什么事呢？尽管人急得站起来，坐下去，一点也没有用，纺车总是安安稳稳地呆在那里，像露出头角的蜗牛，像着陆停驶的飞机，一声不响，仿佛只是在等待，等待。一直等到使用纺车的人心平气和了，左右手动作协调，用力适当，快慢均匀了，左手拇指和食指间的毛线或棉纱就会像魔术家帽子里的彩绸一样无穷无尽地抽出来。那仿佛不是用羊毛、棉花纺线，而是从毛卷里或者棉条里往外抽线。线是现成的，早就藏在毛卷里或者棉条里的。熟练的纺手，趁着一豆的灯光或者朦胧的月光，也能摇车，抽线，上线，一切做得优游自如。线上在锭子上，线穗子就跟着一层层加大，直到沉甸甸的，像成熟了的肥桃。从锭子上取下穗子，也像从果树上摘下果实，劳动后收获的愉快，那是任何物质享受都不能比拟的。这

个时候，就连起初想砸毁纺车的人也对纺车发生了感情。那种感情，是凯旋的骑士对战马的感情，是“仰手接飞猱，俯身散马蹄”的射手对良弓的感情。

这里不惜一切笔墨尽量往细处说。不说“车摇慢了，线抽快了，线就会断头；反之，线会打成线”，而要说“车摇慢了，线抽快了，线会断头；车摇快了，线抽慢了，毛卷、棉条会拧成绳，线会打成线”。不说“是骑士对战马的感情，是射手对良弓的感情”，而说“是凯旋的骑士对战马的感情，是‘仰手接飞猱，俯身散马蹄’的射手对良弓的感情”。

小说，特别是长篇小说的景物描写，繁丰的风格是比较常见的。例如：

③ 月亮高高地悬挂在深蓝色的夜空上，向大地散射着银色的光华。大街两旁那一排高大的白杨树，也向人家的屋顶上院子里投下朦胧的阴影。珍珠似的露珠，从白杨的肥大而嫩绿的叶子上，从爬在老棉树上重重地下垂着的淡紫色的藤萝花穗上，悄悄地降落下来。大街上，飘荡着浓郁的花香。……

温馨而美丽的四月的夜，分外幽静，迷人。

隅庄，在这温馨的春夜里静静地酣睡着。它睡得是那样的幸福、安宁。在那些黑洞洞的散发着睡眠的气味的屋子里，不时地传出了年轻姑娘们的幸福的梦呓声，甜蜜的躺在母亲怀里的孩子们的鼾睡声。……

我踏着幽冷的月光，穿过大街，向着密密层层的围绕着村庄的果林里走去。村子里很静，杜鹃鸟在果林的深处不住气的啼叫。果树的嫩叶，在四月的微风中絮语。蝙蝠，扇动着它那半透明的黑纱似的翅膀，在树枝的空罅间沙沙地飞翔。……

（峻青《老水牛爷爷》）

大量的附加成分，使这个乡村之夜的景物给人以细致入微的感觉。在《记一辆纺车》和《老水牛爷爷》中，繁丰又是和藻丽结合在一起的。

繁丰，绝不是啰唆或冗长。啰唆和冗长，历来就是人们所反对的。

陆机说:“要辞达而理举,故无取乎冗长。”(《文赋》)严羽说:“意贵透彻,不可隔靴搔痒;语贵脱洒,不可拖泥带水。”(《沧浪诗话·诗法》)鲁迅在给赵家璧的信中说:“意思完了而将文字拉长,更是无聊之至。”

繁丰和简洁是各有长处、各有适用范围的。胡应麟说:“简之胜繁,以简之得者论也;繁之逊简,以繁之失者论也。要各有攸当焉。繁之得者,遇简之得者,则简胜;简之失者,遇繁之得者,则繁胜。执是以论繁简,庶几乎!”(《少室山房笔丛》)顾炎武说:“辞主乎达,不论其繁与简也。”(《日知录》)钱大昕说:“文有繁有简,繁者不可减之使少,犹之简者不可增之使多。……谓文未有繁而能工者,非通论也。”(《与友人论文书》)狄平子说:“寻常文字以十语可了者,自能文者为之,则或括而短之至一语焉,或引而长至千百语焉。二者皆妙文,而一以应于所适为能事。”(《论文学上小说之位置》)

### 12.7.2 简洁风格

简洁,就是全篇没有一句多余的话,全句没有一个多余的词,话虽然少,内容却很多,含义却很丰富。例如王气中《大旗坪志》:

④ 此坪之设,且以大旗名之,于史有考焉。坪中旗杆,始立于1935年8月,原址在大礼堂南侧。1931年“九·一八”事变之后,日本侵略者逞其凶狂,铁蹄进逼,欲吞我中华。当此危难之际,国人奋起图存,抗日爱国运动风起云涌。恰于此时,日本驻南京公使馆于毗邻我校之鼓楼百步坡上兀然竖立一铜管旗杆,与校内北大楼并高,悬其太阳旗,强蛮之气昭然横空压来,是可忍孰不可忍!我校师生因此慷然筹款,建钢管旗杆一座,巍然耸立,凌云升旗,猎猎迎风,高出敌旗之上,以镇其邪,挫其锐,克其霸,示我中华之不可侮也。

越十载,抗日胜利。再越四载,新中国诞生。此其旗杆,虽成史迹,然爱国之魂系焉。1964年礼堂南侧兴建教学楼,遂将其迁立于此,永为爱国精神之标帜。旗者,表也;国旗者,一国之象征,国魂之所仰也。今辟大旗坪，以示我莘莘学子黉宇宏开之日，当居安思危，永葆爱国之志。

是为志。

采用文言，一是简洁，二是庄重。

简洁的风格，在我国历来是极受推崇的。清刘大櫆在《论文偶记》中说："文贵简。凡文笔老则简，意真则简，辞切则简，理当则简，味淡则简，气蕴则简，品贵则简，神远而藏不尽则简，故简为文章尽境。"

老舍的《骆驼祥子》是这样简洁地交代了祥子的身世："生长在乡间，失去了父母与几亩薄田，十八岁的时候便跑到城里来。带着乡间小伙子的茁壮与诚实，凡是以卖力气就能吃饭的事他几乎全作过。可是，不久他就看出来，拉车是件更容易挣钱的事；作别的苦工，收入是有限的；拉车多着一些变化与机会，不知道在什么时候与地点就会遇到一些多于所希望的报酬。"整段文字只用了三句话：第一句仅用了二十七个字，叙述了祥子的出身；第二句也只有三十一个字，叙述了他进城后拉车前的情况；第三句通过比较，叙述了他拉车的动机。

简洁同苟简是两码事。简洁不等于晦涩难懂。一味求简，以致造成歧义和误解，这是不可取的。例如司马迁在《史记·樗里子列传》中写道："母，韩女也。樗里子滑稽多智。"宋苏辙在《古史》中将此句改为："母，韩女也；滑稽多智。"这里省去了后一句的主语，便成了"母……滑稽多智"，很容易使读者误解。这样做是不足取的。

## 八　典雅风格和通俗风格

### 12.8.1 典雅风格

典雅和通俗，是相互对立的表现风格。

典雅，就是典范而高雅的风格。追寻书面语言的传统，努力回避现代口语，排斥方言土语口语词语，尽量拉大同日常生活语言之间的距离。例如:“皇帝临位,作制明法,臣下修饬。二十有六年,初并天下,罔不宾服。亲巡远方黎民,登兹泰山,周览东极。从臣思迹,本原事业,祇诵功德。治道运行,诸产得宜,皆有法式。大义休明,垂于后世,顺承勿革。皇帝躬圣,既平天下,不懈于治。夙兴夜寐,建设长利,专隆教诲。……昭隔内外,靡不清净,施于后嗣。化及无穷,遵奉遗诏,永承重戒。”(《秦始皇二十八年泰山刻石文》)

汪辟疆撰文的《祭仁安羌死难将士文》:

① 维四月十九日,谨以庶馐清酌致祭于我远征军仁安羌死事诸将士之灵曰:

鸣呼!阵云黯黯,绝幕荒荒,匪父母之国,而撣之乡。出车啴啴,赴义堂堂,匪血气之勇,而国之光。繄惟往岁,气殪天狼,谓拒之于国内,孰若御之于外疆?嗟我壮士,义不反顾。越山跨海,驰烟驿雾。曰仁安羌,猝与敌遇,振臂一呼,山摧水怒,衔枚履险,乱流争渡。岂不自宁?为友军故。嗟我壮士,死者相属。魂兮何依?骨兮何厝?望远心伤,莽然云树。嗟我壮士,日月易迁,成仁之日,奄忽经年。国殇可招,鉴此豆笾。爝辞酹酒,有涕涟涟。鸣呼哀哉,尚飨![①]

这可以看成是典雅风格的代表。

鲁迅的《韦素园墓记》:

② 君以一九又二年六月十八日生,一九三二年八月一日卒。鸣乎,宏才远志,厄于短年。文苑失英,明者永悼。弟丛芜,友静农,霁野立表;鲁迅书。

---

① 汪辟疆:《汪辟疆文集》911—912页,上海古籍出版社1988年。作者附言:三十一年,我远征军第三十八师,与日寇作战于缅甸油田区仁安羌。是役也,日寇死伤千余人,夺获辎重马匹无算,救出英军某师七千余人。克服油田,即以是役为最有功。又以掩护英军退却,复有下萨温早旁滨之捷。又该师因强渡更的婉河,死者前仆后继亦千余人。然终以敌军增援,不及归骨。时四月十九日也。本年该师仍羁印度,爰于周年纪念日,在加尔各塔开会追悼,作此寄之。

文言词语和句式的运用，创造出一种典雅、庄重而简洁的言语风格。

### 12.8.2 通俗风格

通俗风格，就是尽量接近日常生活用语，不避俚俗粗俗，甚至追求粗俗。如新民谣："会做不如会说，会说不如会吹，会吹不如会拍，会拍不如会塞。""说你行你就行不行也行，说你不行你就不行行也不行。""肚里没有油，下去游一游；袋里没有烟，下去转一圈。""五十年代不关门，六十年代虚掩门，七十年代关木门，八十年代关铁门。""五十年代人爱人，六十年代人整人，七十年代人斗人，八十年代个人顾个人。"

朱自清的《生命的价值——七毛钱》：

> ③ 人贩子只是"仲买人"，他们还得取给于"厂家"，便是出卖孩子们的人家。"厂家"的价格才真是道地呢！"青光"里曾有一段记载，说三块钱买了一个丫头；那是移让过来的，但价格之低，也就够令人惊诧的！"厂家"的价格，却还有更低的！三百钱买一个孩子，在灾荒时不算难事！但我不曾见过。我亲眼看见的一条最贱的生命，是七毛钱买来的！这是一个五岁的"女孩子"，一个五岁的"女孩子"卖七毛钱财，也许不能算是最贱的；但请你细看：将一条生命的自由和千枚小银元各放在天平的一个盘里，你将发现，正如九头牛与一根毛一样，两个盘儿的重量相差实在太远了！

虽说是通俗风格，但是用词和造句都是精心设计的。朱自清散文语言风格主要是典雅风格，《荷塘月色》就是现代汉语中典雅风格的代表。但是朱自清并不轻视通俗风格，他提倡雅俗共赏。

通俗风格容易被误解为：随心所欲，漫不经心，不加修饰。其实通俗风格并不是随随便便就能够达到的，同样需要精心组织。例如鲁迅《公民科歌》："第三着，莫讲爱，自由结婚放洋屁，最好是做第十第廿姨太太，如果爹娘要钱化，几百几千可以卖，正了风化又赚钱，这样好事还有吗？"《好东西歌》："文的牙齿痛，武的上温泉，后来知道谁也不是岳飞或秦桧，声明误解释前嫌，大家都是好东西，终于聚首一堂来吸雪茄烟。”

宋玉《对楚王问》：“客有歌于郢中者，其始曰《下里巴人》，国中属而和者数千人；其为《阳阿薤露》，国中属而和者数百人；其为《阳春白雪》，国中属而和者不过数十人；引商刻羽，杂以流徵，国中属而和者不过数人而已。是其曲弥高其和者弥寡。”“引商刻羽，杂以流徵”是典雅风格，《下里巴人》是属于通俗风格范畴的。任何时代，群众都是大多数，高雅之士总是少数，这就是通俗风格的优势之所在。现代社会通俗风格越来越盛行。各种社会用语，特别是新兴的网络语言，都是以通俗风格为特色的。

## 九　风格的鉴赏与培养

### 12.9.1 风格的鉴赏

欣赏文学作品，不可只是局限于思想内容，也不能只停留在写作方法上，还需要欣赏其言语风格。言语风格的欣赏，主要是比较。岑麒祥在《风格学发凡》中说：“从来研究风格之方法有二：一在将一种语言与他种语言互相比较，以寻出其表情之特点；一在将一种语言内部表示情感之方法与表示纯粹思想之方法比较，探求其特异之处。前者谓之外部的研究，后者谓之内部之研究。二者皆有极大功用，不可偏废也。”①

风格的研究需要在复杂多变的风格中求同，抓住共性，归纳风格类型，舍弃它们之间微小的、可以不计较的差异。欣赏诗歌的关键是求异，从共性到个性，发现这个诗人、这首诗的不可重复性。这种比较可以从外到内，从大到小。例如，李白的一首诗，“床前明月光……”，可先同散文比较；再同其他咏月诗歌比较；再与同时代其他诗人如杜甫的诗歌进行比较，最好也是五言绝句；再同李白的其他诗歌相比较。

对某个人的言语风格，也需要同中求异，将此人同其他的人区别开

① 岑麒祥：《风格学发凡》，《时代中国》第9卷第1期。

来。这其实并不神秘，也不困难。日常生活中，告诉某个人一句话，此人立刻说："一定是X说的，只有X才这样说话。别人说不出这样的话来。"这说明把握熟悉的人的言语风格，既不神秘，也不复杂困难。

### 12.9.2 模仿和创新

形成独特的风格是语言运用的最高追求。

修辞学是表达的学问，同时也是教授者解码的工具。风格学，对于接受者，是欣赏语言风格的工具。把握话语所传递的信息，这只是解读的最基本的要求。鉴赏话语的风格是解读活动的高层次的追求。只有具有风格学修养的人，才能够进行、进入风格的欣赏和鉴赏。

风格鉴赏的前提是把握风格的基本类型，例如：藻丽和平实、繁丰和简洁、明快和含蓄、典雅和通俗、庄重和诡奇、严谨和疏放，等等。这些成对的风格都是矛盾的对立和统一。这些基本风格类型虽然比较简单，但是通过不同的组合，可以形成千差万别丰富多彩的风格。对某个作家或某一作品的风格的欣赏，主要是分析这些基本风格类型的具体组合方式和表现形态。

作为表达学的修辞学，在风格论上，目的是帮助学习者形成自己所期望的理想的风格。风格——特别是理想的风格的形成途径，是修辞学中的风格论的最重要的任务。修辞学的目的是帮助读者提高表达效果.这是它的常规目标。修辞学的最高目标是：帮助学习者培养自己独特的语言风格——好的风格、理想的风格。学习修辞学的基本目标、短期目标是提高自己的表达效果，最高目标、长远目标是培养自己的独特的理想的语言风格。

为了培养自己独特的理想的语言风格，首先需要的是自问反思：自己的口语和书面语是如何形成的？自己的口语和书面语有哪些特点？对自己的口语和书面语的满意度如何？自己心目中理想的口语和书面语是什么？目前的口语和书面语同自己理想中的标准有多大差距？通往自己的理想的风格的途径有哪些？然后抓住一两个关键之点，适当注意就行了。重要的是持之以恒。

在语言风格问题上,重要的是记住:你就是你! 你不能变成另一个人! 做你自己,追求你的独特风格。但是,模仿是不可避免的。模仿是形成独一无二的个人风格的不可避免的一个过程,也不必害怕。

## 思考与练习

(1) 思考表现风格和语体风格之间的关系。

(2) 每个人都有自己的言语风格,体会一下你的几个最亲近最熟悉的人在言语风格方面的异同。

(3) 反思你自己的言语风格特征。思索一下你的言语风格是如何形成的? 是哪些因素促成了你现在的言语风格的形成? 你满意你现有的言语风格么? 你打算如何改进你的言语风格?

(4) 说说藻丽和平实风格同语体的关系。谈谈语境对这两种风格的选择方面的制约作用。

(5) 说说表达者的主观意图在明快和含蓄风格的选择方面的制约作用。

谈谈语境、社会环境、民族文化传统对明快和含蓄风格的选择方面的制约作用。

举例说明含蓄和含混的区别。

(6) 举例说明繁丰和重复、简洁和苟简的区别。

举例说明语境在这两种风格的选择方面的制约作用。

说说语体同这两种风格之间的关系。

(7) 举例说明典雅风格和通俗风格的不同的表达效果。

举例说明表达者的教养和接受者的身份对这两种风格选择的制约作用。

(8) 举例说明庄重风格和诙谐风格的主要区别。

(9) 选择一个文本来进行表现风格分析,学习分析表现风格的技巧,培养风格鉴赏的能力,体会风格的复杂性和分析的困难。

# 结语 修辞学和辩证法

## 一

语言世界中贯穿着辩证法。语言是简单的，也是复杂的；是平凡的，也是神奇的；是非常规则的，也是很荒谬的，有时是说不出什么道理来的；是价值连城的，也是一文小钱也不值的；是人际关系的润滑油，也是矛盾冲突的导火线；是人间最美好最宝贵的，也是一把杀人的刀子！

辩证法也存在于交际活动中。交际活动是表达者和接受者之间的双向的社会心理交流活动。这是一个多种矛盾辩证统一的过程。修辞活动是有效地运用语言的活动，其目的是提高话语的表达效果，其途径是妥善处理好交际活动中的各种矛盾，保持矛盾和矛盾诸方面的相对的动态的平衡。语言材料、修辞方式本身，孤立地看，是很难说什么是好什么是坏的。适当的场合，运用适当就是好，运用在不能运用的地方就是不好。短句有短句的长处和短处，长句也有长句的长处和短处。片面指责长句或短句都是不妥当的。如果不准政论文、科技文用长句，能行得通吗？谚语、歇后语、双关语、俏皮话，谁能说不好呢？但若是用在外交条约中、悼词中，那将是什么效果呢？语言运用中是充满辩证法的。一方面，重复赘余很不好；另一面，反复又是一种很好的修辞方式。一方面，要求用词的规范，不准乱拆词，不允许生造词；另一方面，拆词、仿拟、飞白等又是很好的修辞方式。一方面，多用整句可以显得铿锵有力，气势磅礴；另一方面，用多了又显得单调，在可以采用整句的地方人们又往往偏爱采用散句。

修辞学是语言学的一个部门，是语言运用学，也可以说是语言艺术学。修辞学是保守和创新对立统一的学问。修辞学推崇规范的纯正的语言表达，推荐优秀的风格；修辞学又鼓励创新和突破，鼓励打破规则教条的束缚。进一步认识语言，把握语言辩证法，这是学习和研究修辞学的关键。

## 二

辩证法是中国传统修辞学的一大特色。中国传统修辞学发现了修辞活动中的种种矛盾，抓住了对立面，但是从不简单化、绝对化，重视矛盾的统一和转化，强调在对立中保持动态的平衡。例如：言和意、主和宾、动和静、虚和实、死和活、详和略、情和景、情和理、正和奇、法和非法、藻丽和平实……

中国现代修辞学也非常重视辩证法。王易说："前章消极语彩下所列不纯正各端——方言、俚语、古语、外国语、科语——如假为积极辞藻用之文中，其效果又自不少。如用方言以表现地方之情趣；用俚语以表现村野之情趣；用古语以表现古代之情趣；用外国语以表现异国之情趣；用科语以表现专门学者之情趣；惟有滥造语及误用语不可入耳。"① 这是比较辩证的，但是不够彻底，事实上，即使是滥造语和误用语，也不是绝对不可入的。例如：

① 以国历新年说吧。过这个年得带洋味，因为它是洋钦天监给定的。在这个新年，见面不应该说"多多发财"，而须说"害怕扭一耳"。（老舍《大发议论》）

② 老包把眼镜放到那张条桌的抽屉里，嘴里小心地试探着说："你已经留过两次留级，怎么又……"（张天翼《包氏父子》）

修辞学其实是转化之学，利用一定的条件，把坏的转化为好的，化腐朽为神奇。同时，也要避免把神奇变作腐朽——在失去了必要和充

① 王易：《修辞学通诠》114 页，神州国光社 1930 年。

分条件的时候。

## 三

语言学家的文章常常是被人嘲笑的对象,不但不生动,还常有不合语法的地方。中文系的文学教师和语言学教师往往相互争斗。我年轻的时候,常听到文学教师说:"搞现代汉语的,自己的文章中却有语法毛病!我们不搞汉语,但文章人家爱读!"我是无话可说的。

理论同实际是两码子事。

绝不能因为语言学教师的文章中也有语法毛病就否定了他的语言学论文,也不能因为一个美辞学主张者的文章的不美就否定他的美辞主张。但是理论和实际的统一应当是我们追求的目标。

修辞学理论尚且不能使修辞学家的说话和文章达到他所主张的那个境界,又怎么能使迷信修辞学的读者达到这个境界呢?所以,结论是,不要迷信修辞学著作。但是,绝不能轻视和否定修辞学著作。

要学习修辞学著作,但更重要的是您自己的实践。在游泳中学习游泳,在修辞活动中学习修辞!

**思考与练习**

(1) 举例说明语言世界中的辩证法。

(2) 举例说明语言运用中的辩证法。

举例说明语言材料的好坏同与话语的好坏之间的非对称的关系。

举例说明话语的好坏与表达效果的好坏之间的非对称关系。

(3) 举例说明语言本身的错误和语言表达的错误的区别。

可以分析某些语言错误是如何在交际活动中取得好的表达效果的。

# 参考文献

[1] 陈望道:《修辞学发凡》,上海教育出版社 1976 年
[2] 陈望道:《陈望道修辞论集》,安徽教育出版社 1985 年
[3] 陈之芥、郑荣馨主编:《修辞学新视野》,中国文联出版社 2005 年
[4] 陈之芥、郑荣馨主编:《走向科学大道的修辞学》,山西人民出版社 2010 年
[5] 从莱庭、徐亚鲁编著:《西方修辞学》,上海外语教育出版社 2007 年
[6] 董季棠:《修辞析论》,台湾文史哲出版社 2005 年
[7] 何伟棠:《永明体到近体》,广东高等教育出版社 2005 年
[8] 何伟棠主编:《王希杰修辞学论集》,广东高等教育出版社 2000 年
[9] 傅隶朴:《修辞学》,台湾正中书店 1988 年
[10] 黄庆萱:《修辞学》(增订三版),台湾三民书局 2004 年
[11] 黄永武:《字句锻炼法》,台湾洪范书店 2002 年
[12] 金兆梓:《实用国文修辞学》,中华书局 1934 年
[13] 李颌蕾:《辞格新论》,黑龙江人民出版社 2004 年
[14] 李晋荃主编:《修辞文汇》,江苏教育出版社 1996 年
[15] 李晋荃:《语法修辞论稿》,语文出版社 1993 年
[16] 李名方主编:《跨世纪的中国修辞学》,河海大学出版社 1998 年
[17] 李名方主编:《得体修辞学研究》,河海大学出版社 1999 年
[18] 李维琦:《修辞学(古汉语)》,湖南师范大学出版社 2012 年
[19] 林万菁:《论鲁迅修辞:从技巧到规律》,新加坡万里书局 1986 年
[20] 吕叔湘、朱德熙:《语法修辞讲话》,中国青年出版社 1953 年
[21] 吕叔湘:《吕叔湘语文论集》,商务印书馆 1983 年
[22] 倪宝元:《修辞》,浙江教育出版社 1980 年
[23] 倪宝元:《名家锤炼词句》,浙江教育出版社 1988 年
[24] 倪宝元:《汉语修辞新篇章——从名家改笔中学习修辞》,商务印书馆 1992 年
[25] 倪宝元主编:《大学修辞》,上海教育出版社 1994 年
[26] 尼采:《古修辞学描述》,上海人民出版社 2001 年

[27] 聂焱主编:《王希杰修辞思想研究》,中国文联出版社 2004 年
[28] 聂焱主编:《王希杰修辞思想研究续辑》,中国文联出版社 2005 年
[29] 聂焱:《比喻新论》,宁夏人民出版社 2009 年
[30] 聂焱:《广义同义修辞学》,中国社会科学出版社 2009 年
[31] 聂焱主编:《三一语言学导论》,宁夏人民教育出版社 2008 年
[32] 沈谦:《修辞学》,台湾五南图书出版有限公司 2010 年
[33] 沈谦:《修辞方式析论》,台湾宏翰文化事业有限公司 1992 年
[34] 苏璇等译:《语言风格与风格学论文选译》,科学出版社 1960 年
[35] 唐钺:《修辞格》,商务印书馆 1923 年
[36] 王力:《汉语诗律学》,《王力文集》第十四卷,山东教育出版社 1989 年
[37] 王希杰:《修辞学新论》,北京语言学院出版社 1993 年
[38] 王希杰:《修辞学通论》,南京大学出版社 1996 年
[39] 王希杰:《修辞学导论》,湖南师范大学出版社 2011 年
[40] 王希杰:《汉语修辞论》,当代世界出版社 2006 年
[41] 王希杰:《显性语言与潜性语言》,商务印书馆 2013 年
[42] 王易:《修辞学通诠》,神州国光社 1930 年
[43] 武占坤:《汉语修辞学新论》,白山出版社 1999 年
[44] 西塞罗:《西塞罗全集·修辞学卷》,人民出版社 2007 年
[45] 徐芹庭:《修辞学发微》,台湾中华书局 1984 年
[46] 亚里士多德:《修辞学》,罗念生译,生活·读书·新知三联书店 1991 年
[47] 亚里士多德:《修辞术·亚历山大·论诗》,中国人民大学出版社 2003 年
[48] 杨树达:《汉文文言修辞学》,湖南师范大学出版社 2012 年
[49] 袁晖:《二十世纪汉语修辞学》,书海出版社 2000 年
[50] 郑奠、谭全基:《古汉语修辞学资料汇编》,商务印书馆 1980 年
[51] 郑子瑜:《中国修辞学史稿》,台湾文史哲出版社 1990 年
[52] 郑子瑜:《郑子瑜修辞学论文集》,香港中华书局 1998 年
[53] 张弓:《现代汉语修辞学》,天津人民出版社 1963 年
[54] 张文治:《古书修辞例》,中华书局 1996 年
[55] 张志公:《修辞概要》,上海教育出版社 1982 年
[56] 朱泳燚:《叶圣陶的语言修改艺术》,宁夏人民出版社 1982 年
[57] 周振甫:《中国修辞学史》,商务印书馆 1991 年
[58] 周振甫:《周振甫讲修辞》,江苏教育出版社 2005 年
[59] 庄关通:《语言艺术的景点——辞格群》,江苏教育出版社 1996 年

# 后 记

二十年前，我才二十岁，还是大学低年级学生，便开始对汉语修辞学发生了兴趣。就是那一年，我在《中国语文》杂志上发表了《列举和分承》、《鲁迅作品中的一种修辞手法——反复》。本书中的某些材料，也正是那时搜集的，如关于某些外国名著的不同译本的比较，鲁迅、曹禺等语言大师对自己的作品的修改等。

二十年过去了，我已是四十岁的人了，只能拿出这样一本不像样的东西来，这是很叫我惭愧的事。我诚恳地希望专家和读者们对本书提出批评建议。我，年纪上是中年而学问上还是青年，愿意同读者一同前进。我把本书作为一个起点，而且是一个不太高明的起点，以后一定要努力地工作，把事情做得更好一些。但愿再过二十年后能拿出一点稍微像样的东西。

在课堂教学和教材编写过程中，我曾经参考了许多前辈专家和同辈同行们的专著和论文。由于不是学术专著，没有一一注明，在这里一总向他们表示我衷心的感谢。在编写和修改此书的过程中，我深深体会到：只有认真吸取前人研究的成果，我们才有可能前进一步。

1980 年 11 月

于南京大学

# 修订本后记

## 一

当初编写这本修辞讲义，我的想法很是简单：完成领导交付的任务，对学生有些好处。压根儿就没有想过要创建什么新的修辞学体系，没有想到过什么学术价值之类问题。1980 年左右，有些人说到我的修辞体学系时，我都回答说："我没有什么修辞学体系，也从没有想到过这个问题。"

修辞学是一门理论性学科，也是一门实用性学问。学术性和实用性是既一致又矛盾的。我个人从一开始，就努力把两者统一起来。我以为，古今中外的修辞学的主流是实用性的，不为广大的非修辞学者服务的修辞学是没有生命力的。修辞学归根结底是一门为非修辞学者服务的学问，而不是少数修辞学家的私有财产。微观语言学——音位学、语义学和语法学，可以不、甚至完全不考虑实用性问题，进行纯客观的描写，只追求所谓的科学品位，但修辞学不可以，为非修辞学者服务是它的生命线！

20 世纪最后二十多年里，中国修辞学的学术自觉性越来越高，"修辞学的科学化和现代化"成了修辞学工作者的口头禅。80 年代初，我自己也曾多次呼吁中国修辞学的科学化和现代化。当"中国没有修辞学，有的只是修辞术而已"的看法出现之时，我充分理解主张者推动中国修辞学科学化和现代化的心情，但却有些担忧，对修辞学的这种片面的过激的看法其实对修辞学的发展繁荣很不利。

我一贯主张不应把修辞学变成哲学的玄谈，因为那并不是中国修辞学的科学化和现代化的最佳道路!

## 二

我自己一向把本书看作一本实用性修辞学著作。学术界重视本书的新的体系和新的观念,这说明创新度和实用性之间是有一致性的。

我愿意再次坦白地说:

修辞学是一门理论科学,也是一门实用科学。从一开始起,我就更重视修辞学的实用性品格。

《汉语对修辞学》的修订本,我还是当作一本实用性的修辞学用书来看的。

我从不认为:实用性的书就一定比理论性的著作要低一等、矮一头。众所周知,我可从不轻视理论研究。但是,我反对:自己搞理论研究时就轻视甚至否定实用性研究,自己玩实用性时就轻视甚至否定他人的理论探索论著,这不好,学术活动不可有两套标准!

## 三

外语学界有些人也注意到本书的一些观点是作者自己的创造,甚至早于西方学者,他们甚至想把本书中的一些观点介绍到西方去。苏州大学外语系教授董成如在给我的信中写道:

> 我是苏州大学外语系教师董成如。今天我碰巧在图书馆借到您1983年的《汉语修辞学》一书,里面国人有"视点"一节,我完全相信这一概念是您自创的,可能早于Langacker。当然1983年时这一理论还不成熟,远未及今年《语言教学与研究》上论文那么成熟,您是不是在其他论著和论文中也发展了这一观点?这是中国人难得的独创,并完全应该介绍到国外,或做对比研究。

董成如先生在信中还提出一个问题:"汉语界一部分人为什么老盯

着外国人的理论研究，无视中国人的理论呢？”我以为他提出了一个非常重要的问题。但是，这个问题不是我所能够解决得了的。

当初编写本书时我想只是为了实用。但出版二十年后，重读它，我感到，我后来的许多想法——夸张些说就是修辞学理论了——这里都已经有了，不过不如后来那样明确和系统而已，或者是没有明白地说出来罢了。

## 四

今天的中国还很需要大力普及修辞学。

这首先是因为对修辞学的误解很深，甚至一些学者也常常误解修辞学。例如上海《文汇报》2002 年 12 月 19 日发表了复旦大学现代哲学研究所所长、教授、博导俞吾金的文章，题为：《警惕文化生活中的“修辞学转向”》。文章的要点是：

> ▲ 在当今国人的文化生活中，存在着一种比较普遍的倾向，那就是自我包装、自我夸耀和自我炒作的倾向。借用“修辞学转向”来指称这种倾向，其含义是：没有事实，只要修辞。
>
> ▲ 当一个人、一个单位或团体在大众传媒上或其他场合下陈述自己的情况时，人们经常看到或听到的是这样的词语，如“世界一流”、“国内领先”、“零的突破”等等。听起来华丽动人，读起来，朗朗上口，但它不过是一场“修辞上的‘革命’而已”。
>
> ▲ “修辞学转向”的要害是用大话、空话和套话来取代实际行动，用修辞学上的手法来取代现实生活中的真实。在当今的文化生活中，这种倾向是十分有害的，它不但降低了人们相互之间的信任度，也使虚假、浮夸的风气到处蔓延，从而加剧文化的泡沫化。

作者所提出的社会现象，当然是一种客观存在着的事实，是应当引起社会广泛注意的大问题。作者和《文汇报》的编者提出这个问题，是非常好的事情。但是把这种现象叫作“修辞学转向”,就未必妥当了,这一提法不科学,将导致学术术语的混乱。更重要的是对社会生活的一种误导——既然修辞等于谎言,我们的民族就需要同修辞对着干,整个民族都不要修辞,这将导致民族文化素质的低落。

## 五

中国应当大力普及修辞学!

今天的中国,经济发展了,一些人有了点儿钱,出国的人多了,海外对中国人的不文明的现象的批评多起来了,其中有许多正是言语的不文明,换句话说是不懂修辞,不讲修辞,遭到老外的反感。

其实,一打开报纸的社会新闻版,就会发现许多因为不懂修辞、不讲修辞所引发的可悲可痛的事件。

我们应当大力普及修辞学,这是四个现代化的必要组成部分!是中华民族的文化复兴大业的不可缺少的内容之一!

我的朋友——修辞学家沈谦教授说中华民族有两大绝活:一是美食,二是美辞。我们民族的美辞传统应当得到发扬光大!在这个方面,中国的修辞学家是大有可为的。

2003 年 10 月 13 日

# 第三版后记

## 一

第三版的较大的改动是视点和语体的位置。

1980 年编写的《汉语修辞学》,第二章“交际的矛盾和修辞的原则”中确定的修辞原则是:“对象、自我、语境、前提、视点”。1983 年北京出版社的《汉语修辞学》第二章“交际的矛盾和修辞的原则”坚持着“对象、自我、语境、前提、视点”。

1996 年南京大学出版社的《修辞学通论》第九章是“得体性原则”:“得体性是评价话语好坏的最重要的标准,也是决定话语表达效果的最重要的因素。”(344 页)2004 年商务印书馆出版的《汉语修辞学》修订本的修辞学原则是:“对象、自我、语境、前提、视点、得体性”。这里六个项目并列,实质上是两个层次的并列:①“对象、自我、语境、前提、视点”+②得体性。①和②的关系是统帅和被统帅的关系,即②统帅①。

第三版把视点从修辞原则中抽去了,移到第九章“变化”中,作为变化的手段。

## 二

1976 年编写的《现代汉语修辞》:

第四章　语体风格

第一节　民族风格

第二节　时代风格

第三节　语体风格

第四节　个人风格

第五节　风格类型

1979年,昆明师范学院铅印的函授教材《现代汉语》下册第二分册"修辞":

第十章　语体风格

第十一章　表现风格

1983年北京出版社出版的《汉语修辞学》和商务印书馆2004年出版的《汉语修辞学》(修订本):

第十一章　语体风格

第十二章　表现风格

第三版把"语体"移到前面来,紧接着第四章"同义手段和语言变体",作为第五章。汉语有地域变体——方言,有时代变体——文言和白话,有社会变体如行话等,语体既然是语言的功能变体,本当放在"同义手段和语言变体"一章之中,问题是语体比其他变体的分量重得多,为了均衡,就单独成章。

## 三

2009年,我着手修订《汉语修辞学》时,定下的一个原则,保持修订本的篇幅,506页左右。2013年,责编吕博士快递校样时指出,字数已经大大超过,建议删去三四十页,维持修订本的篇幅。我完全同意。也有信心轻松地删去三四十页。

最近快递来了二校样。我一翻看,就很高兴,因为是:478页,比修订本还要少好些页。

杜甫在《一百五十夜对月》中写道:"斫却月中桂,清光应更多。"辛弃疾非常赞赏，在《太常引·建康中秋夜为吕叔潜赋》中化用此句，云："斫却月中桂，人道是清光更多。"我很喜欢。我不想修订一次篇幅增加一次。我自嘲地说，增加字数是提高，减少字数也是提高。著作的质量不在于字数的多少。

2014年3月18日

《显性语言与潜性语言》

王希杰 著

商务印书馆出版

一本关于显性语言与潜性语言研究的论文集。显性与潜性是一组对立的哲学概念，王希杰教授首先将这一组概念引入汉语语言学研究，具有方法论的意义。全书共收录作者从20世纪80年代到2012年撰写的文章27篇，按时间编排，每篇文章前加按语，适当交代写作背景等，并加入了作者的一些新思考与新想法。

《这就是汉语》

王希杰 著

商务印书馆出版

一本语言学随笔小品集，共收录文章59篇。多撷取常见的语言事实，在谈天说地中，谈词语也谈语音，谈语义也谈语法，谈学汉语也谈用汉语，谈语言也谈文化。全书深入浅出，生动风趣，兼具知识性、趣味性，在轻松阅读之余，会对汉语言文字有更新鲜的认识与理解。

本书以语言学理论为纲，从现实交际活动出发，将理论研究与言语交际实践融为有机整体，构建了缜密独到的修辞学新体系；同时，力求解决表达与理解方面的问题，帮助读者提高运用语言的能力。

自第一版出版以来，本书一直以其理论创新、科学实用而受到广泛赞誉，是众多高校修辞学课程的必备教材。不仅是学术研究的必读参考书，也是报考语言学及应用语言学专业研究生的重要参考书。

http: // www.cp.com.cn

商务印书馆官方微信

ISBN 978-7-100-10109-7

9 787100 101097

01 >

定价：49.00 元